# Die Grundlehren

der

# Deutschen Genossenschaften.

Nach den Beschlüssen der Allgemeinen Vereinstage sistematisch dargestellt und eingeleitet mit einer Skizze der

**Geschichte des Allgemeinen Vereinstages**

von

**Fr. X. Prößl**
Vorstand des Statistischen Bureaus der Stadt München.

Zweite Ausgabe.

**München, 1884.**
Friedrich Adolf Ackermann.

# Die Grundlehren

der

# Deutschen Genossenschaften.

Nach den Beschlüssen der Allgemeinen Vereinstage sistematisch dargestellt und eingeleitet mit einer Skizze der

**Geschichte des Allgemeinen Vereinstages**

von

**Fr. X. Prößl**

Vorstand des Statistischen Bureaus der Stadt München.

**München 1875.**

Verlag von Adolf Ackermann

(vormals Fleischmann)

**Maximiliansstrasse 2.**

# Vorwort.

Als im Jahre 1873 die Stadt München bestimmt war den vierzehnten Allgemeinen Vereinstag der Deutschen Genossenschaften zu beherbergen trat mir der Gedanke nahe die Beschlüsse der dreizehn vorangegangenen ähnlichen Versammlungen sistematisch geordnet in einem kleinen Hefte darzustellen und dies den Besuchern des Münchener Vereinstages zum Grusse zu bieten.

Anstrengende Dienstesgeschäfte und meine Stellung im damaligen Ortsausschusse zur Vorbereitung der Versammlung hatten mir jedoch nicht die nöthige Muse gegönnt das begonnene wenn auch noch so bescheidene Werk rechtzeitig zu Ende zu führen und ich musste die liebgewordene Idee zu Gunsten wichtigerer und dringenderer Arbeiten unausgeführt lassen.

Der Sommer 1873 brachte der Stadt München eine Heimsuchung, die neben viel anderer Trübsal auch den Verzicht auf die Begrüssung der Vertreter des Deutschen Genossenschaftswesens in sich schloss.

Zu Bremen fand im Herbste 1874 meine wiederholte Einladung nach München freundliche Aufnahme. Sie weckte aufs neue den Gedanken den vor zwei Jahren zurückgestellten Plan nunmehr auszuführen; allein wie damals waren es auch jetzt nur spärliche Stunden, die ich der Sache widmen konnte, oft und oft unterbrochen, bisweilen ganze Wochen hindurch, während deren ich keine Feder dafür ansetzen konnte. Das bitte ich gütigst zu erwägen wenn der Leser da und dort im Zusammenhange eine Lücke findet oder in der Ordnung des mir unter den Händen wachsenden Stoffes die Gesetze strenger Logik verletzt fühlt.

Gleichwohl glaubte ich das begonnene Werk nicht unvollendet lassen zu dürfen. Was im vorigen Jahre in Bremen ausgesprochen wurde das habe ich im praktischen Leben hundertfältig erfahren. Die Kenntniss von den einfachsten Grundsätzen, auf welchen die genossenschaftliche Thätigkeit sich aufbaut, ist noch lange nicht tief genug in das Volk gedrungen — ja in den Kreisen der Genossenschafter selbst begegnen uns so oft Unklarheit und Missverständniss, Eigenwille und daraus entsprungene Fehlgriffe dass es als heilige Pflicht eines Jeden erscheint, der nur einigermassen die Kraft dazu besitzt, zur Verbreitung der wahren Lehren und ihres Verständnisses beizutragen.

Dazu scheint eine Darstellung der von den Allgemeinen Vereinstagen bisher gefassten Beschlüsse vor Allem geeignet; sie umfassen zwar lange nicht Alles, was der wahre Genossenschafter kennen und beachten soll, aber doch einen besonders wichtigen Theil davon und zwar einen Theil, der durchaus nicht zum allgemeinen Bewusstsein gelangt ist, was durch die bisherige Art der Darstellung sich wohl erklären lässt. Diese beschränkte sich auf die regelmässige jährliche Berichterstattung über die Allgemeinen Vereinstage in den Blättern für Genossenschaftswesen und in den besonders gedruckten sogenannten „Mittheilungen", dann auf den Abdruck derselben in Schulzes grossem Werke über die Entwickelung des Genossenschaftswesens in Deutschland. All diese Berichte bringen naturgemäß die Beschlüsse der zeitlichen Ordnung nach, wie sie gefaßt wurden, — eine Ordnung nach den einzelnen Gegenständen, mit denen sie sich beschäftigen, fehlte gänzlich. (In dem eben genannten Werke Schulzes ist sie allerdings für die wichtigsten Abschnitte, aber — dem Plane des Buches gemäß — eben nur für diese und nur in Bezug auf die bedeutungsvollsten Verhandlungen, also unvollständig und — da das Werk bereits 1870 erschien — nur bis zum XI. Vereinstage durchgeführt). Gerade diese sachliche Ordnung erscheint aber zum Studium wie zum Nachschlagen besonders werthvoll und ihr Mangel verursachte mir selbst wiederholt so viel Zeitverlust und Mühe daß ich glauben durfte durch seine Beseitigung manchem gleichstrebenden Genossen Freude zu machen.

Wer die grösseren Werke Schulzes und seiner älteren Mitarbeiter kennt wird rasch ersehen wie wenig an dem Inhalte der folgenden Blätter mein geistig Eigenthum ist. Vielleicht trifft mich der Vorwurf gar zu oft ja fast durchweg wörtlich die Aussprüche Anderer wiedergegeben zu haben. Ich nehme ihn ruhig hin. Es wäre nicht schwer gewesen vieles in andere Worte zu kleiden und ihm so den Schimmer einer Originalität anzuhauchen, die mir umsomehr überflüssig erschien als es sehr oft schwer gewesen wäre dasselbe besser, kürzer und klarer zu sagen als es von den bewährtesten Männern bereits gesagt war.

Daß ich gerade die Wochen, während welcher das Buch in Satz und Druck war, zu dringend nöthiger Erholung ausser München zubringen mußte verhinderte eine grössere Einflußnahme auf die äussere Gestaltung des Druckes, weshalb ich auch in dieser Hinsicht die Nachsicht der Leser in Anspruch nehmen muß. Gleichwohl bin ich wie dem Herrn Verleger so auch der Druckerei für die bereitwilligste Unterstützung zu lebhaftem Danke verpflichtet.

Es sind fünfundzwanzig Jahre verflossen seit Schulze mit der Gründung der ersten auf die Grundsätze der Selbsthilfe, der Gegenseitigkeit und der vollen Verantwortlichkeit und Haftung gebauten Deutschen Genossenschaften den Keim zu dem schönen Baum legte, der jetzt auf zahlreichen Zweigen tausendfache Früchte bietet. Daß gerade in diesem Jubeljahre mein Büchlein erscheint gereicht ihm zur Ehre und mir zur Freude. Eine Festgabe wage ich es bei den bescheidenen Grenzen, die ich mir zog und unter den gegebenen Verhältnissen ziehen mußte, gleichwohl nicht zu nennen.

Aber dazu möchte ich es gerne benützen allen Theilnehmern am diesjährigen Münchener Vereinstage schon im voraus herzlichsten Gruß zu entbieten; wenn dereinst nach Jahren ihr Blick auf die bis dahin vielleicht vergilbten Blätter fällt und eine freundliche Erinnerung an die in München verlebten Tage wachruft ist einer der innigsten Wünsche erfüllt, die ich meiner kleinen Arbeit mit auf den Weg gebe.

Im Juli 1875.

Fr. X. Prößl.

# Erster Theil.

## Geschichte des Allgemeinen Vereinstages.

### I.

Die Geschichte des Allgemeinen Vereinstages der Deutschen Genossenschaften beginnt mit einer merkwürdigen Thatsache. Im April 1859 unternahm es eine kleine Anzahl von Männern, die damals an der Spitze der noch wenig zahlreichen und fast ausschliessend auf Norddeutschland beschränkten Genossenschaften (ihre Gesammtzahl wurde auf 150 berechnet, — die erste derselben war 1849 gegründet) standen,

Kreisrichter a. D. Schulze-Delitzsch, Finanzprokurator Hallbauer-Meissen, Direktor Schöne-Dresden, Kaufmann Sörgel-Eisleben, Rechtsanwalt Winter-Leipzig, Amtsrichter a. D. Steinacker-Sangerhausen, Buchhändler Behm-Zerbst, Kupferschmid Gerlach-Luckenwalde, Kaufmann Zapp-Luckau,

in Folge mehrfach an sie ergangener Aufforderungen, eine von den Deutschen Vorschuß- und Kredit-Vereinen zu beschickende Versammlung nach Dresden einzuberufen, die vom 14.—16. Juni tagen, den Austausch der in den verschiedenen Vereinen gewonnenen Erfahrungen, Mittheilungen über die verschiedenartigen Einrichtungen und Verständigung über manche gemeinsame Interessen vermitteln sollte. Schulze selbst hatte dem desfallsigen Ansinnen nicht sogleich Folge gegeben bis der Vorschußverein Luckau erklärte er werde auch ohne Schulze auf Berufung eines Vereinstages dringen.

Die königlich sächsische Regierung fand sich veranlaßt diese Zusammenkunft zu verbieten.

An die Stelle der königlich sächsischen trat nun die großherzoglich-sächsische Landeshauptstadt und der erste Vereinstag fand zu der oben bezeichneten Zeit in Weimar statt.

Vorsitzender war Schulze-Delitzsch, seine Stellvertreter Hallbauer und Professor Biedermann-Weimar, Schriftführer Winter und Regierungsrath Müller-Gotha, deren Stellvertreter Stadtrath Kunze-Meerane und F. W. Hoffmann — Zerbst, — Vorstand des Ortsausschusses Biedermann.

Als Berichterstatter traten auf Miller-Dresden, Behm und Winter. 29 Vereine waren durch 38 Abgeordnete vertreten.

Es wurde eine von Schulze vorgelegte Geschäftsordnung angenommen, Bureaus und Abtheilungen gewählt, welch letztere in den Vormittagsstunden arbeiteten während von Mittag bis Abend die Hauptsitzungen stattfanden.

Das Wesentliche der dort gefaßten Beschlüsse wird im zweiten Abschnitte mitgetheilt, der eine sistematische Zusammenstellung aller in den 15 Allgemeinen Vereinstagen von 1859—1874 gefaßten Beschlüsse und ihrer Begründung enthält.

Hier sei nur bemerkt daß schon dieser erste Vereinstag ausdrücklich sich dafür aussprach, es solle auf den Erlaß gleichförmiger Gesetze hingewiesen werden, welche den Vereinen die solidarische Haft der Mitglieder den Vereinsgläubigern gegenüber, die Bildung eines entsprechenden Stammvermögens und die Veröffentlichung der Jahresabschlüsse zur Pflicht machten und damit die nöthigen Garantien böten um Erleichterungen bezüglich der Legitimation bei Prozessen und Rechtsgeschäften zu erwirken, — eine Forderung, welche bekanntlich in Preussen erst im Jahre 1867, im Norddeutschen Bunde 1868, in den Süddeutschen Staaten in den darauffolgenden Jahren zur thatsächlichen Wahrheit wurde.

Hinsichtlich der Solidarhaft und ihrer Folgen wurde bereits an diesem Tage eine Vertheilung der bei Unterbilanzen etwa eintretenden Ausfälle am Guthaben der Gläubiger in Form von Umlagen unter die Mitglieder, wie sie in den Satzungen des Vereines zu Meissen vorgesehen war und wie sie dann im Jahre 1868 durch das Norddeutsche Bundesgesetz auch wirklich Vorschrift ward, als höchst wünschenswerth bezeichnet.

Ebenso wurde schon damals das gegenseitige Inkasso zu möglichst billigen Provisionssätzen (1/6 Prozent mit fünf Silbergroschen Minimum) empfohlen und die Errichtung eines Zentralbureaus, aus welchem später die Anwaltschaft der Deutschen Genossenschaften hervorging, als wünschenswerth, gleichzeitig die Innung der Zukunft als amtliches, vom Zentralbureau zu benützendes Organ der Deutschen Vorschuß- und Kredit-Vereine erklärt und das Abonnement desselben allen Vereinen dringendst empfohlen.

Schulze hatte die erste Hauptversammlung dieses ersten Vereinstages, wie er es seitdem stets gethan, mit einem Berichte über den Stand und die Verbreitung der Genossenschaften — damals nur Vorschußvereine — in Deutschland eröffnet. Denkwürdig bleibt daß gerade zu jener Zeit in Hannover den Vorschußvereinen die Bedingung auferlegt wurde die Konzession der Regierung einzuholen während von „den meisten" deutschen Regierungen konstatirt werden durfte daß durch sie die genossenschaftliche Bewegung in liberaler Weise „nicht gehemmt" worden sei.

Die Veröffentlichung der gepflogenen Verhandlungen erfolgte unter der Ueberschrift

„Mittheilungen über den Vereinstag Deutscher Vorschußvereine zu Weimar vom 14.—16. Juni 1859"

in einer Beilage der Innung der Zukunft. Diesem Berichte ist ein Verzeichniß der damals bestehenden Vereine angefügt, das deren 114 aufführt, wovon drei nicht auf den Grundsätzen der Selbsthilfe sondern auf jenen der Unterstützung beruhten. Die übrigen vertheilten sich in folgender Weise: Preussen 51, Sachsen 22, Hannover 13, Thüringen 7, Anhalt 5, Baden und Bayern je 4, Hessen und Mecklenburg je 2, Oesterreich 1.

## II.

Im nächsten Jahre — 1860 — und zwar vom 31. Mai bis 2. Juni fand der zweite Vereinstag der auf der Selbsthilfe der Kreditbedürftigen im genossenschaftlichen Wege beruhenden Deutschen Vorschuß- und Kredit-Vereine zu Gotha statt unter dem Vorsitze Schulzes, der bereits mit der Leitung des Zentral-Korrespondenzbureaus der Vereine beauftragt war und demgemäß die Versammlung einberufen hatte.

Seine Stellvertreter waren Direktor Schöne-Dresden und Justizrath Giesecke-Eisleben, Schriftführer Mueller-Gotha und Kreisrichter Parisius-Gardelegen, deren Stellvertreter die Advokaten Koch-Zwickau und Miller-Dresden, Vorsitzender des Ortsausschusses Regierungsrath Müller.

Schulze, Schöne und Bureauchef Bensemann-Berlin werden als Berichterstatter genannt.

Vertreten waren 33 Vereine durch ebenso viele Abgeordnete; ausserdem nahmen 18 Vereinsmitglieder aus Halle und der Umgegend an den Verhandlungen Antheil. 35 andere Vereine waren bereits schriftlich der Vereinigung beigetreten.

Die Gesammtheit der Beschlüsse ist im zweiten Abschnitte dargestellt. Sie beschäftigten sich mit dem Ausbaue der Vereinsgeschäfte wie der genossenschaftlichen Organisation.

In letzterer Beziehung ist besonders bemerkenswerth die Bildung des Engeren Ausschusses, welcher dem Zentralbureau an die Seite gesetzt und mit dem Rechte der Zuziehung anderer Kräfte nach Bedürfniß ausgerüstet wurde. Derselbe sollte bei allen weitergreifenden zur Vertretung der Gesammtinteressen nothwendig werdenden Maßregeln vom Zentralbureau befragt werden.

Seine ersten Mitglieder waren die Vorstände der Vereine zu Berlin (Bezirk 102 A—D), Dessau, Dresden, Delitzsch, Eisleben, Gardelegen, Gotha, Kolberg, Königsberg in Pr., Liegnitz, Luckenwalde, Luckau, Rostock, Sangerhausen, Zerbst.

Diese Wahl gibt zugleich einen Maßstab für die damalige Ausdehnung des Allgemeinen Verbandes.

Das Korrespondenzbureau selbst wurde mit der Vermittelung des Geldverkehres der einzelnen im Verbande stehenden Vereine betraut; zu diesem Behufe sollten sich sowohl die Vereine, welche Geld müssig liegen haben, als auch solche, welche Geld suchen, an das Bureau wenden und letzterem namentlich ihre Jahres- und Monats-Abschlüsse nebst Vermögensbilanz einsenden.

Ferner wurde das Bureau ermächtigt Krediteröffnung für die einzelnen Vereine bei namhaften Bankhäusern vorläufig in Leipzig und Berlin nach näher zu vereinbarenden Bedingungen zu erwirken und dieses zur Kenntniß aller im Verbande stehenden Vereine zur beliebigen Benützung zu bringen. Das Bedürfniß, zu dessen Befriedigung später die Genossenschaftsbank gegründet wurde, war also damals schon gefühlt. Zu seiner Befriedigung griff man nach dem nächstliegenden Mittel, das der Natur der Sache nach für diesen Zweck nicht lange ausreichen konnte.

Schulze bezeichnete als die Verpflichtungen, welche er mit der Führung des Zentralbureaus übernommen hatte:

a) Vertretung und weitere Ausbildung der Kreditvereine sowie des ganzen Genossenschaftswesens im Allgemeinen, in der Presse, auf den einschlagenden Kongressen und sonst im öffentlichen Leben besonders auch der Gesetzgebung gegenüber;

b) Förderung mit Rath und That sowohl bei Gründung neuer Vereine als auch bei Erhaltung und Weiterführung bereits bestehender insbesondere durch Auskunftsertheilung und Belehrung auf ergehende Anfragen;

c) Vermittelung gegenseitiger Beziehungen zwischen den einzelnen Vereinen zum Behufe des Austausches der gemachten Erfahrungen und gewonnenen Resultate und der Anknüpfung von Geschäftsverbindungen sowie zum Zwecke der Wahrnehmung gemeinsamer Interessen mit gemeinsamen Kräften und Mitteln.

Dem Vereinstage waren vollständig ausgearbeitete Entwürfe eines Gesetzes zur Erleichterung der Legitimation bei Prozessen und Rechtsgeschäften für die Deutschen Vorschuß- und Kredit-Vereine sowie des Statuts einer Zentralhandwerkerbank (ersterer von Schulze, letzterer von Zapp) in Vorlage gebracht.

Die Berichterstattung über den Vereinstag erfolgte im Formate der Innung der Zukunft durch besondere „Mittheilungen.“

## III.

Der dritte Vereinstag „der auf dem Prinzipe der Selbsthilfe beruhenden Deutschen Vorschuß- Kredit- und Rohstoff-Vereine“ fand vom 21.—23. Mai 1861 zu Halle an der Saale statt.

Die Ueberschrift zeigt daß neben den Vorschuß- und Kredit-Vereinen die Rohstoffvereine bereits Aufnahme in den Verband und seine Thätigkeit gefunden hatten.

In diesem Jahre waren 49 Vorschuß- und Kredit- und 10 Rohstoff- und Produktiv-Genossenschaften durch 59 Abgeordnete vertreten, — 21 andere Vorschußvereine, 1 Schuhmacher- und 1 Konsum-Verein hatten ihre Betheiligung an der Verbindung schriftlich erklärt.

Den Vorsitz führte wieder Schulze selbst. Als stellvertretende Vorstände und Abtheilungsdirigenten waren thätig Miller-Dresden, Soergel-Eisleben und Schneidermeister Schulte-Potsdam — als Schriftführer Parisius-Gardelegen, Stadtrath Kuntze-Meerane, Advokat Roch-Zwickau, Advokat Nizze-Rostock, Kaufmann Kluge-Gotha und Advokat Kretzschmar-Grossenhain. Vorsitzender des Lokalkomite's war Kaufmann Demuth. Als Berichterstatter traten auf Schulze, Miller, Nizze, Soergel, Roch, Postverwalter Froehner-Wechselburg.

Es fanden drei Abtheilungs- und drei Haupt-Sitzungen statt, an welchen sich ausser den Vertretern der Vereine auch mehrere Genossenschaftsmitglieder aus Halle und der Umgegend betheiligten.

Die Berichte spiegeln den Eindruck hoher Befriedigung über den Verlauf sowohl der geschäftlichen Abmachungen als der geselligen Unterhaltung ab. „Die stattgehabten Berathungen nicht minder wie der Meinungsaustausch in den Privatunterhaltungen der Einzelnen werden eine nachhaltige Frucht und eine Menge werther persönlicher Beziehungen zurücklassen, welche dem Vereinstage bei allen Theilnehmern das alte gute Andenken bewahren" sagt der Berichterstatter — und so ist es geblieben bis zum heutigen Tage und wird es hoffentlich bleiben so lange die Deutschen Genossenschaften tagen und gemeinsam berathen.

Zum erstenmale wurden Beschlüsse gefaßt, die über das Gebiet der Kredit- und Vorschuß-Vereine hinausgehen und sich speziell mit den Rohstoffgenossenschaften beschäftigen. Sie sind sämmtlich in der zweiten Abtheilung aufgeführt.

Schulze war Mitte 1861 wieder in das Preussische Abgeordnetenhaus eingetreten, hatte es aber wegen der Menge der bereits vorliegenden Arbeiten nicht zweckmässig befunden seinen schon dem zweiten Vereinstage vorgelegten Gesetzentwurf sogleich einzubringen obschon sich inzwischen (im September 1860) der dritte Volkswirthschaftliche Kongreß zu Köln unbedingt anerkennend über diesen Entwurf ausgesprochen hatte, der dann von anderer Seite den Sächsischen Kammern in Vorlage gebracht war.

Als Mitglieder des Engeren Ausschusses wurden gewählt Schulte, Soergel, Parisius, Kaufmann Schilling-Dresden und Fabrikant Gerlach-Luckenwalde.

Die Mittheilungen über den dritten Vereinstag erschienen zum erstenmale (und seitdem ständig) in Form einer eigenen Broschure, welcher die Rechnungsablage des Zentralkorrespondenzbureaus (später der Anwaltschaft) angefügt ist. Das fragliche Heft enthält ausserdem die Erklärung Schulzes über die Annahme der Verwaltung des Zentralkorrespondenzbureaus und deren Bedingungen, die Grundlage seiner ganzen segensreichen bisherigen Thätigkeit als Anwalt der Deutschen Genossenschaften.

Das dem Berichte beigefügte Verzeichniß der dem Zentral-Korrespondenzbureau beigetretenen Vereine umfaßt 109 Vorschußvereine, 20 Rohstoff- und Magazins-Genossenschaften und einen Konsumverein (Sandow).

## IV.

Der vierte Allgemeine Vereinstag wurde vom 10. bis 12. Juni in Potsdam abgehalten. Er hieß zum erstenmale der „Allgemeine.“

Es waren 73 Vorschußvereine und 12 Rohstoffgenossenschaften durch Abgeordnete vertreten. 17 Vorschußvereine hatten nachträglich schriftlich ihren Beitritt zu der Verbindung erklärt. Unter den Theilnehmern befanden sich sieben Mitglieder des Preussischen Abgeordnetenhauses.

Wieder führte Schulze, der in den Verhandlungen dieser Versammlung zum erstenmale als Anwalt der Deutschen Genossenschaften bezeichnet ist, den Vorsitz; Stellvertreter waren Direktor Langhof-Potsdam, Kreisgerichtsrath Velthusen-Lyk, Schneidermeister Schulte-Potsdam, — Schriftführer Direktor Blum-Potsdam, Kaufmann Liersch-Guben, Gerichtsassessor Tellemann-Naumburg, Regierungsassessor Dr. Lange-Dessau, Rendant Freygang-Liebenwerda, Kaufmann Keußen-Krefeld, — Vorsitzender des Lokalkomites Direktor Langhof. Als Berichterstatter waren thätig Liersch-Guben, Parisius, Fröhner, Kretzschmar, Nizze, Schulte.

Es wurde zum erstenmale eine förmliche Ausscheidung derart getroffen daß zuerst die besonderen Angelegenheiten der Vorschuß- und Kredit-Vereine dann die gemeinsamen sämmtlicher im Verbande stehender Vereine, zuletzt die lediglich die Rohstoffvereine betreffenden Angelegenheiten behandelt wurden.

Unter den gefaßten Beschlüssen, bezüglich deren wir wieder auf den zweiten Abschnitt verweisen, heben wir an dieser Stelle nur hervor daß die Solidarhaft der Vereinsmitglieder für die Vereinsschulden als „die einzig wirthschaftlich wirksame und rechtliche Kreditbasis der Vereine" erklärt und als Sicherung gegen die Gefahr dieser Haftart ein ausgibiger Reservefond und die gesetzliche Regelung eines Umlageverfahrens empfohlen wurde wie es von Seite der königlich Sächsischen Regierung dem Meissener und allen mit Korporationsrechten versehenen Vereinen zugestanden worden war.

Nicht minder wurde den Vorschußkassen an's Herz gelegt ihre Einrichtungen so zu ordnen daß sie nicht nur dem Bedürfnisse der unbemittelten Handwerker und Arbeiter genügen sondern auch die Betheiligung des städtischen Mittelstandes und der benachbarten Landbewohner ermöglichten, somit im letzteren Punkte eine Frage angeregt, die bis zur Stunde noch nicht ihre volle und ganze Erledigung finden konnte so viel auch darüber auf allen folgenden Vereinstagen fast ohne Unterbrechung verhandelt wurde.

Die schleunigste Ordnung der rechtlichen Verhältnisse der Vereine wurde als ein dringendes Bedürfniß anerkannt und dem Anwalte die nöthige Maßnahme vertrauensvollst überlassen. Schulze selbst hatte einen neuen Entwurf zum Gesetze, Dr. Cnyrim aus Frankfurt a. M. einen Gegenentwurf in Form einer Novelle zum Handelsgesetzbuche vorgelegt.

Die Frage einer erhöhten Dotirung der Anwaltschaft wurde angeregt und, nachdem Schulze sich einer sofortigen Beschlußfassung auf das Entschiedenste widersetzt und die Annahme einer höheren Summe bestimmt abgelehnt hatte, *) dem Engeren Ausschusse zur Berichterstattung überwiesen, ferner die Bildung einzelner Landes- oder Provinzial-Unterverbände den Vereinen em-

*) Noch heute bezieht Schulze nur sehr wenig mehr Gehalt als dort schon Schenk Namens der Mittelrheinischen Genossenschaften für ihn beantragte; damals begnügte er sich mit dem vierten Theile des beantragten Gehaltes um die Entwickelung der Genossenschaften und des Verbandes ja nicht zu stören.

pfohlen. Von einem derselben, dem durch Schenk-Wiesbaden vertretenen Verbande der Mittelrheinischen wirthschaftlichen Genossenschaften, waren bereits Anträge zur Verhandlung gestellt. In Sachsen, den preussischen Rheinlanden, Westphalen und Schlesien war man ebenfalls an die Bildung solcher Verbände getreten. Schulze hatte ein Statut für die Gründung von Unterverbänden ausgearbeitet.

Zu Mitgliedern des Engeren Ausschusses wurden gewählt Soergel, Parisius, Nizze, Müller—Gotha, Schenk, Froehner und Schulte.

Zur Aufzeichnung der Verhandlungen waren Referendar Steinitz und Student Schneider (der derzeitige erste Sekretär der Anwaltschaft) beigezogen.

In seinem einleitenden Vortrage theilte der Anwalt mit daß die Zahl der bestehenden Deutschen Vorschuß- und Kredit-Vereine 400, jene der Rohstoff- und Magazins-Vereine in einzelnen Handwerken 160 betrug, 184 Vorschußvereine mit 50,000 Mitgliedern ihre letzten Rechnungsabschlüsse eingesendet hatten, die nachwiesen daß dieselben 17 Millionen Thaler Vorschüsse bewilligten, nahezu eine Million Thaler in Geschäftsantheilen und Reserven aufgesammelt hatten und überdies vier Millionen fremden Geldes als Betriebsfond neben dem eigenen Vermögen benützten.

Der Engere Ausschuß hatte einen von Soergel verfaßten Aufruf zum Anschlusse an die Anwaltschaft an die Deutschen Genossenschaften erlassen. Der Erfolg desselben prägt sich darin aus daß am Schlusse des Berichtes 186 Vorschußvereine und 28 Rohstoffgenossenschaften als der Anwaltschaft beigetreten erklärt werden konnten, unter den ersteren merkwürdigerweise einer, der seine Beiträge bezahlt aber seine Namensnennung verbeten hatte und deshalb als Kreditverein X aufgeführt ist.

## V.

Den fünften „Allgemeinen Vereinstag der auf Selbsthilfe beruhenden Deutschen Erwerbs- und Wirthschafts-Genossenschaften" beherbergte Görlitz vom 26. bis 28. Mai 1863.

Wir finden auf's neue eine Erweiterung des Programmes in der Ueberschrift ausgesprochen indem die verschiedenen Gattungen der Vereine nicht mehr ausdrücklich bezeichnet sondern nur die Gesammtheit derselben in allgemeinen Umrissen angedeutet wird.

Vertreten waren 94 Vorschußvereine, 9 Rohstoffgenossenschaften und ein Konsumverein; schriftlich erklärten nachträglich ihren Beitritt 6 Vorschußvereine.

Als Unterverbände waren ausser dem Verbande der Mittelrheinischen Genossenschaften jener der Norddeutschen Genossenschaften (durch Nizze) und jener der Rheinisch-Westphälischen (durch Seelhoff) vertreten.

Abermals führte den Vorsitz Schulze; seine Stellvertreter waren Sörgel, Halberstadt-Görlitz, Schulte-Potsdam, Schriftführer Koch, Kuhnemann-Zerbst, Freytag-Liebenwerda, Wernicke-Görlitz, Vorsitzender des Lokalkomites Fabrikant Halberstadt.

Als Berichterstatter waren thätig Seelhof-Mühlheim, Nizze-Rostock, Direktor Lehmann-Glogau, Schenk-Wiesbaden, Bürgermeister Kuhnemann-Zerbst.

Durch besondere Vorträge betheiligten sich Schuhmachermeister Fischer aus Breslau und Schlossermeister Bichteler aus Merseburg über die Kreditgewährung bei Rohstoff-Genossenschaften, der preussische Abgeordnete Parisius von Gardelegen über den von Schulze eingebrachten Gesetzentwurf über die rechtliche Stellung der Genossenschaften, welcher vom Abgeordnetenhause einer Kommission überwiesen worden war, die Parisius und Laßwitz zu Berichterstattern ernannt hatte, Schuhmacher Elsasser-Görlitz über die von ihm geleiteten Rohstoff-Genossenschaften, Fabrikarbeiter Rein-Kotzenau über den von ihm gestifteten Konsumverein und über den Plan zur Erbauung von Arbeiterwohnungen auf genossenschaftlichem Wege, beides Gegenstände, welche zum erstenmale auf dem Allgemeinen Vereinstage behandelt wurden.

Diese Vorträge führten zu eingehenden Besprechungen und nahmen das allgemeine Interesse lebhaft in Anspruch.

Von den Beschlüssen, die wir im zweiten Abschnitte wortgetreu aufführen, erwähnen wir hier nur die wiederholte Anregung des provisionsfreien gegenseitigen Inkassos ferner die Vorarbeiten für das Organische Statut als Grundlage der seitdem bestehenden

Organisation des Deutschen Genossenschaftsverbandes, die erneuten Anregungen zur Gründung einer genossenschaftlichen Zentralbank, die bereits gesichert erschien, wie überhaupt der Anwalt erklären konnte daß man beginne den Genossenschaften eine geachtete Stellung im Verkehre einzuräumen obgleich erst wenig über hunderttausend Handwerker und Arbeiter denselben angehörten.

Schon waren der Anwaltschaft 483 Vorschußvereine bekannt, von welchen 244 Preussen, 61 Sachsen, 39 Nassau, 22 Mecklenburg, 19 den Sächsischen Herzogthümern, 16 Deutsch-Oesterreich, 14 Anhalt, 13 Hannover, 10 Hessen-Darmstadt, 6 Baden, 6 Bayern, 6 Schwarzburg, 5 Würtemberg, 5 Hessen-Kassel, 4 Reuß, 4 Oldenburg, 4 den freien Städten, 2 Lippe-Waldeck, 2 Holstein, 1 Hessen-Homburg angehörten. 169 hatten Rechnungsabschlüsse eingesendet, wonach sie über 17 Millionen Thaler Vorschüsse bewilligt hatten.

In den Engeren Ausschuß, der fortan aus den Vorsitzenden der sämmtlichen Unterverbände und drei auf je ein Jahr zu wählenden weiteren Mitgliedern, unter welchen sich wenigstens ein Vertreter einer Rohstoff- oder Magazins-Genossenschaft befinden sollte, gebildet werden mußte, wurden gewählt Sörgel, Parisius und Schulte.

Der Anwaltschaft gehörten an 255 Vorschuß-*) 33 Rohstoff- und Magazins- 3 Konsum-Vereine, zusammen also 291 Genossenschaften.

## VI.

Die in Görlitz von Landsberg an der Warthe und von Frankfurt an der Oder ergangenen Einladungen hatten dort keine Berücksichtigung gefunden; getreu dem Grundsatze mit den Orten, an welchen der Vereinstag stattfinden sollte, Jahr um Jahr möglichst nach der geographischen Lage zu wechseln war für den sechsten Allgemeinen Vereinstag Mainz bestimmt worden, woselbst er — nachdem zu Görlitz beschlossen worden war daß fortan der Monat August hiefür zu benützen sei — vom 14. bis 17. August unter der Theilnahme von 13 Provinzial- und Landes-Verbänden, 58 Vorschuß- 5 Konsum- und 6 Rohstoff- und Produktiv-Genossenschaften abgehalten wurde. 14 Vereine erklärten

*) darunter wieder der schon erwähnte Kreditverein X.

nachträglich schriftlich ihren Beitritt. Der Anwaltschaft gehörten an 337 Vorschuß- und Kredit- 40 Rohstoff-Magazins- und Produktiv-Genossenschaften 15 Konsumvereine, im Ganzen 392 Vereine.

Wie bisher immer führte Schulze den Vorsitz. Ihm zur Seite standen als Stellvertreter Dr. Jung - Mainz, Dr. Becker-Dortmund und Fröhner-Wechselburg, als Schriftführer Martel-Mainz, Dr. Enyrim - Frankfurt a. M., Trabert - Hanau, Frege - Wismar, Dr. Max Hirsch - Magdeburg. Vorsitzender des Lokalkomites war Dr. Jung. Als Berichterstatter waren thätig Parisius, Nizze, Liersch - Guben, Dr. Enyrim, Dr. Becker, Max Wirth, Spiethoff - Witten. Im Finanzberichte geschieht zum erstenmale des Sekretärs der Anwaltschaft Dr. Schneider Erwähnung.

Schon war bei den Vorschußvereinen das Verhältniß des eigenen Kapitales zum fremden auf 22 Prozent gediehen und der Anwalt durfte behaupten daß — wenn auch in bescheidenstem Maße — für die Lösung der sozialen Frage Bahn gebrochen sei obgleich die Staatsbehörden allenthalben der Bewegung mit mißgünstigem Auge zugesehen hatten.

Eine neue Geschäftsordnung nach den Vorschlägen der Anwaltschaft wurde angenommen, das Organische Statut des Deutschen Genossenschaftsverbandes festgestellt, das Rechnungswesen desselben neu geordnet, die Betheiligung an der eben in Gründung begriffenen Genossenschaftsbank mittels Aktienzeichnung den Vereinen dringendst empfohlen, die Frage der Ausdehnung der Vereinsthätigkeit auf die Bedürfnisse des Grundkredits angeregt; ebenso die grundsätzliche Besoldung der Vorstände und Beamten, das Markensistem der Konsumvereine, die Buchführung und die Gewinnvertheilung derselben, die Gründung von Genossenschaften zur Errichtung und Benützung von gemeinsamen Werkstätten mit Triebkräften und Maschinengeräthen besprochen, die Frage der Schaffung von Arbeiterwohnungen auf genossenschaftlichem Wege auf die Tagesordnung des nächsten Vereinstages gesetzt.

Die einzelnen Beschlüsse sind im zweiten Abschnitte ausführlich dargelegt.

Einladungen für das nächste Jahr waren aus Leipzig, Stettin, Rostock eingegangen.

## VII.

Die Verhandlungen der Anwaltschaft und des Engeren Ausschusses im Jahre 1865 entschieden für Stettin. Dort fand vom 21. bis 23. August der siebente Allgemeine Vereinstag statt.

Vertreten waren 18 Unterverbände und 60 einzelne Vorschuß- Kredit- Konsum- und Produktiv-Vereine. Es war das letztemal daß Schulze selbst den Vorsitz führte; seine Stellvertreter waren Rechtskonsulent Oesterlen - Stuttgart und Dr. Becker-Dortmund, Schriftführer Frege - Wismar, Senator Dr. Schulze-Greifswald, Brecht - Quedlinburg, Grundmann - Fiddichow und Girndt - Wusterhausen, — Vorstand des Ortsausschusses Buchhändler von der Nahmer. Wir finden unter den Berichterstattern Limbarth - Wiesbaden und Oesterlen neben Brecht, Meilbauer-Schievelbein, Frege, Nizze, Astroth-Brandenburg, Richter - Magdeburg, Spiethoff - Witten, Petri - Berlin.

Von 890 bekannten Vereinen hatten 455 ihre Abschlüsse eingesendet; sie zählten 135013 Mitglieder, bewilligten 48 Millionen Thaler Kredit, durchschnittlich in jedem Vereine 105818 Thaler. Das Verhältniß des eigenen zum fremden Kapitale betrug $27^1/_2$ Prozent.

Dem Allgemeinen Verbande gehörten an 447 Vorschuß- 38 Rohstoff- und Magazins- 25 Konsum-Vereine und 5 Produktiv-Genossenschaften, zusammen 515 Vereine.

In Italien und Frankreich war die Idee der Volksbanken praktisch zur Geltung gelangt und bestrebten sich die Vertreter derselben geschäftliche Verbindungen mit den Deutschen Vereinen anzuknüpfen.

Parisius brachte den dringlichen Antrag ein zu beschliessen:

„Mit Rücksicht auf die von dem Preussischen Ministerium der am 11. August in Berlin zusammengetretenen Kommission für die Arbeiterverhältnisse vorgelegten Fragen:

1) Was kann geschehen um die auf Selbsthilfe beruhenden Genossenschaften (Vorschuß- und Kredit-Vereine, Vereine zur Be-

schaffung von Rohstoffen, Konsumvereine, Produktiv-Assoziationen) zu fördern?

2) Welche dieser Assoziationen können auch unter Fabrikarbeitern Eingang finden und auf welchem Wege würde dies zu erreichen sein?

erklärt der Allgemeine Vereinstag:

I. Die einzige Förderung, welche die auf Selbsthilfe beruhenden Genossenschaften von der Preussischen wie von anderen Regierungen beanspruchen, ist

a) daß sie ihre Organe im Staate streng anweise sich aller durch die Gesetze nicht gerechtfertigten Versuche

die Genossenschaften unter die der polizeilichen Kontrole unterliegenden Vereine zu stellen

fernerhin zu enthalten;

b) daß sie dem Gesetzentwurfe, welcher die endliche Regelung der privatrechtlichen Stellung der Genossenschaften d. h. die Beseitigung der für sie in der jetzigen Lage der Gesetzgebung vorhandenen Schwierigkeiten in Betreff des Erwerbs, der Aufgabe und der Verfolgung von Vermögensrechten bezweckt und welcher im Preussischen Abgeordnetenhause in der Sitzung von 1863 von dem Anwalte der Genossenschaften eingebracht ist, nicht mehr entgegenstehe sondern dahin zu wirken suche daß derselbe zum Gesetze erhoben werde.

II. Die auf Selbsthilfe beruhenden Genossenschaften der oben bezeichneten Art namentlich die Konsumvereine und die Produktivgenossenschaften aber auch die Vorschuß- und Kredit-Vereine erfreuen sich schon gegenwärtig lebhafter Betheiligung der Fabrikarbeiter; diese Betheiligung nimmt von Tag zu Tag einen erfreulicheren Aufschwung; demselben stehen keine anderen Hindernisse entgegen als die zu I. aufgeführten.

III. Alle Versuche der Staatsregierungen die auf Selbsthilfe beruhenden Erwerbs- und Wirthschafts-Genossenschaften überhaupt oder innerhalb einzelner Berufsklassen durch positive Eingriffe der Staatsgewalt fördern zu wollen, müssen als unbedingt schädlich zurückgewiesen werden."

Ein stolzes Manneswort, das sich bis zum heutigen Tage als unerschütterliche Wahrheit erwiesen hat!

Ohne eigentliche Debatte wurde dem Antrage nach kurzer Begründung seitens des Urhebers und Befürwortung durch den Anwalt zugestimmt und lediglich die Redaktion des Wortlautes vorbehalten, welche noch im Laufe der Sitzung erfolgte.

Der Zusatz

„Der Vereinstag erklärt: Die Deutschen Genossenschaften insbesondere die Preussischen sprechen ihr Bedauern darüber aus daß das Ministerium zu der in Berlin berufenen Kommission zur Besprechung der Arbeiterangelegenheiten den Schöpfer und Anwalt der Genossenschaften als den berufensten Sachverständigen zuzuziehen versäumt hat"

wurde nach Schulzes ausdrücklichem Wunsche abgelehnt.

Eine engere geschäftliche Verbindung und gegenseitige Unterstützung der verschiedenen Gattungen von Genossenschaften wurde in Anregung gebracht; die Ordnung des Finanzwesens des Verbandes beschäftigte den Vereinstag in eingehender Weise. Es wurden von den Eingängen 25 Prozent den Unterverbänden zugewiesen, der Rest dem Anwalte zur Deckung der Bureaukosten und als Besoldung überlassen, der jedoch auch die Kosten des nächsten Vereinstages daraus bestreiten sollte.

Gleichzeitig traf man die seitdem innegehaltene Anordnung daß die Kosten des Allgemeinen Verbandes von jenen der Unterverbände getrennt und über die letzteren und ihre Deckung zu beschließen den Unterverbänden selbst überlassen wurde während als Beitrag zum Allgemeinen Verbande ein Prozent vom Nettogewinne der Vereine mit einem Thaler Mindest- und 15 Thaler (nun 20 Thaler) Höchstbeitrag angenommen wurde. — Ferner wurde den Vereinen im Interesse der Verbandsstatistik der Geschäftsabschluß mit dem Kalenderjahre angerathen, über Inhalt und Einrichtung der „Innung der Zukunft" (jetzt Blätter für Genossenschaftswesen) eingehende Verhandlung gepflogen, der Geschäftsgang der deutschen Genossenschaftsbank, als deren Direktor und Vertreter Sörgel anwesend war, ebenfalls einer eingehenden Kritik und Erörterung unterstellt und an dieselbe das Ansinnen gerichtet eine Filiale in Frankfurt a. M. noch vor Abschluß des Rechnungsjahres zu eröffnen.

Neuerdings wurde die Solidarhaft als wirksamster Hebel für den Kredit der Vereine hervorgehoben, den Vorschußvereinen die Aufgabe nahegelegt mit gutgeleiteten anderen Genossenschaften ins besondere Konsumvereinen, Rohstoff- und Produktiv-Genossenschaften behufs Gewährung von Bankkredit in Verbindung zu treten, — in Bezug auf die Konsumvereine die Dividendenvertheilung, der Verkauf an Nichtmitglieder, der Waarenbezug durch gemeinsame Agenten, die Kreditgewährung beim Waarenverkaufe besprochen und zum Gegenstande von Aussprüchen des Vereinstages gemacht, — die bei Gründung von Produktivgenossenschaften zu beachtenden Maßnahmen und zu treffenden Einrichtungen mit voller Aufmerksamkeit erörtert obschon nur eine einzige Produktivgenossenschaft, die der Berliner Shawlweber, am Vereinstage theilnahm — und die im vorjährigen Vereinstage vertagte Frage der Baugenossenschaften mit vollem Ernste wieder aufgenommen und durchberathen.

Alle einschlägigen Beschlüsse sind sistematisch geordnet im zweiten Abschnitte mitgetheilt.

Einladung für den nächsten Vereinstag lag vor aus Leipzig, Dresden, Quedlinburg und Stuttgart. Von mehreren Seiten wurde jedoch auf der Wahl einer mitteldeutschen Stadt bestanden; die Entscheidung blieb dem Engeren Ausschusse überlassen.

## VIII.

Dieser berief den achten Vereinstag des Allgemeinen Verbandes der Deutschen Erwerbs- und Wirthschafts-Genossenschaften auf 8.—10. Oktober 1866 nach Kassel.

Zum erstenmale trat in der Ueberschrift der „Allgemeine Verband“ als solcher in den Vordergrund, der in den letzten Jahren zu einer Bedeutung herangereift war daß er für sich berufen erschien den Vereinstag abzuhalten und als seine eigene Versammlung zu bezeichnen während er bisher mehr als eine freie Vereinigung der verschiedenen einzelnen Genossenschaften gegolten hatte, welche sich zu dem besonderen Zwecke des Vereinstags gemeldet und zu diesem Zwecke ihren Beitrag eingezahlt hatten. Die Ausbildung des Organischen Statuts und die wachsende Thätigkeit der Anwaltschaft hat zu dieser heilsamen Aenderung vorzugsweise beigetragen.

Die festere Organisation drückte sich auch darin aus daß der Anwalt nicht mehr den Vorsitz übernehmen mußte sondern daß dieses Amt dem Vorsitzenden des Engeren Ausschusses Nizze zufiel, der es seitdem in musterhafter Weise bis auf den heutigen Tag verwaltet. Dadurch wurde die Aufgabe des Anwaltes, zu jeder Zeit in jede Verhandlung belehrend, rathend, anregend und mahnend einzugreifen, wesentlich erleichtert und der in früheren Jahren wiederholt gebotene öftere Wechsel im Vorsitze auf ein ganz bescheidenes Maß zurückgeführt. Stellvertreter waren Schenk - Wiesbaden und Dr. Weigel - Kassel.

Als Schriftführer waren ernannt Obergerichtsanwalt Hupfeld, Literat Hahndorf, Fabrikant Stück, Kaufmann Diehls und Kaufmann Preußner sämmtlich von Kassel.

Von den Berichterstattern machen wir besonders namhaft Parisius, Laßwitz, Dr. Schultze - Greifswalde, Wachenhusen - Boitzenburg, Keußen - Krefeld, Richter - Berlin, Arnecke - Halberstadt, Balzer - Hamburg.

Den Hannoverschen Vereinen war in Folge von staatlichen Verwaltungsmaßregeln die Betheiligung am Allgemeinen Vereinstage nicht gestattet; ihre Vertreter wurden deshalb als Gäste betrachtet und zur Berathung ohne Stimmrecht zugelassen.

Die Zahl der bestehenden Genossenschaften war auf 1317, die Gesammtsumme ihres Verkehres auf 85—90 Millionen Thaler, das eigene Kapital auf 7 Millionen, der Betrag der im Betriebe befindlichen fremden Gelder auf 30 Millionen angewachsen. 21 Landes- und Provinzial-Verbände waren gegründet, andere in Bildung begriffen. In Belgien, Frankreich und Italien waren Vorschußvereine nach Schulzes Mustern geschaffen worden, nicht minder in Alexandrien, Odessa, in Algier und im Orient.

Dem Allgemeinen Verbande gehörten in den 21 Verbänden 484, — ausser denselben 102 Vorschuß- 16 Rohstoff- Magazins- und Produktiv - Genossenschaften und 13 Konsumvereine — im Ganzen 615 Genossenschaften an. —

Die Pariser Weltausstellung stand bevor. Die Breslauer Handelskammer hatte die Betheiligung des Allgemeinen Verbandes an dieser Ausstellung behufs Darlegung der von demselben erzielten sozialen Leistungen in Anregung gebracht; es wurde beschlossen ihr den letzten Jahresbericht über die auf Selbsthilfe gegründeten Deutschen Erwerbs- und Wirthschafts-Genossenschaften zur beliebigen Benützung zu überlassen.

Die Arbeiten des Vorjahres wurden nach allen Richtungen

wieder aufgenommen und fortgesetzt insbesondere die Kostenfrage dahin geregelt daß zwischen den verschiedenen Vereinsgattungen unterschieden ward so daß die Vorschußvereine zwei Prozent vom Reingewinne des Vereinsgeschäftes zwischen 2—30 Thalern, die Konsumvereine und die Rohstoffgenossenschaften einen Drittel-Thaler oder Gulden und die Produktivgenossenschaften einen Sechstel-Thaler oder Gulden von jedem Tausend des Verkaufs-Erlöses innerhalb der gleichen Begrenzung für 1866 einzuzahlen hatten, wovon dann 25 Prozent den Unterverbänden, 3200 Thaler für die Besoldung des Anwaltes einschl. des Bureau-Aufwandes und der Kosten des Allgemeinen Vereinstages, der Rest aber dem zu bildenden Reservefond zugewiesen wurde, vom Jahre 1868 an dagegen die Beiträge auf die Hälfte des eben erwähnten zwischen 2 und 20 Thaler ermässigt, eine Betheiligung der Unterverbände an diesen Einnahmen aber ausgeschlossen werden sollte.

In Angelegenheiten der einzelnen Vereinsgattungen wurden wichtige Beschlüsse gefaßt, die im zweiten Abschnitte geordnet mitgetheilt sind. Es nahmen das allgemeine Interesse davon besonders jene in Anspruch, welche auf die Milderung der durch die Solidarhaft an die Mitglieder herantretenden Ansprüche und Verbindlichkeiten gerichtet waren, wobei der sehnlichste Wunsch nach dem endlichen Zustandekommen des Genossenschaftsgesetzes wiederholt zum Ausdrucke gelangte, dessen Entwurf Schulze neuerdings im Abgeordnetenhause eingebracht hatte, — ebenso jene, welche sich über die Theilnahme eines Mitgliedes an verschiedenen Vereinen mit gleichen Bestrebungen aussprachen, — die Höhe der kündbaren und unkündbaren Geschäftsantheile der Konsumvereinsmitglieder (es waren zehn solche Vereine vertreten), die Deckung von Geschäftsverlusten in solchen Vereinen, dann bezüglich der Produktivgenossenschaften die Beiziehung von Lohnarbeitern und die Vorsichtsmaßregeln bei Aufnahme in solche Vereine erörterten, von welchen zusammengesetzte Arbeiten aus verschiedenen Geschäftsbranchen geliefert werden müssen.

Die Fragen über die Bedeutung des Reservefonds, die Nachtheile öffentlicher Sparkassen für Genossenschaften überhaupt und für die Produktivgenossenschaften insbesondere blieben der Erledigung auf einem späteren Vereinstage vorbehalten. Das provisionsfreie Inkasso und die Heranziehung der ländlichen Bevölkerung zu den Vorschußvereinen wurden besprochen ohne daß eine Beschlußfassung stattfand, ein Vortrag Balzers über Produktiv- und Bau-Genossenschaften mit hohem Interesse entgegengenommen.

Engelbert Keßler-Wien berichtete schriftlich mit dem Ausdrucke des Bedauerns daß ihm die persönliche Theilnahme am Vereinstage versagt sei über die Genossenschaften Oesterreichs, wofür ihm der Dank der Versammlung ausgesprochen wurde. *)

Einladungen für den nächsten Vereinstag lagen vor aus Breslau und Hamburg. Die Entscheidung blieb der Anwaltschaft und dem Engeren Ausschusse überlassen.

## IX.

Er wurde als neunter Vereinstag vom 4.—7. September 1867 in Quedlinburg abgehalten mit stärkerer Betheiligung als je zuvor.

Den Vorsitz führte Nizze, seine Stellvertreter waren Laßwitz-Breslau und Bürgermeister Stromeyer-Konstanz, der lebendige Beweis dafür daß die Idee des Genossenschaftswesens nicht allein bis zur Südgrenze Deutschlands ihre Wurzel geschlagen sondern daß dort auch schon Vereine herangeblüht waren, stark genug um sich die Vertretung beim Allgemeinen Verbande und beim Allgemeinen Vereinstage zu sichern, — Schriftführer die Magistratssekretäre Laage und Grosse, Lehrer Klöber, Auktionskommissar

*) Engelbert Keßler ist der eigentliche Gründer des Beamtenvereins der österreichisch-ungarischen Monarchie, der sich in wenigen Jahren zu einer Körperschaft von höchster Bedeutung emporgeschwungen und glänzende Ergebnisse seiner Thätigkeit zu verzeichnen hat. Dieser Verein hat auch die engere organische Verbindung der Oesterreichischen Genossenschaften in Anregung gebracht, die nach längerem Ringen unter H. Stillers energischer und kenntnißreicher Führung als Oesterreichischer Genossenschaftsverband im Vorjahre glücklich zu Stande kam. Die Generalversammlung des Beamtenvereins vom Jahre 1873 hat dem hochverdienten Gründer, der mit schweren pekuniären Opfern und mannhafter Ausdauer in schlimmster Zeit den jungen Verein zur Lebensfähigkeit zu entwickeln unablässig bestrebt war und diesen Bestrebungen sein ganzes Vermögen opferte, einen Vereinsdank von 10,000 Gulden gewidmet. Zur Zeit ist Keßler als „Genossenschaftsreferent" Beamter des Vereines.

Knoche sämmtliche von Quedlinburg und Bürgermeister Girndt – Wusterhausen, Präsident des Lokalkomites Bürgermeister Brecht.

Von den Berichterstattern und Antragstellern sind besonders namhaft zu machen Schultze – Greifswalde, Guttmann – Insterburg, Schenk, Hirsch – Magdeburg, Kannegießer – Berlin, Pechau – Neustadt-Magdeburg, Siegmann – Berlin, der eingehende Vorträge über die Genossenschaftsbäckerei daselbst hielt, Petersen – Dürkheim, Fröhner – Dresden, Bankdirektor Sörgel, Matthies – Stralsund, von der Nahmer – Stettin, Näser – Leipzig.

Dem Allgemeinen Verbande gehörten in 25 Verbänden 544 Vereine, ausser denselben 96 Vorschuß- und Kredit-Vereine, 11 Rohstoff- Produktiv- und Magazins-Genossenschaften, 15 Konsumvereine, zusammen 666 Genossenschaften an.

Im einleitenden Berichte über den Stand des Genossenschaftswesens kam Schulze auf das Verbot des von den Französischen Genossenschaften auf die Zeit vom 16.—18. August nach Paris einberufenen internationalen Genossenschaftstages durch die kaiserliche Regierung zu sprechen und theilte er den Entwurf eines Protestes mit, den er gegen dieses Verbot einzulegen beabsichtige. Er erhielt die Ermächtigung den Protest als erwählter Anwalt des Allgemeinen Verbandes der auf Selbsthilfe beruhenden deutschen Erwerbs- und Wirthschafts-Genossenschaften zu unterzeichnen. Schulze, der die ihm angebotene Ehrenpräsidentschaft seiner ihm nicht genügend scheinenden Sprachenkunde wegen abgelehnt hatte, war bereits auf der Reise nach Paris gewesen, wohin er als Vertreter der Deutschen Genossenschaften abgesendet war, als er Kenntniß von dem Verbote erhielt. Er drang sofort darauf daß das Komite der Regierung keinerlei Zugeständnisse mache sondern den Kongreß nach einem freieren Lande verlege. Dieser Protest, der sich in den Blättern für Genossenschaftswesen Jahrgang 1867 Seite 145 und in dem trefflichen Werke Schulzes „die Entwickelung des Genossenschaftswesens in Deutschland" Seite 184 abgedruckt findet, ist so charakteristisch daß ihn zu lesen und wiederzulesen allen Freunden des Genossenschaftswesens und noch mehr allen Jenen empfohlen werden muß, die bisher der genossenschaftlichen Bewegung ferne gestanden sind. Schulze erinnert daran daß im Frühjahr 1866 noch die Abhaltung von Vorträgen über Genossenschaftswesen in Riga, wohin er vom dortigen kaufmännischen Vereine eingeladen war, von der Russischen Regierung verboten wurde. Er stellt dieses Vorgehen dem der französischen Regierung an die Seite und spricht offen aus

> „das Kaiserthum ist nichts, als die Fortsetzung der durch das rothe Gespenst, das die französische Gesellschaft der Staatsrettung um jeden Preis in die Arme trieb, entstandenen Diktatur, welche die selbstbewußte Initiative scheuen muß, die in den Bildungs- Wirthschafts- und Erwerbs-Genossenschaften mehr und mehr erstarkt."

Der Protest machte schnell die Runde durch alle französischen Blätter und wurde dort in ernster und würdiger Weise als vollkommen begründet anerkannt.

Die wirthschaftlichen Genossenschaften Württembergs und Badens hatten einen Antrag gestellt, wonach die Unterverbände von der Verpflichtung entledigt werden sollten den Eintritt in den Allgemeinen Verband als Bedingung des Anschlusses der Vereine an die Unterverbände aufzustellen. Diese Bestrebungen wurden als den Gesammtorganismus des Allgemeinen Verbandes bedrohend zurückgewiesen und der Antrag abgelehnt. Entschiedene Verwahrung legte der Anwalt bei diesem Anlasse gegen die von den Sonderbündlern beliebte Bezeichnung des Allgemeinen Verbandes als „Norddeutschen Verband" ein. „Das lassen wir uns niemals sagen, die wir stolz darauf sind unsere Genossenschaftsbewegung als eine allgemeine deutsche aufrecht zu erhalten und die traurige Spaltung zwischen Nord und Süd bei uns nicht aufkommen zu lassen!"

Das Preussische Genossenschaftsgesetz war inzwischen (am 27. März 1867) verkündet und damit wenigstens in einem grossen Theile Deutschlands die lang ersehnte gesetzliche Regelung für die Vereine Thatsache geworden. Ein Dankesvotum an den Anwalt für seine unermüdliche Thätigkeit in dieser Richtung war der erste Ausspruch der Versammlung noch ehe dieselbe in ihre geschäftlichen Verhandlungen eintrat. Die Unterstellung unter das Gesetz wurde durch einen der ersten Beschlüsse des Vereinstages den Vereinen auf das Wärmste empfohlen und sofort in die Berathung eines Musterstatutes auf Grund des Gesetzes eingetreten.

Das gegenseitige Inkasso unter möglichst günstigen Bedingungen, die Gründung besonderer Unterverbände für die Konsumvereine behufs Gewinnung vielseitigster Erfahrungen über Bezugsquellen u. s. w. — der Verkauf solcher Vereine an Nichtmitglieder, die Verbindung ihres Geschäftes mit Darlehenskassen bildeten ausserdem die Hauptgegenstände der Berathungen.

Die Frage über die Bedeutung des Reservefondes wurde wieder vertagt.

Auf Antrag der Anwaltschaft erfolgte der Ausschluß von drei Vorschußvereinen und zwei Schuhmachergenossenschaften, welche seit Jahren ihren Verpflichtungen nicht nachgekommen waren, aus dem Verbande.

In Bezug auf die finanzielle Lage desselben wurde die Verrechnung der Diäten und Reisekosten des Anwaltes oder seiner Stellvertreter aus dem Dispositions- (Reserve-) Fonde statt wie bisher aus den Aversen des Anwaltes genehmigt, die Diäten auf fünf Thaler festgesetzt (sie wurden inzwischen bald auf eigenen Antrag der Anwaltschaft auf vier Thaler ermässigt und thatsächlich nie in höherem Betrage erhoben), der Anwalt für verpflichtet erklärt der Hälfte der Unterverbandstage in jedem Jahre beizuwohnen wobei jedoch eine Stellvertretung durch Parisius - Gardelegen oder durch den Sekretär der Anwaltschaft Dr. Schneider stattfinden darf.

Einladungen für den nächsten Vereinstag lagen vor aus Chemnitz, Dresden, Leipzig, Konstanz, Breslau und den Städten des Mittelrheines. Die Bestimmung wurde dem Engeren Ausschusse überlassen.

## X.

Derselbe entschied sich für Leipzig, wo am 23. August 1868 die Vorversammlung des zehnten Allgemeinen Vereinstages im Schützenhause durch den Vorsitzenden des Leipziger Vorschußvereines Näser eröffnet wurde. 20 Verbände und 81 Vereine waren durch 160 Abgeordnete vertreten.

Die alte Geschäftsordnung wurde wieder angenommen, Nizze zum Vorsitzenden, Laßwitz und Stromeyer zu Stellvertretern, Dr. Thiel - Breslau und Blume - Potsdam zu Schriftführern gewählt. Von den einzelnen Berichterstattern und Antragstellern treten hervor Fröhner - Dresden, Dr. Beek - Halle, Brüg

– Leipzig, Dr. Hanow, Petersen – Zweibrücken, Weber-Bruchsal, Schenk, Großmann, Hensel, Eugen Richter, German – Leipzig, Sieburger – Königsberg, Himmelheber-Karlsruhe, Hoffmann, Pfahl, Parisius.

Nizze sprach in seiner Eröffnungsrede den Dank der Genossenschaften gegenüber ihrem Anwalte aus, dessen unausgesetzter Bemühung es gelungen war das bisher nur in Preussen geltende Genossenschaftsgesetz beim Bundesrath und Reichstage als Norddeutsches Bundesgesetz zur Geltung zu bringen.

Bürgermeister Dr. Koch begrüßte in der ersten Hauptversammlung den Vereinstag in festlicher Weise, die Wahlverwandtschaft zwischen Gemeinde und Genossenschaft mit dem Hinweise auf die von ihm vertretene Stadt bezeichnend, die stets ihrer eigenen Kraft vertraute und sich bemühte eine Selbstständigkeit zu erringen und zu erhalten, ohne welche ein gesundes Gemeindeleben überhaupt nicht gedacht werden kann.

Schulze, der dafür dankte, hatte in dem folgenden Vortrage über den Stand des Genossenschaftswesens auch die angenehme Aufgabe der kräftigen Mitwirkung zu gedenken, welche die Vereine zur Linderung der Noth in Ostpreussen entwickelt hatten, wofür noch Sieburger - Königsberg Namens des Verbandes für Ost- und West-Preussen gesondert den innigsten Dank aussprach.

Die Zahl der bekannten Genossenschaften war bereits auf 1707 gestiegen.

Mit Bedauern gedachte der Anwalt der Theilnahmslosigkeit der Mitglieder in den Rohstoffgenossenschaften und ihrer mangelnden Einsicht in die einfachsten wirthschaftlichen Gesetze.

Dem Allgemeinen Verbande gehörten 723 Vereine an und zwar 574 derselben in 25 Verbänden, die übrigen ausserhalb derselben. Von den Unterverbänden hatten sich drei wegen zu geringer Mitgliederzahl aufgelöst dagegen waren drei andere neu gebildet worden so daß ihre Zahl nach wie vor 25 betrug.

Von Wien war ein Begrüssungstelegramm dortiger Vorschußvereine eingetroffen, das mit Gegengruß und mit der Aufforderung beantwortet wurde „Das nächstemal mittagen!“ Dieser Wunsch, der bisher noch nicht zur Wahrheit geworden, möge er in künftigen Vereinstagen seine Verwirklichung finden!

Die Klage Eugen Richters „daß seine Vorträge vom Kasseler Vereinstage nur verstümmelt in die gedruckten Mittheilungen über diese Versammlung Aufnahme gefunden, erregte eine lang dauernde Berathung über die Art und Weise der Aufnahme und Wiedergabe der Verhandlungen. Beschlußfassung wurde dem nächsten Vereinstage vorbehalten.

Wieder wurde die Unterstellung der Vereine unter das Genossenschaftsgesetz als erste dringende Pflicht erklärt, ein Regulativ für den Verkehr der Unterverbände mit der Anwaltschaft angenommen, die unentgeltliche Ablassung des Jahresberichtes an jene Vereine, welche ihre statistischen Abschlüsse an die Anwaltschaft eingesendet und ihren finanziellen Verpflichtungen Folge geleistet haben, zu Lasten des Dispositionsfondes sowie die Bestreitung der Kosten des Allgemeinen Vereinstages aus diesem Fonde beschlossen, die Prüfung der Verbandsrechnung dem Engeren Ausschusse überwiesen, welcher dem Anwalte nach richtigem Befunde Entlastung zu ertheilen und diese in den Blättern für Genossenschaftswesen bekannt zu geben habe, die Haltung einer Mehrzahl von Exemplaren dieses Organes den Vereinen empfohlen.

Kontokorrent-Verkehr, Kredithöhe, Wechselinkasso, Reservefondsansammlung bildeten bei der Abtheilung der Vorschußvereine, Verkauf an Nichtmitglieder, Gewinnvertheilung und Auszahlung, Verlustdeckung, Bildung von Sparantheilen und Reservefondsbildung bei jener der Konsumvereine die Hauptgegenstände der eingehendsten Berathung.

Wie sehr nothwendig die Vereine und insbesondere die Konsumvereine den Austausch der Meinungen und Erfahrungen für ihre Angelegenheiten erachteten beweist der Umstand daß ausser dem reichhaltigen wirklich besprochenen Material noch zwei wichtige Gegenstände, die Bildung von Unterverbänden zum Zwecke der bequemeren und besseren Waarenbeschaffung und die Einberufung eines besondern Konsumvereinstages schon im Voraus für den nächsten Vereinstag angemeldet wurden, woraus der Anwalt Anlaß nahm eine Ordnung anzuregen, nach welcher künftig die Angelegenheiten der Konsumvereine sofort in der ersten Hauptversammlung zur Erörterung gelangen sollten.

Am Schlusse warf Nizze einen Rückblick auf die Ergebnisse der bisherigen zehn Vereinstage, deren erste Reihe durch die freundliche Aufnahme in Leipzig einen besonders würdigen Abschluß gefunden hatte.

Einladungen für das nächste Jahr lagen vor aus Neustadt a. d. Hardt, Breslau, Karlsruhe, Heidelberg, Konstanz. Der Vorsitzende lud die Versammlung ein in geschlossener Phalanx über den Main zu gehen und so den süddeutschen Vertretern des Genossenschaftswesens zur Ausdehnung der genossenschaftlichen Gesetzgebung auf ihre Lande die erwünschte Unterstützung zu bringen.

## XI.

In Neustadt a. d. Hardt fand denn auch am 23. und 24. August 1869 der eilfte Vereinstag statt.

Wieder führte Nizze den Vorsitz, unterstützt von Laßwitz und Petersen. Schriftführer waren Dr. Knecht, Zenetti, Morsch und Rau sämmtliche aus Neustadt.

Von den verschiedenen Berichterstattern und Antragstellern nennen wir Bürgers - Köln, Zapp - Frankfurt a. O. und Schenk.

Vertreten waren 21 Verbände und 66 Vereine, Ehrengäste aus Belgien und Rußland zugegen.

Der Vorsitzende dankte den süddeutschen Freunden für ihre Thätigkeit zu Gunsten einer einheitlichen Gesetzgebung und bezeichnete in dieser Richtung die Aufgabe des Vereinstages als erfolgreich beendet, weshalb derselbe seine Thätigkeit nun um so entschiedener dem Ausbaue der inneren Einrichtungen zuwenden könne.

Der Anwalt konnte in seinem Hauptberichte mit begründeter Befriedigung auf die Anerkennung hinweisen, die sein Sistem durch thatsächliche Nacheiferung in England, Spanien, Italien und Griechenland neuerdings gefunden. Dem Allgemeinen Verbande gehörten in 27 Unterbänden 660, ausser denselben 134 weitere Vereine an.

Bezüglich der im Vorjahre vertagten Frage der Berichterstattung über den Allgemeinen Vereinstag wurde die bisherige Art einer auszugsweisen Behandlung auch für die Folge für genügend erachtet.

19 Vereine, welche ihre Verpflichtungen nicht erfüllt hatten, wurden vom Verbande ausgeschlossen und zwar 11 Vorschußvereine, 6 Produktivgenossenschaften, 1 Rohstoffgenossenschaft und 1 Konsumverein.

Hinsichtlich der Unterverbandstage wurde beschlossen daß dieselben nicht ohne Einverständniß der Anwaltschaft festgesetzt und daß auf möglichste Aufeinanderfolge der Tage für die benachbarten Unterverbände (um den Besuch des Anwaltes zu ermöglichen) Rücksicht genommen werden solle. Dieselben haben spätestens in der ersten Hälfte des Juli stattzufinden.

Die Theilnahme Parisius an allen Vereinstagen wurde als wünschenswerth erklärt und demselben ausser den Reisekosten und Diäten eine Entschädigung für Zeitversäumniß bewilligt.

Dem Vorsitzenden des Engeren Ausschusses und des Allgemeinen Vereinstages wurde für seine Mühewaltung ein billiges Jahreshonorar, dem Sekretäre der Anwaltschaft für die Berichterstattung über den Allgemeinen Vereinstag eine besondere Vergütung zugewiesen.

Die Abhaltung eines eigenen Norddeutschen Konsumvereinstages in diesem Jahre wurde ausnahmsweise für zulässig erklärt und für die Kosten desselben ein Beitrag angewiesen.

Die Angelegenheiten dieser Vereinsgattung kamen deshalb im Allgemeinen Vereinstage nicht zur Besprechung, — die Vorschußvereine befaßten sich hauptsächlich mit der Guthabenbelehnung, der gegenseitigen Auskunft über die Kreditverhältnisse, der Fristgewährung, dauernden Fondsanlagen und den Raiffeisen'schen Darlehenskassenvereinen, der Berechtigung der Vorstände zum Zeichnen und Handeln im Namen der Vereine, der Verwendung des Reservefonds und der Vertheilung des Reingewinnes.

Die Verhandlungen waren durch kommissionelle Vorberathungen wesentlich gekürzt und erleichtert.

Zum Orte des nächsten Vereinstages wurde Breslau gewählt.

---

Der erste (und bisher letzte) besondere Vereinstag Deutscher Konsumvereine fand am 2. 3. und 4. Oktober 1869 in Magdeburg statt.

Den Vorsitz führte Oppermann - Magdeburg, seine Stellvertreter waren Krüger - Rostock und Lobe - Königshütte, Schriftführer F. W. Richter - Magdeburg und Hanow — Berlin.

Die Anwaltschaft war durch Schulze, Parisius und Dr. Schneider vertreten. Antheil nahmen die Vertreter von drei Konsumvereinsverbänden (Brandenburg, Schlesien und Provinz Sachsen) — dann von 32 Konsumvereinen, einer Rohstoffgenossenschaft und zwei Produktivgenossenschaften.

Als Berichterstatter und Antragsteller sind namentlich zu bezeichnen Kannegießer-Berlin, Pfahl-Königsberg, Schulze-Neustadt, Zimmermann-Magdeburg, Kloß-Erfurt, Stephan-Berlin, Bertram-Görlitz, Pensky-Königsberg, Candler-Rüdersdorf.

Die Geschäftsordnung des Allgemeinen Vereinstages wurde auch für diese Versammlung für maßgebend erklärt und vor Allem die Unterstellung unter das Genossenschaftsgesetz den Konsumvereinen dringend empfohlen, hierauf über Gewinnvertheilung, Geschäftsantheile, Spareinlagen, Bildung von Unterverbänden, Einrichtung einer Zentral-Bezugsstelle oder einer Deutschen Konsumgroßhandlungsgenossenschaft, Waarenverkauf an Nichtmitglieder, Sorge für genossenschaftliche Ausbildung der Mitglieder, Entschädigung der Lagerhalter für Einwiegen u. s. w., vierteljährliche, halbjährliche oder jährliche Rechnungsabschlüsse, Zusammenwirken der Konsumvereine mit Kreditvereinen und anderen wirthschaftlichen Genossenschaften, Zahlung der Vereinsvorstände und Beamten, Betrieb von Markengeschäften die eingehendsten Verhandlungen gepflogen und über die meisten der aufgezählten Punkte auch Beschlüsse gefaßt, die im zweiten Abschnitte mitgetheilt sind. —

## XII.

Im Jahre 1870 machte der Krieg den Zusammentritt des Allgemeinen Vereinstages unmöglich. Es war die erste Pause seit dem Bestehen dieser Versammlung, — möge sie nie zum zweitenmale nothwendig werden!

Für 1871 wurde der zwölfte Allgemeine Vereinstag auf 21. und 22. August nach Nürnberg einberufen.

Schulze erkannte die Nothwendigkeit der noch wenig geförderten Organisation des Genossenschaftswesens in Süddeutschland ganz besonders in Bayern kräftig zu Hilfe zu kommen und beantragte deshalb die Wahl einer Bayerischen Stadt, die vom Engeren Ausschusse gut geheissen wurde. Schon sechs Wochen früher war der Anwalt aus Anlaß des Unterverbandstages der Fränkischen Vereine nach München gekommen und hatte dort mit gewohnter Energie die einleitenden Schritte zur Bildung eines Bayerischen Unterverbandes veranlaßt. Diese Bildung sollte in Nürnberg Thatsache werden, allein noch war der genossenschaftliche Geist in Bayern nicht in dem Maße wach gerufen um die aufgewendete Thätigkeit zu lohnen; unter den 23 Verbänden und 81 Vereinen, die in Nürnberg vertreten waren, finden wir (die längst trefflich organisirte Pfalz abgerechnet) nur den einen Verband der Fränkischen Genossenschaften, sechs Vorschußvereine und einen Konsumverein aus Bayern. Darum wurde auch von der beabsichtigten Bildung des Unterverbandes abgesehen und dieselbe auf eine günstigere Zeit vertagt, die bezüglich der Konsumvereine insoweit eingetreten ist als wenigstens die Mehrzahl der Bayerischen Vereine dem Süddeutschen Konsumvereinsverbande angehört, dessen Leitung seit Juni 1872 sich in München befindet, — aber auch bezüglich der übrigen und insbesondere der Kreditgenossenschaften hoffentlich nicht mehr ferne steht.

Den Vorsitz in Nürnberg führte wieder Nizze, seine Stellvertreter waren Laßwitz und Stromeyer, Schriftführer Großmann-Glashütte und Hartmann-Nürnberg, Vorsitzender des Lokal-Komites der hochverdiente Landtags- (damals auch noch Reichstags-) Abgeordnete Karl Crämer.

Von den Berichterstattern und Antragstellern machen wir namhaft Michaelsen-Tessin, Bauer-Chemnitz, Guttmann-Insterburg, Kranz-Wüstegiersdorf, Näser-Leipzig, Vahlbruch-Hamburg, Dr. Herz-Mannheim, Schenk, Parisius, Bensemann-Berlin, Neumann-Tangermünde, Baum-Crefeld, Ohly-Darmstadt, Dr. Beeck-Halle, Riecke-Magdeburg, Kretschmann-Burg, Roth-Wiesbaden, Heß-Frankenthal, Meißner-Frankfurt a. M., Pensky, Döring-Breslau, Levinger-Speyer, Weber-Bruchsal, Mayer-Heilbronn, Hahndorf-Kassel, Pröbst-München, Dr. Stegmann-Weimar, Hopf-Insterburg, Witte-Halberstadt, Bauer-Potsdam, Bertram-Görlitz, Hanow-Berlin, Oelsner-Breslau, Oppermann-Magdeburg.

Nizze begrüßte den glücklich wiedererlangten Frieden und die im Kampfe errungene deutsche Einheit, die es neuerdings ermöglichte im Ausbau der friedlichen Entwicklung des deutschen Volkes nach Kräften mitzuarbeiten.

Der Anwalt konnte ungeachtet der widrigen Einflüsse des Kriegsjahres einen fortdauernden Aufschwung der genossenschaftlichen

Thätigkeit nachweisen. Die Zahl der Vereine war auf 2886 herangewachsen; bei 740 Vorschußvereinen, welche ihre Rechnungsabschlüsse für 1870 eingesendet hatten, zeigte sich (gegenüber 735 Vereinen des Vorjahres) in runden Zahlen eine Mehrung des Mitgliederstandes um 10000, der gewährten Kredite um 25 Millionen Thaler, des eigenen Kapitals um fast $1^1/_2$ Millionen, des fremden um $3^1/_4$ Millionen; — das Verhältniß des eigenen zum fremden Kapitale hatte sich um ein volles Prozent gebessert.

Dem Allgemeinen Verbande gehörten 740 Vorschuß- und Kredit-Vereine, 103 Konsumvereine und 28 Genossenschaften in verschiedenen Gewerkszweigen, zusammen 871 Vereine an, wovon 736 in 28 Unterverbänden sich gesammelt hatten.

Die genossenschaftliche Gesetzgebung bildete einen wichtigen Bestandtheil der Berathungen, insbesondere die Strafbestimmungen der §§ 27 und 35, dann der zweite Theil des damals neugeschaffenen Bayerischen Gesetzes, der inzwischen Dank der Thätigkeit des Anwaltes, der Bayerischen Genossenschaften und des dermaligen Bayerischen Justizministers bereits wieder unschädlich gemacht wurde.

Ferner wurde das Organische Statut wesentlich verbessert, die Beitragspflicht der Konsumvereine, Rohstoff- und Produktiv-Genossenschaften in ein entsprechendes Gleichgewicht gebracht, insbesondere aber der Eintritt des oben erwähnten, bisher selbständigen, ausser Zusammenhang mit dem Allgemeinen Verbande sich befindenden Süddeutschen Konsumvereinsverbandes beziehungsweise der demselben angehörenden Vereine durch Annahme eines Provisoriums in Bezug auf die Beitragsleistung der minder entwickelten Vereine in glücklichster Weise ermöglicht. Damit war erst das süddeutsche Element ganz und entschieden für den Allgemeinen Verband gewonnen und zugleich den demselben schon angehörigen Konsumvereinsverbänden Nord- und Mittel-Deutschlands ein — wie die bisherigen Erfahrungen gezeigt haben — willkommener Bundesgenosse zugeführt, die weitere Entwicklung des Konsumvereinswesens auf einheitlichem und darum um so fruchtbringenderem Wege angebahnt und gefördert.

Bei den Angelegenheiten der einzelnen Vereinsgattungen war es insbesondere der von den Vorschußvereinen etwa zu unterstützende Grundkredit, der Giroverkehr mit der Genossenschaftsbank und die Verwendung eines Theiles des Reingewinnes zu Bildungszwecken, welche die Theilnahme der Anwesenden in Anspruch nahmen.

11 Genossenschaften mußten wegen Nichterfüllung ihrer Verpflichtungen aus dem Verbande ausgewiesen werden, eine davon mit Vorbehalt.

Die Einladung den nächsten Vereinstag in Breslau abzuhalten wurde mit Beifall entgegen- und ohne Widerspruch der desfallsige Antrag angenommen.

## XIII.

Dort traten in der Zeit vom 18. bis 21. August 1872 die Vertreter von 25 Unterverbänden und 145 Vereinen zum dreizehnten Allgemeinen Vereinstage zusammen.

Vorsitz und Stellvertretung blieb in den erprobten Händen Nizzes, Laßwitzs und Stromeyers, wovon der zweite gleichzeitig in musterhafter Weise das Amt des Vorsitzenden des Ortsausschusses verwaltete. Schriftführer waren Wagner-Wechselburg, Dr. Schultze-Greifswalde, Dr. Thiel-Breslau, Grundke-Naumburg.

Von den Berichterstattern und Antragstellern erwähnen wir Döring-Breslau, Rohland-Oppeln, Schumacher-Kulm, Räser-Leipzig, Eckardt-Jessen, Eckert-Potsdam, Strauch-Schweinitz, Plischke-Breslau, Dr. Herz-Mannheim, Hübner-Waldenburg, Dr. Holtze-Kattowitz, Dr. Knecht-Neustadt, Kranz-Wüstegiersdorf, Gerstl-Posen, von der Nahmer-Stettin, Harsy-Dresden, Rimpler-Oels, Stelter-Königsberg, Anders-Schandau, Müller-Gotha, Keußen-Solingen, Rudolf-Halle, Neumann-Tangermünde, Sörgel-Berlin, Weber-Bruchsal, Pohl-Königsberg, Levinger-Speyer, Astroth-Brandenburg, Schenk, Hopf-Insterburg, Schmidt-Burg, Schreiber-Görlitz, Pröbst, Bertram-Görlitz, Oppermann-Magdeburg, Hanow-Berlin, Parisius, Oelsner-Breslau, Schwedler-Wüstegiersdorf, Kasper-Wüstegiersdorf, Maul-Breslau, Peters-Neviges, Dr. Brieger-Kosel, Behm-Charlottenburg, Schmook-Breslau, Serbin-Breslau, Willmann-Freiburg in Schlesien.

Die Versammlung wurde bei ihrem ersten Zusammentritte vom Bürgermeister der Stadt auf das Freundlichste begrüßt.

Nizze wies in seiner Eröffnungsrede auf die Kämpfe der Deutschen Nation auf kirchlichem und sozialem Gebiete hin, die nur durch Aufklärung und Volksbildung siegreich beendet werden können, dieselben Ziele, die die Genossenschaften schon seit Jahrzehenten anstreben da sie die Grundlage alles materiellen Wohlstandes bilden, weshalb er mahnte diesen erprobten Grundsätzen treu zu bleiben und Mann für Mann an dem grossen nationalen Kampfe theilzunehmen.

Die Zahl der bekannten Vereine war auf 3290 darunter 93 Baugenossenschaften gestiegen, dem Allgemeinen Verbande hatten sich 80 Vereine neu angeschlossen.

Die 777 Vorschuß-Vereine, welche Rechnungsabschlüsse einschickten, hatten 340336 Mitglieder, gaben denselben für 241 Millionen Thaler Kredit und erzielten eine reine Erübrigung von 1.384059 Thalern. 140 Konsumvereine hatten zusammen einen Verkaufserlös von $4^1/_2$ Millionen Thalern mit einer reinen Erübrigung von 235887 Thalern. Ihr eigenes Kapital betrug 603699 Thaler. Der Arbeiterstand im engsten Sinne war bei den Vorschußvereinen mit mehr als zehn, — bei den Konsumvereinen mit fünfzig Prozent der Gesammtmitgliedschaft vertreten.

Drei neu begründete Unterverbände wurden aufgenommen, — der schon beim Nürnberger Vereinstage erwähnte Süddeutsche Konsumvereinsverband, der mit diesem in engster Verbindung stehende Verband Sächsischer Konsumvereine und der Verband der Konsumvereine, Produktiv- und Bau-Genossenschaften von Rheinland und Westfalen, — die Vertretung der Interessen des Deutschen Genossenschaftswesens bei der Wiener Weltausstellung der Anwaltschaft überlassen, der Jahresbeitrag der Baugenossenschaften zu den Kosten des Allgemeinen Verbandes auf zwei Thaler festgestellt, die Verpflichtungen der Verbandsvereine zur Haltung der Blätter für Genossenschaftswesen bei Vermeidung des Ausschlusses neuerdings ausgesprochen. Von den Angelegenheiten der einzelnen Vereinsgattungen sind besonders jene über die Errichtung von Zweigvereinen der Kreditgenossenschaften, über die Theilnahme der Stammantheile am Reingewinne, die Befähigung der Vorschußvereine als unbegränzte Sparkassen zu dienen, die Börsentage der Konsumvereine und deren gemeinsamen Waareneinkauf, die Haftung der

Lagerhalter für Manko an den Dividendenmarken, die Unterstellung der Produktivgenossenschaften unter das Genossenschaftsgesetz und die Aufbringung genügender Kapitalien für die Baugenossenschaften erwähnenswerth. Bezüglich der letzteren, von welchen zum erstenmale wirkliche Vertreter anwesend waren, verdienen auch die vielseitig interessanten Mittheilungen aus den Bestrebungen der einzelnen Vereine volle Beachtung.

## XIV.

Für das Jahr 1873 waren die Genossenschaften zum Allgemeinen Vereinstage nach München berufen. Dort waren alle Vorbereitungen getroffen um die Vertreter gastlich zu empfangen als plötzlich die Cholera mit einer Heftigkeit auftrat, welche die Polizeibehörde veranlaßte jede grössere Versammlung zu untersagen so daß fast in den letzten Stunden noch der Absagebrief nach allen Richtungen hin ausgesendet werden mußte. Rasch war die Stadt Konstanz bereit die Stelle der schwerheimgesuchten süddeutschen Hauptstadt zu vertreten und so versammelten sich in der Zeit vom 31. August bis 3. September im alten Konstanz die Vertreter von 27 Unterverbänden, 83 Vorschuß= 11 Konsum-Vereinen, 2 Produktiv= und 2 Bau=Vereinen, zu welchen sich 4 Vertreter von Vereinen, die dem Allgemeinen Verbande nicht angehörten und 7 Privatpersonen aus der Schweiz, aus Oesterreich, Ungarn und aus Berlin als Gäste gesellten.

Den Vorsitz führte wieder Nizze, unterstützt von Laßwitz und Stromeyer, als Schriftführer arbeiteten Basler-Eigeltingen, Staabecker-Konstanz und Grundke-Naumburg.

Von den Berichterstattern und Antragstellern seien hier ausser dem Anwalte noch Müller-Gotha, Neumeister-Schedewitz, Pröbst-München, Dr. Herz-Mannheim, Strauch-Schweinitz, Dr. Knecht-Neustadt, Schreiber-Görlitz, Oelsner-Breslau, Schmidt-Burg erwähnt.

Die Zahl der der Anwaltschaft bekannten Vereine war bereits auf 3600 gestiegen. 807 Vorschußvereine, welche ihren Rechnungsabschluß eingesendet hatten, zählten 3200 Mitglieder und hatten denselben im letzten Jahre für 110 Millionen Thaler Kredit ge=

währt, — auf dem Gebiete der Konsumvereine und der Genossenschaften in den einzelnen Gewerbszweigen zeigte sich die größte Rührigkeit. Die Zahl der bekannten Rohstoffgenossenschaften war auf 133, jene der Produktivgenossenschaften auf 130 gestiegen.

Dem Allgemeinen Verbande gehörten 785 Vorschuß-, 220 Konsum-Vereine und 66 Genossenschaften in den einzelnen Erwerbszweigen, also 1071 Vereine an, wovon 925 sich in 30 Unterverbände eingeordnet hatten.

Das Deutsche Genossenschaftsgesetz war — Dank der energischen Thätigkeit der Bayerischen Vereine selbst — auch in Bayern zur ausnahmslosen Wirksamkeit gelangt und damit im vollen Wortsinne Reichsgesetz geworden.

Aber auch fremde Elemente hatten sich bereits in die genossenschaftliche Bewegung eingemischt und sie zur Förderung konfessionellen Haders und zum Betruge vertrauensvoller Gläubiger benützt. Mit schonungsloser Hand war schon die Anwaltschaft gegen solche dem Charakter und der Idee des Deutschen Genossenschaftswesens vollkommen fremde Bestrebungen vorgegangen und der Allgemeine Vereinstag billigte unumwunden dies männliche Verhalten.

Den durch die Folgen des Krieges und des Sieges hervorgerufenen eigenthümlichen und gefährlichen Strebungen der Zeit suchte der Vereinstag entgegenzuwirken durch die Empfehlung ernster Vorsichtsmaßregeln gegen die Gefahr eines übergrossen Kapitalandranges, das gegenseitige Inkasso wurde weiter ausgebildet und die Bilanzaufstellung der jüngsten Genossenschafts-Form, der Baugenossenschaften geregelt. Auch die Frage der Fürsorge für die Genossenschafts-Beamten durch Gründung einer Invaliditäts- und Pensions-Kasse oder Vermittelung von Versicherungen für solche Fälle wurde auf diesem Vereinstage besprochen und zur weiteren Verfolgung derselben eine Kommission bestellt, als deren Mitglieder Bensemann-Berlin, Dr. Götz-Lindenau, Müller-Gotha, Neumeister-Schedewitz und Pröbst-München gewählt wurden.

## XV.

Im Jahre 1874 wurde dem Beschlusse des Vorjahres gemäß der XV. Allgemeine Vereinstag zu Bremen und zwar in der Zeit vom 29.—31. August abgehalten. Es nahmen die Vertreter von 29 Unterverbänden, 87 Vorschuß- und 17 Konsum-Vereinen, 8 Genossenschaften in einzelnen Gewerbszweigen und 4 Baugenossenschaften Theil. Gäste waren aus Wien, Köln und Berlin dann für 5 dem Allgemeinen Verbande noch nicht angehörige Vereine sieben Vertreter anwesend.

Den Vorsitz führte in gewohnter Weise Nizze unterstützt von Laßwitz und Senator Dr. Gröning-Bremen, als Schriftführer waren thätig Rechtsanwalt Lottermoser-Festenberg, Pröbst-München, Dr. Blendermann-Bremen und Dr. Oelrichs-Bremen. Von den verschiedenen Berichterstattern und Antragstellern sind zu erwähnen Spiethof-Düsseldorf, von der Nahmer-Stettin, Neumann-Tangermünde, Kugler-Offenbach, Dr. Knecht-Neustadt, Dr. Herz-Mannheim, Schenk-Wiesbaden, Schreiber-Görlitz, Limbarth-Wiesbaden, Treupel-Frankfurt, Neumeister-Schedewitz, Stück-Kassel, Grünwald-Elberfeld, Reinhard-Doberau, Schuppe-Neustadt-Magdeburg, Oppermann-Magdeburg, Feierabend-München.

Der Anwalt konnte trotz der wirthschaftlichen Erschütterung, durch welche das Jahr 1873 sich eine dauernde trübe Erinnerung in der Geschichte gesichert hat, wieder einen allseitigen Aufschwung der genossenschaftlichen Bestrebungen nachweisen. Die Zahl der bekannten Vereine war auf 3936 gestiegen nämlich 2409 Vorschuß- und 973 Konsum-Vereine, 505 Genossenschaften in den einzelnen Gewerbszweigen und 49 Baugenossenschaften. Ihre Mitgliederzahl durfte auf 13,000 geschätzt werden. — 834 Vorschußvereine, von welchen Rechnungsabschlüsse vorlagen, hatten 399741 Mitglieder, denen sie im Laufe des Jahres für $446^3/_4$ Millionen Thaler Kredit gewährten. Ihre eigenen Kapitalien betrugen $25^1/_2$ Millionen Thaler gleich $27_{,69}$ Prozent des in Anspruch genommenen fremden Kredits. 189 Konsumvereine, welche ihre Rechnungsabschlüsse eingesendet hatten, zählten 87504 Mitglieder und hatten im Laufe des Jahres über $7^1/_4$ Millionen Thaler umgesetzt.

In der Mitgliedschaft der Konsumvereine war der eigentliche Arbeiterstand mit 48 Prozent, in jener der Vorschußvereine mit mehr als $10^1/_3$ Prozent betheiligt.

Dem Allgemeinen Verbande gehörten 1112 Vereine an, wovon 946 sich den 30 Unterverbänden angeschlossen hatten.

Sie theilten sich in

121 Vorschuß- und Kredit-Vereine ausserhalb  
687 „ „ „ innerhalb  
15 Konsumvereine ausserhalb  
220 „ innerhalb  
24 Genossenschaften in den einzelnen Gewerbszweigen ausserhalb  
31 „ „ „ „ „ innerhalb  
6 Baugenossenschaften ausserhalb  
8 „ innerhalb der Unterverbände.

Die Einheit der Gesetzgebung in Deutschland war endlich zur Thatsache geworden dadurch daß man auch in Sachsen sich entschloß das bisher bestandene Sondergesetz für juristische Personen auf neu sich bildende Genossenschaften nicht mehr in Anwendung gelangen zu lassen.

In Oesterreich, wo das Gesetz den Vereinen die Wahl zwischen beschränkter und unbeschränkter Haft freistellt, entschloß sich die Mehrzahl derselben von freien Stücken und mit richtiger Erkenntniß ihrer Verhältnisse und Bedürfnisse zur Wahl der letzteren und war unter den verschiedenen Vereinen eine engere Verbindung durch die Gründung des Oesterreichischen Genossenschafts-Verbandes erzielt, mit dem sich die früher bestehenden Sonderverbände vereinten und innerhalb dessen bereits eine Reihe von Unterverbänden sich gebildet hat.

Die Folge der grossen Geschäftskrisis einerseits, unredliche Verwaltung und mangelhafte Kontrole andererseits hatten allerdings einige Vereine zu Verlusten, einzelne sogar zu Falle gebracht. Doch blieb die Zahl derselben eine äusserst mässige, nicht im entferntesten ins Gewicht fallend gegenüber der grossen Zahl von Aktien- und privaten Unternehmungen, die von den hochgehenden Wogen des Mißtrauens und der Ueberspekulation rasch hinweggespült worden waren. Die Solidarhaft mit ihrer den ganzen Mann in Anspruch nehmenden Verantwortlichkeit hatte sich aufs neue als die gesündeste Grundlage, als das sicherste Bollwerk gegen jeden Sturm der Zeiten bewährt.

Auch bei diesem Vereinstage wurde wieder an der Fortbildung des gegenseitigen Inkassos, der freieren besseren Stellung der Vereinsvorstände, der Klarstellung der Bilanzen, der Sicherung des Kredits, der Fürsorge für die Kreditbedürfnisse des

Grundbesitzes, der Ausbildung der inneren Vereins- sowie der Verbands-Organisation, der Gesetzgebung und der allgemeinen genossenschaftlichen Bildung überhaupt redlich und erfolgreich gearbeitet und insbesondere zur Gründung eines Unterverbandes deutscher Baugenossenschaften der erste feste Anhalt geschaffen.

Der Anwaltschaft wurde ein Kredit von neunhundert Mark zur Förderung der allgemeinen Kenntniß von den Zielen und der Bedeutung der genossenschaftlichen Bestrebungen (durch die Lokalpresse, besondere Schriften oder Wanderlehrer) zur Verfügung gestellt.

Zum Orte des nächsten XVI. Allgemeinen Vereinstages wurde München gewählt. —

---

Damit schließt die kurze Skizze der bisherigen Thätigkeit des Allgemeinen Vereinstages. Sie sollte nur in allgemeinen Umrissen ein Bild dessen geben, was in diesen Vereinigungen für das Wohl ihrer Mitmenschen begeisterte Männer von praktischem Blick und geschäftlicher Erfahrung mit strebsamen, des Lebens ernsten Kampf richtig erfassenden Angehörigen der eigentlichen Arbeiter- und Handwerker-Gruppen geleistet und gefördert ward.

Näher in die Einzelnheiten dieser Leistungen einzugehen ist die Aufgabe des zweiten Theiles. —

# Zweiter Theil.

## Die Beschlüsse der Allgemeinen Vereinstage der auf Selbsthilfe beruhenden Deutschen Erwerbs- und Wirthschafts-Genossenschaften

von

1859—1874.

Die den einzelnen Beschlüssen vorgesetzten römischen Zahlen bezeichnen die Reihenfolge der Vereinstage. Der Uebersichtlichkeit wegen stellen wir dieselbe hier noch einmal zusammen.

I. 1859 Weimar.
II. 1860 Gotha.
III. 1861 Halle.
IV. 1862 Potsdam.
V. 1863 Görlitz.
VI. 1864 Mainz.
VII. 1865 Stettin.
VIII. 1866 Kassel.
IX. 1867 Quedlinburg.
X. 1868 Leipzig.
XI. 1869 Neustadt a. d. H. und der Konsumvereinstag in Magdeburg.
XII. 1871 Nürnberg.
XIII. 1872 Breslau.
XIV. 1873 Konstanz.
XV. 1874 Bremen.

Sistematisch geordnet sind die Beschlüsse in folgender Weise:

A. Organisation des Allgemeinen Deutschen Genossenschaftsverbandes.

§. 1. Allgemeiner Genossenschaftsverband.
§. 2. Allgemeiner Vereinstag.
§. 3. Zentralbureau und Anwaltschaft.
§. 4. Engerer Ausschuß.
§. 5. Verfassung des Verbandes (Organisches Statut).
§. 6. Organ des Verbandes (Innung der Zukunft, Blätter für Genossenschaftswesen).
§. 7. Aufbringung und Verwendung der Verbandskosten.
§. 8. Unterverbände.

B. Gemeinsame Angelegenheiten aller oder mehrerer Genossenschafts-Gattungen.

§. 9. Gesetzgebung.
§. 10. Genossenschaftliche Bildung und Bildungszwecke überhaupt.
§. 11. Zusammenwirken verschiedener Vereinsgattungen.
§. 12. Genossenschaftsbank.
§. 13. Rechte und Pflichten der Vorstände und Ausschußmitglieder.
§. 14. Genossenschaftliche Statistik.
§. 15. Genossenschaften als Sparkassen.
§. 16. Stammantheile.
§. 17. Reservefond.
§. 18. Vermögensprüfung, Gewinn- und Verlust-Vertheilung.
§. 19. Verwendung überschüssiger Betriebsmittel.
§. 20. Filialkassen, Zweig- und Konkurrenz-Vereine.
§. 21. Verkehr mit Nichtmitgliedern.
§. 22. Versicherungswesen.

C. Besondere Angelegenheiten der **Vorschuß-** und **Kredit-Vereine.**

§. 23. Muster-Statut.
§. 24. Mitgliedschaft.
§. 25. Kreditgewährung im Allgemeinen, Bürgschaftssistem und Belehnung der Geschäftsantheile.

# A. Organisation des Allgemeinen Deutschen Genossenschaftsverbandes.

## §. 1. Allgemeiner Genossenschaftsverband.

VI. Das neubeschlossene Organische Statut bestimmt:

§. 1. Zweck des Verbandes.

Die auf Selbsthilfe beruhenden Deutschen Erwerbs- und Wirthschafts-Genossenschaften treten zu einem Verbande zusammen zu dem Zwecke

a) der Ausbildung und Förderung des Genossenschaftswesens überhaupt sowie der einzelnen Vereine,

b) der Wahrnehmung gemeinsamer Interessen mit vereinten Mitteln und Kräften,

c) der Anknüpfung gegenseitiger Geschäftsbeziehungen im Ganzen wie im Einzelnen.

§. 2. Berechtigung zum Beitritt.

Sämmtliche Deutschen Genossenschaften, welche auf dem Prinzip der Selbsthilfe der Mitglieder in Wirthschaft und Erwerb beruhen, sind befugt dem gegenwärtigen Verbande beizutreten mit den in diesem Statut festgesetzten Rechten und Pflichten. Namentlich gilt dies — ohne jedoch dadurch irgend eine andere insbesondere neue Form der Genossenschaft auszuschliessen — von

a) den Vorschuß- und Kredit-Vereinen (Volksbanken),

b) den Genossenschaften in einzelnen Gewerbszweigen zum Behufe der gemeinsamen Rohstoff-Beziehung und

Magazinirung fertiger Waaren zum Verkaufe sowie zur Produktion für gemeinsame Rechnung
c) den Konsumvereinen.

## §. 8. Beitritt, Austritt und Ausschluß der Vereine aus dem Verbande.

Der Beitritt zu dem Verbande geschieht durch schriftliche Anmeldung der Vereinsvorstände bei der Anwaltschaft oder dem Unterverbandsdirektor mit der Erklärung die im gegenwärtigen Statut bestimmten Verpflichtungen übernehmen zu wollen. Ebenso wird der Wiederaustritt durch gleiche schriftliche Anzeige bei der Anwaltschaft erklärt, jedoch hat der austretende Verein bis zum Ablauf des Jahres, in welchem die Austrittserklärung erfolgt, auch seinen Beitrag zu den Verbandskosten zu entrichten.

Der Ausschluß eines Vereines kann nur vom Allgemeinen Vereinstage bei Nichterfüllung statutenmässiger Verpflichtungen ausgesprochen werden, dessen Entscheidung auch bei der Aufnahme neuer Vereine vom Anwalt alsdann einzuholen ist wenn über das Vorhandensein der zum Beitritt nach §. 2 erforderlichen Bedingungen Zweifel obwalten.

## §. 9. Rechte und Pflichten der dem Verbande angehörigen Vereine.

Die zum Allgemeinen Verbande gehörigen Vereine sind berechtigt

1) Förderung mit Rath und That seitens der Anwaltschaft wie von den verbundenen Vereinen sowohl zusammen wie von jedem einzelnen darunter zu erwarten,
2) sich der gemeinsam getroffenen Einrichtungen, gegenseitigen Geschäftsverbindungen und Erleichterungen zu bedienen,
3) insbesondere die Vermittelung der Unterverbände und der Anwaltschaft bei der gegenseitigen Kapitalbeschaffung und Eröffnung von Bank-Kredit in Anspruch zu nehmen soweit sie den in dieser Hinsicht durch Verbands-Beschlüsse und Instruktionen aufgestellten Bedingungen genügen.

Dagegen sind sie verpflichtet

4) die durch besonderes Abkommen festgestellten Beiträge zu den Verbandskosten pünktlich abzuführen,
5) alljährlich genaue Rechenschaftsberichte und nach den ihnen

zugesendeten Formularen ausgefüllte Tabellen darüber der Anwaltschaft behufs Aufstellung der statistischen Uebersichten entweder direkt oder durch Vermittelung der Unterverbände einzusenden,

6) mindestens ein Exemplar des erwähnten Organs für Genossenschaftswesen in der Tagespresse zu halten,

7) die Interessen des Verbandes in jeder Weise zu fördern und in gegenseitige Geschäftsverbindungen mit einander zu treten, auch sich jede mögliche Erleichterung dabei zu gewähren.

Das weiter über den Allgemeinen Verband hauptsächlich Wissenswerthe findet sich theils im ersten Theile theils in den folgenden Paragraphen.

## §. 2. Allgemeiner Vereinstag.

VI. Das vorerwähnte Organische Statut bestimmt:

„Die im Verbande stehenden Vereine ordnen die Verbandsangelegenheiten durch Deputirte, welche auf dem alljährlich mindestens einmal zusammentretenden Allgemeinen Vereinstage alle vorkommenden Fragen durch Mehrheitsbeschlüsse erledigen.

Dieser Allgemeine Vereinstag bildet die höchste Instanz des Verbandes. Er allein bestimmt über die Regeln und Bedingungen der Vereinigung, setzt und ändert die Statuten, verfügt über die zu den Verbandszwecken von den Vereinen verwilligten Geldmittel und führt die Oberaufsicht über alle zur Leitung und Verwaltung der Verbandssachen bestimmten Organe, welche er einsetzt und entläßt, auch mit ihnen die wegen ihrer Amtirung erforderlichen Verträge schließt.

Alle diese Zuständigkeiten übt jedoch der Allgemeine Vereinstag unbeschadet der vollen Selbständigkeit der in den Verband getretenen Vereine in deren eigenen Angelegenheiten. Sobald es sich daher um Uebernahme neuer, in diesem Statut nicht festgestellter Verpflichtungen Seitens der einzelnen Vereine handelt werden seine Beschlüsse für jeden der letzteren erst durch dessen speziellen Beitritt bindend. Ebenso gelten diese Beschlüsse insofern sie über die Zweckmässigkeit oder Unzweckmässigkeit von Einrichtungen bei den Vereinen sich aussprechen nur als Rath und Empfehlung indem man auf keinerlei äussere Nöthigung sondern allein auf das Gewicht der Gründe den Einfluß derselben gestellt wissen will.

Die bei den Berathungen und bei der Beschlußfassung auf dem Allgemeinen Vereinstage zu beobachtenden Formen sind in der beigegebenen Geschäftsordnung bestimmt, deren Abänderung bei jedem Zusammentreten des Allgemeinen Vereinstages vorbehalten bleibt." —

Schulze hatte schon zum ersten Vereinstage eine Geschäftsordnung entworfen und vorgelegt, die unverändert Annahme fand. Sie kam auch beim zweiten mit der einzigen Aenderung zur Geltung daß statt eines Stellvertreters des Vorsitzenden deren zwei gewählt wurden und galt in dieser Form für den dritten, vierten und fünften Vereinstag. 1864 brachte Schulze eine neue Fassung als Zugehörung zum Entwurfe des Organischen Statutes in Vorschlag. Sie wurde für den sechsten Vereinstag als giltig erklärt mit einziger Ausnahme der Bestimmung daß die dem Allgemeinen Verbande nicht angehörenden Vereine vom Stimmrechte ausgeschlossen sein sollten.

Beim fünften Vereinstage waren schon einige maßgebende Sätze für Statut und Geschäftsordnung festgestellt worden, zu deren Ausarbeitung die Anwaltschaft Auftrag erhielt. Sie hatten in dem erwähnten Entwurfe Aufnahme gefunden und lauten soweit sie hieher gehören:

V. Die Vereinstage sind fortan im August, wo möglich am Ende desselben anzusetzen.

Die Tagesordnung des Allgemeinen Vereinstages wird vom Engeren Ausschusse vorläufig festgestellt und bei der Einladung zum Vereinstage bekannt gemacht. Die definitive Festsetzung geschieht aber erst in der Vorversammlung des letzteren.

Den Vorrang auf der Tagesordnung erhalten
Anträge der Unterverbände,
Anträge der Anwaltschaft.

Die ersteren müssen drei Monate vorher bei der Anwaltschaft eingereicht werden, worauf bei Anberaumung der Unterverbandstage Rücksicht zu nehmen ist.

Bei wichtigen und schwierigen Fragen müssen die Anträge durch schriftliche Berichterstattung zur Berathung und Beschlußfassung auf dem Vereinstage vorbereitet und der Bericht gedruckt den Vereinsdeputirten vor der Versammlung ausgehändigt werden.

Der Engere Ausschuß hat auf Vorschlag des Anwalts zu bestimmen, über welche Fragen schriftlich Bericht zu erstatten, welchen Personen dabei die Berichterstattung zu übertragen ist.

Schulze hatte diese Anträge selbst eingebracht und begründete sie mit dem Hinweise daß die bisherige Geschäftsbehandlung am Allgemeinen Vereinstage zu einer fruchtbaren Erledigung der Anträge nicht ausreichte da man mangels Zeit bei vielen Fragen zu rasch abbrechen mußte während gerade der Allgemeine Vereinstag als höchste Instanz alle Fragen gründlich erörtern und zur Beschlußfassung reifen muß. Es sollte deshalb möglich gemacht werden die wichtigeren Fragen und Anträge schon vor den Sitzungen in den Vereinen zur Erörterung zu bringen.

**VI.** Der vom Anwalte vorgelegte Entwurf einer neuen Geschäftsordnung wird in folgender Fassung angenommen:

## Geschäftsordnung

für den Vereinstag des Allgemeinen Verbandes der auf Selbsthilfe beruhenden Deutschen Erwerbs- und Wirthschafts-Genossenschaften.

### §. 1. Anberaumung des Vereinstages.

Der Vereinstag findet nach dem Statut des oben bezeichneten Verbandes alljährlich mindestens einmal und alsdann während des Monats August statt; Ort und Zeit desselben wird — insofern nicht frühere Vereinstage darüber bestimmt haben von der Anwaltschaft unter Zuziehung des Engeren Ausschusses der verbundenen Genossenschaften bestimmt und die Einladung in der Zeitschrift des Verbandes „Die Innung der Zukunft" veröffentlicht.

Behufs der örtlichen Veranstaltungen wegen der nöthigen Sitzungsräume und Unterbringung der Mitglieder des Vereinstages wird durch den Anwalt aus den Vorständen der am Ort befindlichen zum Verbande gehörigen Genossenschaften ein Lokalkomite gebildet, welches im Einvernehmen mit dem Anwalte sich den nöthigen Vorbereitungen unterzieht.

### §. 2. Theilnahmerecht.

Zur Theilnahme am Allgemeinen Vereinstage und dessen Verhandlungen sind die Mitglieder aller zu dem oben bezeichneten

Verbande gehörigen Genossenschaften berechtigt, jedoch wirken bei der Beschlußfassung nur die Abgeordneten der Vereine und Vereinsverbände mit, indem jedem der vertretenen Vereine und Verbände je eine Stimme dabei zusteht. Auch andere Personen werden als Zuhörer bei den Verhandlungen zugelassen, worüber die Modalitäten von dem Lokalkomite mit der Anwaltschaft zu vereinbaren sind.

Abgeordnete solcher Vereine, welche durch unabwendbare Hindernisse vom Beitritt in den Verband abgehalten sind, sind berechtigt auf Beschluß des Vereinstags sich an der Diskussion zu betheiligen.

§. 3. Geschäftsbehandlung. a. Vorversammlung.

Zur Erledigung der Formalien findet am Abende vor Beginn der eigentlichen Sitzung die einleitende oder Vorversammlung statt behufs der Wahl des Bureaus und Festsetzung der Tagesordnung unter Leitung des Vorsitzenden des Lokalkomites.

Das Bureau wird gebildet aus einem Vorsitzenden, zwei oder mehr Stellvertretern desselben jedesmal nach Bedürfniß, drei oder mehr Schriftführern je nach Bedürfniß; das Wahlrecht sowie die Wählbarkeit steht nur bei den eigentlichen Vertretern der Vereine.

Der Vorsitzende leitet die Sitzungen nach parlamentarischem Brauch; die den auftretenden Rednern zu gestattende Sprechzeit wird jedesmal besonders durch die Vorversammlung bestimmt.

Die Schriftführer führen die Rednerliste und die Protokolle über die Sitzungen, in welche letztere nur das Wesentlichste des thatsächlichen Hergangs, die zur Abstimmung kommenden Anträge und Beschlüsse, beide nach dem Wortlaut, sonst aber keinerlei Referate aus den Reden und Motiven aufgenommen werden.

Die Kassenangelegenheiten des Vereinstages besorgt der Anwalt nebst dem Lokalkomite unter Kontrole des Engeren Ausschusses.

Ueber die Tagesordnung beschließt ebenfalls die Vorversammlung auf die Vorschläge des Anwalts, welcher sämmtliche bei ihm eingegangene Anträge vorzulegen hat. Sind von den vorhergehenden Vereinstagen Gegenstände, namentlich mit schriftlicher Berichterstattung, ausdrücklich den nachfolgenden überwiesen so erhalten diese den Vorrang.

In der Regel gehen die Anträge der Anwaltschaft und der Unterverbände denen von einzelnen Vereinen vor und werden solche von einzelnen Personen überhaupt nicht zugelassen (Seite 60).

Die Anträge müssen stets schriftlich bis spätestens acht Tage vor dem Allgemeinen Vereinstage an den Anwalt eingesendet werden wenn sie Berücksichtigung finden sollen.

§. 4. b. Bildung von Abtheilungen und Berichterstattung.

Die auf die Tagesordnung gesetzten Gegenstände kann die Versammlung entweder zur sofortigen Verhandlung den Hauptsitzungen überweisen oder die Vorbereitung dazu anordnen.

Zu letzterem Behufe treten die Mitglieder vor Beginn der Hauptsitzungen in besondere Abtheilungen nach freier Wahl auseinander, deren jeder ein oder mehrere solcher Anträge von der Vorversammlung überwiesen werden. Jede Abtheilung wählt einen Dirigenten, der ihre Berathungen leitet, und einen Berichterstatter, welcher den Abtheilungsbeschluß über den zugewiesenen Antrag in der Hauptsitzung motivirt und das Schlußwort in der Debatte hat. Der Beschluß ist daher vom Abtheilungsdirigenten vor Beginn der Hauptsitzung dem Vorsitzenden schriftlich unter Benennung des Berichterstatters zu überreichen. Besondere Protokolle über die Abtheilungsberathungen werden nicht geführt.

Bei den unmittelbar den Hauptsitzungen überwiesenen Anträgen nimmt der Deputirte des Vereins oder Verbandes, von welchem der Antrag ausgeht, die Stelle des Berichterstatters ein. Ist ein solcher nicht anwesend so wird der Berichterstatter vom Vorsitzenden am Schlusse der Vorversammlung ernannt.

Bei besonders wichtigen und schwierigen Fragen kann die Verweisung zur schriftlichen Berichterstattung an den nächsten Vereinstag erfolgen, in welchem Falle die Wahl des Berichterstatters durch den Anwalt mit Zuziehung des Engeren Ausschusses erfolgt.

Den so vorbereiteten Anträgen steht der Vorrang auf der Tagesordnung zu; dergleichen Berichte sollen in der Regel gedruckt und den Vereinen vorher möglichst zugänglich gemacht werden.

§. 5. c. Hauptsitzungen.

Der Allgemeine Vereinstag erledigt seine Geschäfte durch Mehrheitsbeschlüsse der stimmberechtigten Mitglieder in seinen Haupt-(Plenar-) Sitzungen.

Die Redner sprechen nach der Reihenfolge der Anmeldungen in der Rednerliste und haben die Sprechzeit einzuhalten mit Ausnahme der Berichterstatter, welche nur durch Beschluß der Versammlung auf Antrag des Vorsitzenden eingeschränkt werden können. In Bezug auf die formelle Geschäftshandhabung, auf die Fragestellung zum Behufe der Beschlußfassung oder auf die Form der Beschlußfassung können jederzeit auch ausser der Reihe der Redner Anträge mündlich gestellt und ohne weiteres durch Abstimmung zur Erledigung gebracht werden. Alle materiellen Verbesserungs- oder Abänderungs-Vorschläge dagegen, die Anträge auf Schluß der Debatte oder auf Tagesordnung sind dem Vorsitzenden schriftlich einzureichen und nur dann bei der Verhandlung zu berücksichtigen wenn sie von mindestens zehn Mitgliedern unterstützt werden.

Thatsächliche Berichtigungen oder persönliche Bemerkungen werden nur wenn es die Versammlung ausdrücklich gestattet nach dem Schluß der Debatte zugelassen; die Anmeldung dazu muß schriftlich erfolgen, worauf die Abstimmung ohne Diskussion vorgenommen wird.

Die Beschlußfassung selbst erfolgt bei Wahlen durch Stimmzettel, bei anderen Beschlüssen durch Erhebung von den Plätzen insofern nicht die Versammlung anders darüber beschließt.

## §. 6. Form und verbindliche Kraft der Beschlüsse.

Die Regel daß die absolute Mehrheit der auf dem Vereinstage anwesenden stimmberechtigten Mitglieder zur Giltigkeit eines Beschlusses genügt, erleidet folgende Ausnahmen.

Wenn zwei Drittheile der in der Versammlung anwesenden Deputirten von Unterverbänden gegen einen Beschluß gestimmt haben und in der Minderheit geblieben sind so muß auf Antrag eines Jeden darunter die Giltigkeit eines solchen Beschlusses bis zum nächsten Allgemeinen Vereinstage ausgesetzt und auf diesem einer nochmaligen Abstimmung unterworfen werden, welche alsdann unbedingt entscheidet.

Die Verbindlichkeit der in vorstehender Art abgefaßten Beschlüsse erstreckt sich auf sämmtliche dem Verbande angehörigen Genossenschaften und Vereine, auch die in der beschlußfassenden Versammlung nicht vertretenen, jedoch mit der im Statut (§. 3) festgesetzten Beschränkung daß soweit es sich um Auferlegung von neuen Verpflichtungen für die Vereine handelt dazu der ausdrückliche Beitritt jedes einzelnen darunter erforderlich ist."

In der Debatte wurde die Frage angeregt ob Anträge einzelner Personen beim Vereinstage zur Erörterung und Beschlußfassung gebracht werden können. Die Antwort lautete auf Schulzes Erklärung hin daß das Recht der Antragstellung zur Tagesordnung nur den Vereinen als Trägern des Allgemeinen Verbandes zugestanden werden könne — verneinend.

VII. §. 3 der Geschäftsordnung wird in seinem letzten Absatze dahin abgeändert daß die Anträge 14 Tage vor dem Allgemeinen Vereinstage der Anwaltschaft einzureichen sind; diese hat solche nach geschehener Vervielfältigung den einzelnen dem Allgemeinen Verbande angehörigen Vereinen vor dem Vereinstage zugänglich zu machen.

Der weitere Antrag auszusprechen

„Die Anträge für den Allgemeinen Verbandstag sind vier Wochen zuvor der Anwaltschaft einzureichen und werden nebst den Anträgen der Anwaltschaft in der „Innung der Zukunft" abgedruckt. Die betreffende Nummer der Innung der Zukunft muß wenigstens 14 Tage vor dem Allgemeinen Vereinstage erscheinen; der Anwalt ernennt — soweit es sich nicht um Anträge von Provinzialverbänden handelt — die Referenten"

sowie der Antrag

die Frist zur Einbringung der Anträge auf acht Wochen zu erweitern

wurden zurückgezogen.

Die Einhaltung der im Jahre 1863 beschlossenen dreimonatlichen Frist hatte sich als unausführbar erwiesen; selbst eine solche von vier Wochen schien nicht überall möglich, eine achttägige dagegen zu kurz. Die Ernennung von Referenten durch die Anwaltschaft erklärte Schulze für unzweckmässig weil es sich leicht fügen könnte daß Referenten für Anträge bestellt würden, welche die Vorversammlung zurückweise, so daß Zeit und Mühe vergeudet wäre, aber auch für unnöthig weil die Anträge nur von Verbänden oder Vereinen ausgehen also die Vertreter derselben auch zur Vertheidigung der Anträge bereit sein müssen.

X. Der Antrag

„die Anwaltschaft aufzufordern einen besonderen Vereinstag für die Konsumvereine des anderen Jahres anzuberaumen um nicht wieder in die Verlegenheit zu kommen so wenig Vertreter von Konsumvereinen auf dem Vereinstage zu sehen da bis jetzt die Angelegenheiten der Konsumvereine immer bloß in der letzten Zeit der Vereinstage zur Sprache gekommen und deshalb so wenig Interesse gefunden haben"

wurde nach längerer Erörterung zurückgezogen.

Dagegen wurde vorgeschlagen die Konsumvereinsangelegenheiten am ersten statt am letzten Tage der Versammlung auf die Tagesordnung zu setzen um so mehr Reiz zum Besuche derselben zu geben und gleichzeitig auf den Süddeutschen Konsumvereinsverband aufmerksam gemacht, welcher von Dr. Pfeifer in Stuttgart gegründet worden war und eine grosse Anzahl meist süddeutscher Vereine umfaßte und von welchem die Redner befürchteten daß er eine Zersplitterung in der genossenschaftlichen Bewegung herbeiführen werde. Mehrfach äusserte sich die Befürchtung die Konsumvereine würden sich vom Allgemeinen Verbande losreissen, einen eigenen grossen Verband bilden und vielleicht nur in der Anwaltschaft eine gemeinsame Spitze mit den Vorschußvereinen behalten; von anderer Seite wurde aber auch darauf hingewiesen daß der Schwerpunkt der Organisation für die Konsumvereine in den Unterverbänden zu suchen ist, welche ihre Einigung wieder im Allgemeinen Verbande finden.

XI. Für die Kosten des Norddeutschen Konsumvereinstages des Jahres 1869 werden 50—60 Thaler genehmigt.

Die Abhaltung des Allgemeinen Vereinstages in Neustadt a. Hardt, weit abgelegen von dem Sitze der meisten dem Allgemeinen Verbande angehörigen Konsumvereine, hatte die Folge daß derselbe von Vertretern solcher Vereine fast gar nicht besucht war. Da inzwischen in Sachsen und in Süddeutschland sich besondere Konsumvereinsverbände gebildet hatten, welche dem Allgemeinen Verbande nicht angehörten und für sich selbständig jährliche Versammlungen abhielten, erschien es Pflicht den dem Allgemeinen Verbande angehörenden Konsumvereinen Gelegenheit zu einer gleichen Jahresversammlung zu bieten, die — wie im ersten Theile erwähnt — in Magdeburg stattfand, in diesem einzigen Jahre getrennt von den Verhandlungen des Allgemeinen Vereinstages.

XI. Herr Parisius (Gardelegen) soll ersucht werden, allen Allgemeinen Vereinstagen anzuwohnen.

Parisius hatte der genossenschaftlichen Bewegung von ihrem Beginne an seine volle Aufmerksamkeit und Thätigkeit zugewendet, war ständiger Mitarbeiter der Blätter für Genossenschaftswesen und gleich dem Sekretäre der Anwaltschaft zur Stellvertretung des Anwalts bei den Unterverbandstagen ermächtigt. Es schien daher geboten daß er gleich dem Anwalte und dessen Sekretäre an allen Allgemeinen Vereinstagen theilnehme.

Im Uebrigen vergleiche man §. 7 XI und XII.

XI. Der Allgemeine Vereinstag beschließt daß es bis auf weiteres bei der bisherigen Art der auszugsweisen Berichterstattung über seine Verhandlungen durch den ersten Sekretär der Anwaltschaft und deren Mittheilung in besonderer Druckschrift an sämmtliche im Verbande stehende Vereine sein Bewenden behalten möge.

Man vergleiche Seite 23, 24 und 25.

XIII. Von einem Mitgliede der Versammlung war die Anfrage gestellt ob nicht eine bessere Zeit für die Abhaltung der Allgemeinen Vereinstage als die zweite Hälfte August bestimmt werden könne da man vielfach Gewicht auf die Lehrer als die besten Mitarbeiter im Genossenschaftswesen lege und diese um die erwähnte Zeit nach Abschluß ihrer Ferien unmöglich an den Allgemeinen Vereinstagen Theil nehmen könnten. Der Anwalt wies darauf hin daß der Jahresbericht nicht früher als bis Mitte August hergestellt werden könne, daß ferner die sämmtlichen Unterverbandstage vor dem Allgemeinen Vereinstage abgehalten sein müssen, weshalb dem geäusserten Wunsche wohl schwerlich Rechnung getragen werden könne. Zugleich gab er zu erwägen daß in vielen Theilen Deutschlands die Herbstferien um diese Zeit noch keineswegs geschlossen sind. Eine Beschlußfassung schien nicht nothwendig da ein Antrag zu diesem Behufe nicht auf der Tagesordnung gestanden war.

---

## §. 3. Zentralbureau und Anwaltschaft.

I. In Berücksichtigung daß der Wunsch allgemein ist, die Vereine untereinander näher zu bringen, erscheint es wünschenswerth daß ein Zentralbureau errichtet werde, welches die Verbindung der Vereine anbahnt und die Korrespondenz mit den Vereinen führt.

Die Kosten für das Bureau sollen dadurch aufgebracht werden daß jeder Verein ½ Procent seines Reinertrages an das Zentralbureau erlegt.

Der Vereinstag ersucht den Herrn Assessor Schulze-Delitzsch das Bureau zu übernehmen und stellt die erlangten Mittel zu dessen freier Verfügung.

Schulze sprach seine Bereitwilligkeit aus die Arbeiten des Bureaus zu besorgen bezw. ausführen zu lassen und erachtete es für nothwendig über die Verwendung der ihm zu Gebote gestellten Mittel Rechnung abzulegen. Es wurde hierauf eine Erweiterung des Antrages in der Art daß für die Ausführung eine festere Form bezeichnet werden sollte angeregt, von einer Beschlußfassung darüber aber Umgang genommen.

II. Das auf dem Vereinstage in Weimar im vorigen Jahre gegründete Zentralkorrespondenzbureau wird mit der Vermittelung des Geldverkehrs der einzelnen im Verbande stehenden Vereine betraut, zu welchem Behufe sowohl diejenigen, welche Gelder müssig liegen haben, wie diejenigen, welche Gelder suchen, sich an dasselbe zu wenden und letztere namentlich ihre Jahres- und Monats-Abschlüsse nebst Vermögens-Bilanz einzureichen haben.

Ferner wird das Centralbureau ermächtigt Kredite für die einzelnen Vereine bei namhaften Bankhäusern — vorläufig in

**Leipzig und Berlin — nach näher zu vereinbarenden Bedingungen zu eröffnen und dies zur Kenntniß aller im Verbande stehenden Vereine zur beliebigen Benutzung zu bringen.**

Dieser Beschluß gehört nicht allein unter den gegenwärtigen Paragraphen sondern auch zur Vorgeschichte der Genossenschaftsbank (§. 12), wohin sich insbesondere die nähere Begründung desselben eignet, weshalb darauf verwiesen wird. —

Dem Berichte über den zweiten Vereinstag waren Nachrichten über den Stand des „Zentralkorrespondenzbureaus Deutscher Vorschuß- und Kredit-Vereine“ angefügt, aus denen zur Ergänzung des geschichtlichen Materiales hier zu erwähnen kommt daß alsbald nach dem Weimarer Beschlusse (I) 11 Vereine beitraten und Schulze die Leitung des Bureaus übernahm, worauf der Vorstand des Luckenwalder Vorschußvereines den Vorschlag machte durch einen erhöhten Prozentsatz Schulze in die Möglichkeit zu versetzen seine ganze Thätigkeit der Sache der Vereine zu widmen. Dieser Vorschlag veranlaßte Schulze zur Abgabe einer offenen Erklärung, in welchen er die Grundlagen bezeichnete, auf welchen allein ein solches Verhältniß aufgebaut werden konnte.

Die wesentlichsten Aufgaben, die er dabei der Anwaltschaft in Aussicht stellte, sind bereits im ersten Theile Seite 5 bezeichnet.

**III. Das Zentralbureau wird mit Zuziehung des Engeren Ausschusses (§. 4) beauftragt möglichst bald eine Anleitung zur Anpassung der kaufmännischen doppelten Buchführung auf die kleineren Vereine zu entwerfen und im Vereinsblatte zu veröffentlichen.**

Näheres darüber in §. 31.

**IV. Der Vereinstag vertagt die Frage wegen Erhöhung der Dotirung der Anwaltschaft bis zum nächsten Jahre und beauftragt den Engeren Ausschuß mit der Berichterstattung über diese Frage.**

Alle anderen auf eine sofortige Erhöhung der Dotirung der Anwaltschaft und bezw. der Beiträge der Vereine gerichteten Anträge wurden zurückgezogen nachdem Schulze erklärt hatte auf keinerlei Aenderungen eingehen zu können. (Näheres darüber in §. 7.)

Hinsichtlich der Vertauschung der Bezeichnung „Zentralkorrespondenzbureau“ mit der als Anwaltschaft wurde ein förmlicher Vereinstagsbeschluß nicht gefaßt; sie vollzog sich — wie bereits im ersten Abschnitte angedeutet — von kurzer Hand im allseitigen Einverständnisse. Das Verdienst der Anregung gebührt dem Vorsitzenden des Vorschußvereines Waldheim, H. Wild, der am dritten Vereinstage für die „ächt deutsche Sache" einen deutschen Namen verlangt hatte.

VI. Das Organische Statut (§. 5) enthält hinsichtlich der Anwaltschaft Folgendes:

Der Geschäftsführer des Verbandes wird vom Allgemeinen Vereinstage erwählt und hat als Anwalt der Deutschen Genossenschaften sich allen Verbands-Angelegenheiten zu unterziehen und zu diesem Behufe ein förmliches Anwaltschafts-Bureau einzurichten und in geordnetem Gange zu erhalten.

Zu seinen Funktionen gehört insbesondere

1. die Vertretung des Genossenschaftswesens und seiner Interessen im Allgemeinen vor dem Publikum durch Schrift und Wort namentlich auch der Gesetzgebung und den Behörden gegenüber;
2. Förderung der einzelnen Genossenschaften mit Rath und That durch Belehrung, Auskunftsertheilung, Entwerfung und Revision ihrer Statuten und Vermittelung des Geschäftsverkehres zwischen ihnen;
3. die Aufstellung einer möglichst genauen Statistik über ihre Einrichtungen, Resultate und Ausbreitung zum Behufe des Austausches und Vergleichens der gemachten Erfahrungen und Ermöglichung einer Kritik darüber;
4. die Redaktion und Herausgabe eines besonderen Organs für das Genossenschaftswesen in der Tagespresse, als welches gegenwärtig die Monatsschrift „Die Innung der Zukunft" anerkannt wird;
5. die Vorbereitung und Ausführung der Beschlüsse des Allgemeinen Vereinstages.

Der Anwalt wird auf Kündigung gewählt, welche sowohl ihm wie dem Vereinstage mit einer Frist von sechs Monaten freisteht, nach deren Verlauf er seine Stelle niederzulegen und sämmtliche auf seine Geschäftsführung bezüglichen Papiere, Bücher und Listen seinem durch den Engeren Ausschuß ihm bezeichneten Nachfolger zu übergeben hat.

IX. Der Anwaltschaft sind die Kosten der einzelnen Reisen nach vorgängiger Liquidation aus dem Dispositionsfonds (§. 7) zu erstatten.

Der Anwalt ist verbunden alljährlich die Hälfte der Verbandstage (§. 8) zu besuchen.

Die Erstattung erfolgt von 1868 ab bezüglich der Reisekosten, Diäten und baaren Auslagen; es wird hierbei die Vertretung des Anwalts auf Unterverbandstagen durch Parisius-Gardelegen und Dr. Schneider genehmigt.

XII. Der Allgemeine Vereinstag beschließt den Jahresgehalt des Anwaltes von 1869 einschließlich ab auf 2400 Thaler festzusetzen sowie für den Bureauaufwand des Anwaltes von 1870 einschließlich ab jährlich 1400 Thaler auszuwerfen.

Man vergleiche §. 7.

XIII. Die Anwaltschaft wird beauftragt mit Zustimmung des Engeren Ausschusses diejenigen Maßregeln zu ergreifen, welche geeignet sind die Interessen des Deutschen Genossenschaftswesens bei Gelegenheit der Wiener Weltausstellung im Jahre 1873 wahrzunehmen.

Es war ursprünglich der Antrag eingebracht auszusprechen

„Es erscheint zweckmässig 1873 während der Weltausstellung in Wien einen internationalen Kongreß aller nach dem Prinzipe von Schulze-Delitzsch gegründeten Genossenschaften abzuhalten und mit den Vorbereitungsarbeiten dazu den Engeren Ausschuß zu betrauen.

Der Anwalt mahnte von der unbedingten Annahme dieses Satzes ab weil ein Kongreß jedenfalls nur von den Wiener Vereinen berufen werden könnte, weil ferner die Sprachen-Verwirrung auf solchen Kongressen häufig das Zustandekommen praktisch verwerthbarerer Beschlüsse vereitelt; er stellte dagegen Maßnahmen zur geeigneten Beschickung der Ausstellung und zu einem Zusammenwirken mit den Oesterreichischen Vereinen in Aussicht.

Bei der Gelegenheit wurde erwähnt daß bei der Pariser Ausstellung der grosse Preis für Einrichtungen, welche sich für das Wohl der arbeitenden Klassen besonders bewährt hatten, dem Anwalte zugedacht war, schließlich aber wahrscheinlich seiner Stellung zur Preussischen Regierung wegen Niemanden zuerkannt wurde. Bei der Ausstellung in Amsterdam, welche sich vorzugsweise mit den Interessen der arbeitenden Klassen beschäftigte, erhielt Schulze gleichwie der Berliner Handwerkerverein und die Kronprinzessin von Preussen das grosse Ehrendiplom. —

XIII. Es wird beschlossen für 1872 die Bureaukosten der Anwaltschaft von 1400 auf 1700 Thaler und für 1873 dieselben auf 2000 Thaler zu erhöhen. —

Näheres hierüber in §. 7.

Eine Reihe von Beschlüssen, welche theilweise auf die Stellung der Anwaltschaft und ihre Geschäftsführung Bezug haben, findet sich in den folgenden Blättern weil sie ihrem hauptsächlichen Inhalte nach dort eingereiht werden mußten. Man vergleiche deshalb insbesondere auch §. 37 XIV und §. 38 XIV.

## §. 4. Engerer Ausschuß.

II. Es wird dem in Weimar konstituirten Zentral-Korrespondenzbureau ein Engerer Ausschuß — bestehend aus den Vorständen der Vereine zu Berlin (Bezirk 102 A—D) Kolberg, Dessau, Dresden, Delitzsch, Eisleben, Gardelegen, Gotha, Königsberg i. Pr., Liegnitz, Luckenwalde, Luckau, Rostock, Sangerhausen, Zerbst — bis zum nächsten Vereinstag an die Seite gesetzt, dessen Mitglieder bei allen weitergreifenden, zur Vertretung der Gesammt-Interessen nöthig werdenden Maßregeln befragt werden müssen und sich durch Kooptation nach Bedürfniß verstärken können.

III. Der auf dem Gothaer Vereinstage (II) dem Zentralbureau zur Seite gestellte Engere Ausschuß soll in Zukunft aus fünf Personen bestehen, von denen wenigstens eine den Rohstoffassoziationen angehören muß.

Die Wahl traf auf Schulte-Potsdam, Soergel-Eisleben, Parisius-Gardelegen, Schilling-Dresden und Gerlach-Luckenwalde.

Die erste Zusammensetzung des Engeren Ausschusses aus 14 Vorständen verschiedener Vereine hatte sich als zu schwerfällig erwiesen.

IV. Auf Antrag der Anwaltschaft wird beschlossen die Mitgliederzahl des Engeren Ausschusses von fünf auf sieben zu erhöhen.

Soergel, Parisius und Schulte wurden wieder, Nizze-Rostock, Müller-Gotha, Schenk-Wiesbaden und Froehner-Wechselburg neu gewählt.

V. Der Engere Ausschuß, welcher der Anwaltschaft in Leitung der Verbandsangelegenheiten zur Seite steht, wird zusammengesetzt

a) aus den Vorsitzenden der sämmtlichen Unterverbände,
b) aus drei jedesmal auf ein Jahr vom Allgemeinen Vereinstage zu wählenden Deputirten, von denen mindestens einer den Rohstoff- oder Magazins-Genossenschaften angehören muß.

Die Aenderung war durch die mehr und mehr sich auswachsende Organisation der Unterverbände bedingt, deren Vorstände zu allernächst berufen schienen als ständiger Beirath des Anwaltes in den Engeren Ausschuß einzutreten da ihnen die Bedürfnisse ihrer Verbandsvereine am besten bekannt sein müssen und durch sie die Wechselbeziehung zwischen Anwaltschaft und den einzelnen Vereinen am sichersten gewährt werden kann.

VI. Durch Feststellung des Organischen Statuts wurde in Bezug auf den Engeren Ausschuß festgesetzt:

Der Engere Ausschuß der zum Verbande gehörigen Vereine besteht aus den Direktoren der Landes- und Provinzial-Unterverbände. Bis zur vollständigen Einführung dieser Unterverbände durch ganz Deutschland steht es dem Allgemeinen Vereinstage zu dem Engeren Ausschusse einige Vorsteher solcher Vereine beizugeben, welche noch nicht in der Lage waren einem Unterverbande beizutreten.

Der Engere Ausschuß ist berufen

a) dem Anwalte in allen Fällen mit seinem Rathe zur Seite zu stehen, wo bei einer im Interesse des Verbandes zu ergreifenden Maßregel ein Beschluß des Allgemeinen Vereinstages wegen Dringlichkeit derselben nicht eingeholt werden kann und der Anwalt die Verantwortlichkeit dafür allein zu übernehmen Bedenken trägt.
b) Sodann ist er mit beschliessender Stimme vom Anwalte bei Anberaumung der Allgemeinen Vereinstage und Vorbereitung der Tagesordnung und Ernennung der Referenten mit schriftlicher Berichterstattung zuzuziehen insoweit das dahin Gehörige nicht etwa schon durch den vorhergegangenen Allgemeinen Vereinstag angeordnet ist.
c) Weiter steht ihm selbständig die Kontrole über das Kassen- und Rechnungs-Wesen des Verbandes zu und hat er namentlich für den richtigen Eingang der Leistungen der Vereine zu den Verbandskosten zu wachen und die Einziehung

von den Säumigen durch Vermittelung der Unterverbände oder nöthigenfalls auch direkt zu besorgen. Zu diesem Behufe werden ihm vom Anwalte die jährlichen Einnahmelisten spätestens beim Zusammentritt des Allgemeinen Vereinstages vorgelegt, welchem eine Uebersicht der Eingänge und Verwendung derselben mitgetheilt werden muß.

d) Endlich trifft der Engere Ausschuß auch für den Fall eines plötzlichen Abgangs des Anwalts Sorge für dessen Stellvertretung bis zum nächsten Allgemeinen Vereinstage.

Der Engere Ausschuß erledigt seine Geschäfte durch Mehrheitsbeschlüsse seiner Mitglieder und erwählt zu seiner Leitung in den Fällen unter c und d, wo er selbständig handelt, einen Vorsitzenden jedesmal auf ein Jahr. In den Fällen unter a und b gebührt dem Anwalt die Initiative.

Die Abstimmung erfolgt in der Regel schriftlich im Wege der Korrespondenz indem der Anwalt beziehentlich der Vorsitzende den Mitgliedern die Fragen zusendet und demnächst die gefaßten Beschlüsse insofern sie von allgemeinem Interesse sind in der obengedachten Zeitschrift (§. 6) veröffentlicht.

Nur bei Gelegenheit des Allgemeinen Vereinstages findet eine eigentliche Sitzung der Mitglieder statt, in welcher die Konstituirung und die Wahl des Vorsitzenden für das nächste Jahr erfolgt, auch die Verfügungen wegen des Kassenwesens eingeleitet werden.

**XI. Dem Vorsitzenden des Engeren Ausschusses wird ein Honorar von fünfzig Thalern für die Leitung der Ausschußgeschäfte bewilligt.**

**XV. Es ist Pflicht der Verbandsdirektoren — wenn nicht die dringendsten Veranlassungen sie abhalten — den Sitzungen des Engeren Ausschusses persönlich beizuwohnen. Im Falle einer solchen Abhaltung können nur die von den Unterverbänden auf Grund statuarischer Bestimmungen zu stellvertretenden Direktoren gewählten Personen zu der in Frage stehenden Sitzung abgeordnet werden. Dem Verbandsdirektor liegt es dann jedenfalls ob den Stellvertreter von dem Stande der Verbandsangelegenheiten namentlich in Kassensachen genau zu unterrichten.**

Der Antrag zu erklären

„Nach den Bestimmungen des Organischen Statuts ist eine

Stellvertretung der Unterverbandsdirektoren im Engeren Ausschusse nicht statthaft"

wurde abgelehnt, ein weiterer Antrag auszusprechen daß

„auf Grund statuarischer Bestimmungen von den Unterverbänden gewählte Stellvertreter auch bei Anwesenheit der Verbandsdirektoren das Recht haben den Sitzungen des Engeren Ausschusses beizuwohnen und sich an den Debatten, nicht aber an der Beschlußfassung zu betheiligen"

vor der Beschlußfassung zurückgezogen.

Man machte geltend daß die Verbandsdirektoren im Engeren Ausschusse nicht so fast als Vertreter ihres Verbandes denn als Organe der gesammten Vereinigung zu wirken berufen sind und daß dazu eine fortdauernde Kenntniß von allen Vorgängen im Verbandsleben nothwendig ist, daß aber allerdings verschiedene Verbände eine ständige Fürsorge für Stellvertretung statutengemäß getroffen haben, die von Seite des Allgemeinen Verbandes nicht gänzlich ausser Betracht bleiben darf.

XV. Durch Beschluß der Vorversammlung wurde festgesetzt:

**Der Engere Ausschuß ist berechtigt im Sinne des § 6 lit. b und c des Organischen Statuts (Seite 58) ausser den Anträgen, welche auf die Finanzverwaltung Bezug haben, auch andere materielle Anträge beim Allgemeinen Vereinstage zu stellen, welche in der am Tage vorher stattgefundenen Sitzung von ihm beschlossen sind.**

**Diese Anträge haben den in § 3 der Geschäftsordnung (Seite 47) den Anträgen der Unterverbände zugestandenen Rang.**

## §. 5. Verfassung des Allgemeinen Verbandes.
(Organisches Statut.)

V. Wegen der künftigen Organisation des Allgemeinen Vereinstages und der Unter- (Provinzial- oder Landes-) Verbände sowie des Engeren Ausschusses soll die Anwaltschaft ein Organisches Statut ausarbeiten und dem nächsten Vereinstage zur endgiltigen Beschlußfassung unterbreiten.

Die hiefür als maßgebend bezeichneten Punkte sind unter §§. 2, 4, 6 und 7 jeweils Ziff. V mitgetheilt.

VI. Das Organische Statut wird nach eingehender Berathung festgestellt, die Redaktion bleibt jedoch der Anwaltschaft im Benehmen mit dem Engeren Ausschusse vorbehalten.

Der Entwurf sowohl als die beschlossenen Aenderungen sind in dem mehrerwähnten Werke Schulzes „Die Entwickelung des Genossenschaftswesens in Deutschland Seite 108 ff.) abgedruckt. Die einzelnen Bestimmungen kommen auch in dieser Schrift bei den vorgehenden und nachfolgenden Paragraphen zur Mittheilung.

Bei der Debatte handelte es sich zunächst darum ob den ausserhalb des Verbandes stehenden Vereinen ein Stimmrecht am Allgemeinen Vereinstage eingeräumt werden sollte wie von einer Seite beantragt war, — ferner ob das gegenseitige Inkasso überhaupt und ob die provisionsfreie Besorgung desselben verpflichtend in das Statut aufgenommen werden sollte; — beide Fragen wurden verneint.

XII. Das Organische Statut wird in den §§. 7 (Unterverbände) und 10 (Kosten) zeitgemäß abgeändert und erhält als §. 11 einen Zusatz (Korrespondenz und Reisen).

Diese Aenderungen sind sämmtlich in §§. 7. und 8 mitgetheilt.

**XV.** Die Mitgliedschaft von Aktien- und Kommandit-Gesellschaften bei dem Allgemeinen Genossenschaftsverbande ist nicht statthaft; dagegen können Genossenschaften, welche dem Allgemeinen Verbande angehört und sich in Kapital- und Kommandit-Gesellschaften umgewandelt haben oder aus der Initiative des Verbandes hervorgegangen sind, auch nach der Umbildung mit berathender Stimme bei dem Allgemeinen Vereinstage zugelassen werden.

Die Worte „oder aus der Initiative des Verbandes hervorgegangen sind" kamen durch Zusatzantrag in den Beschluß.

Der gleichzeitig eingebrachte Antrag

„solche Genossenschaften, welche sich während ihrer Mitgliedschaft beim Verbande in Aktiengesellschaften umgewandelt jedoch im übrigen die ursprünglichen genossenschaftlichen Prinzipien beibehalten haben, mit vollem Stimmrechte bei dem Allgemeinen Verbande zuzulassen"

wurde abgelehnt.

Ein weiterer Antrag

„das Stimmrecht der aus den Genossenschaften hervorgegangenen Aktiengesellschaften auf dem Allgemeinen Vereinstage wie auf den Unterverbandstagen bei allen Fragen auszuschliessen, welche die Organisation und sonstige spezielle Verhältnisse der eigentlichen Genossenschaften sowie die Wahrnehmung von deren Interessen der Gesetzgebung und den Behörden gegenüber betreffen"

gelangte nicht zur Abstimmung.

Die nach der Beschlußfassung angeregte Frage ob die bisher dem Allgemeinen Verbande angehörenden Aktiengesellschaften fernerhin Beiträge zu zahlen haben wurde nicht mehr entschieden. Der Anwalt sprach seine Meinung dafür aus daß der Beschluß auf jene Gesellschaften, welche schon Mitglieder sind, nicht mehr bezogen werden könne, von anderer Seite wurde aber das Gegentheil behauptet. —

**Daß bei verschiedenen Allgemeinen Vereinstagen Genossenschaften, welche ihren satzungsmässigen Verpflichtungen gegen den Verband nicht genügten, ausgeschlossen wurden, ist im ersten Theile regelmässig erwähnt.**

## §. 6. Organ des Verbandes.

Nach dem Organischen Statut sind der Allgemeine Vereinstag, die Anwaltschaft und der Engere Ausschuß die (Verwaltungs-) Organe des Verbandes. Hier soll dagegen insbesondere von dem Organe desselben in der Presse die Rede sein.

I. Der Vereinstag stellt es als wünschenswerth auf daß das Zentralbureau die besonders herausgegebene Abtheilung der von F. G. Wieck in Leipzig redigirten Deutschen Gewerbezeitung „Die Innung der Zukunft" als amtliches Organ der Deutschen Vorschuß- und Kredit-Vereine benützt und empfiehlt daher allen Vereinen das Abonnement dieses Blattes.

VI. Das Organische Statut bestimmt

Zu den Funktionen der Anwaltschaft gehört

4. die Redaktion und Herausgabe eines besonderen Organes für das Genossenschaftswesen in der Tagespresse, als welches gegenwärtig die Monatsschrift „Die Innung der Zukunft" anerkannt wird.

Die zum Allgemeinen Verbande gehörigen Vereine sind verpflichtet

6. mindestens ein Exemplar des Organs für Genossenschaftswesen in der Tagespresse zu halten.

VII. Der Antrag auszusprechen

„Von dem Vereinstage wird das Organ der Deutschen Genossenschaften „Die Innung der Zukunft" aufgefordert künftig allen zum Verbande gehörigen Vereinen seine Spalten zu Insertionen offen zu halten damit es den Vereinen möglich ist gegen mässige Gebühren ihre Abschlüsse und Bekanntmachungen darin zu erlassen"
wurde mit grosser Mehrheit abgelehnt.

Man anerkannte daß die Veröffentlichung der Jahresabschlüsse hauptsächlich dazu dienen soll die Einwohnerschaft des Ortes und der Umgebung des Vereinssitzes von den Erfolgen der Genossenschaft in Kenntniß zu setzen und daß dieser Zweck durch die Veröffentlichung im Verbandsorgane nicht erreicht werde.

**X. Es ist den grösseren Genossenschaften zu empfehlen von den Blättern für Genossenschaftswesen für jedes ihrer Vorstands- und Ausschuß-Mitglieder ein Exemplar zu halten, den kleineren für je zwei dieser Mitglieder ein Exemplar, mindestens aber drei Exemplare im Ganzen zu halten nämlich eines für den Vorstand und zwei Exemplare für den Ausschuß oder Aufsichtsrath.**

Der Zusatzantrag

„Den Unterverbänden ist zu empfehlen in ihre Statuten die Bestimmung aufzunehmen daß jeder Verein mindestens drei Exemplare der Blätter zu halten habe"

wurde abgelehnt.

Der Anwalt gab aus Anlaß der Einbringung dieses Antrages eine kurze Geschichte des Blattes, das zuerst — da Mittel für ein eigenes Organ nirgends geboten waren — eine Beilage zur Deutschen Gewerbezeitung bildete und damals noch kaum von zwanzig Genossenschaften gehalten wurde. Erst 1860 erschien es unabhängig von der Gewerbezeitung mit 300—400 Abonnenten, deren Zahl sich bis 1868 auf 1500 vermehrt hatte. Eine grössere Verbreitung schien wünschenswerth nicht allein um des anregenden und belehrenden Inhaltes des Blattes willen sondern auch um die Mittel zu gewinnen dasselbe in seinem Umfange zu erweitern und so den stets zunehmenden Stoff genügend zu verwerthen.

XII. Der Antrag

„die geschäftsführenden Vereine beziehungsweise die Verbandsdirektoren damit zu beauftragen eine regelmässige Kontrole über die Verbreitung des Verbandsorgans in der Tagespresse, der Blätter für Genossenschafts-Wesen, bei den Vereinen ihres Unterverbandes einzuführen"

wurde zurückgezogen.

Die Anwaltschaft hatte insbesondere darüber zu klagen daß zahlreiche Anfragen ihr den Beweis lieferten die Blätter werden entweder nicht gehalten oder doch nicht gelesen da die meisten Anfragen sich mit dem Hinweise auf den Inhalt einer oder der andern Nummer erledigen liessen. Selbst für die kleinsten Vereine wurde das Abonnement auf mindestens zwei Exemplare als leicht erschwinglich und sehr zweckmässig bezeichnet, ausserdem aber dringend empfohlen auch die Tagesliteratur im Allgemeinen mehr für das Genossenschaftswesen zu interessiren und zu gelegentlichen Mittheilungen über Genossenschafts-Angelegenheiten regelmässig zu benützen, wobei es insbesondere als vortheilhaft bezeichnet wurde für jeden Unterverband irgend eine politische Zeitung als Verbandsorgan zu bestimmen, welche dann alle Veröffentlichungen der Genossenschaften aufzunehmen hätte.

XIII. Diejenigen Vereine des Verbandes, welche dem §. 9 Numer 6 des Organischen Statuts zuwider bisher noch kein Exemplar der Blätter für Genossenschaftswesen gehalten haben, werden bei Vermeidung der Ausschliessung aufgefordert dieser Verpflichtung sofort nachzukommen.

XIV. Vier Vereine, welche das Abonnement ausdrücklich verweigerten, wurden aus dem Verbande ausgeschlossen.

---

## §. 7. Aufbringung und Verwendung der Verbandskosten.

I. Die Kosten für das Zentralkorrespondenzbureau (§ 3) sollen dadurch aufgebracht werden daß jeder Verein $^{1}/_{2}$ Prozent seines Reinertrages an dasselbe abführt.

II. Wie bei § 3 erwähnt wurde zwischen den beiden ersten Vereinstagen der Vorschlag laut, erhöhte Prozentsätze zu leisten um die ganze Thätigkeit Schulzes für die verbündeten Vereine in Anspruch nehmen zu können.

43 Vorschußvereine und 10 Rohstoffgenossenschaften schlossen sich diesem Vorschlage an und sagten die Einzahlung von zwei Prozent ihres jährlichen Reingewinnes zu mit Festhaltung von zwei Thaler Mindest- und zwölf Thaler Höchst-Betrag. Danach blieb es den Vereinen anheimgestellt die mindere Abgabe ohne oder die höhere mit der erwähnten Beschränkung zu leisten.

III. **Die dem Zentralkorrespondenzbureau in Zukunft beitretenden Vereine haben zur Bestreitung der Kosten desselben einen jährlichen Beitrag von 2 Prozent des Reingewinnes zu leisten jedoch nicht unter zwei und nicht über dreissig Thaler; es wird denjenigen Genossenschaften, welche dem Zentralbureau bereits früher beigetreten sind, — insofern sie den in Weimar (I) angenommenen Satz von $^{1}/_{2}$ Prozent ohne Beschränkung noch festgehalten haben — empfohlen zu dem obigen Satze ebenfalls überzugehen.**

Schulze hatte einen Maximalsatz von 20 höchstens 25 Thalern beantragt um die grösseren Vereine, die der Anwaltschaft in der Regel weniger Arbeit verursachten als die kleineren, nicht zu Gunsten der letzteren allzusehr zu belasten und so von der Theilnahme an dem in so bedeutendem Sinne „nationalen Institute" fernzuhalten.

V. Beschlußfassung über den Antrag

„Zu den Kosten des Allgemeinen Vereinstages hat jeder in einem Unterverbande stehende Verein — auch wenn er den Vereinstag nicht beschickt — 20 Silbergroschen = $^2/_3$ Thalern beizutragen, deren Einziehung der Vorstand des Unterverbandes besorgt"

wurde ausgesetzt und die Anwaltschaft ersucht die Frage über die Vertheilung und Aufbringung der Kosten des Allgemeinen Vereinstages mit dem Engeren Ausschusse nochmals in Erwägung zu ziehen und darüber dem nächsten Vereinstage Vorlage zu machen.

Die vorberathende Abtheilung hatte diese Vertagung beantragt weil ihr in der vorgeschlagenen Regelung eine Benachtheiligung der Mitglieder der Unterverbände — zu Gunsten der solchen Verbänden nicht angehörenden Vereine — zu liegen schien. Ein Vermittelungsantrag, nach welchem die Kosten des Allgemeinen Vereinstages — insofern die Beiträge der theilnehmenden Vereine nicht ausreichten — von den Unterverbänden je nach der Zahl der ihnen angehörenden Vereine, deren jeder ein Exemplar der Drucksachen erhalten sollte, zu decken gewesen wären, wurde abgelehnt.

Es kommt hier zu bemerken daß damals die Kosten des Allgemeinen Vereinstages von jenen der Anwaltschaft und ihres Bureaus getrennt behandelt werden sollten, was sich aus der Entstehung der Allgemeinen Vereinstage erklärt, die ja älter sind als das Zentralbureau bezw. die Anwaltschaft, — und daß deshalb in der damals geltenden Geschäftsordnung des Allgemeinen Vereinstages bezüglich der Kosten bestimmt war, sie sollten von den dabei vertretenen Vereinen (oder Verbänden) unter sich aufgebracht, zu den Kosten der Drucksachen aber auch jene Vereine und Personen mitbeigezogen werden, welche sie zu beziehen wünschten ohne am Allgemeinen Vereinstage selbst theilgenommen zu haben.

**VI. Von den im folgenden Jahre eingehenden Kostenbeiträgen der im Verbande befindlichen Vereine für das Rechnungsjahr 1864 werden die Kosten des Allgemeinen Vereinstages mit 120 Thalern und ausserdem zehn Prozent der Einnahmen für die Unterverbände abgesetzt.**

Das Organische Statut war eben beschlossen und damit auch dem finanziellen Gebahren des Verbandes eine feste Grundlage in der Art geschaffen daß der Allgemeine Vereinstag jedes Jahr über die Vertheilung der bei der Anwaltschaft eingegangenen Beiträge Beschluß fassen sollte. Schulze beabsichtigte die Unterverbände von eigenen Kosten möglichst zu entlasten, überhaupt ein Verfahren anzubahnen, wonach an die Vereine nur eine einheitliche Geldforderung im Jahre für alle aus der Verbandsorganisation wie aus der Abhaltung des Allgemeinen Vereinstages entspringenden Auslagen zu stellen gewesen wäre. Sein ursprünglicher Antrag ging deshalb auch dahin von den eingesendeten Beiträgen 25 Prozent abzuziehen und hievon 120 Thaler für den Allgemeinen Vereinstag und den Rest den Unterverbänden nach Verhältniß der von ihren Vereinen geleisteten Beiträge zur Deckung ihrer Unkosten zu überweisen, — worauf der Vereinstag nicht einging um die Einnahmen der Anwaltschaft selbst nicht allzu empfindlich zu schmälern.

Der bezügliche Satz des Organischen Statuts lautete:

„a) Die Kosten des Verbandes namentlich,

$\alpha$) die Besoldung des Anwaltes und Deckung von dessen Bureau-Aufwand,

$\beta$) die Kosten der Allgemeinen Vereinstage und der Unterverbandstage sowie

$\gamma$) der Geschäftsführung bei den Unterverbänden

sind von den im Verband stehenden Vereinen aufzubringen.

Zwei Prozente vom Nettogewinn jährlich werden als Kostenbeitrag eines jeden Vereins bis auf weiteres jedoch mit Bestimmung eines Minimal- und Maximal-Satzes von 2—30 Thlr. festgesetzt.

b) Es wird für jedes Jahr auf dem in demselben stattfindenden Allgemeinen Vereinstage festgesetzt, welche Quote von diesen Gewinnprozenten dem Anwalt für sich und sein Bureau zugebilligt und welche Quote davon für den Allgemeinen Vereinstag und die Unterverbände reservirt beziehentlich den letzteren überwiesen werden soll.

c) Wird in der nächsten Zeit durch diese antheilige Ueberweisung der Bedarf der Unterverbände und des Allgemeinen Vereinstages noch nicht völlig gedeckt so findet die Aufbringung des Fehlenden unter den betreffenden Vereinen nach dem bisherigen Maßstabe statt.

d) Die geschäftsführenden Vereine der Unterverbände kassiren die erwähnten Beiträge von den einbezirkten Vereinen ein und liefern die Eingänge nach Abzug des ihnen überwiesenen Antheils, den sie zurückbehalten, an die Anwaltschaft ein."

VII a. Die Eingänge zu den Verbandskosten für 1865 werden vorbehaltlich der endgiltigen Beschlußnahme im nächsten Jahre folgendermassen vertheilt:

Zunächst beziehen die Unterverbände 25 Prozent der Beiträge der zu ihnen gehörenden Vereine; der darauf verbleibende Rest der Eingänge wird der Anwaltschaft zur Deckung der Bureaukosten und Besoldung des Anwaltes überwiesen jedoch mit der Maßgabe daß der Anwalt davon noch die Kosten des Allgemeinen Vereinstages für 1866 zu decken hat; die endgiltige Festsetzung in dieser Angelegenheit steht dem Allgemeinen Vereinstage des Jahres 1866 zu.

Schulze berechnete daß im letztvorhergegangenen Jahre von den Beiträgen der Vereine nach dem Organischen Statute über Deckung der Bureauauslagen und der Kosten des Allgemeinen Vereinstages und Abzug der zehn Prozent für die Unterverbände noch eine Besoldung von 2000 Thaler für den Anwalt selbst verblieb, die er als ganz zureichend erachtete so daß also bei dem fortwährenden Beitritte neuer Vereine recht wohl statt zehn nun 25 Prozent an die Unterverbände abgegeben werden könnten; er wollte sogar noch weiter gehen und über einen allenfallsigen Mehrbedarf der Unterverbände eine Verständigung zwischen diesen und der Anwaltschaft freihalten, — was abgelehnt wurde.

VII b. Der Antrag der Anwaltschaft, lautend:

„Die Kosten des Allgemeinen Verbandes insbesondere die Besoldung des Anwalts und Deckung von dessen Bureauaufwand sowie die Kosten des Allgemeinen Vereinstages sind (in Abänderung des § 10 des Organischen Statuts) von sämmtlichen im Verbande stehenden Vereinen nach Prozenten vom Nettogewinn des Vereinsgeschäftes aufzubringen Zu den Kosten der Unterverbände haben dagegen nur die einem jeden derselben beigetretenen Vereine beizusteuern und über die Art der Aufbringung selbständig zu beschliessen.

Zu den allgemeinen Verbandskosten wird vorläufig für jeden Verein ein Beitrag von einem Prozent vom Nettogewinn des Vereinsgeschäftes alljährlich festgestellt mit Innehaltung eines Mindest- und Höchst-Betrages von 1 und 15 Thaler.

Diesen Betrag senden die Vereine an den Anwalt ein, welcher

davon seine Bureaukosten sowie die Kosten des Allgemeinen Vereinstages, welche auf 120 bis 150 Thaler angeschlagen werden, deckt, den Ueberrest als Entschädigung für seine Mühwaltung erhält und dem Allgemeinen Vereinstage darüber alljährlich Rechnung legt"

wurde den Unterverbänden zur Kenntnißnahme und Vorberathung überwiesen und auf die Tagesordnung des nächsten Allgemeinen Vereinstages gesetzt.

Die Erfahrung hatte bereits gezeigt daß einerseits die alljährliche Berathung und Beschlußfassung des Vereinstages über die Vertheilung der Eingänge eine unerquickliche Aufgabe bildete andererseits die Bedürfnisse der Unterverbände sehr verschieden waren, weshalb es allein richtig erschien diesen die Aufbringung der eigenen Kosten selbst zu überlassen und die Beiträge zum Allgemeinen Verband entsprechend (Schulze hatte vorgeschlagen auf die Hälfte) herabzusetzen. Es trat zwar eine starke Gegnerschaft wider den Antrag auf, den man vielfach als einen Ausfluß übergrosser Bescheidenheit und Opferfreudigkeit seitens des Anwaltes betrachtete, weshalb Tagesordnung beantragt wurde. Schulze betonte aber die soziale Bedeutung seiner ganzen Stellung und insbesondere seines Verhältnisses zu den Vereinen so nachdrücklich daß sein Antrag schließlich Annahme fand.

VIII. § 10 des Organischen Statuts wird in folgender Fassung abgeändert:

„1. Die Kosten des Allgemeinen Verbandes insbesondere die Besoldung des Anwalts und Deckung von dessen Bureauaufwand sowie die Kosten des Allgemeinen Vereinstages sind von sämmtlichen im Verbande stehenden Vereinen aufzubringen. Die Kosten der Unterverbände haben dagegen nur die einem jeden derselben beigetretenen Vereine zu tragen; über die Art der Aufbringung und Verwendung dieser Kosten haben die Unterverbände selbständig zu beschliessen.

2. Zu den Kosten des Allgemeinen Verbandes haben beizutragen
   a) die Vorschußvereine 1 Prozent vom Reingewinn des Vereinsgeschäftes,
   b) die Konsum- und Rohstoff-Genossenschaften $^1/_6$ Thaler oder Gulden für jedes Tausend des Verkaufserlöses und
   c) die Produktivgenossenschaften $^1/_{12}$ Thaler oder Gulden für jedes Tausend des Verkaufserlöses mit Einhaltung eines

Mindest- und Höchst-Betrages von 2—20 Thaler für alle Vereine.

3. Von der Verbandseinnahme erhält der Anwalt jährlich 3200 Thaler zur Bestreitung seiner Besoldung und Deckung seines Bureauaufwandes sowie der Kosten des Allgemeinen Vereinstages.
4. Der Mehrbetrag der Einnahme wird dem zu bildenden Reservefond zugewiesen.
5. Der auf diese Weise zu bildende Reservefond bleibt zur Verfügung des Allgemeinen Vereinstages.

   Derselbe wird der „Deutschen Genossenschaftsbank in Berlin" zur Verwaltung übergeben.
6. Die Beiträge zu den Verbandskosten werden von den geschäftsführenden Vereinen oder Direktoren der Unterverbände von den einzelnen Vereinen erhoben und an die Anwaltschaft abgeliefert."

Die Kosten des Allgemeinen Verbandes wurden damit von jenen der Unterverbände getrennt und die Aufbringung der letzteren den zu jedem Unterverband gehörigen Vereinen nach den eigenen Statuten überlassen, die Besteuerung der Konsum- Rohstoff- Magazins- und Produktiv-Genossenschaften nicht mehr nach dem Reingewinn sondern nach dem Umsatz geordnet weil für sie der Reingewinn als ein zu unsicherer Maßstab erschien, — der Gehaltsbezug des Anwaltes im Höchstbetrage begränzt, ein Dispositionsfond durch Zuweisung der überschüssigen Eingänge begründet und die Einhebung der Vereinsbeiträge auf die Unterverbandsdirektoren übertragen. —

In Betreff der Aufbringung und Verwendung der Verbandskosten im Jahre 1866 wurde beschlossen

1. Die Kosten des Verbandes namentlich

a) die Besoldung des Anwalts und die Deckung von dessen Bureauaufwand,

b) die Kosten der Allgemeinen Vereins- und der Unterverbands-Tage sowie

c) der Geschäftsführung bei den Unterverbänden,

sind für das Jahr 1866 in folgender Weise aufzubringen:

a) Von den in dem Verbande stehenden Vorschußvereinen hat jeder Verein nach der Bestimmung des § 10 des Organischen Statuts des Allgemeinen Verbandes zwei Prozent vom Reingewinn des Vereinsgeschäftes jedoch mit Einhaltung eines Mindest- und Höchst-Betrages von 2—30 Thalern beizutragen;

b) Die Konsum- und Rohstoff-Genossenschaften haben $^1/_3$ Thaler oder Gulden, und die Produktivgenossenschaften $^1/_6$ Thaler oder Gulden von jedem Tausend des Verkaufserlöses ebenfalls mit Einhaltung des Mindest- und Höchst-Betrages von 2—30 Thalern beizusteuern.

2. Die sich für 1866 ergebende Verbandseinnahme wird in folgender Weise verwendet:

a) Die Unterverbände beziehen zur Bestreitung der Kosten der Unterverbandstage sowie der Geschäftsführung bei den Unterverbänden 25 Prozent der von den zugehörigen Vereinen geleisteten Beiträge;

b) der Anwalt erhält zur Bestreitung seiner Besoldung, des Bureauaufwandes und der Kosten des Allgemeinen Vereinstages den Betrag von 3200 Thalern;

c) der Mehrbetrag der Einnahme wird zur Bildung eines Reservefonds benützt.

IX. Die Diäten des Anwalts und seiner Vertreter werden auf fünf Thaler festgesetzt und bestimmt daß an Fahrkosten die zweite Wagenklasse der Eisenbahn vergütet wird.

(Das Nähere in § 3).

X. An die Vereine, welche rechtzeitig ihre ausgefüllten Tabellen (Jahresabschlüsse) eingesendet und daher mit ihren Geschäftsergebnissen in die (von Schulze jährlich veröffentlichten) statistischen Berichte haben aufgenommen werden können, soll dieser Bericht zu Lasten des Dispositionsfonds unentgeltlich vertheilt werden.

(Hierüber Näheres in § 14).

Ebenso sind aus demselben die Kosten des Allgemeinen Vereinstages zu bestreiten.

Bisher waren diese Kosten — wie oben erwähnt — aus den laufenden Einnahmen des Verbandes bezw. aus den dem Anwalt dafür ausgewiesenen Anfällen gedeckt worden.

XI. Es wurde — ohne eigentliche Beschlußfassung — allgemein anerkannt daß der Mindestbeitrag von zwei Thalern von jedem Vereine also auch von jenen Vorschußvereinen zu zahlen ist, welche etwa einen Reingewinn gar nicht erzielten.

XIa. Dem Anwalte und seinen Stellvertretern sollen für ihre Reisen zu den Verbandstagen vier Thaler Diäten ausser den Reisekosten und ausserdem Herrn Parisius sechs Thaler Versäumnißkosten gewährt werden.

Der Sekretär der Anwaltschaft soll für die Berichterstattung auf den Allgemeinen Vereinstagen vierzig Thaler Honorar erhalten.

Der Anwalt hatte die früher bewilligten fünf Thaler Diäten für zu hoch erklärt und gleich seinen Stellvertretern nie mehr als vier Thaler erhoben.

Die besondere Entschädigung an Parisius begründet auf dem Umstande daß derselbe nicht Beamter des Verbandes ist und von demselben keinerlei Besoldung bezog.

XIb. Für die Kosten des Norddeutschen Konsumvereinstages des Jahres 1869 werden 50—60 Thaler genehmigt.

Näheres oben in § 2.

XII. Der Allgemeine Vereinstag beschließt das Organische Statut des Allgemeinen Verbandes wie folgt abzuändern:

A. Dem § 7 des Organischen Statuts als letzten Absatz hinzuzufügen:

> Jeder Unterverband beschließt selbständig über Aufbringung, Höhe und Verwendung der Kosten für den Unterverband durch die ihm angehörenden Vereine.

B. Dem § 10 folgende Fassung zu geben:

Die Kosten, deren Aufbringung, Einsendung und Verwendung.

1. Die Kosten des Allgemeinen Verbandes werden durch Beiträge von sämmtlichen dem Allgemeinen Verbande angehörenden Vereinen nach folgenden Sätzen aufgebracht:

a) Von den Vorschuß- und Kredit-Vereinen mit 1 Prozent des jährlichen Reingewinnes;

b) von den Konsumvereinen, Rohstoff- und Produktiv-Genossenschaften mit $^1/_{10}$ Thaler für jedes Tausend des Verkaufserlöses

unter Innehaltung eines Mindestbetrages von 2 Thalern und eines Höchstbetrages von 20 Thalern für alle Vereine.

2. Der Reingewinn, von welchem der Beitrag mit 1 Pro-

zent erhoben wird, ist diejenige Summe, welche sich ergibt nach Abzug aller Geschäftsunkosten, Gehälter, Remunerationen, Abschreibungen auf Abnutzungen und von Verlusten insofern letztere aus dem Jahresgewinn gedeckt werden und nach Abzug der an die Vereinsgläubiger gezahlten Zinsen. Dagegen sind Zinsen oder Dividenden für die Geschäftsantheile der Mitglieder (Mitglieder-Guthaben) und Zuschreibungen zu dem Reservefond Theile des Reingewinns.

3. Die Beiträge fliessen in die Allgemeine Verbandskasse, welche unter Leitung des Anwalts durch die Deutsche Genossenschaftsbank der Herren Sörgel, Parisius & Co. in Berlin verwaltet wird.

4. Aus der Allgemeinen Verbandskasse werden bestritten

a) die Besoldung des Anwalts und die Kosten seines Bureaus,
b) die Diäten und Fahrkosten für Reisen des Anwalts, seiner Vertreter und des Vorsitzenden des Engeren Ausschusses in Verbandsangelegenheiten,
c) das Honorar für den Vorsitzenden des Engeren Ausschusses,
d) die Kosten des Allgemeinen Vereinstages,
e) die Fahrkosten für die Unterverbandsdirektoren zum Allgemeinen Vereinstage.

Die Festsetzung der Höhe von a b c und e erfolgt durch den Allgemeinen Vereinstag unter Zustimmung des Anwalts. Von letzterem wird behufs Festsetzung der Bureaukosten ein Etat aufgestellt.

5. Vereine, welche aus dem Allgemeinen Verbande ausgeschieden sind oder noch nicht drei Jahre lang Beiträge geleistet haben, gehen ihrer Ansprüche an den Reservefond verlustig.

6. Die in Nr. 1 a und b festgesetzten Beträge werden von dem betreffenden Vereinsvorstande insofern der Verein einem Unterverbande angehört portofrei an den betreffenden Verbandsdirektor, insofern aber der Verein keinem Unterverbande sich angeschlossen hat unmittelbar an die Allgemeine Verbandskasse (Nr. 3) ebenfalls portofrei eingesendet.

7. Die Verbandsdirektoren sind gehalten die eingegangenen Beiträge für die Allgemeine Verbandskasse unter Beifügung eines doppelten Verzeichnisses in der Regel monatlich und sobald

50 Thaler oder mehr sich angesammelt haben schon früher abzuführen.

Ein Exemplar des Verzeichnisses erhält der Verbandsdirektor mit Quittung versehen zurück. Die etwa entstehenden Porti fallen der Allgemeinen Verbandskasse zur Last. —

C. Dem Organischen Statut folgenden Paragraphen hinzuzufügen:

## § 11.

### Korrespondenz und Reisen.

1. Die Korrespondenz mit der Anwaltschaft erfolgt unter gegenseitiger Frankatur und Benutzung der Kreuzbandsendung bei Drucksachen.

2. Verlangen einzelne Vereine oder Unterverbände wegen aussergewöhnlicher, sie ausschließlich betreffender Vorkommnisse Reisen des Anwalts oder seiner Stellvertreter so hat die betreffende Vereinskasse die Kosten zu tragen. —

Der Allgemeine Vereinstag beschließt ferner

1. den Jahresgehalt des Anwalts von 1869 einschließlich ab auf 2400 Thaler festzusetzen sowie

2. für den Bureau-Aufwand des Anwalts von 1870 einschl. ab jährlich 1400 Thaler auszuwerfen,

3. die in § 10 Nr. 4 b erwähnten Diäten und Fahrkosten für Reisen des Anwalts und seiner Vertreter in der bisher festgesetzten Höhe zu belassen und denselben die dem Vorsitzenden des Engeren Ausschusses zu gewährenden Diäten und Fahrkosten sowie die nach § 10 Nr. 4 e den Unterverbandsdirektoren zu gewährenden Fahrkosten gleichzustellen.

Der Antrag daß der Anwalt seinen Gehalt regelmässig pränumerando beziehen solle wurde auf dessen eigenen Wunsch hin abgelehnt und ebenso eine Unterscheidung zwischen der Allgemeinen Verbandskasse und dem Dispositionsfonde zurückgewiesen; hinsichtlich der allenfallsigen Vertheilung dieses Dispositionsfondes im Falle einer Auflösung des Allgemeinen Verbandes war vorgeschlagen daß dieselbe nur vom Anwalte oder vom Engeren Ausschusse beantragt und nur durch eine Mehrheit von drei Viertheilen erfolgen könne. Dieser Vorschlag wurde angenommen. Da aber die Scheidung des Dispositionsfondes von der Allgemeinen Kasse nicht beliebt wurde erscheint der Beschluß wirkungslos.

XII. Die Anwaltschaft wird für die nächsten zwei Jahre (1872 und 1873) ermächtigt im Interesse der Vereinigung mit dem Süddeutschen Konsumvereinsverbande eine Ermässigung der Jahresbeiträge der demselben angehörenden Vereine auf die Hälfte des Minimaljahresbeitrags eintreten zu lassen wenn der Jahresumsatz des betreffenden Vereins sich unter 6000 Thaler oder 10500 Gulden hält und von demselben der Antrag auf eine solche Ermässigung bei seinem Eintritt in den Allgemeinen Verband innerhalb des Jahres 1871 gestellt wird.

Durch diesen Beschluß wurde der Beitritt weitaus der meisten bisher dem speziellen Süddeutschen Konsumvereins-Verbande angehörenden Vereine zum Allgemeinen Verbande ermöglicht. Da das Provisorium längst überwunden ist dürfen wir von eingehenderen Mittheilungen aus der Debatte wohl Umgang nehmen.

XIII a. Die Anwaltschaft wird ermächtigt die im Interesse der Vereinigung mit dem Süddeutschen Konsumvereinsverbande vom vorjährigen Allgemeinen Vereinstage den dortigen kleinen Konsumvereinen nach Befinden zugestandene Ermässigung des Jahresbeitrages auch noch auf diejenigen auszudehnen, welche unter sonst gleichen Verhältnissen noch innerhalb des Jahres 1872 in den Allgemeinen Verband eintreten und dabei die erwähnte Ermässigung beantragen.

Der Beschluß des Nürnberger Vereinstages (XII.) war den Vereinen zu spät bekannt geworden so daß sie die dort gesteckte Frist zum Eintritte (vor Ablauf des Jahres 1871) nicht genügend beachten konnten.

XIII b. Die Bureaukosten der Anwaltschaft werden vom Jahre 1872 angefangen von 1400 auf 2000 Thaler erhöht um die Gehalte der Sekretäre aufzubessern.

Die Anwaltschaft hatte den Antrag gestellt die fragliche Summe für 1872 vorerst auf 1700 und für 1873 auf 2000 Thaler zu erhöhen. Die Erklärung aber daß der erste Sekretär nur 1060 Thaler, der zweite gar nur 360 Thaler beziehe veranlaßte aus der Versammlung den Antrag, der zum Beschlusse erhoben wurde und zu dessen Gunsten ein anderer Antrag, den Gehalt des ersten Sekretärs auf 1200 und den des zweiten auf 600 Thaler zu erhöhen, zurückgezogen worden war.

XIII c. Die dem Allgemeinen Verbande beitretenden Baugenossenschaften haben bis auf weiteres den Mindestbeitrag des Organischen Statuts mit zwei Thalern zur Kasse des Allgemeinen Verbandes zu entrichten.

(Näheres in § 42).

XIV. Die Diäten der Verbandsdirektoren bei Wahrnehmung des Allgemeinen Vereinstages sind aus der Kasse des Allgemeinen Verbandes und zwar mit 4 Thaler für den Tag von 1873 ab zu zahlen.

Nach den Beschlüssen des XII. Vereinstages wurden den Verbandsvorständen seither nur die Reisekosten aus der Allgemeinen Kasse ersetzt; da es dringend wünschenswerth erschien daß denselben der Besuch des Allgemeinen Vereinstages möglichst erleichtert werde und die Einnahmen der Kasse es gestatteten wurden von nun an auch die Diäten auf dieselbe übernommen.

XVa. Es ist den Vereinen dringend zu empfehlen die Erhebung des Mindest-Beitrages zu den Kosten des Allgemeinen Verbandes von zwei auf drei Thaler jährlich in ernste Erwägung zu nehmen.

Der ursprüngliche Vorschlag lautete

„Die Erhöhung des Minimalsatzes der Jahresbeiträge für den Allgemeinen Verband und demgemäß die Abänderung des § 10 des Organischen Statuts dahin daß als mindester Beitrag zu den Kosten des Verbandes drei Thaler für alle Vereine bestimmt werden erscheint gerecht und nothwendig."

Man hob hervor daß gerade die kleinen Vereine die meisten Ansprüche an die Thätigkeit der Anwaltschaft und der Verbandsorgane überhaupt erheben und daß bei dem immer wachsenden Umfange der Jahresberichte und der sonstigen den Vereinen zugehenden Veröffentlichungen der bisherige Mindestbeitrag kaum ausreicht auch nur die Kosten hiefür zu ersetzen. Wenn schon die finanzielle Lage des Verbandes eine solche Erhöhung nicht nothwendig mache so scheine sie doch durch den allgemeinen Grundsatz „Leistung gegen Leistung" bedingt. Nach dem Organischen Statute war es jedoch nicht zulässig die Erhöhung sofort zu beschliessen sondern mußte dazu die Zustimmung der Vereine selbst vorliegen umsomehr als im Laufe der Erörterungen im einzelnen die widersprechendsten Anschauungen zu Tage traten und insbesondere statt Erhöhung der Mindestbeiträge Steigerung der Höchstbeiträge in Anregung gebracht wurde.

XV b. Die Bureaukosten werden im Etat für 1874/75 um 250 Thaler erhöht, wovon 200 Thaler dem ersten, 50 Thaler dem zweiten Sekretär der Anwaltschaft als Gehaltsaufbesserung zugewiesen wurden. Ebenso wurde für den Druck der Mittheilungen über den Allgemeinen Vereinstag um 50 Thaler mehr (im Ganzen 250 Thaler), für Versendung der Jahresberichte 50 Thaler, für Freiexemplare derselben 1200 Thaler, für die Bibliothek des Verbandes 25 Thaler, für den Engeren Ausschuß 70 Thaler, für örtliche Kosten des Allgemeinen Vereinstages 75 Thaler, für Reisekosten des Anwalts und seiner Stellvertreter 1050 Thaler, für Reisen der Verbandsdirektoren zum Allgemeinen Vereinstage 1500 Thaler, für Ausarbeitung der erwähnten Mittheilungen 50 Thaler, für aussergewöhnliche Porti u. s. w. 10 Thaler genehmigt, wozu noch der Gehalt des Anwalts mit 2400 Thaler tritt.

XV c. Der Allgemeine Vereinstag eröffnet der Anwaltschaft aus den Fonds des Deutschen Genossenschaftsverbandes einen Kredit bis zu 900 Mark zum Zwecke der Agitation für die weitere Ausbreitung des Genossenschaftswesens durch die Lokalpresse, besondere Schriften und Wanderlehrer.

(Näheres darüber in § 10).

---

Unter diesen Paragraphen fallen noch mancherlei Beschlüsse des Allgemeinen Vereinstages von lediglich vorübergehender Bedeutung, Rechnungsgenehmigungen u. dgl., auf deren Wiedergabe verzichtet wurde weil sie weder geschichtlich noch sonstwie dauernde Beachtung bedingen.

Den „Mittheilungen über den Allgemeinen Vereinstag" ist seit 1861, seitdem sie überhaupt in Brochürenform erscheinen, alljährlich ein Ausweis über die Einnahmen und Ausgaben und den Stand der Kasse des Verbandes angefügt.

Der letztjährige Ausweis — für die Zeit vom 1. Oktober 1873 bis dahin 1874 — zeigt:

in Einnahme

| | | | |
|---|---|---|---|
| | 5099 Thlr. | 22 Gr. | 11 Pf. Bestand des Dispositionsfondes |
| | 9505 „ | 27 „ | 11 „ Beiträge der Verbandsvereine |
| | 122 „ | 12 „ | — „ Zinsen |
| zus. | 14728 Thlr. | 2 Gr. | 10 Pf. |

in Ausgabe

| | | | |
|---|---|---|---|
| 2400 Thlr. | — Gr. | — Pf. | Gehalt des Anwaltes |
| 2200 „ | — „ | — „ | Bureaukosten desselben |
| 1057 „ | 25 „ | — „ | Diäten u. Reisekosten d. Anwaltschaft |
| 1469 „ | 22 „ | — „ | desgl. der Verbandsvorstände |
| 329 „ | 10 „ | 8 „ | auf die Mittheilungen über den Allgemeinen Vereinstag. |
| 1369 „ | 10 „ | 6 „ | auf die statist. Jahresberichte |
| 55 „ | 21 „ | — „ | auf Abhaltung d. Allg. Vereinstages |
| 66 „ | 8 „ | 4 „ | an den Engeren Ausschuß |
| 49 „ | 3 „ | 6 „ | auf Drucksachen, Bibliothek u. Mobiliar |

zus. 8997 Thlr. 11 Gr. — Pf.

sodaß der Dispositionsfond auf das neue Rechnungsjahr überging mit 5730 Thlr. 21 Gr. 10 Pf.

## §. 8 Unterverbände.

IV. Der Vereinstag empfiehlt die Bildung einzelner Landes- oder Provinzial-Unterverbände, welchen sich die in den betreffenden Bezirken gelegenen der Anwaltschaft der Genossenschaften beigetretenen Vereine einordnen, nach Maßgabe des beiliegenden Statuts.

Schulze erklärte in der Begründung des von ihm ausgegangenen Antrages die Bildung der Unterverbände als eine naturgemässe Entwickelung des ganzen Genossenschaftswesens, in welchem die Vereine zunächst Fühlung unter sich gesucht, dann zur Pflege und Förderung der gemeinsamen Angelegenheiten die Anwaltschaft ins Leben gerufen hatten, für welche binwieder in den Unterverbänden Mittelglieder zum bequemeren Verkehre mit den einzelnen Vereinsgruppen ebenso wie für diese selbst zum Verkehre unter sich geschaffen werden sollten. In dem vorgelegten Statut war die Möglichkeit vorgesehen zu den Unterverbänden auch Vereine zuzulassen, welche dem Allgemeinen Verbande (bezw. der Anwaltschaft) nicht angehörten; doch sollten sie in Angelegenheiten, welche das Verhältniß der Anwaltschaft zu den Vereinen berührten, ein Stimmrecht nicht erhalten.

Nach dem damals entworfenen Plane erschien die Bildung von Unterverbänden zweckmässig für

1. Königreich Sachsen 2. Preussisch-Rheinland und Westphalen sammt Lippe 3. Mittelrhein 4. Schlesien und Südposen (diese bestanden bereits) 5. Preuß. Sachsen (ohne Erfurt) mit Anhalt 6. Thüringen mit Erfurt 7. Württemberg und Baden 8. Ost- und West-Preussen mit Nordposen 9. Mecklenburg und Pommern

mit Lübeck und Hamburg 10. Mark Brandenburg 11. Bayern 12. Hannover, Oldenburg, Kurhessen, Braunschweig und Bremen.

Einzelne Theile dieses Vorschlages sind noch zur Stunde fromme Wünsche, andere freilich von der Wirklichkeit lang überflügelt. Die provinziale Abtheilung der Verbände erschien übrigens damals der verschiedenartigen Rechtsverhältnisse in den einzelnen Staaten wegen besonders rathsam.

V. Die einzelnen Unterverbände müssen bei der Anwaltschaft angemeldet und als solche vom Allgemeinen Vereinstage anerkannt sein — wenn sie die im Organischen Statut festgesetzten Befugnisse ausüben wollen.

Die Unterverbände haben sich bei ihrer Wirksamkeit innerhalb der ihnen vom Allgemeinen Vereinstage gezogenen Grenzen zu halten und keine Funktionen vor sich zu ziehen, welche den Zentralstellen, der Anwaltschaft und dem Allgemeinen Vereinstage vorbehalten sind.

Diese beiden Sätze bildeten einen Theil der Grundlagen für das Organische Statut, dessen Ausarbeitung dem Anwalte damals übertragen wurde. Es sollte damit festgestellt werden daß die Unterverbände weder in die Organisation des Allgemeinen Verbandes eingreifen noch eine Kontrole über die inneren Angelegenheiten der Vereine ausüben dürfen. In der Verhandlung wurde hervorgehoben daß die Besprechung der für den Allgemeinen Vereinstag bestimmten Anträge rc. in den Unterverbänden nicht allein nicht untersagt sondern dringend erwünscht ist, daß aber der freien Beschlußfassung des Allgemeinen Vereinstages nicht durch Unterverbandsbeschlüsse vorgegriffen werden kann und darf.

**VI. Die Unterverbände sind anzuweisen innerhalb ihres Bezirkes über die Buchführung der Rohstoff- Produktiv-Genossenschaften und Konsumvereine Ermittelungen anzustellen und in Verbindung mit der Anwaltschaft Musterschemas zur Buchführung auszuarbeiten und zu veröffentlichen.**

Der Antrag ging von einer Produktivgenossenschaft, die Einschaltung

„und Konsumvereine“

von dem Vertreter eines solchen Vereines aus; das allein schon beweist genügend daß in dem Beschlusse nicht ein Widerspruch gegen das im Vorjahre angenommene Verbot jeder Kontrole der inneren Vereinsverwaltung durch die Unterverbände liegt.

Es wurde einfach anerkannt daß eine geordnete Buchführung, die Grundbedingung jedes gedeihlichen Wirkens der Vereine, den erwähnten Genossenschaften besondere Schwierigkeiten verursacht, weshalb die Sammlung einschlägiger Erfahrungen als eine sehr zweckmässige Aufgabe für die Unterverbände erschien. —

Das auf diesem Vereinstage vereinbarte Organische Statut, durch welches das Seite 80 erwähnte Verbandsstatut ersetzt ist, bestimmt:

„Die im Allgemeinen Verbande stehenden Vereine ordnen sich distriktsweise in besondere nach Bedürfniß und Zweckmässigkeit gebildete Landes- und Provinzial-Unterverbände ein. Die Aufgabe derselben besteht in

a) Unterhaltung eines stetigen Verkehrs mit der Anwaltschaft und dem Allgemeinen Vereinstage;
b) Anbahnung engerer Geschäftsverbindungen namentlich eines geordneten Geldverkehres sowie des Austausches der gemachten Erfahrungen untereinander;
c) gemeinsamer Wahrnehmung der Sonderinteressen der Vereine des Distrikts;
d) Unterstützung des Anwaltes und des Engeren Ausschusses in deren Funktionen besonders bei Einziehung der statistischen Nachrichten und Kostenbeiträge von den einbezirkten Vereinen sowie wenn es gilt den Beschlüssen des Allgemeinen Vereinstages Folge zu geben.

Die Unterverbände konstituiren sich nach eigenen von ihnen angenommenen Statuten, welche mit dem gegenwärtigen Allgemeinen Verbandsstatut nicht im Widerspruch stehen dürfen, und treten durch Deputirte der einbezirkten Vereine zur Ausübung der ihnen obliegenden Funktion und Regelung ihrer Angelegenheiten in jährlich mindestens einmal stattfindenden Verbandstagen zusammen*), deren Beschlüsse in den besonderen Angelegenheiten des Unterverbandes dieselbe Kraft haben wie die des Allgemeinen Vereinstages in allgemeinen Angelegenheiten, aber ebensowenig wie diese der Selbständigkeit der einzelnen Vereine in deren speziellen Angelegenheiten zu nahe

*) Das Seite 80 erwähnte Verbandsstatut hatte zweimalige Versammlungen im Jahre, vor und nach dem Allgemeinen Vereinstage, im Auge.

treten dürfen, namentlich dieselben ohne deren ausdrückliche Zustimmung nicht irgendwie rechtlich verpflichten können.

Zur Leitung ihrer Angelegenheiten erwählen die einbezirkten Vereine jedesmal auf ein Jahr auf dem Verbandstage einen geschäftsführenden Verein aus ihrer Mitte, dessen Sitz als Vorort betrachtet wird und dessen Vorsitzender als Verbandsdirektor sich den einschlagenden Arbeiten unterzieht, die Verbandstage anberaumt und einleitet und dabei an die vom Unterverbande angenommene Geschäftsordnung gebunden ist.

Es steht dem Verbande auch frei statutenmässig statt eines geschäftsführenden Vereins eine bestimmte Person als Geschäftsführer zu wählen.

Statuten und Geschäftsordnungen der Unterverbände müssen der Anwaltschaft eingereicht werden, welche sie dem nächsten Allgemeinen Vereinstag vorzulegen hat, indem nur die von demselben anerkannten Unterverbände die in diesem Organischen Statut bestimmte Stellung einzunehmen berechtigt sind."

VII. In Bezug auf die Genossenschaftliche Statistik vergl. unten §. 14.

IX. Es ist zu empfehlen daß neben den sonstigen möglichst eingehenden Mittheilungen über die Verhältnisse hervorragender Konsumvereine und der in denselben gemachten Erfahrungen auch ein gegenseitiger Austausch über die Bezugsquellen der hauptsächlichsten in- und ausländischen Waarengattungen und deren Preise unter den verschiedenen Vereinen desselben Bezirks womöglich durch Gründung spezieller Unterverbände für Konsumvereine veranlaßt werde.

Näheres in §. 33.

IX. b. Ueber den Antrag auszusprechen

„den Landes- und Provinzial-Verbänden ist gestattet den Eintritt in den Allgemeinen Verband und die Uebernahme der in §. 9 des Organischen Statuts bezeichneten Pflichten als Bedingung des Anschlusses an den Unterverband fallen zu lassen.

In diesem Falle hat der betreffende Landes- und Provinzial-Unterverband in seiner ordentlichen, dem Allgemeinen Vereinstage vorangehenden Versammlung über den Betrag Beschluß zu fassen, welchen er mit Rücksicht auf die Zahl der nicht in dem Allgemeinen Vereinsverbande befindlichen Vereine und die Grösse ihres Reingewinnes zu den im §. 10 a und b bezeichneten Kosten neben den statutenmässigen Beiträgen seiner in dem Allgemeinen Verbande befindlichen Vereine beitragen will.

Die Repartition jenes Beitrages unter die einzelnen im Verbande befindlichen Vereine ist wie die Bestreitung der mit seiner Geschäftsführung verbundenen Kosten Sache des Unterverbandes"

wurde in der Erwägung

„daß der Antrag wenn er zum Beschlusse erhoben werden sollte den gesammten Organismus des Allgemeinen Verbandes der Deutschen Erwerbs- und Wirthschafts-Genossenschaften zerstören würde"

zur Tagesordnung übergegangen.

Die früher in einem Unterverbande vereinten Badischen und Würtembergischen Genossenschaften hatten sich getrennt weil das Bestreben sich vom Allgemeinen Deutschen Verbande loszulösen, der tendenziös als „Norddeutscher" bezeichnet wurde, seitens der Würtembergischen Vereine immer deutlicher hervortrat. Die Badischen Vereine gründeten einen eigenen Verband, die Würtemberger aber legten den Plan einer neuen Gesammtorganisation vor, wonach die Vereine einem Landesverbande angehören und diese Verbände unter sich den Allgemeinen Verband bilden sollten ohne daß die einzelnen Vereine unmittelbar einen Antheil am Allgemeinen Verbande hätten. Man gab vor an Stelle der zentralistischen Gestaltung des Deutschen Genossenschaftswesens eine föderative setzen zu wollen, was der Eigenart des Deutschen Volkes besser entspreche, eine Meinung, die leider auch heute noch viel zu weit in deutschen Marken verbreitet ist. (S. 21.)

Der Vertreter der Würtembergischen Vereine (Oesterlen) sprach selbst die Ueberzeugung aus daß der Antrag nicht angenommen würde und ermächtigte deshalb die Anwaltschaft falls die Unterstützung nicht ausreichend erscheine den Antrag zurückzuziehen

„um nicht einen bedenklichen Zwiespalt in der Versammlung hervorzurufen."

Er hatte sich nur darin getäuscht daß er annahm ein solcher Antrag könne einen Zwiespalt im Allgemeinen Vereinstage hervorrufen.

Interessant ist es daß die Sächsischen Vereine am Unterverbandstage in Plauen den gerade entgegenstehenden Beschluß gefaßt hatten

daß die Theilnahme bei dem Allgemeinen Deutschen und bei dem Sächsischen Verbande sich gegenseitig bedingen, also die seither nachgesehen gewesene einseitige Mitgliedschaft bei dem einen oder andern Verbande in Wegfall kommt. —

X. Der Antrag auszusprechen

„daß die Mitgliedschaft der Vereine bei dem Allgemeinen Deutschen Genossenschaftsverbande auch die Mitgliedschaft bei dem (oder bei einem) bestehenden Landes- oder Provinzial-Verbande bedinge“

wurde abgelehnt weil man befürchten mußte den Gesammtverband zu sprengen. Obschon es von allen Seiten als empfehlenswerth anerkannt wurde daß die Vereine sich nicht allein dem Allgemeinen sondern innerhalb desselben auch überall einem Unter-Verbande anschliessen (der Anwalt sprach es offen aus daß die Vereine, die dem entgegenhandeln, einen Theil ihrer Aufgabe verfehlen) schien es doch nicht zweckmässig dieses Ziel durch Zwangs-Bestimmungen statt im Wege der Belehrung und praktischen Ueberzeugung anzustreben.

X. Das von der Anwaltschaft vorgelegte Regulativ für den Verkehr der Unterverbände und einzelnen Vereine mit der Anwaltschaft wird in einer vom Engeren Ausschusse vervollständigten Fassung genommen.

Da es inzwischen durch §. 11 des Organischen Statuts ersetzt wurde (vergl. oben Seite 75) unterbleibt der Abdruck.

XI. Die Bestimmung der Tage, an welchen die Versammlungen der Unterverbände stattfinden, ist in keinem Falle ohne vorherige Vereinbarung mit der Anwaltschaft zu treffen; dabei ist möglichst auf die unmittelbare Aufeinanderfolge der Versammlungen benachbarter Verbände Rücksicht zu nehmen.

Die Unterverbandstage sind spätestens in der ersten Hälfte des Monats Juli abzuhalten.

Der erste Theil des Beschlusses war von der Anwaltschaft beantragt um ihr und ihren Vertretern die pflichtgemässe Theilnahme an den zahlreichen Verbandstagen zu ermöglichen; der zweite Theil wurde vom Engeren Ausschusse angefügt um zu ermöglichen daß die von den Verbandstagen beschlossenen Anträge an den Allgemeinen Vereinstag noch rechtzeitig bekannt gemacht werden können.

XI. (Magdeburg.) Konsumvereine, welche in Orten ihren Sitz haben, deren kommerzielle Verhältnisse derart sind um kleinen Vereinen die Beschaffung von Waaren zu erleichtern und somit deren Bestand zu garantiren bezw. deren Entstehen zu ermöglichen, wird die Bildung von besonderen Unterverbänden dringend empfohlen.

Es ist nicht die Aufgabe der Unterverbände allein den Verkehr mit der Anwaltschaft zu ermitteln, ihre Hauptaufgabe ist vielmehr die Agitation im Interesse des Konsumvereinswesens zu leiten und die Hebung bestehender Vereine zu fördern.

Der erste Theil dieses Beschlusses wurde schon beim zehnten Vereinstage als Antrag eingebracht und an den nächsten verwiesen.

Der Anwalt benützte die Gelegenheit um sich gegen die von mehreren Seiten angeregte Verbindung von Konsumvereinen zu einer Großhandlungs-Genossenschaft auszusprechen weil die Vereine dem Sitze der Verwaltung meist zu ferne stehen um sich an der Kontrole derselben unbedingt betheiligen zu können, ohne diese Möglichkeit aber die Uebernahme einer Haftpflicht sich nicht rechtfertigen läßt. Er empfahl daher abzuwarten bis die Vereine erstarkt genug sein werden eine Kapital-Gesellschaft zu diesem Zwecke zu bilden, bei welcher die Haftung auf das eingelegte Kapital beschränkt bleibt.

XIV. Ueber die Anträge auszusprechen

a) „Der durch leichtfertige Verwaltung veranlaßte Bankerott einer Genossenschaft wirkt schädigend auf den Kredit und das Ansehen vieler genossenschaftlichen Unternehmungen und erschüttert das Vertrauen auf die Grundlagen, auf welche diese Unternehmungen aufgebaut sind. Es empfiehlt sich daher auf Mittel zu sinnen, welche eine Warnung, unter Umständen ein öffentliches Lossagen von der Gemeinschaft mit solchen Vereinen ermöglichen. Solche Mittel werden nur durch die Ausbreitung und Vervollkommnung der genossenschaftlichen Organisation geboten. Es ist daher Pflicht und eigenstes Interesse aller Genossenschaften für diese Ausbreitung und Vervollkommnung zu wirken"

b) „Angesichts der Wichtigkeit und Zweckmässigkeit der Unterverbände werden die Verbandsdirektoren hiemit aufgefordert die in ihrem Bezirke bestehenden Genossenschaften, welche noch keinem Unterverbande angehören, über deren Organisation und Bedeutung zu belehren und sie zum Beitritte aufzumuntern"

wurde zur Tagesordnung übergegangen weil dieselben zum Theile selbstverständlich sind, zum andern Theile auf früheren Vereinstagen die gleichen Aussprüche bereits wiederholt gefaßt wurden.

XV. a. Der Beschluß des Vereinstages über die Stellvertretung der Verbandsdirektoren ist in §. 4 XV. S. 59 abgedruckt.

XV. b. Die Anwaltschaft erklärte es sei ihr bei dem weiten

Gebiete, auf welches sich ihre Theilnahme an den Unterverbandstagen zu erstrecken habe, und bei dem allgemeinen Verlangen daß dieselben auf Sonntage anberaumt werden, nicht möglich diesem Wunsche zu entsprechen und sie halte es darum für zweckmässig sämmtliche Unterverbände in sechs Gruppen nach ihrer geographischen Lage einzutheilen und jeder Gruppe die Ordnung der Verbandstage unter sich zu überlassen, wobei mit den Sonntagen gewechselt werden könne.

Mannigfaltig wirken die in den vorgehenden §§. 1—7 aufgeführten Beschlüsse auch auf die Organisation der Unterverbände ein, weshalb hier ausdrücklich auf dieselben verwiesen wird.

## B. Gemeinsame Angelegenheiten aller oder mehrerer Genossenschaftsgattungen.

### §. 9. Gesetzgebung.

I. Es soll auf Erlassung gleichförmiger Gesetze darüber hingewirkt werden daß allen Vereinen, deren Grundgesetze durch

a) solidarische Haft der Mitglieder den Vereinsgläubigern gegenüber,
b) Bildung eines in Verhältniß zu den aufgenommenen fremden Geldern zu bringenden Stammvermögens durch Einzahlungen der Mitglieder und
c) Veröffentlichung der Jahresbilanzen

die nöthigen Garantien bieten, Erleichterungen rücksichtlich der Legitimation bei Prozessen und Rechtsgeschäften zu Theil werden; es wird zu diesem Behufe genügen wenn durch ortsobrigkeitliche Atteste über Bestehen der Vereine und Authentizität (Echtheit) ihrer die Vollmachten enthaltenden Grundgesetze und Protokolle über die Wahlen der Vorstände und Vereinsbeamten solchen Urkunden öffentlicher Glaube beigelegt wird.

Dabei soll das Verhältniß zwischen dem Stammvermögen (einschließlich des Reservefonds) und den aufzunehmenden fremden Geldern auf einen Minimalsatz des ersteren von 5 Prozent der Anlehen, unter welchen nicht heruntergegangen werden darf, geregelt werden.

Da die Fragen der Gesetzgebung durch den Erlaß des nunmehr im ganzen Deutschen Reiche geltenden Gesetzes über die Rechtsverhältnisse der auf Selbsthilfe beruhenden Erwerbs- und wirthschaftlichen Genossenschaften gelöst sind, das im Allgemeinen den Wünschen und Bedürfnissen der letzteren volle Rechnung trägt und mit den Vorschlägen des Anwaltes der Hauptsache nach übereinstimmt, können wir die desfallsigen Beschlüsse der vorgesetzlichen Periode kürzer behandeln. Die Sächsische Regierung war manchen Vereinen durch Verleihung sogenannter Korporationsrechte entgegengekommen, womit mindestens die Prozeßführung, die Fähigkeit vor Gericht zu handeln 2c. wesentlich erleichtert, aber auch die Regierungs-Aufsicht unzertrennlich verbunden war.

Geschichtlich beachtenswerth ist daß schon damals bei den meisten Vereinen das Verhältniß der eigenen Fonds zu den fremden auf 25—50 Prozent gestiegen war und der niedrige Satz von fünf Prozent nur zu Gunsten der jungen, neu sich bildenden Vereine in den Beschluß aufgenommen wurde. Ursprünglich waren sogar nur drei Prozent vorgeschlagen gewesen.

**I. Die Repartirung der solidarischen Verhaftung der Mitglieder, wie sie im Meissener Statut enthalten ist, wird als zweckmässig erachtet und es wird zur Erwägung gegeben ob nicht diese Regulirung der solidarischen Haft auch bei Vereinen, deren Statuten regierungsseitig nicht bestätigt sind, durchzuführen sei.**

Das Meissener Statut hatte wegen Geltendmachung der Solidarhaft gegen die Vereinsmitglieder bestimmte Bedingungen aufgenommen; man hielt es für nothwendig daß diese Beschränkungen den Schuldscheinen beigedruckt wurden da sie nur im Einverständnisse mit den Gläubigern festgehalten werden konnten insoferne nicht ein ausdrückliches Regierungsprivilegium in Mitte lag. Bei dem heutigen Stande der Gesetzgebung ist die ganze Frage gegenstandslos.

**II. Der (von Schulze vorgelegte) Entwurf eines Gesetzes zur Erleichterung der Legitimationsführung der Vereine bei Prozessen und Rechtsgeschäften vorbehaltlich der nach Maßgabe der Spezialgesetzgebung der einzelnen Länder nothwendigen Abänderungen wird den sämmtlichen Vereinen zu dem Behufe empfohlen daß sie in möglichster Gemeinsamkeit bei ihren betreffenden Regierungen sei es im Petitionswege oder sonst für dessen Annahme und Sanktion wirken.**

Der vorgelegte Entwurf war auf die Verhältnisse der Vorschußvereine beschränkt, fußte auf den oben mitgetheilten Grundsätzen, stellte aber das Verhältniß der fremden zu den eigenen Fonds bereits auf mindestens zehn Prozent fest und enthielt strenge Grenzen für die Einmischung der Gerichte und Behörden in die Vereinsangelegenheiten. Er enthielt aber auch die ausdrückliche Bestimmung daß die Vereine zur Erfüllung der fraglichen Vorschriften nicht gezwungen werden könnten, daß dieselbe vielmehr nur Grundbedingung der amtlichen Legitimationsfähigkeit sein sollte. Eine Verpflichtung zur Solidarhaft war in den Entwurf als nach gemeinem Rechte selbstverständlich und mit Rücksicht auf Vereine, die eines fremden Kredites gar nicht bedürfen, nicht aufgenommen. Die nöthigen Legitimationen sollten — zur Vereinfachung des Geschäftsganges — durch die Ortsbehörden ausgestellt werden.

Der von einzelnen Mitgliedern gemachte Versuch die Fassung des Entwurfes derart auszudehnen daß er auch für Bildungs-, volkswirthschaftliche, Gewerbe-Vereine 2c. im Allgemeinen wirken konnte, fand nicht Anklang weil diesen Vereinen das Merkmal des geschäftlichen Betriebes fehlt, das man als charakteristische Eigenthümlichkeit der Genossenschaften festhalten mußte.

**IV. Die Solidarhaft der Vereinsmitglieder für die Vereinsschulden ist die einzige wirthschaftlich wirksame und rechtlich mögliche Kreditbasis der Vereine; zur Sicherung der Mitglieder gegen die Gefahren der Solidarhaft dienen**

**a) die Bildung eines ansehnlichen, zu den aufgenommenen fremden Geldern im Verhältniß stehenden eigenen Vereinsfondes in Reserve und Geschäftsantheilen der Mitglieder, welche anfänglich mindestens zehn Prozent betragen und allmälig auf fünfzig gebracht werden und dessen Verhältniß die Generalversammlung fortwährend regeln und überwachen muß;**

**b) die gesetzliche Regelung der Geltendmachung der Solidarhaft in der von der kgl. Sächsischen Regierung dem Meissener und allen mit Korporationsrechten versehenen Vereinen zugestandenen Form von so lange wiederholten Umlagen auf alle Mitglieder bis der Ausfall gedeckt ist und kein einzelner vorweg aus der Zahl der Mitverhafteten allein herausgegriffen werden kann.**

Abweichend von dem Beschlusse des zweiten Vereinstages ist die

Bestimmung über die Berechtigung der Generalversammlung, das Verhältniß zwischen eigenem und fremdem Fonde stets zu überwachen und zu regeln also die Summen festzustellen, bis zu welchen der Ausschuß jeweils fremden Kredit in Anspruch nehmen kann, — eine Bestimmung, gegen welche zu Gunsten einer minder beschränkten Thätigkeit auch jetzt noch von verschiedenen Seiten angekämpft wurde.

Bereits hatte sich klar gestellt daß die Solidarhaft bei den Vorschußvereinen unter allen Verhältnissen durchführbar ist.

Schulze hatte einen weiteren Zusatz beantragt, lautend:

„Ausserdem können sich die Mitglieder unter sich durch Zeichnung von Garantiebeiträgen sichern, bis zu deren Höhe sie zur Deckung von Kassenausfällen einzutreten sich verpflichten, — eine Maßregel, welche indeß den Gläubigern gegenüber die Solidarhaft nicht ausschließt sofern man nicht beim Abschlusse des Darlehensgeschäftes im Schuldscheine mit Bewilligung der Gläubiger die beschränkte Haft unter Festsetzung der Haftbeträge der einzelnen Mitglieder ausdrücklich aufnimmt."

Dieser Zusatz erhielt nicht die nöthige Stimmenzahl; er wurde theils für an Bedeutung untergeordnet, theils wegen der grossen Beschränkung der Solidarhaft sogar für bedenklich erachtet. Schulze selbst hatte ihn nur als Uebergangspunkt in jenen Vereinen empfohlen, für welche die Solidarhaft noch nicht zur Anwendung kam.

Von der Abtheilung war ferner beantragt auszusprechen

„Der Vereinsvorstand oder Ausschuß muß sofort eine Generalversammlung anberaumen und auf Liquidirung antragen sobald Verluste eintreten, welche den Reservefond und die Hälfte der Geschäftsantheile der Mitglieder absorbiren."

Der Zusatz wurde mit Stimmengleichheit abgelehnt nachdem mehrfach hervorgehoben war daß selbst in einem solchen Falle der Verein noch nicht so ungünstig stehe wie bei seiner Gründung und daß das vorgeschlagene Verfahren nur unnützen Schrecken verbreiten würde.

**IV. Der Vereinstag ersucht den Anwalt, in Uebereinstimmung mit dem Ausschusse dahin zu wirken daß die rechtlichen Verhältnisse der Genossenschaften baldmöglichst geordnet werden und daß mit dieser Thätigkeit nicht gewartet werde bis der Vereinstag den Gesetzentwurf (der Anwaltschaft) geprüft und genehmigt hat.**

Der Beschluß trat an die Stelle eines anwaltschaftlichen Antrages, der lautete:

„Der Vereinstag erklärt den Gesetzesentwurf des Anwalts zur Sicherung der privatrechtlichen Stellung der Genossenschaften für dem Bedürfniß entsprechend und empfiehlt überall da die erforderlichen Schritte zu thun, wo das allgemeine Deutsche Handelsgesetzbuch entweder schon in Kraft getreten ist oder noch treten wird, indem er die etwaigen Modifikationen z. B. wegen Beglaubigung der Statuten und Wahlen je nach der Gesetzgebung der bezüglichen Einzelnstaaten zu treffen anheimgibt."

Das Inslebentreten des deutschen Allgemeinen Handelsgesetzbuches hatte Schulze zur Ausarbeitung eines ganz neuen Entwurfes veranlaßt, der in den Unterverbänden genau durchberathen und dann am nächsten Allgemeinen Vereinstage zur Beschlußfassung gebracht werden sollte. Dr. Cnyrim in Frankfurt hatte einen Gegenentwurf vorgelegt.

Die Rechtsunsicherheit der Vereine war inzwischen immer fühlbarer geworden, ein Aufschub der gesetzlichen Regelung um ein volles Jahr erschien daher durchaus nicht wünschenswerth.

V. Auf den Antrag auszusprechen

„so lange durch kein Gesetz der Mitverhaftung der ausgeschiedenen Vereinsmitglieder für die während ihrer Mitgliedschaft aufnommenen Vereinsschulden ein Ziel gesetzt werde den Ausgeschiedenen das Recht einzuräumen binnen Jahresfrist die Zusicherung zu verlangen daß ihnen der Verein für die erwähnte Zusicherung aufkommen werde"

wurde die Anwaltschaft ersucht eine Regelung dieser Angelegenheit durch Verbindung mit dem dem Preussischen Abgeordnetenhause vorliegenden Gesetze über die Legitimation u. s. w. zu ermöglichen.

Der ursprüngliche Antrag des Norddeutschen Genossenschaftsverbandes war auf direkten Ausspruch im Sinne des ersten Satzes gerichtet. Die Frage der Haftdauer für Austretende hatte vielfache Schwierigkeiten hervorgerufen da sie nach dem Handelsgesetzbuche auf fünf, nach den Landesgesetzen auf zehn, zwanzig und dreissig Jahre festgestellt war; die Vereine hatten sich durch die verschiedenartigsten Bestimmungen in den Satzungen zu helfen gesucht ohne das erwünschte Ziel zu erreichen. Da die Angelegenheit inzwischen durch das Gesetz geregelt ist erscheint ein näheres Eingehen auf die stattgehabten Erörterungen nicht nothwendig.

**VII.** Auf die vom Preussischen Ministerium einer in Berlin zusammengetretenen Kommission für die Arbeiterverhältnisse vorgelegten Fragen

1) Was kann geschehen um die auf Selbsthilfe beruhenden Genossenschaften (Vorschuß- und Kredit-Vereine, Vereine zur Beschaffung von Rohstoffen, Konsumvereine, Produktivassoziationen) zu fördern?

2) Welche dieser Assoziationen können auch unter Fabrikarbeitern Eingang finden, und auf welchem Wege würde dies zu erreichen sein?

erklärt der Allgemeine Vereinstag:

I. Die einzige Förderung, welche die auf Selbsthilfe beruhenden Genossenschaften von der Preussischen wie von anderen Regierungen beanspruchen, ist

a) daß sie ihre Organe im Staat streng anweise sich aller durch die Gesetze nicht gerechtfertigten Versuche, die Genossenschaften unter die der polizeilichen Kontrole unterliegenden Vereine zu stellen, fernerhin zu enthalten,

b) daß sie dem Gesetzentwurfe, welcher die endliche Regelung der privatrechtlichen Stellung der Genossenschaften d. h. die Beseitigung der für sie in der jetzigen Lage der Gesetzgebung vorhandenen Schwierigkeiten in Betreff Erwerbs, Aufgabe und Verfolgung von Vermögensrechten bezweckt, und welcher im Preussischen Abgeordnetenhause in der Sitzung von 1863 von dem Anwalte der Genossenschaften eingebracht ist, nicht mehr entgegenstehe sondern dahin zu wirken suche daß derselbe zum Gesetze erhoben werde.

II. Die auf Selbsthilfe beruhenden Genossenschaften der oben bezeichneten Art namentlich die Konsum-Vereine und Produktiv-Genossenschaften aber auch die Vorschuß- und Kredit-Vereine erfreuen sich schon gegenwärtig lebhafter Betheiligung der Fabrikarbeiter; diese Betheiligung nimmt von Tag zu Tag einen erfreulicheren Aufschwung; demselben stehen keine anderen Hindernisse entgegen als die zu I. aufgeführten.

III. **Alle Versuche der Staatsregierungen, die auf Selbsthilfe beruhenden Erwerbs- und Wirthschafts-Genossenschaften überhaupt oder innerhalb einzelner Berufsklassen durch positive Eingriffe der Staatsgewalt fördern zu wollen, müssen als unbedingt schädlich zurückgewiesen werden.**

Beschluß und Antrag sind bereits im ersten Abschnitte des Näheren besprochen. Schulze hatte inzwischen seinen Gesetzesentwurf im Preussischen Abgeordnetenhause eingebracht, wo er einer Kommission überwiesen wurde, in welcher der Handelsminister ausdrücklich die segensreiche Wirksamkeit der Genossenschaften anerkannte und die Vorlage eines von der Regierung ausgearbeiteten Entwurfes in Aussicht stellte, durch welchen die Rechtsfähigkeit gesichert werden sollte. Allein die Vorlage war nicht erfolgt, die Einmischungsversuche der Polizeibehörden wurden vielmehr immer zahlreicher.

Ueber den Zusatz-Antrag

„Die Deutschen Genossenschaften insbesondere die Preussischen sprechen ihr Bedauern darüber aus daß das Ministerium zu der in Berlin berufenen Kommission zur Besprechung der Arbeiter-Angelegenheiten den Schöpfer und Anwalt der Genossenschaften als den kompetentesten Sachverständigen zuzuziehen versäumt hat"

wurde auf Wunsch des Anwaltes zur Tagesordnung übergegangen.

VIII. **Die Bestimmung in den Statuten eines Vorschußvereins daß ausscheidende Mitglieder die Befreiung von der Mitverhaftung für die Vereinsschulden binnen irgend einer Frist fordern können ist für die Existenz des Vereins gefährlich und — wo sie etwa noch besteht — schleunigst aufzuheben.**

**Bis zur Verkündigung des längst ersehnten Deutschen Genossenschaftsgesetzes ist es den Vorschußvereinen zu empfehlen daß sie den Mitgliedern auf Erfordern innerhalb zweier Jahre nach dem Ausscheiden einen Revers dahin ausstellen daß der Verein ihnen für die während ihrer Mitgliedschaft eingegangene Mitverhaftung gegen die Gesellschaftsgläubiger aufkommen werde.**

Der ursprüngliche Antrag

„es sei den Vorschußvereinen zu empfehlen durch freie Vereinbarung mit ihren Gläubigern die gesetzliche Verjährungsfrist in Betreff der solidarischen Verhaftung der ausgeschiedenen Mitglieder möglichst abzukürzen"

wurde abgelehnt.

Im Schulzeschen Gesetzes-Entwurfe war die Haftfrist auf fünf Jahre ausgedehnt; die Abminderung auf zwei Jahre erfolgte durch die Kommission des Preussischen Abgeordnetenhauses.

**IX. Den Preussischen Genossenschaften ist zu empfehlen sich unter das Genossenschaftsgesetz zu stellen und zu dem Behufe ihre Statuten nach Anleitung der von der Anwaltschaft und den Genossenschaftsverbänden empfohlenen Musterstatuten abzuändern; den Genossenschaften in den andern Deutschen Staaten ist zu empfehlen nach Kräften für den Erlaß eines in den Grundlagen mit dem Preussischen übereinstimmenden Genossenschaftsgesetzes thätig zu sein.**

Wie im ersten Abschnitte bemerkt war seit dem letzten Vereinstage das Preussische Genossenschaftsgesetz zu Stande gekommen und ins Leben getreten Die Erkenntniß der Vortheile des Gesetzes ist inzwischen glücklicher Weise in so weite Kreise gedrungen daß es nicht mehr nothwendig erscheint das, was darüber in der Versammlung erörtert wurde, hier aufzunehmen. Nur mit wenig Worten seien die Hauptpunkte bezeichnet. Sie sind nach aussen die Möglichkeit für eine Vielheit von Personen juristische Persönlichkeit und damit volle Vermögens- und Rechts-Fähigkeit zu erwerben, die erleichterte Legitimation, die zur Solidarbürgschaft umgewandelte Solidarhaft, die Abkürzung der Verjährungsfristen, — nach innen die gesetzliche Nöthigung zur kaufmännischen Buchführung, die einheitliche Regelung der Vorstands-Rechte und Pflichten 2c.

**X.** Der Anwalt berichtete eingehend über den Stand der Genossenschaftsgesetzgebung. An den Vortrag schloß sich eine kurze Debatte über den Werth der Solidarhaft insbesondere für die Konsumvereine dann über die Sächsische und die Oesterreichische Gesetzgebung, wobei der Anwalt unumwunden sich dahin aussprach daß das Sächsische Gesetz über juristische Personen für die Genossenschaften bedeutungslos blieb da für diese nur das Norddeutsche Bundesgesetz Geltung haben konnte.

**XI.** (Magdeburg.) **Den Konsumvereinen wird die Unterstellung unter das Genossenschaftsgesetz dringend empfohlen.**

Der Zusatz-Antrag

„gleichzeitig eine derartige Abfassung der Statuten daß nicht die gesammte Geschäftsleitung in die Hand eines aus wenigen Personen bestehenden Vorstandes gelegt werde"

wurde abgelehnt nachdem die Antragsteller sich näher dahin ausgesprochen hatten daß sie mehr als drei oder vier Personen im Vorstande wissen wollten und in ihren Ausführungen sichtlich Vorstandschaft und Kontrolbehörde verwechselten.

**XII. Der Vereinstag spricht aus daß eine zu enge Auslegung der §§. 27 und 35 des Gesetzes vom 4. Juli 1868 die Genossenschaften schädigen könne und beschließt den Anwalt zu ersuchen daß auf Aufhebung der gedachten Strafbestimmungen im Wege der Gesetzgebung hingewirkt werde.**

Die mehrerwähnten zur Stunde im ganzen Deutschen Reiche geltenden Bestimmungen lauten:

„Mitglieder des Vorstandes, welche in dieser ihrer Eigenschaft ausser den Grenzen ihres Auftrages oder den Vorschriften dieses Gesetzes oder des Gesellschaftsvertrages entgegen handeln, haften persönlich und solidarisch für den hiedurch entstandenen Schaden.

Sie haben wenn ihre Handlungen auf andere als die in dem gegenwärtigen Gesetze (§. 1) erwähnten geschäftlichen Zwecke gerichtet sind oder wenn sie in der Generalversammlung die Erörterung von Anträgen gestatten oder nicht hindern, welche auf öffentliche Angelegenheiten gerichtet sind, deren Erörterung unter die Landesgesetze über das Versammlungs- und Vereins-Recht fällt, eine Geldbusse bis zu 200 Thalern verwirkt.

Wenn eine Genossenschaft sich gesetzwidriger Handlungen oder Unterlassungen schuldig macht, durch welche das Gemeinwohl gefährdet wird, oder wenn sie andere als die im gegenwärtigen Gesetze (§. 1) bezeichneten geschäftlichen Zwecke verfolgt so kann sie aufgelöst werden ohne daß deshalb ein Anspruch auf Entschädigung stattfindet.

Die Auflösung kann in diesem Falle nur durch gerichtliches Erkenntniß auf Betreiben der höheren Verwaltungsbehörde erfolgen. Als das zuständige Gericht ist dasjenige anzusehen, bei welchem die Genossenschaft ihren Gerichtsstand hat.

Das Erkenntniß ist von dem zuständigen Gerichte demjenigen Gerichte, welches das Genossenschafts-Register führt, zur Eintragung und Veröffentlichung nach §. 36 mitzutheilen."

Die beiden Paragraphen waren nur durch ein Kompromiß in das ursprüngliche Preussische Gesetz gelangt. Nachdem eine fünfjährige Erfahrung gezeigt daß sie vollständig überflüssig erschienen und nicht widersprochen werden konnte daß sie die Würde der Genossenschaften verletzen, die sich grundsätzlich niemals mit politischen Angelegenheiten befassen, daß auch schon von einzelnen Behörden mißbräuchliche Anwendungen versucht wurden und selbst manche Vereine in der Auslegung der desfallsigen Bestimmungen zu weit gingen z. B. die Herstellung von Vereins-Bibliotheken oder die Verwendung von Ersparungsantheilen zu Bildungszwecken für unzulässig erachteten, erschien es unbedingt wünschenswerth daß die fraglichen Bestimmungen entfernt würden.

Der Unterverband der Provinz Preussen hatte beantragt

der Vereinstag möge auf Aufhebung der erwähnten Paragraphen bei den gesetzgebenden Körperschaften in der ihm geeignet erscheinenden Weise hinwirken.

Der Antrag

„das Bureau des Allgemeinen Vereinstages zu beauftragen die geeigneten Schritte zu thun und namentlich eine desfallsige Petition an den Reichstag zu richten"

wurde abgelehnt.

**XII. Der Allgemeine Vereinstag erklärt sich gegen die Personalgenossenschaften mit beschränkter Haftpflicht und spricht sich insbesonders gegen die dahin gehenden Bestimmungen des Bayerischen Genossenschaftsgesetzes aus.**

Der Preussische Unterverband hatte sich gegen die Zulässigkeit der Genossenschaften mit beschränkter Haftpflicht erklärt und den Wunsch ausgesprochen daß diese Erklärung auf dem Allgemeinen Vereinstage in Berathung gezogen werde.

Es wurde von Bayerischer Seite der Antrag gestellt

„sich gegen die Zulassung der Genossenschaften mit beschränkter Haftpflicht in der Weise wie dieselbe im Bayerischen Genossenschaftsgesetze durchgeführt war zu erklären"

um den allenfallsigen günstigeren Erfahrungen mit einer andern Art der Durchführung nicht vorzugreifen, — der Antrag jedoch zu Gunsten eines später gestellten, welchem der gefaßte Beschluß entspricht, zurückgezogen.

Da inzwischen das Reichsgesetz allgemeine Anwendung gefunden und das Bayerische Sondergesetz nur auf eine ganz kleine Anzahl von sogenannten registrirten Gesellschaften anwendbar ist, die sich vor der Einführung des Reichsgesetzes in Bayern gebildet hatten, dürfen wir hier von eingehendern Mittheilungen aus der Verhandlung füglich Umgang nehmen.

XIV. Nachdem das frühere Deutsche Bundesgesetz über die privatrechtliche Stellung der Erwerbs- und Wirthschafts-Genossenschaften seit 1. August 1873 auch in Bayern eingeführt und so thatsächlich zum Reichsgesetz erhoben worden ist liegt es in der Aufgabe des Allgemeinen Genossenschaftsverbandes dahin zu wirken daß die bisher fühlbar gewordenen Mängel und Unzulänglichkeiten dieses Gesetzes beseitigt und insbesondere eine genauere, jeden Zweifel über die Auslegung und Anwendung möglichst ausschliessende Redaktion hergestellt wird.

Der Allgemeine Vereinstag ersucht daher die Anwaltschaft dafür zu sorgen daß die in den einzelnen Vereinen und Verbänden gemachten Erfahrungen möglichst gesammelt, geordnet und in den Blättern für Genossenschaftswesen bekannt gegeben werden.

Der ursprüngliche Antrag hatte dem noch beigefügt

„damit auf Grund derselben vom nächstjährigen Vereinstage eine Redaktion beschlossen werden könne, die geeignet erscheint beim Bundesrath und Reichstag mit der Bitte um gesetzliche Sanktionirung in Vorlage zu kommen."

Der Nachsatz wurde zurückgezogen nachdem von mehreren Seiten darauf aufmerksam gemacht worden war daß eine Berathung der Gesetzesrevision am Allgemeinen Vereinstage unmöglich erscheint.

XIV. Der Ausschluß der Staats- und Reichs-Beamten von der Theilnahme an der genossenschaftlichen Verwaltung ist beklagenswerth und für kleinere Vereine gefährlich. Es ist daher mit allen Kräften dahin zu streben daß die betreffende Bestimmung des Gesetzes über die Verhältnisse der Reichsbeamten eine für die Genossenschaften schonende Auslegung findet und daß bei etwaiger Aufnahme ähnlicher Sätze in die Gesetzgebung der Einzelstaaten jede nachtheilige Anwendung wider die Genossenschaften schon durch Fassung und Wortlaut ausgeschlossen wird.

Der Urheber des zum Beschlusse erhobenen Antrages stützte sich auf §. 19 des Gesetzes über die Verhältnisse der Reichsbeamten, welcher lautet

„Der Eintritt eines Reichsbeamten in den Vorstand oder Verwaltungsrath einer jeden auf Erwerb gerichteten Gesellschaft ist verboten insoferne derselbe mittelbar oder unmittelbar mit einer Remuneration verbunden ist."

In der Verhandlung wurde vom Anwalte betont daß im ursprünglichen Entwurfe neben den Erwerbsgesellschaften auch die Genossenschaften ausdrücklich erwähnt waren, der desfallsige Satztheil aber bei der dritten Lesung im Reichstage beseitigt wurde. Von mehreren Seiten wurde darauf hingewiesen daß die meisten Gesellschaften insbesonders Vorschuß- Rohstoff- und Konsum-Vereine, welche nur mit ihren eigenen Mitgliedern Geschäfte machen, als Erwerbs-Gesellschaften nicht aufgefaßt werden dürfen und also in dieser Hinsicht vom Reichsbeamtengesetze nicht getroffen werden. In Bezug auf den Preussischen Staat wurde von einem Mitgliede des dortigen Abgeordnetenhauses hervorgehoben daß bei Berathung des von der Regierung vorgelegten, im Herrenhause verworfenen Gesetzes über die Verhältnisse der Staatsbeamten der Regierungskommissär anerkannte die Genossenschaften würden von dem Gesetze nicht betroffen. In Bayern sind dieselben durch ausdrückliche Zusatzformel von jenen Erwerbsgesellschaften geschieden, an deren Vorstandschaft die Theilnahme den Staatsbeamten verboten wurde.

**XIV. Der Anwalt wird ersucht für den alsbaldigen Erlaß eines Reichsgesetzes für Realkreditgenossenschaften mit allen geeigneten Mitteln zu wirken.**

Der ursprüngliche Antrag lautete

„Der Allgemeine Vereinstag wolle in geeigneter Weise darauf hinwirken daß in kürzester Frist ein Reichsgesetz über Realkreditgenossenschaften erlassen werde."

Man hielt es im Laufe der Verhandlung für zweckmässig dem Anwalte die Wahl der passenden Zeit für ein desfallsiges Vorgehen und der Mittel hiezu vollständig zu überlassen.

Der Anwalt selbst erinnerte bei diesem Anlaß daran daß er bereits 1868 im Norddeutschen Reichstage einen Gesetzesentwurf für Hypothekenbanken und Hypothek-Kreditgenossenschaften einbrachte aber trotz des unzweifelhaften Bedürfnisses nicht zum Vortrage bringen konnte weil die Gesetzgebung mit zu viel anderen grossen Fragen schäftigt war. Nun könne die Frage der Hypothekenbanken der Gesetzgebung für die Bank- und Aktien-Gesellschaften überlassen werden und sei es möglich sich auf ein spezielles Gesetz für die Realkredit-Gesellschaften zu beschränken, durch das es möglich werde ungesunden Bestrebungen auf dem Gebiete des Realkredits entgegen zu treten.

Im Uebrigen vergleiche man bezüglich des Grundkredites §. 28.

**XV. Der Anwalt der Deutschen Genossenschaften wird ersucht mit allen Mitteln dahin zu wirken daß die durch das mit der Reichsgesetzgebung in Widerspruch stehende Sächsische Personengesetz hervorgerufenen Genossenschaften veranlaßt werden sich unter das Reichsgesetz zu stellen.**

In Sachsen war gleichzeitig mit dem Genossenschaftsgesetze des Norddeutschen Bundes ein Gesetz über Erlangung der Rechte juristischer Personen ausgearbeitet worden, das auf viele Genossenschaften Anwendung fand. Die wachsende Ausbildung der Reichsgesetzgebung führte — nachdem das frühere Bundesgesetz über die Privatrechtsverhältnisse der Genossenschaften zum Reichsgesetz geworden war — dahin daß auch in Sachsen durch die Landesgesetzgebung erklärt werden mußte das erwähnte Gesetz über die juristischen Personen werde fortan eine Anwendung auf Genossenschaften nicht mehr finden und die Behörden seien anzuweisen die Genossenschaften zur Unterstellung unter das Reichsgesetz zu ermahnen. Allein für jene Vereine, welche sich bereits früher dem Gesetze über juristische Personen untergeordnet und auf Grund desselben Anerkennung gefunden hatten, gestaltete sich der Rechtszustand sehr unsicher da man annehmen mußte daß in letzter Instanz stets ausgesprochen würde für sie könne nur das Reichsgesetz Geltung haben und die Wirksamkeit des Sächsischen Gesetzes sei ausgeschlossen. Um der grossen drohenden Gefahr solcher Rechtsunsicherheit wegen wurde der Beschluß für dringend nothwendig erklärt.

XV. Der Antrag

„die Anwaltschaft zu ersuchen bei einer etwaigen Revision des Genossenschaftsgesetzes darauf hinwirken zu lassen daß

1) §. 28 Abs. 1 dahin abgeändert werde daß die in Klammern stehenden Worte

„Verwaltungsrath, Ausschuß“

gestrichen werden,

2) §. 39 Abs. 2 und 3 folgende Fassung erhalte:

Wenn die Gesellschaftsverträge nichts Anderes bestimmen haben die ausgetretenen Genossenschafter an den Reservefond und an das sonst vorhandene Vermögen der Genossenschaft keinen Anspruch. Ihren Geschäftsantheil, wie er sich aus den Büchern ergibt, müssen sie innerhalb zwei Jahren ausbezahlt erhalten

wurde abgelehnt.

Die beiden Gesetzesstellen lauten:

„a. Der Gesellschaftsvertrag kann dem Vorstande einen Aufsichtsrath (Verwaltungsrath, Ausschuß) an die Seite setzen, welcher von den Genossenschaftern aus ihrer Mitte jedoch mit Ausschluß der Vorstandsmitglieder gewählt wird.

b. Wenn der Gesellschaftsvertrag nichts anderes bestimmt haben die ausgetretenen oder ausgeschlossenen Genossenschafter an den Reservefond und an das sonst vorhandene Vermögen der Genossenschaft keinen Anspruch, sind vielmehr nur berechtigt zu verlangen daß ihnen ihr Geschäftsantheil wie er sich aus den Büchern ergibt binnen drei Monaten nach ihrem Ausscheiden ausgezahlt werde.

Gegen diese Verpflichtung kann sich die Genossenschaft nur dadurch schützen daß sie ihre Auflösung beschließt und zur Liquidation schreitet.“

Den ersten Antrag, welcher hauptsächlich auf eine einheitliche Bezeichnung der Kontrolbehörde als „Aufsichtsrath“ zielte zur Vermeidung der irrigen Auffassung als habe dieselbe weil sie auch Verwaltungsrath genannt werden könne sich an der Verwaltung zu betheiligen, hielt man nicht für unbedingt nothwendig und deshalb nicht für wichtig genug um einen Beschluß des Allgemeinen Vereinstages darüber zu fassen.

Gegen den zweiten Antrag wurde hauptsächlich geltend gemacht daß wer aus dem Vereine ausgetreten ist und damit sich des Rechts der Theilnahme an Verwaltung und Kontrole an allen Verhandlungen des Vereines begeben hat — auch seine Geschäftsantheile in kurz gemessener Frist fordern darf da ja oft die Uebersiedelung an einen andern Ort und der Wunsch dort in einen andern Verein einzutreten diese Forderung sehr nahe legt. Jene Vereine, welche ihrer

Natur nach überhaupt oder in Folge besonderer geschäftlicher Unternehmungen dringend wünschen müssen die Geschäftsantheile — weil sie im Betriebe auf dauernde Fristen angelegt sind, längere Zeit zurückzuhalten, verwies der Anwalt auf die durch das Gesetz eingeräumte Befugniß in den Statuten eine längere Kündigungsdauer für den Austritt festzusetzen wie sie bei einzelnen Produktivgenossenschaften auch thatsächlich sich auf ein, ja selbst zwei Jahre erstreckt.

---

## §. 10. Genossenschaftliche Bildung und Bildungszwecke überhaupt.

**XI.** (Magdeburg.) **Die Vorstände der Vereine haben die Verpflichtung auch für die genossenschaftliche Ausbildung ihrer Mitglieder durch geeignete Vorträge in den Generalversammlungen und in regelmässigen zwanglosen Versammlungen zur Besprechung von Vereinsangelegenheiten zu wirken.**

Die Worte

„und in regelmässigen zwanglosen Versammlungen ꝛc.“

wurden erst in Folge eines Zusatzantrages eingeschaltet.

Der Anwalt erklärte es für unbedingt nothwendig daß den Mitgliedern in den Generalversammlungen entsprechende Anregung geboten werde, wozu sich aus den Erlebnissen der verschiedenen Genossenschaften stets reicher Stoff finden werde.

Der Antrag

„zur energischen Agitation für Weiterverbreitung der Genossenschaften insbesondere nach Orten, wo solche noch nicht bestehen, eine geeignete Summe aus dem Dispositionsfonde des Allgemeinen Verbandes der Anwaltschaft zur Verfügung zu stellen“

wurde — weil nicht zu den besonderen Angelegenheiten der Konsumvereine sondern zur gemeinsamen Berathung seitens aller Genossenschaftsgattungen gehörig — zurückgezogen.

**XII. Es ist den Vereinen zu empfehlen einen Theil ihres Reingewinnes für Volksbildungszwecke zu verwenden.**

Es war zuerst beantragt

„den Vereinen des Allgemeinen Verbandes zu empfehlen einen Theil ihres Reingewinnes zur Anschaffung oder Vervollständigung einer Vereinsbibliothek zu verwenden,“

von anderer Seite

„den Konsumvereinen zu empfehlen aus einem Bruchtheile des jedesmaligen Reingewinnes einen Dispositions- oder Bildungs-Fond zu gründen, der zur genossenschaftlichen Ausbildung der Mitglieder, zur Verbreitung genossenschaftlicher Ideen, zur Förderung der Volksbildung, überhaupt zu gemeinnützigen Zwecken zu verwenden ist, insbesondere auch je nach örtlichen Verhältnissen zur Errichtung von Sonntagsschulen, zur Gründung von Bibliotheken, zur Anberaumung von Versammlungen, in welchen für Belehrung und Unterhaltung der Mitglieder und namentlich auch dafür zu sorgen ist daß die Hausfrauen für die Idee der Konsumvereine gewonnen werden."

Es erschien zweckmässig eine möglichst allgemeine Ausdrucksweise zu wählen weshalb die Fassung Annahme fand, die der Beschluß enthält.

Gleichzeitig wurde von verschiedenen Seiten der Beitritt der Vereine zum allgemeinen Deutschen Volksbildungsvereine empfohlen.

**XV. Der Allgemeine Vereinstag eröffnet der Anwaltschaft aus den Fonds des Deutschen Genossenschaftsverbandes einen Kredit bis zu 900 Mark zum Zwecke der Agitation für Weiterausbildung des Genossenschaftswesens durch die Lokalpresse, besondere Schriften und Wanderlehrer und fordert die Genossenschaften auf diesen Fond durch Beiträge aus dem Reingewinne beim Jahresabschlusse zu verstärken.**

Dieser Beschluß war die Folge einer sehr lebhaften Verhandlung angeregt durch den Antrag zu beschliessen

„a) Die Anwaltschaft wird ersucht eine Konkurrenz zur Herstellung volksthümlicher Schriften zu eröffnen in welchen die Einrichtungen, die ganze Bedeutung und die bisherigen Erfolge der Konsum- Rohstoff- Magazin- Produktiv- und Bau-Genossenschaften für die Verbesserung der Lage der arbeitenden Klassen, des Kleingewerbes und der Landwirthschaft klar dargelegt werden; der Allgemeine Vereinstag hat die Mittel zur Prämiirung, Herstellung und Verbreitung der bezüglichen Schriften dem Engeren Ausschusse auf die Höhe von 900 Mark zur Disposition zu stellen; die Anwaltschaft wird ersucht dem Vorstande der Gesellschaft für Verbreitung von Volksbildung von diesem Beschlusse Kenntniß zu geben.

b) Der Allgemeine Vereinstag ersucht die Anwaltschaft dahin wirken zu wollen daß die Wanderlehrer der Gesellschaft für Verbreitung von Volksbildung speziell über die wirthschaftliche und erziehcrische Bedeutung der Genossenschaften und über den hohen Werth der Genossenschaftsprinzipien, Selbsthilfe, Selbstverwaltung und Selbstverantwortlichkeit geeignete Vorträge halten um grösseres Interesse und Verständniß für das Genossenschaftswesen zu verbreiten,"

wozu folgende Zusatz- und Verbesserungs-Anträge gestellt wurden:

c) „Der Vereinstag fordert die Genossenschaften auf diesen Fond durch Beiträge aus dem Reingewinne beim Jahresabschlusse zu verstärken und wählt eine Kommission von fünf Mitgliedern zur Ausführung dieses Beschlusses."

d) „Der Allgemeine Vereinstag ermächtigt die Anwaltschaft mit dem Vereine für Volksbildung in Unterhandlung zu treten und demselben für den Fall daß es gelingt gute volksthümlich gehaltene Flugschriften zum Zwecke der Verbreitung der Kenntnisse über die Ziele und Erfolge der genossenschaftlichen Bestrebungen aufzubringen, im nächsten Vereinsjahre einen Zuschuß zu den Herstellungskosten bis zu 900 Mark zu überweisen."

Diese sämmtlichen Vorschläge wurden endlich zu Gunsten des zum Beschlusse erhobenen zurückgezogen.

Ebenso war schon von Anfang ein ursprünglicher Antrag

„Die Anwaltschaft zu beauftragen dahin zu wirken daß die Wanderlehrer der Gesellschaft für Verbreitung von Volksbildung speziell die grosse Frage der Konsumvereine in ihrer ganzen Bedeutung für die Verbesserung der Lage der arbeitenden Klassen studiren und daß diese Frage zum Vortrage besonders in den Industriegegenden von Rheinland und Westphalen gebracht wird, — ferner eine Brochure, nöthigenfalls durch Ausschreibung einer Prämie zu beschaffen, welche die gleiche Frage möglichst eingehend behandelt"

zu Gunsten des unter Lit. d erwähnten Antrages zurückgezogen worden.

## §. 11. Zusammenwirken der verschiedenen Vereins-Gattungen.

I. Der Vereinstag stellt es als wünschenswerth auf daß die Vorschuß- und Kredit-Vereine nach gegenseitiger Vereinbarung und nach Maßgabe der gebotenen Sicherstellung untereinander in direkte Geschäftsverbindung treten.

Wegen einer weitergehenden geschäftlichen Verbindung besonders durch gegenseitige Aushilfe mit Baarmitteln lag ein ausgearbeiteter Entwurf für die Statuten einer Zentralhandwerkerbank vor. Die Wichtigkeit einer solchen Anstalt wurde allgemein anerkannt, ebenso aber auch die Schwierigkeit der Verwirklichung; unter allen Umständen schien der gegebene Zeitpunkt nicht dazu geeignet, weshalb man sich begnügte auf die Vortheile einer gegenseitigen Geschäftsverbindung — namentlich durch Ueberlassung zeitweilig müssig liegender Baarmittel — aufmerksam zu machen.

I. Anlangend die innere Einrichtung der Verwaltung namentlich die Kontrolmaßregeln sind die in der Schulze'schen Schrift (Vorschuß- und Kredit-Vereine als Volksbanken. Leipzig bei E. Keil) dargelegten Grundsätze und der Austausch der Geschäftserfahrungen der verschiedenen Vereine durch Zusendung der Statuten, Geschäftsordnungen und Geschäftsberichte anzuempfehlen.

II. Es ist nicht zu empfehlen die Vorschußvereine mit Vereinen zu anderen Zwecken in organische Verbindung zu setzen.

Die Veranlassung zu diesem Beschlusse gab der in einigen Vorschußvereinen gemachte Versuch die Beschaffung von Rohstoffen für den Handwerker oder Haushaltsbedarf für die Familie auf die Vereinskasse zu übernehmen. Eine Vereinigung dieser Art in grossem bedenklichen Maßstabe hatte sich unter der Bezeichnung „Assoziation" in Erfurt gegründet. Es sollte aber vermieden werden die in den Vorschußvereinen gesammelten Ersparnisse der kleinen Leute in das Risiko fremdartiger, nur schwer von jeder Spekulation und ihrer Gefahr fernzuhaltenden Unternehmungen hineinzuziehen umsomehr als zur Leitung solcher Geschäfte besondere Kenntniß und Befähigung nothwendig erscheint. Dagegen erklärte Schulze ausdrücklich als zulässig daß die Mitglieder besonderer Konsum- oder Rohstoff-Vereine zugleich Mitglieder der Vorschußvereine sind und daß solche besondere Vereinigungen sich der Vorschußvereine zur Vermittelung ihrer Zahlungen bedienen.

III. Der Antrag

„Den kleineren Orten, in welchen wegen einer zu geringen Anzahl der Handwerker Genossenschaften für einzelne Branchen (Weber, Schuhmacher, Tischler) nicht gut ausführbar sind, die Errichtung von gemeinsamen Magazinen zu empfehlen, durch welche Handwerkern aus verschiedenen Branchen der billige Bezug ihrer Lebens- Haushalts- und Geschäfts-Bedürfnisse vermittelt wird"

wurde abgelehnt.

Man machte geltend daß die Ausdehnung des Geschäftes auf verschiedenartige Zweige, von welchen jeder besondere Kenntnisse und Erfahrungen voraussetzt, sich schwer in einer Hand vereinen läßt und daß ganz verschiedene Risikos und Betriebsbedingungen vermischt werden, also die Gemeinsamkeit der Interessen nicht vorhanden ist.

IV. Der gleiche Antrag wurde neuerdings eingebracht und von seinem Urheber auf Grund der im eigenen Vereine gemachten Erfahrungen warm empfohlen, jedoch nach gründlicher Widerlegung durch den Anwalt zurückgezogen.

**IV. Der Vereinstag erklärt es für wünschenswerth daß einerseits die Mitglieder der Rohstoffvereine zur leichten Abwickelung ihrer Verpflichtungen rücksichtlich der Bezahlung der vom Vereine entnommenen Stoffe den Vorschußvereinen beitreten und daß anderseits — soweit dies noch nicht geschehen — die Vorschußvereine den Rohstoffvereinen durch möglichst billige Gewährung von Kredit hilfreich zur Hand gehen.**

Es wurden viele Beispiele von vortheilhafter Geschäftsverbindung zwischen Vorschuß- und Rohstoff-Vereinen namentlich durch den Kontokorrent-Verkehr erwähnt; der Anwalt bezweifelte ob die Vorschußvereine in der Regel ihren Kredit so billig verwerthen können daß die Rohstoffvereine wirklichen Nutzen davon ziehen.

V. Ueber die Anträge

„die Mitglieder der verschiedenen Vereine zu den Generalversammlungen aller im Verbande stehenden Vereine gegen Mitgliedskarten zuzulassen"

und

„durch die Innung der Zukunft die Generalversammlungen der einzelnen Vereine bekannt zu machen"

wurde zur Tagesordnung übergegangen.

**VII. Es ist die Aufgabe der Vorschußvereine zur Hebung und Kräftigung des Genossenschaftsverbandes in seinen weiter entwickelten Formen also namentlich der Konsumvereine, Rohstoff- und Produktiv-Genossenschaften dadurch möglichst beizutragen daß die Vorschußvereine mit solchen Genossenschaften — insofern dieselben überhaupt auf geschäftlich lebensfähigen Grundlagen beruhen — behufs Gewährung von Bankkredit in Verbindung treten, wozu sich die Form der laufenden Rechnung empfiehlt.**

Der Antrag zu diesem Beschlusse war zunächst hervorgerufen durch ein Flugblatt Sonnemanns in Frankfurt, in welchem den Vorschußvereinen (speziell den Handwerkerbanken) zum Vorwurf gemacht wurde daß sie sich den jungen Produktivgenossenschaften gegenüber feindselig verhalten. Die Berechtigung der letzteren, vor Allem bei den Vorschußvereinen den nöthigen Kredit zu suchen, wurde von keiner Seite in Abrede gestellt, doch sollte dies kein anderer als Bankkredit (also kurzfristiger und hochzinsiger) sein, sollten dadurch die eigenen Mitglieder der Vorschußvereine in der Deckung ihres Kreditbedürfnisses nicht verkümmert und sollte insbesondere eine Verpflichtung der Vorschußvereine, andern Genossenschaften ohne vorgängige genaue Erwägung ihrer Kreditwürdigkeit Gelder vorzustrecken, ferngehalten werden. Ganz besonders warnte Schulze davor daß es sich die Vorschußvereine zur Aufgabe machten durch freigebiges Kreditanerbieten neue Produktiv-Genossenschaften förmlich ins Leben zu rufen. Um diesen Gedanken möglichst Ausdruck zu leihen wurden die Worte

„insofern dieselben überhaupt — Bankkredit"

in den Beschluß aufgenommen.

Ueber die gleichzeitig eingebrachten Vorschläge

„Der Geschäftsverkehr der Vorschußvereine mit den anderen Genossenschaften wird in geeigneter Weise durch die Aufnahme der Genossenschaften als Mitglieder der Vorschußvereine geregelt.

Bei Ertheilung von Krediten ist die solidarische Haft der Mitglieder der Genossenschaft dem Vorschußvereine gegenüber für den gewährten Kredit erforderlich"

wurde, nachdem der Anwalt anstatt des letzten Satzes die Fassung vorgeschlagen hatte

> „Bei den nöthigen Sicherungsmaßregeln ist auf die Solidarhaft der Mitglieder insofern dieselbe bei den kreditsuchenden Vereinen eingeführt ist billige Rücksicht zu nehmen" —

in Konsequenz des am zweiten Allgemeinen Vereinstage gefaßten Beschlusses zur Tagesordnung übergegangen.

**XI. In Erwägung daß es als eine selbstverständliche Pflicht der verbundenen Vereine erscheint über Kreditverhältnisse sich gegenseitig Auskunft zu ertheilen, daß dagegen eine Konstituirung der Vorschußvereine als förmliche Schutzgenossenschaften nicht unmittelbar durch Wesen und Zweck der genannten Vereine geboten ist geht der Vereinstag über den Antrag des Lausitzer Unterverbandes zur Tagesordnung über.**

Dieser Antrag lautete:

„Der Allgemeine Vereinstag wolle den verbundenen Vereinen die gegenseitige Informationsertheilung über Kreditverhältnisse nach bestem Gewissen zur Pflicht machen und nach Befinden die Organisation förmlicher Schutzgenossenschaften entweder ganz oder in einzelnen Verbänden und Bezirken vorbereiten."

Zu diesem Antrage des Lausitzer Verbandes hatte die vorberathende Abtheilung einen Gegenantrag gestellt, welcher im Allgemeinen im Beschlusse wiedergegeben ist, jedoch im ersten Satze die Auskunftsertheilung nicht nur anderen Vereinen sondern auch den Vereinsmitgliedern gegenüber als Pflicht voraussetzt. Der Abstrich der entsprechenden Worte erfolgte weil man glaubte von Seite der Mitglieder könnte aus solchen Mittheilungen doch bisweilen Anlaß zu Mißbrauch z. B. zur Verdächtigung mißliebiger Konkurrenten u. s. w. genommen werden.

Die Verhältnisse der sogenannten Schutzgenossenschaften kamen in der Erörterung ausführlich zur Sprache. Es wurde insbesondere auf jene der Berliner Vereine hingewiesen und aus deren Satzungen die zwei wesentlichsten Punkte mitgetheilt, welche lauten

„Zur Erreichung eines gemeinschaftlichen Schutzes gegen Verluste durch zahlungsunfähige und böswillige Schuldner hat der geschäftsführende Verein die sämmtlichen einschlägigen Nachrichten der einzelnen Vereine in Empfang zu nehmen und dieselben wiederum gesammelt möglichst schnell an die einzelnen Vereine mitzutheilen. Zu demselben Zwecke ist jeder Berliner Verein verpflichtet dem geschäftsführenden Vereine Kenntniß davon zu geben sobald die Vereinsmitglieder beziehungsweise Kreditnehmer oder auch ein anderer dem Vereine nicht angehöriger Zahlungsverpflichteter z. B. ein Bürge den Verein in Schaden gebracht oder es zur Klage hat kommen lassen sowie wenn von einem solchen der Manifestationseid geleistet worden ist.“

Von vielen Seiten legte man auf die Schutzgenossenschaften grossen Werth, andere hielten sie für unnöthig ja selbst für unwürdig und beantragten daher Tagesordnung. Der Anwalt empfahl die Pflicht der Vereine zur gegenseitigen Auskunftsertheilung, welcher nicht überall genügend Folge geleistet wird, in Form des Beschlusses in Erinnerung zu bringen, hielt aber im Uebrigen die Frage für noch nicht spruchreif und deshalb eine Vertagung für zweckmässig.

Der Antrag zu beschliessen

„Die gegenseitige Informationsertheilung über Kreditverhältnisse nach bestem Wissen wird den verbundenen Vereinen wiederholt zur Pflicht gemacht und die Frage ob und wie Schutzgenossenschaften gegen böswillige Schuldner zu organisiren sind auf die Tagesordnung des nächsten Vereinstages gesetzt“

fand jedoch gleichwohl keine Annahme.

**XV. Die Kreditgenossenschaften können die Baugenossenschaften nur durch Gewährung von Bankkredit unterstützen.**

Ursprünglich lautete der Antrag

„Die Kreditgenossenschaften können die Baugenossenschaften durch Gewährung von Bankkredit unterstützen, — durch Realkredit nur insoweit als ihnen dazu ohne Schädigung des eigenen Geschäftes die Mittel zu Gebote stehen.“

Im Uebrigen vergleiche man §§. 28, 30, 33 und 42.

## §. 12. Genossenschaftsbank.

Wie bei §. 3 bemerkt wurde bereits am zweiten Vereinstage das damalige Zentralkorrespondenzbureau mit Vermittelung des Geldverkehres der einzelnen Verbandsvereine betraut; das Bedürfniß einer solchen Vermittelung war also früh empfunden wie der schon dem ersten Vereinstage vorgelegte Entwurf einer Zentralhandwerkerbank (Seite 106) bewies.

In Berlin bestand damals ein von Schulze gegründeter Bürgschaftsverein für Kreditgewährung an die Genossenschaften, dessen Ueberleitung in eine Bank schon bei der Gründung ausgesprochene Absicht war.

**VI. Der Allgemeine Vereinstag empfiehlt sämmtlichen Erwerbs- und Wirthschafts-Genossenschaften besonders den Vorschußvereinen und deren Mitgliedern eine möglichst rege Betheiligung bei der gegenwärtig in Berlin zu errichtenden Deutschen Genossenschaftsbank mittelst Zeichnung von Aktien.**

Den Eingangs erwähnten, beim ersten Vereinstage bereits aufgetretenen Vorschlag zur Gründung einer Zentralhandwerkerbank hatte Schulze bekämpft weil die Vereine noch nicht hinlänglich entwickelt waren; der neuerliche ging von ihm selbst aus. Inzwischen hatte die Anwaltschaft das Kreditbedürfniß der einzelnen Vereine durch Verbindungen mit Großbanken zu vermitteln gesucht. Die Krise des Frühjahres 1864 zeigte die Unzulänglichkeit dieser Verbindungen. Darum sollte der Weg der Selbsthilfe auch hier zum Ziele führen, die Bank als Kommanditgesellschaft auf Aktien mit einem vorläufigen Fonde von 270000 Thalern errichtet, hauptsächlich für den Verkehr mit Genossenschaften berechnet, jedoch von der Ausdehnung desselben auf Privaten und andere Körperschaften und insbesondere vom Platzverkehre nicht ausgeschlossen sein, der vielmehr als Grundbedingung ihrer Existenzfähigkeit erachtet wurde.

Der Gesellschaftsvertrag der Bank ist in Schulzes Werk — „Die Entwickelung des Genossenschaftswesens in Deutschland" — Berlin 1870 bei Otto Janke — Seite 211 ff. abgedruckt.

VII. Bei dem geringen Betriebskapital, welches der Genossenschafts-Bank zur Zeit zur Verfügung steht, kann der Vereinstag das bisher den Genossenschaften gegenüber beobachtete Verfahren der Bank nicht tadeln sondern nur den Wunsch aussprechen daß die Bank durch eine angemessene Vermehrung ihres Aktienkapitales in den Stand gesetzt werden möge den Anforderungen der einzelnen Vereine so weit sie sich auf einem richtigen geschäftlichen Boden bewegen — mehr zu entsprechen als bisher.

Kaum war die Bank gegründet, als auch schon die Beschwerden gegen ihre Geschäftsführung den Anfang nahmen. Man fand es unrecht daß sie das Verlangen stellte einzelne wohlhabende Mitglieder sollten sich als Bürgen für ihre Vereine verpflichten, was jedoch als Mißverständniß nachgewiesen wurde da die Bank ein solches Verlangen nie gestellt hatte; man klagte darüber daß die Bank wechselmässige Verpflichtung der Vereinsvorstände beanspruchte (das Genossenschaftsgesetz bestand noch nicht) ohne zu bedenken daß die Bank für ihre Forderungen rechtlich faßbarer Deckung benöthigte; man war ungehalten daß die Bank nicht baare Darlehen auf Kündigung an die Vereine abgab, was doch gar nicht in ihrer Aufgabe liegen konnte. Diesen Beschwerden stand aus anderen Vereinen rückhaltlose Anerkennung des zuvorkommenden Verkehres der Bank nicht allein mit Vorschuß- sondern auch mit Produktiv-Genossenschaften gegenüber. Schon im ersten Halbjahrsabschlusse waren die „Laufenden Rechnungen für Vereine" mit 394843 Thlr. Einnahme und 390763 Thlr. Ausgabe vorgetragen.

Der Zusatzantrag

„Die Genossenschaftsbank wolle insbesondere den jungen Vereinen nach vorheriger Prüfung ihres Geschäftsstandes auch einen laufenden Kredit entweder selbst gewähren oder durch Uebernahme von Bürgschaft bei den sich zunächst den Vereinen befindlichen Bankinstituten vermitteln. Die Genossenschaftsbank könne zur Sicherung ihrer Ausstände oder übernommenen Bürgschaften alle diejenigen Vorkehrungen treffen, welche der Bankverkehr erheischt, insbesondere

von den Vorständen der kreditsuchenden Vereine Depotwechsel verlangen"
wurde abgelehnt.

Ebenso fanden zwei andere Anträge dahin zielend daß entweder die Bank selbst oder die Anwaltschaft auf Grund des ihr in Form von Wünschen und Beschwerden zuströmenden Materials eine Denkschrift über die Verhältnisse und den Geschäftsgang der Bank ausarbeiten sollte um alle Unklarheiten und Mißverständnisse zu beseitigen, nicht die Zustimmung der Versammlung.

VII. In Erwägung daß die Deutsche Genossenschaftsbank von Sörgel, Parisius u. Komp. in Berlin ein von den Vorschußvereinen gegründetes Institut ist mit dem bestimmt ausgesprochenen Zweck den Vorschußvereinen möglichst viele Vortheile zu bieten beschließt die heutige Versammlung

1. die Deutsche Genossenschaftsbank solle für die bei ihr Kredit nehmenden Vereine den Provisionssatz je nach den Umsätzen und zwar derart regeln daß bei mehrmaligem Umschlage des gewährten Kredites die Provision ermässigt wird;
2. die Deutsche Genossenschaftsbank habe Uebertragungen vom Konto des einen auf das Konto eines anderen Vereines provisionsfrei zu besorgen und
3. sei aufzufordern für den Verkehr mit Süddeutschland eine Filiale in Frankfurt a. M. zu errichten und dieses so zu beschleunigen daß nach Abschluß des Rechnungsjahres das Geschäft in Frankfurt a. M. sobald als möglich eröffnet werden kann.

Es war zuerst vorgeschlagen die Ermässigung der Provision in bestimmten Zahlen festzusetzen, was geschäftlich unausführbar erschien. Die Gründung von Filialen (ausser in Frankfurt auch in Leipzig) war schon beim Entstehen der Bank in Aussicht genommen, bis dahin aber des ungenügenden Aktienkapitals wegen nicht ermöglicht.

XII. Es ist den Vorschußvereinen zu empfehlen dem Giro-Verkehr mit der Deutschen Genossenschaftsbank von Sörgel, Parisius und Komp. in Berlin und mit der Kommandite derselben in Frankfurt a. M. beizutreten.

Der Modifikationsantrag

„es ist Pflicht der Vereine 2c. 2c."

wurde zurückgezogen

weil es der Verfassung des Allgemeinen Verbandes widerstrebt bindende Vorschriften durch den Allgemeinen Vereinstag an die Vereine ergehen zu lassen.

In der Verhandlung wurde eingehend darauf hingewiesen daß durch den Anschluß an den Giro-Verkehr die Arbeit, welche aus dem gegenseitigen Inkasso erwächst, ausserordentlich erleichtert werde da es nicht mehr nothwendig ist mit den einzelnen Vereinen, für welche das Inkasso besorgt wird, in unmittelbare Verbindung und Korrespondenz zu treten sondern die eingezogenen Gelder einfach bei der Genossenschaftsbank angemeldet und gut geschrieben werden, — daß sich dem freien gegenseitigen Inkasso kein Verein auf die Dauer entziehen kann und soll weil durch dasselbe die bankmässige Entwickelung des Vereins, ja seines Wohnplatzes überhaupt unendlich gefördert wird und auch die Einrede, an kleineren oder industriell weniger belebten Plätzen lohne sich das Inkasso nicht weil dort zwar oft genug Wechsel einzuziehen, dagegen nur sehr selten solche nach aussen zu begeben sind, nicht stichhaltig erscheint da die Erfahrung lehrt daß gerade das Inkasso die Geschäftsleute des Platzes und seiner Umgebung insbesondere die grösseren derselben auf die Vereinsthätigkeit aufmerksam macht und so entweder dieselben als Mitglieder herbeizieht oder doch wenigstens das Ansehen des Vereins fördert.

Im Jahre 1868 war die Erhöhung des Stammkapitales auf 500000 Thaler beschlossen und die Errichtung der schon längst gewünschten Filiale in Frankfurt für den Fall in Aussicht gestellt worden daß die Süddeutschen Genossenschaften selbst ein Kapital von 150000 Thalern aufbrächten. —

Die von der Bank ins Leben gerufene Girogenossenschaft dient dazu die Forderung oder Schuld eines Vereins auf den andern durch einfache Buchung zu übertragen und das Inkasso von Wechseln auf Bankplätze oder solche Orte, an welchen Girogenossen wohnen, zu regeln, die Arbeit durch Konzentration nach Möglichkeit und damit die Kosten zu verringern da durch die Zentralisation die gegenseitige Abrechnung gestattet wird.

„Jede einzelne dem Giroverbande beigetretene Kreditgenossenschaft hat für alle übrigen Girogenossen nur ein einziges Konto zu führen, braucht wenn sie für andere Inkassos besorgt hat nur zweimal monatlich an bestimmten Tagen an die Bank zu schreiben und wenn sie ins Debet gekommen oder die einkassirten Wechsel nicht auf ihr Guthaben an die Bank in Abrechnung bringen will nur zweimal monatlich an dieselbe (nicht an die einzelnen Girogenossen) zu remittiren."

Die Bank forderte lediglich daß jeder dem Verbande angehörende Verein ein Guthaben von hundert Thalern bei ihr offen halte.

(Man vergleiche §. 30 Gegenseitiges Inkasso und §. 27 Diskontogeschäft.)

XIII. Eine Anfrage

ob die Genossenschaftsbank im Stande und geneigt sei die Girogenossen zu veranlassen bei der Berechnung der Porti und Auslagen (§. 18 der Bedingungen des Giroverkehrs) auch ein Botenlohn für jeden eingezogenen Girowechsel von etwa $2^1/_2$ Sgr. zu vergüten, wodurch die Ungleichheit vollständig gehoben würde und der Leistung auch die Gegenleistung entspräche, wurde vom Vertreter der Bank verneinend beantwortet weil einerseits die Entschädigung den Grundsätzen des Giroverbandes überhaupt widerspricht, anderseits derartige Vereinbarungen nur unter den Girogenossen selbst getroffen werden können, denen die Bank lediglich als Vermittlerin dient.

XIV. Die Aufnahme von Privatpersonen in den Giroverband wurde vielfach widerrathen, — vielmehr wegen der wesentlichen Erleichterung, welche der ganze Verkehr durch den Giroverband gewährt, empfohlen das provisionsfreie Inkasso (§. 30) überhaupt auf die Girogenossen zu beschränken.

---

## §. 13. Rechte und Pflichten der Vorstands- und Ausschuß-Mitglieder.

II. Es erscheint unbedenklich den Vorständen und Ausschüssen die unbeschränkte Befugniß für Beschaffung und Unterbringung der Kassengelder zu sorgen zu ertheilen.

Die beliebige Bemessung des Zinses und der Provision der auszuleihenden Gelder muß den Vorständen und Ausschüssen je nach dem Stande der Kasse und des Geldmarktes in jedem einzelnen Falle überlassen werden, immer jedoch mit Ausnahme der den Vereinsmitgliedern gewährten Vorschüsse, für welche der Fuß des Zinses und der Provision durch Statut oder Gesellschaftsbeschluß geregelt werden muß.

(Der Beschluß wurde zunächst lediglich in Bezug auf Vorschuß- und Kredit-Vereine gefaßt da andere Genossenschaften beim zweiten Vereinstag noch nicht anwesend waren.)

Meinungsverschiedenheit herrschte nur darüber ob die Befugniß der Vorstände nicht gewissen Schranken zu unterwerfen sei und Schulze brachte deshalb den an anderer Stelle besprochenen Vorschlag ein von der Generalversammlung jeweils die Summe bezeichnen zu lassen, bis zu welcher die Vorstandschaft fremden Kredit beanspruchen dürfe, drang aber damit nicht durch.

VI. Der Allgemeine Vereinstag empfiehlt den Vereinen

a) die Dispositionsbefugniß der Vorstände und Ausschüsse bei Aufnahme fremder Gelder und bei Kreditoperationen aller Art Namens der Vereine durch Feststellung eines Maximalsatzes zu begrenzen, über welchen die Gesammtsumme der gleichzeitig den Verein belastenden Schuldverpflichtungen nicht hinausgehen darf;

b) diesen Maximalsatz von Zeit zu Zeit je nach dem Bedürfniß und dem Geschäftsstande auf den Antrag der Vorstände in den Generalversammlungen feststellen zu lassen.

Bittere Erfahrungen einiger Vereine hatten die wiederholte Einbringung des nun zum Beschlusse erhobenen Antrages veranlaßt. Gleichwohl wurde derselbe von verschiedenen Seiten auf das Ernstlichste bekämpft. Man hielt die Feststellung eines gesunden Verhältnisses zwischen eigenen und fremden Fonds für ausreichend, die Behelligung der meist schlecht besuchten Generalversammlung mit Fragen, deren Bedeutung die Mitglieder nicht genügend durchschauten, für gefährlich. Schulzes Schlußworte

„Es kommt heutzutage darauf an bewußte Massen ins Feld zu führen und es ist besser, ein Verein irrt einmal aus eigener Erfahrung als daß er nicht irrt weil er bevormundet ist"

schlugen durch.

**IX. Der Vereinstag hält unter Berücksichtigung der §§ 16 und 27 des Genossenschaftsgesetzes die Trennung der Vereinsdirektion (des Vorsitzes im Vorstand) von der Mitgliedschaft im Verwaltungsrathe für dringend räthlich.**

Der Antrag auszusprechen

„Der Ausschuß ist unter allen Umständen so zu konstituiren daß er die durch das Gesetz vorgeschriebenen Funktionen jederzeit selbständig auszuüben im Stande ist; dagegen ist seine Theilnahme an der Verwaltung soweit zulässig und wünschenswerth als es die lokalen Verhältnisse irgend gestatten"

wurde zurückgezogen.

Antragstellung und Beschlußfassung erfolgte bei Berathung des vom Anwalte ausgearbeiteten Musterstatutes für Vorschußvereine nach einer längeren und sehr interessanten Erörterung über die Befugnisse der Vorstände, Prokuristen, Bevollmächtigten, Stellvertreter und Vertreter überhaupt.

Es wurde betont daß die den Vorständen gesetzlich zustehenden Befugnisse durch die Statuten zwar erweitert aber nicht eingeengt werden können, — daß der Ausschuß (Aufsichtsrath) nie mitverwalten kann, wohl aber in der Kontrole der Verwaltung sehr ausgedehnte Befugnisse ausübt, — daß der Aufsichtsrath nicht souveräne Oberbehörde des Vorstandes ist sondern Meinungsverschiedenheiten zwischen beiden vor der Generalversammlung ausgetragen werden müssen.

In der vorausgegangenen Verhandlung wurde die Frage

ob in Vereinen, welche neben dem Vorstande eine eigene Kassenverwaltung haben, die letztere zur Zeichnung von Quittungen berechtigt ist

vom Anwalte dahin beantwortet daß solche Quittungen möglich, aber für den Verein nicht verpflichtend sind weil zur Zeichnung nur der Vorstand ermächtigt ist.

Auch über die Wahl der Vorstände wurde gesprochen und von einigen Seiten die Wahl derselben durch den Ausschuß empfohlen weil dieser die Persönlichkeiten genauer kennt; allen solchen Vorschlägen gegenüber beharrte der Anwalt darauf daß nur die Wahl durch die Generalversammlung auf Vorschlag des Ausschusses dem genossenschaftlichen Prinzipe entspricht.

Der Antrag auszusprechen

„Es sind die Vorstands- und Ausschuß-Mitglieder der Vorschuß- und Kredit-Vereine — jedoch mit Ausnahme des Kassiers — zwar berechtigt wie jedes andere Vereinsmitglied Vorschüsse zu beanspruchen, doch hat die Feststellung ihrer Kreditfähigkeit durch eine besondere von der Generalversammlung zu wählende Kommission zu erfolgen" —

wurde sammt dem Unterantrage am Eingange zu sagen

Bei der gegenwärtigen Entwickelung des Genossenschaftswesens sind 2c.

abgelehnt.

Man hielt die völlige Ausschliessung der Vorstandsmitglieder von der Kreditgewährung für grundsätzlich allein richtig ohne zu verkennen daß da wo die Geschäftsleitung in Händen von Gewerbtreibenden liegt, welche dieselbe nur als Nebengeschäft besorgen, die Durchführung derselben schwierig und unbillig werden kann. In solchen Fällen hielt man die spezielle Einschätzungskommission, welche zugleich die Kreditgrenzen für die einzelnen Ausschußmitglieder zu bestimmen hat, für ein zwar nicht untrügliches, aber doch möglichst sicherndes Auskunftsmittel. Einig war man darüber daß der Kassier vom Vereinskredite ausgeschlossen sein muß und daß die Ausschußmitglieder niemals Bürgschaften übernehmen sollen. —

Die im Beschlusse (Seite 117) erwähnten Gesetzesstellen lauten:

„Hat ein Privatgläubiger eines Genossenschafters nach fruchtlos vollstreckter Exekution in dessen Privatvermögen die Exekution in das demselben bei der demnächstigen Auseinandersetzung zukommende Guthaben erwirkt so ist er berechtigt, die Genossenschaft mag auf bestimmte oder unbestimmte Zeit eingegangen sein, behufs seiner Befriedigung nach vorher von ihm geschehener Aufkündung das Ausscheiden jenes Genossenschafters zu verlangen.

Mitglieder des Vorstandes, welche in dieser ihrer Eigenschaft ausser den Grenzen ihres Auftrages oder den Vorschriften dieses Gesetzes oder des Gesellschaftsvertrages entgegen handeln, haften persönlich und solidarisch für den dadurch entstandenen Schaden."

**XI. Der Allgemeine Vereinstag erklärt es für durchaus verwerflich die Zeichnung für den Verein in der Weise zu ordnen daß die Minorität der zur Zeichnung Berechtigten (Vorstände und Prokuristen) den Verein gegen den Willen der Majorität verpflichten kann.**

Der desfallsige Antrag der Anwaltschaft wurde ohne Verhandlung einstimmig zum Beschlusse erhoben. Es sollte vermieden werden daß beispielsweise von fünf Vorstandsmitgliedern zwei den Verein verpflichten können und wurde deshalb empfohlen da wo mehr als drei Vorstandsmitglieder vorhanden sind die Giltigkeit der Zeichnung immer von der Unterschrift der Mehrheit abhängig zu machen.

**XI. Die Vorstände eingetragener Genossenschaften können bei der Verwaltung der Genossenschaftsangelegenheiten an die Genehmigung der Ausschüsse und Generalversammlungen mit der in §. 21 des Genossenschaftsgesetzes bezeichneten Wirkung gebunden werden; dagegen entspricht jede definitive Vornahme verantwortlicher Verwaltungsmaßregeln seitens der letzteren weder der Vorschrift des Gesetzes noch den Prinzipien einer geordneten Geschäftsführung.**

Der von der Anwaltschaft ausgegangene Antrag lautete zuerst im Eingange

„Die Vorstände eingetragener Genossenschaften können bei der Verwaltung der Genossenschaftsangelegenheiten in bestimmten Geschäftszweigen u. s. w."

und im Nachsatze

„Dagegen entspricht jede positive Einmischung und definitiv Vornahme" u. s. w.

Die Weglassung dieser Worte wurde begründet durch die Möglichkeit aus denselben zu folgern daß beispielsweise schon die Abgabe eines Gutachtens seitens des Aufsichtsrathes als positive Einmischung ausgeschlossen werden sollte.

Im Allgemeinen lieferte der Anwalt als Antragsteller den Beweis der Nothwendigkeit für eine strenge Scheidung der Verwaltung von der Kontrole aus den gesetzlichen Bestimmungen, wonach die Vorstandsmitglieder berechtigt sind in unbeschränkter Weise den Verein nach aussen zu verpflichten ohne daß sie durch eine statutenmässige Bestimmung daran gehindert werden könnten da alle desfallsigen statutenmässigen Beschränkungen nur auf die Befugnisse der Vorstände nach innen Anwendung finden können — und jede Kontrolbehörde, welche mit Verwaltungsgeschäften selbst sich befaßt, zur Kontrole unfähig wird. Es wurde darum namentlich für Vorschußvereine empfohlen die Beschlußfassung über Genehmigung oder Ablehnung eines Vorschußgesuches ausschliessend dem Vorstande zu überlassen und zwar nicht in gemeinsamer Sitzung mit dem Aufsichtsrathe sondern ganz selbständig um nicht durch die Mehrzahl der Aufsichtsrathsmitglieder den Vorstand in seiner Entscheidung zu beeinflussen — dagegen die endgiltige Vorschuß-Genehmigung an das zustimmende Gutachten des Aufsichtsrathes zu binden. Um diesem eine freiere Beurtheilung zu ermöglichen wurde von mehreren Seiten empfohlen die Aufsichtsrathsmitglieder von der Bürgschaftsübernahme auszuschliessen.

Die gemeinschaftliche Beschlußfassung der beiden Behörden soll nur für die Feststellung allgemeiner Normen, nicht aber für einzelne Verwaltungsgeschäfte zugelassen werden.

Am Schlusse der Verhandlung erklärte der Anwalt daß er als Verfasser des Genossenschafts-Gesetzes den §. 21 desselben kategorisch aufgefaßt wissen wolle.

Dieser §. 21 des Gesetzes lautet

„Der Vorstand ist der Genossenschaft gegenüber verpflichtet die Beschränkungen einzuhalten, welche in dem Gesellschaftsvertrage oder durch Beschlüsse der Generalversammlung für den Umfang seiner Befugniß die Genossenschaft zu vertreten festgesetzt sind. Gegen dritte Personen hat jedoch eine Beschränkung des Vorstandes die Genossenschaft zu vertreten keine rechtliche Wirkung. Dies gilt insbesondere für den Fall daß die Vertretung sich nur auf gewisse

Arten von Geschäften erstrecken oder nur unter gewissen Umständen oder für eine gewisse Zeit oder an einzelnen Orten stattfinden soll oder daß die Zustimmung der Generalversammlung, eines Aufsichtsrathes oder eines andern Organs der Genossenschaft für einzelne Geschäfte erfordert ist."

XI. (Magdeburg) Im Interesse einer gesunden Entwickelung der Konsumvereine ist es geboten mehr und mehr von dem Prinzipe der freiwilligen Arbeit zurückzutreten und nach dem Grundsatz „Leistung bedingt Gegenleistung" die Vereinsvorstände und Vereinsbeamten zu besolden.

Der Beschluß hätte zweifellos im Eingange eine allgemeinere Fassung erhalten, wäre er in Neustadt unter Theilnahme der Vertreter aller Genossenschaftsgattungen und nicht in Magdeburg am gesonderten Konsumvereinstage veranlaßt worden. Was er von den Konsumvereinen erklärt gilt bedingungslos von allen Genossenschaften.

XI. (Magdeburg) Die Vorstände der Vereine haben die Verpflichtung auch für die genossenschaftliche Ausbildung ihrer Mitglieder durch geeignete Vorträge in den Generalversammlungen und in regelmässigen zwanglosen Versammlungen zur Besprechung von Vereinsangelegenheiten zu wirken.

(Näheres hierüber in §. 10 Seite 103.)

XIII. Hinsichtlich einiger besonderen Anträge in Bezug auf die Beamten der Konsumvereine, Rohstoff- Produktiv- und Magazins-Genossenschaften vergleiche man §. 36 XIII.

XIV. Es ist denjenigen Genossenschaften, welche die Periode der ersten Entwickelung zurückgelegt haben, zu empfehlen

a) die Vorstandsmitglieder auf mehrjährige Dauer zu wählen und einen Wechsel in den Personen derselben nur theilweise eintreten zu lassen,

b) in Betreff der Mitglieder des Verwaltungsraths in gleicher Weise zu verfahren,

c) die Mitglieder des Vorstandes nur auf Vorschlag des Verwaltungsrathes durch die Generalversammlung erwählen zu lassen.

Der Zusatzantrag

„für die Anstellung der Vorstandsmitglieder empfiehlt sich auch die Anstellung auf halbjährige Kündigung"

wurde abgelehnt.

Der Anwalt hatte übrigens die Anstellung auf Kündung ausdrücklich für den Fall empfohlen daß der Verein eine hervorragende Kraft besitzt und sich dieses Besitzes dauernd versichern wolle.

**XIV.** Es ist den Vorschuß- und Kredit-Vereinen wiederholt und dringend zu empfehlen die Mitglieder ihres Vorstandes und sonstige Kassenbeamte von Benützung der von ihnen verwalteten Vereinskasse zu Kredit für eigene Rechnung gänzlich auszuschliessen.

Die Erfahrung der letzten Jahre hatte die Nothwendigkeit dieser Bestimmung erwiesen. Der Einwand daß manche Vereine nur Vorstände haben, welche dieses Amt als Nebengeschäft betreiben und gemäß ihrer bürgerlichen Stellung auf den Kredit des Vereines nicht verzichten können, wurde nicht als genügend erkannt um von der Beschlußfassung Umgang zu nehmen zumal es einem Vorstande, welcher selbst den Kredit des Vereines in Anspruch nimmt, sehr schwer fallen dürfte unberechtigte Kreditgesuche von Mitgliedern abzuweisen.

**XV.** Sobald Charakter und Umfang der Vereinsgeschäfte zu bankmässiger Entfaltung drängen und Zeit und Kraft der bei der Verwaltung betheiligten Personen (Vorstände und Kassenbeamte) in einem Grade in Anspruch nehmen, welcher lohnende Nebenbeschäftigung ausschließt, ist denselben ein auskömmlicher, der Mühewaltung entsprechender fester Gehalt zu gewähren dagegen die Tantieme vom Gewinne oder Umsatze zu beschränken.

Die Anwaltschaft wird ersucht aus den Rechnungsabschlüssen der Vereine und den sonst von ihr zu diesem Behufe zu machenden Erhebungen eine Aufstellung der Vorstandsgehalte in den Vereinen nach ihren verschiedenen Geschäftsumfängen fertigen zu lassen.

Der ursprüngliche Antrag, welcher eine sehr lebhafte Erörterung veranlaßte, war auf den ersten Absatz beschränkt, in welchem noch die Worte

„auf ein Minimum" vor „zu beschränken"

enthalten waren. Es wurde eine ganze Reihe von Unteranträgen gestellt, mit wenigen Ausnahmen aber insgesammt verworfen.

Insbesondere war beantragt auszusprechen daß die Tantiemen

das Fixum des Gehaltes nicht übersteigen sollen, von anderer Seite daß sie die Hälfte dieses Fixums nicht überschreiten sollen, ferner daß Tantiemen nur vom Reingewinne zu gewähren seien (was der Anwalt als selbstverständlich bezeichnete, wobei er aber zu bedenken gab daß es eine Reihe von Vereinen gibt, welche bisher Tantiemen vom Umsatze gewährten, dieses Verhältniß nicht augenblicklich vollständig lösen können, durch den Beschluß aber veranlaßt werden sollten diese Tantiemen wenigstens möglich zu beschränken) ferner daß die Tantiemen vom Reingewinne nur bis zu einem im Verhältnisse zum festen Gehalte stehenden Maximalbetrage zu gewähren seien, endlich daß die Tantiemen niemals den Prozentsatz der Superdividende übersteigen dürfen.

Man war darüber einig daß das Prinzip der Tantiemen nicht verlassen werden solle, daß aber alles zu vermeiden sei, was die Jagd nach Dividenden und Tantiemen begünstige, und daß andererseits den Vorständen ein anständiges Auskommen gesichert werden müsse.

**XV.** Es ist den Verbandsvereinen zu empfehlen die Ersatzpflicht des Aufsichtsrathes zum Schadensersatze wenn derselbe seinen Kontrolfunktionen nicht ordnungs- und instruktionsmässig genügt durch ausdrückliche Bestimmung in den Statuten festzusetzen.

Den Kommissionen des Aufsichtsrathes kann eine angemessene Entschädigung für ihren Zeitaufwand und ihre Bemühungen gewährt werden.

Den Direktoren der Provinzial-Verbände ist zu empfehlen eine möglichst spezielle, die provinziellen Verhältnisse berücksichtigende Instruktion kommissarisch entwerfen zu lassen, nach welcher der Aufsichtsrath bei seinen Revisionen der Geschäftsbücher, Rechnungen und Werthbestände zu verfahren hat, — und diesen Entwurf vor der Berathung auf dem nächsten Verbandstage auf geeignete Weise zur Kenntniß der Verbandsvereine zu bringen.

In der Verhandlung wurde darauf hingewiesen daß die Ersatzpflicht des Aufsichtsrathes für Schäden, die durch Nachlässigkeit bei der Kontrole entstanden sind, schon gesetzlich ausser Zweifel steht, daß es aber immerhin zweckmässig erscheint dieselbe auch in den Statuten noch besonders auszusprechen um die Einrede der Unkenntniß zu beseitigen und den Mitgliedern des Aufsichtsrathes ihre Verpflichtung stets klar vor Augen zu halten. Der Anwalt insbesondere erörterte daß die Haftpflicht des Aufsichtsrathes stets eine subsidiäre bleibt und durch den Beweis bedingt wird daß ein Schaden entstanden ist, der Vorstand denselben nicht decken kann und der Schaden vermieden worden wäre wenn der Aufsichtsrath seine Kontrolpflicht erfüllt hätte — und empfahl die Aufstellung einer besonderen Instruktion für die Kontrole, welche von jedem neu gewählten Aufsichtsrathsmitgliede unterschrieben werden müsse.*)

Eine Schadloshaltung des gesammten Aufsichtsrathes für Mühe und Zeitversäumniß wurde nicht als zweckmässig anerkannt sondern nur eine solche für jene Kommissionen, welche den zeitraubenderen und schwierigeren Theil der Arbeit zu leisten haben. Diese Schadloshaltung soll nicht in Tantiemen vom Reingewinn sondern in festen Sätzen bestehen.

Der Anwalt kam auch auf die vielfach gewünschte Anordnung von Bücherrevisionen seitens der Anwaltschaft oder der Verbandsdirektoren zu sprechen und erklärte erstere wegen der weiten Entfer-

*) Vom Referenten wurde eine solche Instruktion für Kreditvereine vorgelegt, die wir ihrer kurzen Fassung wegen hier mittheilen. Sie lautet:

1. Die Uebertragungen auf die speziellen Kontos bezw. auf das Hauptbuch dürfen niemals von dem Kassier bewirkt werden.
2. Der Kassier hat am Schlusse jeden Geschäftstages seine Kasse abzuschliessen und den Bestand nach den Sorten sowie den Sollbestand in ein eigenes zu diesem Zwecke bestimmtes Buch einzutragen.

   Der Aufsichtsrath hat durch ein oder mehrere Mitglieder mindestens einmal wöchentlich diese Aufstellung zu kontroliren.

   Differenzen, welche sich ergeben, sind auf ein Differenzkonto des Kassiers und — sofern sie sich nicht erledigen — durch denselben am Monatsschlusse zur Ausgleichung zu bringen.
3. Der Kassier hat — nöthigenfalls mit dem Controleur — nach Monatsschluß unverzüglich eine Rohbilanz (Monatsabschluß) aufzustellen und dem Aufsichtsrathe zur Prüfung vorzulegen. Letzterer hat vorzüglich sich zu vergewissern ob die im Abschlusse aufgeführten Kosten mit dem Wechsel- Schuldschein- und Effekten-Bestande übereinstimmen.
4. Die Direktoren oder ein von diesen beauftragter Kontrolbeamter führt ein Belastungsregister, in welchem jedes Mitglied sein Konto hat. Auf demselben wird jeder gewährte Vorschuß und jede sonstige übernommene Verpflichtung sofort eingetragen während die Entlastung durch einfaches Ausstreichen erfolgt. —

nung für unthunlich, empfahl dagegen den Verbandsdirektoren derartigen Ansuchen der Vereine — selbstverständlich auf deren Kosten — bereitwilligst zu entsprechen.

Ueber die Theilnahme von Reichs- oder Staats-Beamten an der Verwaltung von Genossenschaften vergleiche man §. 9. XIV. Seite 98/99.

XV. Ueber den Antrag

„Wenn bei den Vorberathungen von Vereinsangelegenheiten im Vorstande oder Verwaltungsrathe eine oppositionelle Minderheit vorhanden ist so ist es zweckmässig daß man die Ansicht der Minderheit durch einen besondern Referenten derselben in der Generalversammlung zum Ausdruck gelangen lasse"

wurde zur Tagesordnung übergegangen nachdem erhoben war daß vielfach bereits in dieser Weise verfahren wird und die Behauptung man halte sich in solchen Fällen seitens der Minderheit immer verpflichtet dem Mehrheitsbeschlusse zuzustimmen — nicht als durchweg giltig angesehen werden konnte.

Es wurde in der Verhandlung angeregt daß in solchen Fällen der Vorsitzende sehr wohl die Auffassung der Minderheit der Generalversammlung bekannt geben und derselben die Entscheidung anheimstellen könne.

Auch über den Antrag zu erklären

„Es ist unzweckmässig und nicht zulässig daß Vorstands- und Verwaltungsraths-Mitglieder in ihren Sitzungen bei Angelegenheiten, welche sie mitberathen haben, sich der Abstimmung enthalten und es sind die Statuten der Konsumvereine durch dahingehende Bestimmungen zu ergänzen"

wurde zur Tagesordnung übergegangen.

Der Antragsteller führte aus daß eine Stimmenthaltung nur in zwei Fällen gerechtfertigt scheine, bei persönlichem Interesse an der Sache und bei ungenügender Aufklärung. Im ersten Falle sei schon die Betheiligung an der Verhandlung nicht gerechtfertigt, im zweiten müsse Vertagung behufs weiterer Aufklärung beantragt werden. Eine Stimmenthaltung in anderen Fällen zeuge von mangelndem Interesse oder Verständnisse, also von ungenügender Befähigung. Es wurde diesen Ausführungen im Allgemeinen beigepflichtet, der ausgesprochene Satz aber als so selbstverständlich angenommen daß es dem Allgemeinen Vereinstage nicht zieme ihn zu wiederholen.

---

## §. 14. Genossenschaftliche Statistik.

VII. Es ist sämmtlichen zum Allgemeinen Verbande gehörigen Genossenschaften im Interesse der Verbandsstatistik dringend zu empfehlen ihr Rechnungsjahr womöglich mit dem Kalenderjahre zusammenfallen oder wenigstens nicht später als mit dem 1. April beginnen und am 31. März schliessen zu lassen.

Die Unterverbände haben ihre der Anwaltschaft bei Einziehung der statistischen Nachrichten nach §. 7 lit. d. des Organischen Statuts zu gewährende Beihilfe (vrgl. oben §. 8 S. 82) insbesondere durch möglichst rasche Einsendung der bei ihnen eingehenden tabellarischen Rechnungsabschlüsse der einzelnen Vereine zu leisten und für den eigenen Gebrauch sich entweder mit Duplikaten oder Abschriften davon zu versehen.

Dieser Beschluß entspricht einem Verbesserungsantrage des Anwaltes. Der ursprünglich vom Norddeutschen Verbande eingebrachte Antrag lautete

„Alle Vereine werden aufgefordert wenn möglich mit letztem Dezember, im Falle wesentlicher Verhinderung mit letztem März ihre Rechnungen abzuschliessen und ihren Jahresbericht sowohl an die Anwaltschaft als auch an den Verbandsdirektor in möglichst kurzer Zeit nach dem Abschlusse einzusenden.“

Die lediglich im Interesse der sehr werthvollen Statistik gestellten Anträge fanden nirgends Widerstand.

Schulze veröffentlichte bereits seit 1854 alljährlich einen Bericht über den Stand des Deutschen Genossenschaftswesens, von 1854 bis 1858 in der Innung der Zukunft, seit 1859 in selbständigen Tabellenwerken (Verlag von Julius Klinkhardt — früher G. Mayer — in Leipzig). Diese selbständigen Tabellenwerke sind also ebenso alt wie der Allgemeine Vereinstag. Sie geben ihrem äusseren Umfange sowohl als ihrem Inhalte nach ein deutliches Bild von der Jahr um Jahr wachsenden Bedeutung des Genossenschaftswesens.

X. Denjenigen Vereinen, welche rechtzeitig ihre ausgefüllten Tabellen eingesendet und daher mit ihren Ergebnissen in den statistischen Jahresberichten aufgenommen werden konnten, wird letzterwähnter Bericht zu Lasten des Dispositionsfondes gratis zugetheilt.

Der desfallsige Antrag des Engeren Ausschusses wurde nicht ohne Widerrede zum Beschlusse erhoben da man von mehreren Seiten glaubte die für diese Gratiszutheilung zu verausgabende Summe könnte zweckmässiger zur Vergrösserung und Weiterverbreitung der Blätter für Genossenschaftswesen oder zur Anlage eines genossenschaftlichen Archivs verwendet werden, welches Alles umfassen sollte, was über Genossenschaftswesen in und ausser Deutschland gedruckt wird.

XI. Den Unterverbänden und den zum Allgemeinen Verbande gehörigen Vereinen soll bis auf weiteres der Jahresbericht gratis geliefert werden soferne sie rechtzeitig den Rechnungsabschluß und die ausgefüllten Tabellen einreichen.

Die im Vorjahre nur für ein Jahr getroffene Bestimmung wurde dadurch für die Folge dauernd bestätigt.

Voraussetzung der Zusendung des Berichtes ist übrigens ausser der rechtzeitigen Einsendung der Tabellen selbstverständlich auch die vorgängige Abführung der Beiträge zum Allgemeinen Verbande.

XIV. Alle jene Vereine, welche ihre Rechnungsabschlüsse nicht einsenden, sollen nach vorhergehender zweimaliger Mahnung auf Grund der §§. 5 und 9 des Organischen Statuts ausgeschlossen werden. —

Ueber die Feststellung des bei den statistischen Tabellen zu beachtenden Begriffes „Reingewinn" vgl. §. 7 XII. S. 73 und §. 18 XIII.

## §. 15. Genossenschaften als Sparkassen.

In Bezug auf den Zinsfuß der Spareinlagen vergleiche man insbesondere §. 29 II.

XIII. In Erwägung daß gut geleitete Vorschußvereine von selbst eine entsprechend geregelte Verzinsung der Sparkassengelder handhaben und dadurch keinen über den Bedarf gehenden Zufluß solcher Gelder herbeiführen werden geht der Vereinstag über den Antrag auszusprechen

„Das Wesen des Vorschußvereins-Instituts rechtfertigt nicht daß die Vorschußvereine unbegrenzte Sparkassen sind"

zur Tagesordnung über.

Der Antrag auszusprechen

„In Erwägung daß die Abweisung der den Vorschußvereinen angebotenen Gelder nicht das richtige Mittel ist das Bedürfniß nach Kapital mit dem Angebote in Einklang zu bringen geht der Vereinstag über den Antrag zur Tagesordnung über"

wurde zurückgezogen weil dem Antragsteller durch Annahme eines Schlußantrages die Begründung unmöglich gemacht war.

In der Verhandlung wurde dargethan daß die Annahme des bisweilen stark andrängenden fremden Kapitales nicht zur ungeeigneten und gefahrdrohenden Verwendung desselben (wie Effektenkauf, Hypothekenbelehnung ꝛc.) verleiten dürfe sondern daß Zinsabminderung die beste Regelung bieten könne, daß es aber andererseits gar nicht zu empfehlen ist das vertrauensvoll entgegengebrachte Kapital auf andere Wege zu leiten da es — einmal zurückgeschreckt — so leicht nicht wiederkehrt. —

XIV. Bei Aufnahme von Sparanlagen empfiehlt es sich

1. daß sich der Verein das Recht vorbehalte eine Aenderung des Zinsfusses jeder Zeit nach eigenem Ermessen vornehmen zu können und sich nur zur Bekanntmachung

einer jedesmaligen Abänderung in vorher dazu bestimmten öffentlichen Blättern verpflichte,

2. daß eine Kündung von Seite des Vereines ebenfalls nur durch öffentliche Bekanntmachung zu geschehen brauche.

Der Antrag zu diesem Beschlusse fußte darauf daß meist in den den Sparkassenbüchern vorgedruckten Statuten der Zinsfuß endgiltig festgestellt ist, was sich nicht als zweckmässig erwiesen hat, daß es vielmehr viel besser erscheint bei grossem Kapitalandrange eine Ermässigung, bei Kapitalmangel eine Erhöhung des Zinsfusses eintreten lassen zu können. Im Laufe der Verhandlung wurde davor gewarnt die Sparbücher gewissermassen als Inhaberpapiere zu betrachten und an Jeden auszuzahlen, der dieselben vorzeigt. Es schien rathsam in den Satzungen die Bestimmung aufzunehmen daß der Verein zu einer Prüfung des Besitzrechtes des Vorzeigers sich nicht verpflichtet erachte, sich dieselbe jedoch jederzeit vorbehalte.

Man vergl. auch §. 16 VIII und §. 18 VII und XI.

---

## §. 16. Stammantheile.

I. Im Allgemeinen empfiehlt sich eine mässige Begrenzung der Höhe der Stammantheile um den Genuß der Dividende für die unbemittelten Mitglieder nicht zu schmälern, wobei jedoch — besonders mit Rücksicht auf die jetzigen Zeitverhältnisse — die Erhöhung der Stammantheile insofern vorgezogen werden kann als die Anstalten dadurch in den Stand gesetzt werden mehr mit eigenem Gelde zu arbeiten. *)

II. Die Herausziehung der Geschäftsantheile (des Guthabens) der Mitglieder während der Dauer der Mitgliedschaft ist unbedingt zu verwerfen und in den Statuten zu untersagen als die Existenz der Vereine in ihrer wesentlichsten Grundlage bedrohend.

VIII. Nach dem Muster der Englischen Vereine empfiehlt sich für Konsumvereine

a) den Betrag des bei fortdauernder Mitgliedschaft unkündbaren Geschäftsantheils nicht zu hoch (in England 1 Pfd. Sterl.) zu bemessen dagegen

b) den bei fortdauernder Mitgliedschaft kündbaren Antheil zur Förderung der Kapitalbildung bei den Mitgliedern denselben erst auszuzahlen wenn dieser Antheil den Betrag von mindestens fünf Thalern (in England 1 Pfd. Sterl.) erreicht hat und nur soweit sich derselbe zu diesem Betrage abrundet.

---

*) Die Beschlüsse des I. und II. Vereinstages wurden lediglich mit Bezug auf die Vorschuß- und Kredit-Vereine gefaßt da andere Genossenschaften bei denselben noch nicht vertreten waren.

Der Antrag auszusprechen

„Unter dieser Voraussetzung ist es möglich daß Konsumvereine ihrem Geschäftsbetriebe insbesondere auch ihrem Kredit eine feste Grundlage geben indem sie nach Art der Englischen Vereine dem Mitgliede oder dessen Erben den Austritt aus dem Vereine nur dann gestatten wenn eine andere zur Aufnahme geeignete Person sich bereit erklärt an Stelle des Austretenden und mit dem Geschäftsantheile desselben so weit letzterer nicht schon unabhängig von der Fortdauer der Mitgliedschaft kündbar war in den Verein einzutreten"

wurde abgelehnt.

Die Deutschen Konsumvereine lagen damals noch in den Kinderschuhen; nur wenige hatten einen Jahresumsatz von 20000 Thlr. erreicht. Es sollte darum auf raschere Entwickelung hingewirkt, das Kapital dem Geschäftsbetriebe thunlichst erhalten, der Sparsinn der Mitglieder durch Aufsammelung der Gewinnantheile zu beachtenswerthen Beträgen geweckt werden.

Der abgelehnte Antrag beruhte auf der Auffassung des Referenten (Richter) die Konsumvereine dürften sich nicht nach dem Muster der Vorschußvereine sondern nur nach Englischem Vorbilde ordnen und der Solidarhaft niemals unterziehen, welche Auffassung von vielen Seiten widerlegt wurde.

**XIII.** Der Antrag

„den Vorschußvereinen zu empfehlen in ihre Statuten die Bestimmung aufzunehmen daß die Stammantheile auch an dem Reingewinne des Jahres, für welches dieselben nicht voll dividendenberechtigt sind, theilnehmen, was am geeignetsten in der Weise geschieht daß die Stammantheile während jenes Jahres — insoferne dasselbe einen Reingewinn ergibt — verzinst werden, wobei der gewährte Zinsfuß jedoch niemals die Höhe der Dividende übersteigen darf"

wurde abgelehnt.

Der letzte Satz des Antrages war erst im Laufe der Erörterung angefügt worden.

Im Allgemeinen wurde für den Antrag geltend gemacht daß gerade jenen Mitgliedern, welchen es nicht möglich ist den Stammantheil gleich beim Antritte ganz zu bezahlen sondern welche denselben nur in Fristen aufzubringen vermögen, dadurch ein Nachtheil zugeht daß sie während des ersten Jahres der Mitgliedschaft für die eingelegten Fristenzahlungen weder Gewinnantheil noch Zinsen erhalten, was viele derselben abhält früher als am Jahresschlusse einzutreten beziehungsweise die Einzahlung zu leisten und auf diese Weise auch wieder die eigene Kapitalbildung der Vereine hindert — sowie daß die Mitglieder auch schon im ersten Jahre der Mitgliedschaft und ohne Rücksicht darauf ob sie den Stammantheil ganz oder nur theilweise einbezahlt haben, vollständig im Geschäftsrisiko stehen und die ganze Haft wie jedes andere Mitglied tragen müssen. Von anderer Seite wurde dagegen darauf hingewiesen daß meistens die Gründer der Vereine in den ersten Jahren auf Zins oder Gewinnantheile Verzicht geleistet haben um den Reservefond rasch zu einem nennenswerthen Betrage anwachsen zu lassen und daß die Neueintretenden von all der Mühe und dem Risiko frei sind, welchem sich die Gründer überall unterziehen mußten, wogegen freilich eingewendet wurde daß in den meisten Vereinen hiefür eine wenn auch kleine Entschädigung durch die dem Reservefonde zugewiesenen Eintrittsgelder von den Neuzutretenden verlangt wird und daß die erzieherische Aufgabe der Genossenschaften dadurch am meisten erreicht wird daß man den Beitritt derselben so wenig als möglich erschwert.

Von einem Vereine wurde als nachahmenswerth berichtet daß man bei jenen Mitgliedern, deren Stammantheil noch nicht voll eingezahlt ist, von den gewährten Vorschüssen zwei Prozent zurückbehält und zur Ergänzung der Stammantheile verwendet.

Man vergleiche auch §. 18 XI.

## §. 17. Reservefond.

VII. Ueber den Antrag

„der Reservefond möge nicht länger blos Eigenthum der Gesellschaft sein sondern in das Eigenthum jedes Einzelnen übergehen"

wurde zur Tagesordnung geschritten.

Der Antrag erschiene unverständlich wenn nicht in der Verhandlung an die polizeilichen Eingriffe in das Vereinsvermögen aus den Jahren 1848 und 1849 zu Berlin erinnert worden wäre. Mit Recht wurde die Wiederkehr solcher Zeiten und Verhältnisse als unmöglich bezeichnet.

X. 1) Die Ansammelung eines Reservefonds ist zum Gedeihen der Vereine und ihrer soliden Geschäftsführung unbedingt erforderlich.

2) In die Statuten ist aufzunehmen daß der Reservefond einerseits allmälig bis zur Höhe von zehn Prozent des Mitgliederguthabens (Geschäftsantheile) anzusammeln ist, andererseits auf mindestens drei Prozent des Mitgliederguthabens in der Regel stehen muß widrigenfalls ein höherer als der in Ziffer 3 bestimmte Prozentsatz zuzutheilen ist.

3) Zur Bildung des Reservefonds ist

a. von den Mitgliedern ein Eintrittsgeld von mindestens einem, höchstens zwei Thalern zu erheben;

b. aus dem jährlichen Reingewinne sind mindestens fünf Prozent desselben solange zuzulegen bis die in Ziffer 2 erwähnte Obergrenze erreicht oder — wenn durch Abschreibung von Verlusten der Reservefond gesunken sein sollte — wieder erreicht ist.

Der Antrag

„den Reservefond nicht nach dem Mitgliederguthaben sondern nach der Summe der Aussenstände zu bemessen“

ward abgelehnt,

der weitere Antrag zu erklären

„der Reservefond soll mindestens drei höchstens zehn Prozent des Mitgliederguthabens betragen und es müssen demselben alljährlich zehn Prozent des Reingewinnes zugeführt werden. Hat er die Höhe von fünf Prozent erreicht so sollen nur dann fünf Prozent vom Reingewinn verwendet werden wenn Verluste die anderen fünf Prozent beanspruchen“

nicht ausreichend unterstützt.

Der Urheber des ersterwähnten Antrages ging von der Voraussetzung aus daß der Reservefond zur Deckung von Verlusten zu dienen habe, diese aber meist nicht im Verhältnisse zum Mitgliederguthaben sondern in jenem zu den Ausständen eintrete. Es wurde vom Anwalte auf die bei allen Aktien- und ähnlichen Gesellschaften bestehende Uebung hingewiesen den Reservefond nach der Höhe der Mitgliedereinlagen zu regeln.

In der Verhandlung über den zum Beschlusse erhobenen Antrag führte der Referent unwidersprochen aus daß man den Reservefond nicht als unvertheilten Reingewinn sondern als zurückgestellte Ueberschüsse an Zinsen und Provisionen der Vorschußnehmer betrachten solle und daß sein Zweck vor Allem sei unvorhergesehene Verluste zu decken ohne daß die Gewinnantheile geschmälert werden müßten so daß also auch die durch Veruntreuung von Beamten entstehenden Verluste aus dem Reservefonde zu decken wären insofern nicht dafür die mit der Kontrole betrauten Beamten in Anspruch zu nehmen sind, — daß man aber das Eintrittsgeld nicht zu hoch bemessen dürfe um unbemittelte Gewerbetreibende nicht vom Anschlusse an die Vereine abzuschrecken. Der Anwalt verwahrte sich nur dagegen daß alle Verluste aus dem Reservefonde gedeckt werden müßten auch insofern sie durch Gewinne im selben Jahre ausgeglichen werden können; denn wenn die Verluste den Gewinn übersteigen könne von einem Reingewinne im wahren Sinne des Wortes nicht mehr die Rede sein.

**X. Die Ansammelung eines mässigen Reservefonds ist im Interesse einer soliden Fundirung ihres Geschäftsbetriebes auch für die Konsumvereine wünschenswerth und zu empfehlen. Die**

Höhe desselben ist der Festsetzung der einzelnen Vereine zu überlassen.

Die Reservefondsfrage wurde bei diesem Vereinstage in zwei getrennten Abtheilungen für die Vorschußvereine und für die Konsumvereine berathen.

Im letzten Beschlusse wurde das Wort „mässig" erst durch Zusatzantrag eingeschaltet, ein Antrag auf Streichung des Schlußsatzes aber abgelehnt.

Von mancher Seite wurde die Gründung eines Reservefonds für Konsumvereine überhaupt widerrathen weil er nichts sei als eine milde Stiftung für künftige Generationen um das Geschäftskapital zu erhöhen und weil Vereine, welche einen Reservefond nicht besitzen, sich dadurch immer mehr angetrieben fühlen auf genaue und vorsichtige Verwaltung zu achten um Abschreibungen an den Mitgliederguthaben, welche den Stand der Verwaltung stets erschweren, zu vermeiden, weil also gewissermassen der Reservefond „die Verwaltung unsolide mache." Diese eigenthümlichen Auffassungen drangen begreiflicherweise nicht durch. Man hielt es unter allen Umständen für angemessen der Nothwendigkeit einer Abschreibung von den Mitgliederantheilen bei geringen Verlusten durch Schaffung eines mässigen Reservefonds vorzubeugen.

**XI. Die Verwendung von Reservefonds zur Deckung von Geschäftsverlusten hat ordnungsmässig sich auf die Fälle zu beschränken**

**a) daß der Geschäftsertrag für das betreffende Rechnungsjahr zur Deckung nicht ausreicht oder**

**b) die Verluste sich aus Geschäften herschreiben, welche in Vorjahre fallen und erst in der laufenden Rechnungsperiode zur Abwickelung gelangt sind.**

Ein Antrag

statt des Satzes b. zu sagen

„die Abschreibung der Verluste vom Reservefond erfolgen kann ohne denselben unter den Mindestbetrag zu bringen, welcher statutenmässig als Garantiekapital für das Mitgliedervermögen gesammelt werden soll"

und den Zusatz zum Ganzen zu machen

„den Vereinen ist zu empfehlen statutenmässig einen Prozentsatz des Reingewinnes zu bestimmen, welcher dem Reservefonde regelmässig zuzuweisen ist" — fand nicht die nöthige Unterstützung.

Der Antragsteller theilte mit daß in seinem Vereine die Einrichtung einer Dividenden-Reserve — getrennt vom allgemeinen Reservefonde — besteht um zu vermeiden daß in einem Jahre zu hohe, im anderen zu geringe Dividenden vertheilt werden müssen.

Ein weiterer Antrag

„alinea b. ganz zu streichen"

wurde abgelehnt. Derselbe war damit begründet daß Verluste häufig in Folge von Prozessen, Konkursen u. dgl. eintreten also erst in späteren Jahren gebucht werden können als sie thatsächlich veranlaßt waren und daß auch in solchen Fällen kein Grund bestehe auf den Reservefond zurückzugreifen.

Ein dritter Antrag zu beschliessen

„nur wenn der statutarisch als Zugang zum Reservefond festgesetzte Prozentsatz des Reingewinnes zur Deckung von Geschäftsverlusten nicht ausreicht ist der Rest der letzteren durch den Gewinnkonto zu begleichen, im anderen Falle jedoch durch den Reservefond"

fand nicht die nöthige Unterstützung.

Der zum Beschlusse erhobene Antrag stützt sich vor Allem auf die Erwägung daß die Verluste ebenso wie die Unkosten als Kredit dem Ertrage des Geschäfts als Debet gegenüberstehen, daß man nicht einen Gewinn vertheilen darf, der nicht gemacht wurde, was thatsächlich der Fall wäre wenn jeder — auch der geringste — Verlust dem Reservefonde abgeschrieben würde, daß das Tantiemensistem für die Beamtenbesoldung es zur gebieterischen Forderung mache jeden Verlust zunächst am Erträgnisse des laufenden Jahres in Abzug zu bringen, daß endlich der Reservefond erhalten werden muß um der Gefahr einer Abschreibung an den Geschäftsantheilen der Mitglieder ganz bestimmt aus dem Wege zu gehen. Von anderer Seite wurde dagegen die Befürchtung ausgesprochen daß durch zu reichliche Dotirung des Reservefondes die Vorstandschaft leicht veranlaßt werden könnte die Geschäfte minder strenge zu prüfen weil für allenfallsige Verluste durch den Reservefond ausreichend gesorgt sei.

Man vergleiche auch §. 18 VIII.

## §. 18. Vermögensprüfung und Gewinnvertheilung.

II. Die Gewinnvertheilung nach Höhe des Guthabens (der Stamm- oder Geschäfts-Antheile der Mitglieder) ist der nach Höhe der von den Einzelnen gezahlten Vorschuß-zinsen vorzuziehen.

Der Beschluß gilt nur für Vorschußvereine weil am zweiten Vereinstage andere Genossenschaften nicht theilnahmen.

Die Gründe für den Ausspruch, Gerechtigkeit, Heranziehung der wohlhabenderen Bevölkerungsklassen, Förderung des Sparsinnes und der eigenen Kapitalbildung — bedürfen einer besonderen Aus-einandersetzung nicht mehr.

III. Von einem Theilnehmer war der Antrag eingebracht

„vom Reingewinne höchstens zehn Prozent auf die Geschäfts-antheile zu gewähren, einen Theil desselben aber auf die gezahlten Zinsen zu vergüten.“

Die Abtheilung hatte sich gegen den Antrag erklärt, weshalb derselbe von seinem Urheber zurückgezogen wurde.

VI. Der Antrag

„den Vereinen zu empfehlen gleichmässig ein Drittheil des Rein-ertrages zur Besoldung der Vereinsbeamten zu verwenden“

wurde abgelehnt weil die Verhältnisse in den einzelnen Vereinen zu verschieden sind,

ebenso der Antrag

„den Konsumvereinen zu empfehlen die Vertheilung des Rein-gewinnes nicht nach der Summe der entnommenen Waaren sondern nach dem Guthaben der Mitglieder vorzunehmen.“

Damit war der Unterschied zwischen Vorschuß- und Konsum-Vereinen festgestellt.

VII. Die Konsumvereine, welche ihre Vortheile den Mitgliedern nicht mittels billiger Verkaufspreise sondern in Form von Dividenden zuwenden, deren Auszahlung erst nach Erreichung eines gewissen Betrages erlangt werden darf, fördern die Kapitalbildung der Mitglieder und verschaffen sich die Mittel ihre Wirksamkeit mehr und mehr auszudehnen.

Die Kapitalbildung ist im Allgemeinen für den Verein wie für die Mitglieder desselben empfehlenswerther als ein Verkauf ohne Rücksicht auf Reingewinn und beziehungsweise als die Ausschüttung des Reingewinnes durch Auszahlung der Dividenden an die Mitglieder.

Ueber die zweckmässigste Art den Waarenbezug der einzelnen Mitglieder behufs der Dividenden-Vertheilung zu kontroliren liegen grösseren Deutschen Vereinen sichere Erfahrungen noch nicht vor.

Die Anwaltschaft wird ersucht die Erfahrungen der Deutschen Konsumvereine, welche nach dem Verbrauche der Mitglieder Dividenden vertheilen, bald möglichst zu sammeln uud mit einer gleichzeitigen näheren Auseinandersetzung über das Verfahren der Rochdaler Pioniere durch die Innung der Zukunft zu veröffentlichen.

Es ist wünschenswerth daß diese Frage auf dem nächsten Vereinstage wieder zur Sprache gebracht werde.

Das hier erwähnte Verfahren der Rochedaler Pioniere wurde in den Verhandlungen auf Grund einer quellenmässigen Mittheilung in folgender Weise gekennzeichnet:

Es waren dort 23 Sorten Marken (cheques) in Gebrauch zum Nennwerthe von $1/_2$, 1, 2, 3, 4, 5, 6, 7, 8, 9, 10, 11 pence 1, 2, 3, 4, 5, 6, 7, 8, 9, 10 shill. und zu 20 shill. oder einem Pfund. Beim Einkaufe erhielt der Käufer so viele Marken als er Geld für die Waaren bezahlte. Am Quartalsschlusse und zwar am Tage vor der Abrechnung lieferten die Mitglieder die empfangenen Marken ein, auf Grund deren die Dividendenvertheilung erfolgte. Den Lagerhaltern war nicht gestattet für ihre Waarenbezüge Marken zu entnehmen; sie mußten dieselben vielmehr besonders verbuchen.

VIII. Ueber den Antrag

„Zur gerechten Vertheilung der Vereinslasten und Vereinsvortheile ist den Konsumvereinen zu empfehlen:

a) Der etwaige Verlust einer Geschäftsperiode ist lediglich aus den Antheilen der innerhalb derselben Periode dem Vereine angehörigen Mitglieder zu decken;

b) an den Aufwendungen für Utensilien und dauernde Geschäftsorganisationen müssen alle Rechnungsperioden tragen nach Verhältniß der Amortisation der Utensilien, beziehungsweise ihrem Antheil an den Vortheilen der Organisation"

wurde zur Tagesordnung übergegangen.

Der Antrag sollte einen späteren auf Beseitigung der Reservefonds (§.17) vorbereiten. Die Auffassung wurde heftig angefochten und die Reservefondsfrage selbst auf die Tagesordnung des nächsten Allgemeinen Vereinstages gesetzt.

X. In Erwägung daß den unter dem Genossenschaftsgesetz stehenden Vereinen die gesetzliche Verpflichtung obliegt die jährliche Bilanz nach den Grundsätzen des Deutschen Handelsgesetzbuches aufzustellen und daß allen Vereinen die Unterstellung unter die Genossenschaftsgesetze die erste dringende Pflicht ist — geht der Allgemeine Vereinstag über den Antrag

„der Allgemeine Vereinstag möge es den Genossenschaften zur Pflicht machen mindestens alljährlich einmal die Vereinsaktiven hinsichtlich ihres Zeitwerthes und ihrer Einbringlichkeit auf das Sorgfältigste zu prüfen und das Ergebniß der Prüfung zugleich mit dem jährlichen Rechenschaftsberichte zu veröffentlichen"

zur Tagesordnung über.

Es war ursprünglich beantragt der Vereinstag möge es den Genossenschaften zur Pflicht machen mindestens alljährlich einmal die Vereinsaktiven hinsichtlich ihres Zeitwerthes und ihrer Einbringlichkeit auf das sorgfältigste zu prüfen und das Ergebniß dieser Prüfung zugleich mit dem jährlichen Rechenschaftsberichte veröffentlichen zu lassen.

Durch einen Zusatzantrag sollte dieser Ausspruch auf jene Vereine beschränkt werden, welche nicht unter dem Allgemeinen Deutschen Handelsgesetzbuche stehen. Ein weiterer Zusatz wollte die Prüfung in die Hand einer aus den Mitgliedern zu wählenden Kommission legen. Dieser Antrag fand jedoch nicht die genügende Unterstützung. Endlich wurde beantragt nach dem Worte „Genossenschaften" einzuschalten „unter Hinweis auf Art. 31 des allgemeinen Deutschen Handelsgesetzbuches"

In der Verhandlung wurde von einer Seite wiederholt hervorgehoben daß alle diese Anträge nur Selbstverständliches enthalten weshalb man sich hüten solle dieselben zum Beschlusse zu erheben. Von anderer Seite aber wurde bewiesen daß es doch viele Vereine gebe, welche die fragliche Vermögensprüfung nicht vornehmen, und daß insbesonders da wo die Vorschüsse regelmässig verlängert werden eine solche Prüfung ganz unerläßlich ist weshalb es zu empfehlen sei gewöhnliche Vorschüsse unter allen Umständen nach sechs Monaten zurückzufordern, die Aussenstände im Kontokorrent aber mindestens zweimal jährlich abzuschätzen.

**XI. Die Feststellung des Geschäftsertrages sowie die Verfügung darüber, namentlich die Vertheilung des Reingewinnes durch andere Organe als durch die Generalversammlung steht weder mit dem Genossenschaftsgesetze noch mit den Grundsätzen des Handelsrechtes im Einklange und widerstreitet ganz besonders dem Wesen der Personalgenossenschaft.**

Der Antrag zu diesen Beschlüssen war veranlaßt durch Aufnahme der Bestimmung in die Statuten eines rheinischen Vereines daß die Beschlußfassung über die Gewinnvertheilung dem Verwaltungsrathe überlassen werden solle. Der Anwalt bezeichnete dies als einen Hauptfehler gegen die genossenschaftlichen Grundsätze und Widerspruch gegen Art. 28 des Gesetzes, wornach der Vorstand über seine Vorschläge zur Gewinnvertheilung der Generalversammlung Bericht zu erstatten hat also die Beschlußfassung jedenfalls dieser selbst vorbehalten bleiben muß. Der Antrag wurde einstimmig zum Beschlusse erhoben.

**XI.** (Magdeburg.) **Die Gewinnvertheilung an die Mitglieder bei Konsumvereinen, welche auf Dividende arbeiten, geschieht am füglichsten nach Verhältniß dessen, was die Einzelnen während der betreffenden Rechnungsperiode für entnommene Waare n die Vereinskasse gezahlt haben.**

**Die den Mitgliedern hienach zukommenden Dividenden werden Jedem derselben bis zu einem bestimmten Normalbetrage gutgeschrieben und in der Vereinskasse zurückbehalten; auch darf während der Dauer der Mitgliedschaft von keinem Mitgliede in irgend einer Weise darüber verfügt werden; vielmehr dienen dieselben als Geschäftsantheile zur Uebertragung etwaiger Ge-**

schäftsverluste insoweit diese nicht aus einem dazu bestimmten Reservefond gedeckt werden.

Ausserdem empfiehlt es sich durch laufende Beisteuern oder freiwillige Einlagen der Mitglieder — so lange der Verein noch nicht genug Geschäftsantheile hat — in der Vereinskasse Spareinlagen anzunehmen, welche jedoch weder bei der Gewinn- noch bei der Verlust-Vertheilung in Anschlag kommen sondern den Inhabern einfach verzinst werden und nur für das, was dieselben für ihre Person dem Vereine zu leisten haben, haften.

Der weitere Antrag zu erklären

„Erreichen die zu deckenden Geschäftsverluste nicht den Gesammtbetrag der auf die Geschäftsantheile gutgeschriebenen Summen so erfolgt die Abschreibung des Gesammtverlustes von den Antheilen der Einzelnen nach Verhältniß von deren Höhe ohne daß diejenigen Mitglieder, welche hiernach einen grösseren Abzug erleiden, sich an die Geringer-Betheiligten behufs der Ausgleichung zu hälten berechtigt sind. Uebersteigen jedoch die Verluste die Antheile so ist das zu ihrer Deckung erforderliche Mehr von allen Mitgliedern gleichmässig nach Köpfen aufzubringen"

wurde abgelehnt.

Der Gesammtantrag war von der Anwaltschaft schon am vorigen Vereinstage eingebracht und den Konsumvereinen zur Vorberathung überwiesen worden. Dabei war zuerst vorgeschlagen den ersten Satz mit den Worten zu beginnen

„Die Gewinnvertheilung an die Mitglieder bei Konsum- und Rohstoff-Vereinen geschieht am füglichsten" u. s. w.

Da der Beschluß auf dem besonderen Konsumvereins-Tage zu Magdeburg gefaßt wurde schien es zweckmässiger die Erwähnung der Rohstoffvereine wegzulassen wogegen die Einschaltung „welche auf Dividende arbeiten" Aufnahme fand.

An Stelle des zweiten Satzes wurde während der Verhandlung vorgeschlagen zu setzen

„Jedes Mitglied ist verpflichtet einen Geschäftsantheil zu erwerben. Diese Geschäftsantheile werden entweder durch Ansammelung der Dividende oder durch solche und zugleich durch mässige Monatsbeiträge gebildet, die nur so lange geleistet werden müssen bis eine bestimmte Normalhöhe erreicht ist. Während der Dauer der Mitgliedschaft darf von keinem Mitgliede in irgend einer Weise über den Geschäftsantheil verfügt werden."

Der Vorschlag wurde jedoch abgelehnt.

An Stelle des dritten Satzes war vorgeschlagen zu setzen

„Ausserdem empfiehlt sich für freiwillige Einlagen der Mitglieder eine Sparkassa einzurichten, in welche auch die Ueberschüsse der Geschäftsantheile nach Erreichung der Normalhöhe als Sparantheile der betreffenden Mitglieder überfliessen."

Derselbe wurde ebenfalls abgelehnt.

(Der Eingang dieses Absatzes hatte in dem Vorschlage der Anwaltschaft gelautet „Ausserdem empfiehlt sich durch laufende Beisteuern oder freiwillige Einlagen der Mitglieder in die Vereinskasse Garantie= oder Sparantheile derselben zu bilden, welche jedoch ꝛc.")

Von demselben Antragsteller war endlich auch zu dem abgelehnten Satze

„Erreichen die zu deckenden Geschäftsverluste nicht den gesammten Betrag ꝛc."

als Verbesserung die Fassung vorgeschlagen

„Etwaige Geschäftsverluste werden von den Mitgliedern nach Köpfen getragen."

Die nunmehrige Fassung wurde durch neuen Verbesserungsantrag eingeführt.

Die Hauptfrage drehte sich um die Betheiligung der Mitglieder an der Deckung etwa eintretender Verluste. Es schien folgerichtig nachdem die Gewinne nach dem Umsatze vertheilt werden sollten eine Einrichtung nothwendig, welche auch bei der Verlusttragung einen ähnlichen Grundsatz zu verfolgen ermöglichte. Allein praktisch war dieses Ziel nicht zu erreichen. Man hatte vorgeschlagen die Geschäftsantheile nur aus den Dividenden aufzusammeln so daß dann die Vertheilung des etwaigen Verlustes nach Geschäftsantheilen an und für sich schon den grösseren Umsatz im Vereine am schwersten belastet hätte. Allein man machte dagegen geltend daß die Aufsparungen aus früheren glücklicheren Geschäftsperioden nicht mehr in gleichem Maße herbeigezogen werden dürfen zur Deckung des Ausfalles einer später minder glücklicheren. Auf der andern Seite schien die Vertheilung nach Köpfen ebenfalls unbillig weil der kaum Eingetretene gleich sehr darunter mitleiden müßte wie der schon Jahre lang dem Vereine Angehörende während der Erstere gewiß nicht in der Lage war irgend einen Vortheil vom Vereine bisher zu geniessen oder zur Vermeidung des Verlustes etwas beizutragen. Man hielt daher diese Frage für noch nicht spruchreif und lehnte eine Beschlußfassung darüber ab.

**XII. Es ist den Vereinen des Allgemeinen Genossenschaftsverbandes zu empfehlen einen Theil ihres Reingewinnes für Volksbildungszwecke zu verwenden.**

(Näheres hierüber in §. 10 Seite 103).

**XIV.** Ueber die Bilanzaufstellung der Baugenossenschaften vergleiche man §. 42 XIV.

**XIII.** Unter Verwaltungskosten sind in Konsumvereinen diejenigen Ausgaben für den allgemeinen Betrieb der Ein- und Verkaufs-Geschäfte mit Ausschluß der Ausgaben für Emballagen der zu verkaufenden Waaren als Düten 2c. und der Zinsen für das Betriebskapital des Geschäftes zu rechnen, welche in den besonderen Branchen und Artikeln des Geschäftes eine unmittelbare Deckung nicht finden können.

Der Antrag

die auf die Emballagen bezügliche Stelle wegzulassen

wurde abgelehnt.

Der zum Beschlusse erhobene Antrag war im Interesse der vergleichenden Statistik (§. 14) gestellt, welche durch die verschiedene Auffassung des Begriffes der Unkosten sehr erschwert schien. Insbesondere wurde in der Begründung beispielsweise darauf hingewiesen daß die Kosten des Fuhrwerkes zum Waarentransporte auf den Waarenkonto, die Miethen für Bäckerlokale auf den Gebäckkonto, Holzkohlen zum Kaffeebrennen auf Kaffeetonto 2c. gebucht werden sollen.

**XIV. Es ist den Vorschußvereinen zu empfehlen die in ihrem Besitze befindlichen Werthpapiere in dem jährlich zu veröffentlichenden Abschlusse einzeln mit Angabe des Buchwerthes aufzunehmen.**

Es erschien wünschenswerth daß die Mitglieder die Ueberzeugung gewinnen können daß die Verwaltung — wenn sie überhaupt die Anschaffung von Werthpapieren nicht vermeiden will — nicht unsolide oder werthlose Papiere gekauft habe.

Man vergleiche hierüber auch §. 19 XIV.

## §. 19. Verwendung überschüssiger Betriebsmittel.

IX. Der Antrag

„den Konsumvereinen zu empfehlen unter gewissen Bedingungen überflüssige Kapitalien ihren Mitgliedern als Darlehen zu gewähren“

wurde nach kurzen Erörterungen abgelehnt.

Man vergleiche darüber §. 35.

XII. Konsumvereine haben für möglichst schnellen Umsatz ihres Betriebskapitals zu sorgen.

Alles in Waarengeschäften nicht verwendbare Kapital ist als überflüssig zu bezeichnen und beim Vorhandensein eines wirklichen Bedürfnisses und der geeigneten Kräfte zu verwerthen:

a) zur Einführung neuer gangbarer Verkaufsartikel,
b) zur Errichtung neuer Verkaufslokale,
c) zur Erwerbung des für den Geschäftsbetrieb nöthigen Grundeigenthums,
d) zur Errichtung von Bäckereien, Schlächtereien, überhaupt zur Produktion von Verkaufsartikeln.

Der ursprüngliche Antrag lautete

„Konsumvereine, die ihre mittleren Betriebskapitalien abzüglich der etwa im Grundeigenthum angelegten Gelder innerhalb eines Jahres nicht mindestens zehnmal umsetzen, haben ein zu grosses d. h. überflüssiges Betriebskapital.

Ueberflüssiges Betriebskapital ist je nach der Grösse der vorhandenen Mittel zu verwenden

a) zur Anschaffung neuer Verkaufsobjekte,
b) zur Errichtung neuer Verkaufslokale,
c) zur Erwerbung von Grundeigenthum,

d) zur Errichtung einer Großhandlung,
e) zur Errichtung von Bäckereien, Schlächtereien, überhaupt zur Produktion von Verkaufsartikeln.

Er wurde vom Antragsteller selbst dahin geändert daß der Eingang lauten sollte

„Es ist Pflicht der Vereinsleiter stets sorgfältig darüber zu wachen daß das Betriebskapital des Vereines möglichst oft umgesetzt und die Anhäufung müssiger Kassenbestände vermieden werde."

Ein Gegenvorschlag lautete

„Konsumvereine haben für möglichst schnellen Umsatz ihres Betriebskapitales zu sorgen; alles im Waarengeschäfte nicht verwendbar gewordene Kapital ist als überflüssig zu bezeichnen und zu verwerthen

a) zur Einführung neuer gangbarer Verkaufsartikel,
b) zur Errichtung neuer Verkaufslokale wenn solche Bedürfniß sind,
c) zur Erwerbung des für den Geschäftsbetrieb nothwendigen Grundeigenthums,
d) zur Errichtung von Bäckereien und Schlächtereien, überhaupt zur Produktion von Verkaufsartikeln."

Die Verhandlung führte dahin daß auch dieser Antrag von seinem Urheber in der zum Beschlusse erhobenen Form umgearbeitet wurde.

Es kam namentlich zur Betonung daß der Umsatz nicht in allen Geschäften gleich oft zu ermöglichen ist da einzelne Artikel einen rascheren, andere einen weit langsameren Umsatz bedingen und wurde zur Fernhaltung überflüssiger Kapitalien von einer Seite empfohlen die Geschäftsantheile der Mitglieder zu ermässigen und das zu viel bezahlte zurückzugeben, — vom Anwalte insbesondere auch erinnert daß zeitweise überschüssige Gelder einstweilen zinsbar angelegt werden können da die Ermässigung der Geschäftsantheile dem Grundsatze der eigenen Kapitalbildung widerspreche. Besonders wies der Anwalt auf die Nothwendigkeit hin neue Unternehmungen nicht einzuführen ohne daß man sich von der Fähigkeit der Geschäftsleiter für die neu aufgenommenen Branchen vergewissert habe.

**XIV.** In Erwägung der grossen Gefahren, womit das übermässige Angebot fremder Kapitalien die Vorschuß- und Kredit-Vereine bedroht indem es sie der Versuchung aussetzt über ihren eigentlichen Wirkungskreis hinaus in den Bereich der grossen Banken überzugreifen, dem sie weder hinsichtlich ihrer finanziellen Mittel noch hinsichtlich der zur Geschäftsführung erforderlichen Kräfte gewachsen sind, stellt der Allgemeine Vereinstag die nachfolgenden Sätze zu ernster Beherzigung auf:

1. Sobald durch einen solchen dauernden Geldandrang das Betriebskapital sich so anhäuft daß es im regelmässigen Geschäftskreise der Vereine in keiner Weise mehr Verwendung findet bleibt das altbewährte Verfahren, wornach man die Zinsen sowohl der Gläubiger wie der Schuldner (Geschäftskunden) herabsetzt und die Kündigungsfrist der ersteren verlängert, als das zur Herbeiführung des Ausgleiches zwischen Geldangebot und Geldnachfrage natürlichste Mittel immer zumeist zu empfehlen.

Nur hüte man sich bei der hiernächst vortretenden Ausbreitung des eigenen Geschäfts mittels Zunahme der Kreditgesuche in Bemessung der einzelnen Risikos über das Maß hinauszugehen, welches der Umfang der eigenen kündbaren Fonds gebietet damit nicht der Ausfall bei einem einzigen Kunden schon zum Rückgriff auf die Geschäftsantheile der Mitglieder nöthigt, was regelmässig zur Verwirrung der Finanzlage des Vereins ja zu dessen Erschütterung in seinem ganzen Bestande führt.

2. Lassen sich auf diesem Wege Bestände dieser Art nicht vermeiden so daß man zu deren anderweitiger Unterbringung sich genöthigt sieht so ist dabei mehr als auf hohen Gewinn darauf zu sehen daß dieselben jederzeit leicht realisirt, die geleisteten Zahlungen ungefährdet wieder der Vereinskasse zugeführt werden können. Andernfalls würde der Mangel an stets bereiten Baarmitteln die Vereine den schlimmsten Eventualitäten aussetzen indem in kritischen Zeiten — wie sie oft ganz unerwartet eintreten — der Abfluß der hinterlegten Gelder in weit kürzerer Frist erfolgt als es zu deren Ansammlung bedurfte.

Aus diesen Gründen ist eine solche Anlage in Wechseln erster Firmen, welche sich jeden Augenblick leicht und ohne nennenswerthe Verluste umsetzen lassen, der Anlage in Werthpapieren vorzuziehen da der Rückgang der Kurse während finanzieller Krisen selbst bei solid fundirten Papieren die Inhaber um so schwerer trifft je mehr dieselben in der Lage sind in augenblicklicher Bedrängniß um jeden Preis losschlagen zu müssen.

3. Wo man trotzdem zu zeitweisen Anlagen der Bestände in Werthpapieren sich gezwungen fühlt ist aus den eben angeführten Gründen mindestens darauf streng zu halten daß einerseits ohne Rücksicht auf hohe Gewinnverheissungen nur die solidesten Papiere unter Beirath eines zuverlässigen Bankhauses angekauft werden, andererseits der Betrag der Anlage mit den eigenen Mitteln des Vereins im angemessenen Verhältnisse steht.

Unter keinen Umständen darf aber die Spekulation in Werthpapieren in der Geschäftsthätigkeit der Vereine eine Stelle erhalten indem dieselben dadurch abgesehen von der Gefährdung der eigenen Existenz ihrer wirthschaftlichen wie ihrer sozialen Aufgabe entfremdet und in jene verwerfliche Dividenden- und Tantiemen-Hetze verwickelt würden, welche in der Sucht nach mühelosem Gewinne die sittliche Grundlage des heutigen Verkehrs so oft erschüttert hat.

4. Nach alle dem erscheint es dringend geboten daß etwaige durch Kurssteigerung gegen den Ankaufspreis solcher Papiere in einem Jahre ermöglichte Gewinne nicht mit zu den Dividenden für die Mitglieder und Tantiemen für die Vorstände u. s. w. vielmehr zur Bildung von speziellen Reserven verwendet werden um bei Verlusten durch spätere Kursrückgänge nicht die Hauptreserve oder gar die Geschäftsantheile der Mitglieder in Angriff nehmen zu müssen, worüber das Nöthige in den Vereinsstatuten und Verträgen mit den Vorständen und Beamten vorzusehen ist.

Zu Ziffer 1 erläuterte der Anwalt, von welchem die Anträge ausgingen, daß das einzelne Risiko eines Vereinsschuldners niemals den Betrag des Reservefonds überschreiten darf um nicht beim Bankerot eines Einzigen schon Gefahr zu laufen daß die Geschäftsantheile der Mitglieder in Anspruch genommen werden müssen.

Ziffer 2 und 3 stellte er hauptsächlich deshalb auf weil er wohl voraussah daß der in Ziffer 1 empfohlene Weg nicht sofort von allen Vereinen wird betreten werden. Zur Beurtheilung der Solidität eines Wechsels wurde der Beirath angesehener Bankhäuser empfohlen.

Zu Ziffer 3 war ein Unterantrag gestellt zu beschliessen

„Alle Geschäfte, welche dem Börsenspiele dienen, seien von der Thätigkeit der Vorschußvereine auszuschliessen.“

Er wurde abgelehnt weil es ungemein schwer ist beim Abschlusse eines Geschäfts auch abzusehen zu welchen Zwecken dasselbe vom Kunden unternommen wird, Personen aber, die dem Börsenspiele huldigen, — wenn dieses einmal von ihnen bekannt ist — aus dem Kundenkreise der Vereine möglichst rasch gänzlich entfernt werden sollen.

Zu Ziffer 4 hatte besonders die Wahrnehmung Veranlassung gegeben daß einzelne Vereine sehr hohe Dividenden vertheilten, wozu sie die Mittel aus dem Börsengewinne zogen während das regelmässige Geschäftserträgniß nicht die Hälfte einer solchen Dividende ermöglicht hätte. Man befürchtete aus der Wiederkehr solcher Erscheinungen Vorstände und Mitglieder in eine Tantiemen- und Dividenden-Hetze zu treiben, welche dem Vereinsleben nur schädlich werden könnte.

Man vergleiche auch §. 31 Seite 186.

## §. 20. Filialkassen, Zweig- und Konkurrenz-Vereine.

IV. Die Gründung von Filialkassen der Vorschußvereine ist zu empfehlen dergestalt jedoch daß der Uebergang derselben zu selbständigen Vereinen nicht dauernd gehindert wird.

Der von einem Vereine gestellte Antrag hatte ursprünglich gegen die Zulassung von Filialvereinen und Filialkassen gelautet weil sie dem Grundsatze der Selbsthilfe der Kreditbedürftigen am Orte nicht entsprechen. Die vorberathende Abtheilung unterschied zwischen Filial-Kassen als Durchgangspunkten zur Gründung selbständiger Vereine und den jedenfalls unzulässigen Filial-Vereinen.

XIII. Der Allgemeine Vereinstag ertheilt folgenden Grundsätzen für Errichtung von Zweigvereinen bei Kreditgenossenschaften seine Anerkennung:

1. Es widerstreitet den genossenschaftlichen Prinzipien, Zweigvereine an Orten zu errichten, wo die zur Existenz eines selbständigen Vereins erforderlichen Elemente vorhanden sind. Hiervon ausgehend ist auch da, wo man zur Begründung von Zweigvereinen schreitet, bei der Organisation Alles zu vermeiden, was die spätere Loslösung derselben vom Hauptvereine behufs ihrer selbständigen Konstituirung erschwert.

2. Unbeschadet der gesetzlich feststehenden Einheit und Untrennbarkeit des Hauptvereins und der Zweigvereine nach aussen wenn es sich um die gemeinsame Haftpflicht gegen dritte Personen aus den von jedem einzelnen der zugehörigen Vereine legal abgeschlossenen Geschäften handelt — ist innerhalb des Kreises der Vereine, in ihrem Verhältnisse untereinander, eine Theilung der Geschäfte und des Risikos einzu-

führen. Vermöge deren muß jeder Verein für Verluste bei den ihm besonders überlassenen Operationen den übrigen gegenüber zunächst aus seinen Mitteln aufkommen wogegen er aber auch den dabei erzielten Gewinn für sich behält.

Für Regelung des ganzen Verhältnisses bieten nachstehende Sätze den nöthigen Anhalt:

3. Die Ordnung und Leitung der Geschäfte des Haupt- und der Zweig-Vereine untersteht

a) dem Vorstande,
b) dem Aufsichtsrathe,
c) der Generalversammlung,

welche Organe einheitlich für sämmtliche verbundenen Vereine an dem Orte, wo der Hauptverein seinen Sitz hat, fungiren.

4. Dem Vorstande und dem Aufsichtsrathe steht die Verwaltung und Kontrole der gemeinsamen Geschäfte der verbundenen Vereine sowie die Oberaufsicht über die besondere Geschäftsführung der Zweigvereine zu und ausserdem die Verwaltung der besonderen Angelegenheiten des Hauptvereins.

Demgemäß zerfallen die Geschäfte derselben in zwei Hauptklassen.

Die erstere, das Zentralgeschäft, umfaßt

a) die gemeinsamen Angelegenheiten und Interessen der verbundenen Vereine insbesondere
b) solche Operationen, welche eine bankmässig geschulte Verwaltung voraussetzen oder ein bestimmtes Maß des Risikos überschreiten und deshalb der Beschlußnahme der Zweigvereine entzogen werden.

Die zweite Klasse von Angelegenheiten, welchen die Organe vorstehen, bildet das engere Lokalgeschäft, welches sich in den Verhältnissen eines Zweigvereins für diejenigen Vereinsglieder bewegt, die am Sitze des Hauptvereins oder in dessen nächster Umgebung wohnen.

Für beide Geschäftsgattungen ist die Buchführung behufs besonderer Verlust- und Gewinn-Berechnung getrennt zu führen, da nach Obigem bei dem Zentralgeschäft die Mitglieder sämmtlicher Zweigvereine, bei dem Lokalgeschäft nur die in dasselbe einbezirkten theilnehmen.

5. In der Generalversammlung steht allen Mit-

gliedern der verbundenen Vereine gleichmässig eine Stimme insbesondere das aktive und passive Wahlrecht zu. Sie allein wählt und entläßt Vorstand und Aufsichtsrath, setzt und ändert die Statuten, entscheidet endgiltig über Beschwerden gegen die Geschäftsführung im Haupt- wie in den Zweig-Vereinen, setzt die Gewinnvertheilung in beiden fest und beschließt über die Entlastung der Vorstände und Beamten wegen ihrer Verwaltung.

6. Den Zweigvereinen werden die einfacheren Kreditgeschäfte im Kreise ihrer Mitglieder bis zu einem gewissen Belange, die Einkassirung von deren Beisteuer auf Geschäftsantheile 2c. sowie die Annahme von Anlehen und Spareinlagen innerhalb bestimmter Grenzen übertragen, wobei sie die von der Zentralstelle zu erlassenden Instruktionen zu beachten haben.

Die Geschäftsführung bei den Zweigvereinen wird durch Beamte im Sinne des §. 30 des Genossenschaftsgesetzes vom 4. Juli 1868 geführt und deren Befugniß in Vertretung des Vereins durch Vollmacht bestimmt, welche der Vorstand ausstellt indem er in Gemeinschaft mit dem Aufsichtsrath auch diese Beamte ernennt jedoch Vorschläge darüber vom Zweigvereine entgegennimmt.

Zur lokalen Kontrole über dieselben wählen die Mitglieder der Zweigvereine eine Anzahl Vertrauensmänner aus ihrer Mitte, welche sich nach Art der Ausschüsse durch Wahl eines Bureaus konstituiren. Denselben ist die Einsicht in die Geschäfte, die Bücher und Papiere der Verwaltung sowie namentlich eine Mitwirkung bei der Kreditbewilligung zuzusichern. Die eigentliche Oberaufsicht bleibt aber bei den Organen der Zentralstelle, an welche sich die Vertrauensmänner bei vorgefundenen Anständen zu wenden haben da diesen allein das Einschreiten nebst Entlassung der Beamten zusteht.

Eine Versammlung der Mitglieder der Zweigvereine findet nur zur Wahl der Vertrauensmänner und Beschlußnahme über Einbringung von Anträgen bei der Zentralstelle Statt. Sie kann sowohl vom Vorsitzenden der Vertrauensmänner wie vom Vorstande des Hauptvereins berufen und geleitet werden und verfährt bei ihren Verhandlungen wie die Generalversammlung.

7. Die Festsetzungen über die Stellung der Zweigvereine

werden am zweckmässigsten in einem besonderen Abschnitte des Hauptstatuts getroffen und sind später als Nachtrag dazu zu behandeln.

Die Frage ob Filialvereine oder Filialkassen überhaupt zulässig und zu empfehlen sind konnte einer eigentlichen Erörterung und Beschlußfassung nicht mehr unterstellt werden weil deren an verschiedenen Orten schon ziemlich viele bestanden. Im Allgemeinen wurde anerkannt daß sie nur als Uebergang zur Bildung eigener Vereine und zur Schulung der künftigen Verwaltungsorgane einen Werth haben, daß aber das ganze Streben stets darauf gerichtet sein müsse die Bildung selbständiger Vereine an jedem Orte, an welchem sich ein Bedürfniß darnach kund gibt, zu fördern und deshalb den Uebergang von der Filiale zum selbständigen Vereine schon im Voraus überall vorzubereiten und zu erleichtern. In Bezug auf Ziffer 6 des Beschlusses bemerkte der Anwalt, von welchem der Antrag ausgegangen war, daß er hier nur Beispiele der den Beamten zu übertragenden Pflichten anführen, keineswegs eine erschöpfende Aufzählung derselben bieten wollte und daß er Beamte statt eigener Vorstände bei den Filialen empfehle weil für die ersteren die Vollmachten durch den Verein beschränkt werden können, was bei Vorstandsmitgliedern nicht der Fall ist.

**XIV. Die Errichtung von Konsumvereinen für abgeschlossene Berufsklassen ist nicht zu empfehlen.**

Der ursprüngliche Antrag lautete:

„Die Errichtung mehrerer Konsumvereine an einem und demselben Orte — grosse Städte ausgeschlossen — und ebenso die Errichtung von Konsumvereinen für abgeschlossene Berufsklassen ist nicht zu empfehlen."

Der erste Theil wurde abgelehnt weil man auch grosse Städte nicht glaubte ausnehmen zu dürfen, übrigens immerhin in einzelnen Fällen die Errichtung neuer Vereine nothwendig erscheinen dürfte wenn der bereits bestehende ungenügend oder nach falschen Grundsätzen geleitet wird und eine Abhilfe nicht erreichbar erscheint.

## §. 21. Verkehr mit Nichtmitgliedern

### a. bei Kreditvereinen

**III.** Der Antrag auszusprechen

„Der Vereinstag betrachtet die Frage der Beleihung von Vorschüssen an Nichtmitglieder zunächst als offen, erklärt es aber in jedem Falle für geboten und selbstverständlich das Bedürfniß der Mitglieder vor Allem im Auge zu haben und sie im Zinsfusse gegen Nichtmitglieder niemals zu benachtheiligen"

wurde abgelehnt,

über den Antrag auszusprechen

„Der Vereinstag hält es für nothwendig Vorschüsse nur den Mitgliedern der Vorschußvereine zu gewähren"

Tagesordnung beschlossen.

Man anerkannte daß durch die Gewährung von Vorschüssen an Nichtmitglieder der Grundsatz der Selbsthilfe verschoben wird, daß aber bei sehr grossem Kapitalszuflusse die Vereine immerhin in die Lage kommen könnten mit Vortheil auch dem Kreditbedürfnisse anderer Personen als der Mitglieder Genüge zu leisten weil es keinenfalls rathsam wäre solchen Zufluß abzuweisen und damit in fremde Bahnen zu leiten, — führte aber auch das Interesse der Vereine an der Wahrung ihrer Mitgliederzahl, die Zinsbeschränkung durch die Wuchergesetze, die Besteuerung rc. als Gegengründe wider die erwähnte Geschäftsausdehnung auf.

Man vergl. §. 15.

**XII. Es ist den Vorschußvereinen im Allgemeinen nicht anzurathen die Kreditgewährung auch auf Nichtmitglieder auszudehnen.**

Die beantragten Zusätze

„wodurch nicht ausgeschlossen ist mit denselben Geschäfte zu machen" und

„wenn nicht der einzelne Verein, welcher sich dazu entschließt, die erforderliche bankmässige Entwickelung hinter sich hat"

wurde abgelehnt.

Die beiden Worte „im Allgemeinen" wurden erst durch Verbesserungsantrag in den Beschluß aufgenommen. Die Kreditgewährung an Nichtmitglieder wurde von allen Seiten als das genossenschaftliche Prinzip verletzend anerkannt; dagegen wurde betont daß es nicht ausgeschlossen werden soll den Nichtmitgliedern zu diskontiren oder für Rechnung derselben Effekten zu kaufen oder zu verkaufen. Beispielsweise wurde eines Vereins erwähnt, welcher in ganz unverantwortlicher Weise die unbemittelten Gewerbetreibenden ausbeutete und dadurch die Genossenschaften in Mißkredit brachte, obwohl er 32 Prozent Dividende zu vertheilen vermochte.

### b. bei Konsumvereinen

**VII. Der Verkauf an Nichtmitglieder vermehrt zwar den Umsatz, erhöht aber jedenfalls das Risiko der einzelnen Mitglieder und setzt eine vorzügliche Geschäftsleitung voraus.**

Die Anschauungen über den Verkauf an Nichtmitglieder waren getheilt; sie neigten zwar fühlbar gegen denselben, doch waren die Gegengründe nicht so schwerwiegend daß man darauf einen warnenden Beschluß glaubte stützen zu können. Beachtenswerth ist die Erinnerung des Referenten daß sich durch den Verkauf an Nichtmitglieder die Vereine unter die Reihe der öffentlichen Verkäufer stellen und den desfallsigen Obliegenheiten nicht allein in Bezug auf die Steuern sondern auch in Bezug auf polizeiliche Vorschriften (Maß und Gewicht, Ausschank geistiger Getränke 2c.) zu genügen haben.

**IX. Es ist den Konsumvereinen — soweit sie zu Tagespreisen verkaufen — zu empfehlen auch an Nichtmitglieder zu verkaufen vorausgesetzt daß die Geschäftsleitung ausreichend entwickelt ist.**

Der Zwischensatz „soweit sie zu Tagespreisen verkaufen" wurde erst im Laufe der Verhandlung eingeschaltet weil es nicht thunlich erschien für Mitglieder und Nichtmitglieder verschiedene Preise einzuführen, ebensowenig aber auch die Nichtmitglieder an den nur durch das gemeinsame Risiko ermöglichten billigeren Preisen theilnehmen zu lassen.

Im ursprünglichen Abtheilungsantrage war die weitere Bedingung angefügt daß die an Nichtmitglieder verkaufenden Vereine vierteljährlich abschliessen sollen. Dieselbe wurde bei der Beschlußfassung gestrichen. (So der Originalbericht über den IX. Allgem. Vereinstag. In dem Schulze'schen Buche „die Entwickelung des Genossenschaftswesens in Deutschland" ist dieser Abstrich nicht erwähnt.) Er wurde auch nicht besonders begründet, wohl aber war für den ursprünglichen Ansatz geltend gemacht daß damit die unerläßliche Geschäftsübersicht gefördert wird.

Ein Gegenantrag zu sagen

„Der Vereinstag hält es für bedenklich den Deutschen Konsumvereinen den Verkauf an Nichtmitglieder zur Zeit zu empfehlen"

wurde abgelehnt.

Im Ganzen theilten sich die Stimmen für und wider den erwähnten Verkauf und wurde die Frage mit Recht als eine praktische bezeichnet, deren Lösung heute so morgen anders zweckmässig sein kann. Von der einen Seite betonte man die Nothwendigkeit eines raschen und gesteigerten Absatzes um die Konkurrenz auszuhalten und die Waare nicht dem Verderben auszusetzen, — von der andern (worunter der Anwalt) das erhöhte Risiko, die Unmöglichkeit die Kundschaft zu überschauen und demnach den Waarenbedarf richtig zu bemessen, die mancherlei Unterschleife die mit den Dividendenmarken getrieben werden können.

**X. Für Vereine, welche eine grössere Ausdehnung gewonnen haben, beispielsweise mehrere Lagerstellen besitzen und zu Tagespreisen verkaufen, empfiehlt es sich schon aus dem Grunde an Nichtmitglieder zu verkaufen weil die Lagerhalter ausser Stande sind die zum Verkaufe berechtigten Personen zu kennen und dadurch zur Uebertretung sowohl der Staatsgesetze als der Statuten veranlaßt werden.**

Die Worte „und zu Tagespreisen verkaufen" wurden durch Zusatzantrag eingefügt, zu dessen Gunsten ein anderer Zusatzantrag

„und auf Dividende arbeiten"

zurückgezogen wurde.

Die Redner für den Antrag wiesen auf das Beispiel der Englischen Konsumvereine hin, welche vom Beginn ihrer Thätigkeit an an Nichtmitglieder verkauften, was freilich der Anwalt aus den vielfachen Fälschungen erklärte, welchen in englischen Fabriksbezirken die

Lebensmittel unterworfen werden, — andererseits auf die thatsächliche Wahrnehmung daß auch in Vereinen, welche satzungsgemäß nur an Mitglieder Waaren abgeben, die Nichtmitglieder durch Verbindung mit Mitgliedern sich Waaren aus den Vereinen zu verschaffen wissen, also der Zweck einer solchen Statutenbestimmung doch nicht genau erfüllt wird.

Von allen Seiten wurde anerkannt daß die Aussprüche des neunten Vereinstages durch diese neuen Beschlüsse in keiner Weise abgeschwächt werden sollten und daß die letzteren nur von grösseren, ausreichend entwickelten Vereinen zu gelten haben.

XI. In Erwägung daß über die Betheiligung der Nichtmitglieder am Reingewinn noch zu wenig praktische Erfahrungen vorliegen beschließt der Vereinstag die Anwaltschaft zu ersuchen weitere Ermittelungen einzuziehen.

Es war ursprünglich beantragt zu sagen

„In Erwägung daß bei Konsumvereinen, welche an Jedermann verkaufen, die Betheiligung der Nichtmitglieder am Reingewinne des Waarengeschäftes neben andern Vortheilen insbesondere den gewährt den Umsatz zu steigern, daß aber mit dieser Einrichtung andererseits Nachtheile verbunden sind z. B. die Buchführung dadurch erschwert wird, beschließt der Vereinstag

alle Konsumvereine, welche die Dividendengewährung an Nichtmitglieder eingeführt haben, aufzufordern ihre Erfahrungen der Anwaltschaft zur Veröffentlichung in den Blättern für Genossenschaftswesen mitzutheilen und die Dividendengewährung an Nichtmitglieder auf die Tagesordnung des nächsten Vereinstages zu setzen."

Hauptsächlich der Umstand daß keiner oder nur sehr wenige Vereine bekannt waren, von welchen der gewünschte Aufschluß zu erlangen gewesen wäre, ließ den zum Beschlusse erhobenen Verbesserungsantrag als zweckmässig erscheinen.

Mit demselben war zugleich ein im nächsten Punkte der Tagesordnung eingebrachter Antrag erledigt, welcher lautete:

„Die Anwaltschaft ist zu ersuchen eine Auseinandersetzung darüber zu veröffentlichen inwieweit der Waarenverkauf an Nichtmitglieder sich allgemein auch in Bezug auf die Steuerverhältnisse empfehlen läßt."

XI. Den Konsumvereinen, welche nicht auf Dividende arbeiten

sondern möglichst billig verkaufen, ist nicht zu empfehlen zum Verkaufe an Nichtmitglieder überzugehen.

Es wurde von einer Seite darauf hingewiesen daß die Vereine hauptsächlich allgemeine wirthschaftliche Zwecke im Auge haben und also gemeinnützige Institute sind, daß also auch solche, welche zu den möglichst billigen Preisen verkaufen, ihre Waaren zu diesen Preisen an Nichtmitglieder abgeben können um der Allgemeinheit zu nützen und den Kosten des Zwischenhandels zu steuern und daß den Mitgliedern durch etwas höhere Verzinsung ihrer Geschäftsantheile entsprechende Schadloshaltung gesichert werden sollte.

Der Anwalt wies dagegen darauf hin daß diese höhere Verzinsung doch wieder nichts sei als eine Dividendengewährung auf die Geschäftsantheile statt auf den Konsum, wie er schon wiederholt als der einzig richtige Maßstab für die Gewinnvertheilung bezeichnet worden war.

## §. 22. Versicherungswesen.

III. Von Seiten einer Feuerversicherungsgesellschaft war an den Vereinstag ein Assekuranzanerbieten eingekommen.

Der Vereinstag nahm lediglich Kenntniß davon und der Bericht sagt:

Man war einverstanden daß diejenigen Vereine, welche geneigt sind sowohl wegen Mobiliarfeuer- als wegen Lebens- oder Renten-Versicherung für ihre Mitglieder zur Erlangung vortheilhafterer Bedingungen als es den Einzelnen gegenwärtig möglich ist mit einer der betreffenden Versicherungsgesellschaften zu unterhandeln, sich an das Zentralbureau wenden mögen, welches sich dann in der Lage befindet noch mit anderen Gesellschaften in Verbindung zu treten.

**XIV. Der Allgemeine Vereinstag erklärt es für wünschenswerth und zweckmässig daß den Beamten der Genossenschaften Gelegenheit geboten werde zum Eintritt in eine Lebens- Invaliditäts- oder Renten-Versicherung um für sich und ihre Hinterbliebenen zu sorgen und beauftragt die Anwaltschaft unter Beirath einer Kommission von fünf Mitgliedern sich mit derartigen Instituten in Verbindung zu setzen.**

Ursprünglich war der Antrag auf die Tagesordnung gesetzt:

„Der Allgemeine Vereinstag erklärt die Errichtung einer Pensions- Wittwen- und Waisen-Kassa für besoldete Beamte und Bedienstete der Erwerbs- und Wirthschafts-Genossenschaften für wünschenswerth und zweckmässig und beauftragt die Anwaltschaft die zu dem Behufe erforderlichen statistischen Erhebungen zu veranstalten."

Die Gründung einer eigenen Kasse zeigte sich jedoch sehr bald als unausführbar da die Zahl der Beamten eine zu geringe zu einer solchen Unternehmung ist und unter den Mitgliedern der Versammlung auch keineswegs Uebereinstimmung über den Werth solcher Kassen herrschte.

Im Laufe der Verhandlungen wurde der weitere Antrag eingebracht:

„Der Allgemeine Vereinstag erklärt es für Pflicht und Ehrensache der Erwerbs- und Wirthschafts-Genossenschaften ihre Beamten bei der Anstellung zur Theilnahme an einer Pensions- Wittwen- und Waisen-Kasse zu verpflichten und ihnen durch Erhöhung des Gehaltes beziehungsweise durch eine Entschädigung aus dem Reingewinne diese Theilnahme zu erleichtern.

Derselbe wurde abgelehnt.

Die Wahl der im Beschlusse erwähnten Kommission ist bereits im ersten Theile dieser Schrift erwähnt.

XV. Die im Vorjahre gehegten Erwartungen hatten sich nicht erfüllt. Nur 23 Beamte meldeten sich in dem weiten Kreise der Genossenschaften zur Versicherung, dagegen zeigte sich seitens der Versicherungsgesellschaften ein sehr freundliches Entgegenkommen. Es wurde deshalb vom Engeren Ausschusse bestimmt die weiteren Verhandlungen lediglich den Unterverbänden zu überlassen.

## C. Besondere Angelegenheiten der Vorschuß- und Kredit-Vereine.

(Der Inhalt der §§. 9—22 ist zum größten Theile auch hierher zu beziehen.)

### §. 23. Musterstatuten der Vorschußvereine.

Dieselben wurden am IX. Allgemeinen Vereinstage berathen und genehmigt. Die wichtigsten Sätze aus der Berathung sind bei den einzelnen Paragraphen mitgetheilt insbesondere bei §§. 13, 24 und 25.

Das Statut selbst ist abgedruckt in der Schrift Schulzes

„Neue vollständige Anweisung für Vorschuß- und Kredit-Vereine. — Leipzig, Ernst Keil, 1870"

die sich hoffentlich in den Händen aller Vereine befindet weshalb von einem Wiederabdrucke Umgang genommen wird, der sich auch schon mit Rücksicht auf den Umfang dieser Schrift verbieten würde.

## §. 24. Mitgliedschaft.

IV. Der Vereinstag empfiehlt den Vorschußkassen ihre Einrichtungen nicht ausschliessend dem Bedürfnisse der unbemittelten Handwerker und Arbeiter anzupassen, vielmehr die Betheiligung des städtischen Mittelstandes sowie der benachbarten Landbewohner anzustreben.

VI. Der Vereinstag empfiehlt den Vorschuß- und Kredit-Vereinen folgende Bestimmungen in ihre Statuten aufzunehmen:

a) Der Austritt aus dem Vereine ist den Mitgliedern überhaupt nur am Schlusse des Geschäftsjahres gestattet und auch dann nur nach mindestens 4—6 Monate vorausgegangener schriftlicher Kündung.

Sein Guthaben (Geschäftsantheil) an die Vereinskasse wird dem Ausscheidenden erst nach Prüfung und Genehmigung der Jahresrechnung seitens der Generalversammlung, jedoch nicht später als sechs Monate nach dem Jahresschlusse ausgezahlt.

b) Im Falle des Todes eines Mitgliedes scheiden die Erben am Schlusse des Jahres, worin der Tod erfolgte, von selbst ohne weitere Kündung aus.

c) Die Ausschliessung eines Mitgliedes endet dessen Mitgliedschaft sofort nach geschehener Beschlußfassung.

In den beiden letzteren Fällen erfolgt die Auszahlung des Guthabens (Geschäftsantheils) ebenfalls erst binnen der unter a. bestimmten Frist.

Die Bestimmung des vielfach mustergebenden Delitzscher Statuts, wonach die Mitgliedschaft am ersten Tage des auf die Kündung folgenden Monats endete und gleichzeitig die Einlagen rückbezahlt wurden, hatte sich im Interesse der Erhaltung des Betriebskapitales als unzweckmässig erwiesen.

Von mehreren Seiten war gegenüber dem neuen Vorschlage der Wunsch ausgesprochen den Ausschuß zur ausnahmsweisen Bewilligung früherer Auszahlungen zu ermächtigen. Auf den nachdrücklichen Einspruch des Anwaltes, der dafür empfahl besonders dringliche Fälle der nächsten Generalversammlung zur Entscheidung vorzulegen, wurde ein dem erwähnten Wunsche entsprechender Zusatzantrag abgelehnt.

**VIII. Die Zulassung der Mitgliedschaft in mehreren auf dem Prinzipe der Solidarhaft beruhenden Kredit-Vereinen ist nicht zu empfehlen.**

Die Anträge zu sagen

„Es ist zulässig daß ein Vorschußvereins-Mitglied noch einem andern Vorschuß-Vereine angehört, doch muß ein solches Mitglied dies den betreffenden Ausschüssen bei seiner Meldung und bezw. nach seiner Aufnahme anzeigen widrigenfalls seine Ausstossung zu beschliessen ist"

dann

„Es sind in das Vereinsstatut folgende Bestimmungen aufzunehmen

a) Mitglied des Vereins kann nicht sein, wer bereits einem anderen Vorschuß- oder Kredit-Vereine angehört;

b) der Ausschluß aus dem Vereine erfolgt wenn ein Mitglied einem andern Vorschuß- oder Kredit-Vereine sich anschließt;

c) zur Kontrole dieser Statutenbestimmung haben die benachbarten Vereine viertel- oder wenigstens halbjährig Verzeichnisse ihrer auswärtigen Mitglieder auszutauschen und bei Aufnahme eines Mitglieds aus einem Orte, in welchem bereits ein Vorschußverein besteht, ein Zeugniß des Vorstandes über die Nichtmitgliedschaft in demselben zu fordern"

ferner

„Es ist — wenn auch nicht durchaus unzulässig — doch nicht förderlich daß Jemand zwei Vorschußvereinen zugleich angehöre.

Es ist deshalb mindestens zu verlangen daß wenn ein Mitglied in einen zweiten Verein treten will es den Ausschüssen beider Vereine die Anzeige seiner doppelten Mitgliedschaft bei seiner Meldung bezw. Aufnahme in den zweiten Verein macht und daß ein Unterlassen dieser Anzeige die Entfernung aus dem zweiten Vereine nach sich ziehe"

wurden abgelehnt.

Der Antrag

„den Vereinen zu empfehlen

1. in ihr Statut die Bestimmung aufzunehmen

a) Nur mit besonderer ausdrücklicher Genehmigung des Ausschusses darf Jemand Mitglied zweier Vereine sein;

b) Verheimlichung der doppelten Mitgliedschaft zieht unbedingt den Ausschluß nach sich.

c) Wer zwei Vereinen angehört muß zuvor — wenn er einen Vorschuß begehrt — ein Zeugniß des andern Vereins über seine Verpflichtungen beibringen —

2. mit ihren Nachbar-Vereinen jährlich Mitglieder-Verzeichnisse und vierteljährlich Ab- und Zugangslisten auszutauschen"

dann

„Es wird den Vereinen empfohlen denjenigen Mitgliedern, welche mehreren Vorschußvereinen angehören, keinerlei Kredit zu gewähren"

fanden gar nicht die nöthige Unterstützung.

Es war mehrfach vorgekommen daß durch den Eintritt in mehrere Vereine sich Mitglieder Kredit über Gebühr verschafften; dem sollte durch die verschiedenen Anträge vorgebeugt werden. Schließlich drang die Ueberzeugung durch es genüge die Mitgliedschaft in mehreren Vereinen als unzulässig zu bezeichnen und sei den Vereinen selbst zu überlassen sich gegen Zuwiderhandlungen genügend zu schützen.

VIII. Ueber die Heranziehung der ländlichen Bevölkerung zu den Vorschußvereinen wurde aus Gotha berichtet daß man in den einzelnen Orten Lokalausschüsse von wohlhabenden, gemeinsinnigen Männern bildete (wenn dieselben auch Anfangs nicht Mitglieder waren), welche über die Kreditfähigkeit der Mitglieder und Bürgen aus ihren Orten mit Stimmzetteln abstimmten während die Entscheidung über die Vorschußbewilligung dem Vereine in Gotha vorbehalten blieb. Die Vorschüsse durften nicht als Anlagekapital zu Meliorationen in Grund und Boden verwendet werden. Es war dadurch vorzüglich gelungen die kleinen Bauern dem Wucher der Viehhändler zu entziehen.

IX. Ein Antrag für die Musterstatuten den Satz zu empfehlen

„Es ist zulässig daß die Wittwe eines verstorbenen Mitgliedes dessen Mitgliedschaft fortsetzt so lange sie sich nicht wieder verheirathet"

wurde verworfen nachdem der Anwalt dargethan hatte daß der Geschäftsantheil zur Erbmasse gehört und in vielen Fällen insbesondere bei der Betheiligung von Minderjährigen dem Vereine nicht verbleiben kann.

---

## §. 25. Kreditgewährung im Allgemeinen.

Bürgschafts-Sistem und Belehnung der Geschäftsantheile.

I. In Rücksicht möglichster Vorsicht und Sicherung ist bei Gewährung von Vorschüssen das unbedingte Bürgschaftssistem im Allgemeinen vor dem des Personalkredits ohne Sicherstellung vorzugsweise zu empfehlen, jedoch auch dem letzteren je nach örtlichen Bedürfnissen seine Berechtigung nicht abzusprechen vielmehr auf den moralischen Werth des Vorschußnehmers ein hauptsächliches Gewicht zu legen.

Bei Handhabung des Bürgschaftssistems ist auf möglichste Schonung des Bürgen Rücksicht zu nehmen sobald nicht besondere dringliche Umstände eine Ausnahme bedingen.

Andere gute Sicherheiten wie Pfänder, Werthpapiere, Kautionshipotheken sind durch Annahme des Bürgschaftssistems nicht ausgeschlossen.

Die Diskontirung der Buchforderungen der Gewerbetreibenden an ihre Kunden wie diese Einrichtung in Gotha besteht wird den Vereinen zur Erwägung und thunlichen Berücksichtigung empfohlen insofern nicht — wo die Verhältnisse eine grössere Diskretion erfordern — dasselbe durch eine Verbürgung des Kunden und Arbeitgebers für den vorschußsuchenden Lieferanten erreicht werden kann.

Unter Kautionshipotheken war eine allgemeine Kaution für den ganzen laufenden Verkehr des Mitgliedes mit dem Vereine bis auf eine gewisse Höhe verstanden um die Eröffnung und

Löschung von Spezialhipotheken für jede Einzelnforderung zu ersparen.

Dabei wurde unter Anderem auch empfohlen daß sich die Vorschußwerber Bürgen dadurch gewinnen daß sie denselben die Schadloshaltung hipothekarisch sicherten. In solchem Falle hatte der Verein sachgemäß sich zunächst an den Bürgen zu halten, der dann im Rückanspruch die Hipothek zur Geltung brachte.

Im Uebrigen empfahl Schulze sehr nachdrücklich das Festhalten am Bürgschaftssistem und die Führung einer Kreditfähigkeitsliste für jedes Mitglied.

II. Der Vereinstag empfiehlt die Vermeidung von Spezial-Hipotheken zur Sicherung von gegebenen Vorschüssen als höchst bedenklich und allenfalls nur die Anwendung von Kautions-Hipotheken für laufenden Kredit.

Die Warnung vor der hipothekarischen Sicherung beruht auf der grundsätzlichen Verschiedenheit zwischen Personal- und Real-Kredit und auf der Schwierigkeit und Langwierigkeit der zwangsweisen Beitreibung hipothezirter Forderungen. Im Allgemeinen ist der Beschluß nur eine Bekräftigung der im Vorjahre ausgesprochenen Anschauungen.

IV. Ueber den Antrag

„bei Vorschüssen von geringem Betrage den Mitgliedern nur dann Beibringung eines Bürgen oder sonstige Sicherstellung anzusinnen wenn die Verhältnisse des Ansuchenden Vorsicht erheischen"

wurde Tagesordnung beschlossen weil der Kern des Antrages bereits in dem Beschlusse des ersten Vereinstages ausgesprochen ist.

Ueber die Bürgschaft durch Ausschußmitglieder vergleiche man §. 13 Seite 118.

Die Guthabenbelehnung wurde sehr eingehend bei Erörterung des Musterstatutes für Vorschußvereine besprochen, der von einer Seite empfohlene gänzliche Ausschluß derselben wurde vielfach bekämpft und als die Grundlage zum Ruine der Vereine bezeichnet. Die Empfehlung gründete auf der Anschauung daß die Guthaben das eigentliche Garantie- und Betriebs-Kapital der Vereine bilden, daß aber in Zeiten der Gefahr die Mitglieder nur zu leicht der Versuchung unterliegen ihr Guthaben in Form von Vorschüssen zurückzuziehen und daß demgemäß die Belehnung derselben um so bedenklicher wird je höhere Summen die Guthaben darstellen, endlich daß die Solidarhaft vorzugsweise den Gläubiger des Vereines vor Verlusten schützt aber eine Sicherheit dagegen nicht bietet daß der Verein selbst bei kritischen Zeiten durch Entziehung seiner Betriebsmittel in Konkurs geräth.

**XI. Es wird den Vereinen dringend widerrathen die Guthabenbeleihung einzuführen, dagegen da wo sie bereits besteht empfohlen sie zum mindesten allmälig in angemessenen Raten abzuschaffen.**

Der Antrag war von der Anwaltschaft eingebracht. Ein Abänderungsantrag, der lautete

„Ein Recht auf Belehnung des Guthabens besteht nicht — doch kann dasselbe bis zur Höhe von 100 Gulden beliehen werden wenn die Verwaltung den Nachsuchenden für diesen Betrag zahlungsfähig hält"

fand nicht die ausreichende Unterstützung.

Ein anderer Zusatzantrag lautete dahin

daß die Bestimmung der meisten Statuten, wornach die Verpfändung, Zession oder sonstige Belastung untersagt und dem Vereine gegenüber für unverbindlich erklärt ist, für unwirksam bezeichnet und deshalb gestrichen werden sollte.

Der Antragsteller hielt die Eigenthumsbeschränkung, welche in dieser Bestimmung liegt, im Zusammenhalte mit der Aufhebung der Guthabenbelehnung für zu belästigend.

Der Zusatz wurde jedoch abgelehnt nachdem der Anwalt und andere Redner dargelegt hatten daß die Lombardirung eines Geschäftsantheiles einer Aufhebung desselben dem Vereine gegenüber und damit der Auflösung der Mitgliedschaft gleichkäme.

Für den zum Beschlusse erhobenen Antrag wurde vorzugsweise betont daß die Geschäftsantheile den Betriebsfond bilden, dessen allmälige Steigerung unbedingt erforderlich ist und der nicht geschwächt werden darf dadurch daß er in Form der Belehnung ganz oder zum Theile wieder aus dem Geschäfte zurückgezogen wird, der ferner den Gläubigern des Vereines zunächst haftet und deshalb nicht gleichzeitig für die Forderungen des Vereines an seine Mitglieder Haftobjekt sein kann, der in den Bilanzen als eigener Fond in seiner ganzen Ziffer ausgewiesen wird, die sich somit als trüglich darstellen wenn ein Theil davon durch die Belehnung wieder dem Geschäfte entzogen wird.

Einzelnen Mitgliedern ging der Antrag der Anwaltschaft auf Beschränkung der Guthabenbelehnung nicht weit genug da sie die gänzliche Aufhebung derselben für nothwendig erachteten. Vereine, welche diese bereits durchgeführt hatten, sprachen sich unumwunden darüber aus daß sie ihnen keinerlei nachtheilige Folgen sondern nur Klarheit und Vortheil gebracht habe.

Wegen der Kreditgewährung an Nichtmitglieder vergleiche man §. 21 Seite 153 f.

## §. 26. Bankkredit.

In Bezug auf die Gewährung von Bankkredit durch die Vorschußvereine an andere Genossenschaften vergleiche man §. 11 VII und XV.

VIII. Es ist den Vorschuß- und Kredit-Vereinen zu empfehlen sich des Bankkredits einschließlich des bei anderen Vereinen ihrer Art nachzusuchenden nur mit äusserster Zurückhaltung und nur für Fälle ausserordentlichen und vorübergehenden Bedürfnisses, nicht aber zur dauernden Verstärkung ihres Betriebsfondes zu bedienen, vielmehr ihren Geschäftsumfang im angemessenen Verhältnisse mit der Kapitalansammlung der Mitglieder sowie mit den ihnen aus ihrem nächsten Umkreise zu Gebote stehenden Zuflüssen an Anlehen und Spareinlagen von Privaten zu halten.

Der zu Grunde liegende Antrag war eine Folge der Kriegsereignisse und der durch sie bedingten geschäftlichen Krisis und eine Konsequenz der Beschlüsse früherer Vereinstage, die eigenen Gelder nur auf kurze Frist und nie zu dauerndem Betriebsfond an die Mitglieder auszuleihen. Man betonte die Erfahrung daß Banken und andere Vereine gerade in Zeiten der Krisis am rascheſten ihre Ausstände künden.

Schulze erklärte er verstehe unter den Fällen „ausserordentlichen und vorübergehenden Bedürfnisses“ nicht Geldkrisen überhaupt sondern die Zeit eines Zahlungstermines oder eines augenblicklichen, bald wieder zu beseitigenden Nothstandes.

Im ursprünglichen Antrage der Anwaltschaft lautete der Antrag „den 2c. Vereinen sobald sie die ersten Stadien der Entwicklung hinter sich haben“;

Diese Worte wurden gestrichen um die Vereine nicht im Anfange in falsche Bahnen zu leiten.

## §. 27. Kontokorrent- Diskonto- und Wechsel-Verkehr.

IV. Der Vereinstag empfiehlt den grösseren Vorschuß- und Kredit-Vereinen die möglichst umfängliche und liberale Gewährung von laufenden Konten an diejenigen Vereinsmitglieder, deren Geschäftsbetrieb einen einigermassen umfänglichen Geldverkehr bedingt.

Bei Verwilligung von Konto-Korrenten ist zur Verhütung der Gefahr daß grössere Summen von den Inhabern der laufenden Rechnungen eingezahlt werden als im Bankgeschäfte Verwendung finden können zu empfehlen daß der Zinsfuß für diese Einlagen niedriger gestellt werde als für Spareinlagen.

Der ursprüngliche Antrag beschränkte sich auf den ersten Satz. Auch dieser ging von der Voraussetzung aus daß bei Gewährung laufender Rechnung stets eine vollständige reale Sicherheitsstellung durch Erlegung von Werthpapieren oder Pfand geboten wird. Schulze befürwortete Generalbürgschaft auf gewisse Zeit und Festsetzung eines Höchstbetrages, höheren Zins als der Verein gibt und Provision.

IV. Der Vereinstag empfiehlt den Vorschußkassen zur Diskontirung von Wechseln sowie zur Beleihung von Effekten, welche keinen Börsenkurs haben, erst dann überzugehen wenn mindestens ein kaufmännisch und ein juristisch gebildetes Mitglied bei der Verwaltung betheiligt ist.

VI. Der Vereinstag empfiehlt den Vereinen soweit als möglich für den gegenseitigen Geschäftsverkehr die Form der Konto-Korrente einzuführen.

Dieser Beschluß war eine nothwendige Folgerung des durch das organische Statut den Verbandsvereinen zur Pflicht gemachten gegenseitigen Inkassos. (§. 30.)

VII. Den Vorschußvereinen wird empfohlen

a) die Wechselform für die Verbriefung der gewährten Vorschüsse überall einzuführen;

b) als Regel die Form des trockenen Wechsels mit bestimmt ausgedrückten Fälligkeitsterminen anzunehmen, wo der Schuldner als Aussteller, der Kassirer des Vereins als Empfangsberechtigter erscheint und der Bürge unter Hinzufügung des Charakters „als Bürge" den Wechsel unterschreibt;

c) in Fällen wo man in Folge lokaler Verhältnisse beabsichtigt im Falle des Geldbedürfnisses den Wechsel vor der Verfallszeit durch Verkauf (weiteres Diskontiren) zu Gelde zu machen — den gezogenen Wechsel in der Form anzuwenden daß der Vorschußempfänger als Bezogener und Acceptant, der Bürge als Aussteller auf dem Wechsel erscheint.

Der Zusatzantrag

„neben dem Wechsel zur Feststellung des demselben zu Grunde liegenden Rechtsverhältnisses und zum Kassenbelege noch ein besonderes Bekenntniß über den Empfang des Darlehens von dem Vorschußnehmer ausstellen zu lassen"

wurde abgelehnt.

Die Form des Wechsels wurde hauptsächlich mit Rücksicht auf die raschere Durchführung einer etwa nothwendig gewordenen Klage und die geringeren Kosten für Stempel und Bürgschaft empfohlen.

X. Der Kontokorrent-Verkehr ist zwar für die Mitglieder der Vorschußvereine in vielen Fällen die vortheilhafteste und bequemste Form der Geschäftsverbindung mit denselben und deshalb wo ein wirkliches Bedürfniß darnach besteht und die nothwendigen Voraussetzungen vorhanden sind, insbesondere auf einen regelmässigen Umschlag gerechnet werden kann, möglichst zu erleichtern; diese Verkehrsform ist aber für manche Vereinskassen in manchen Beziehungen nachtheilig und bedenklich und deshalb nicht weiter auszudehnen als die Geldverhältnisse des betreffenden Vereines es gestatten. *)

*) Die Worte „als es das Bedürfniß erheischt" wurden gestrichen.

Die Höhe des in laufender Rechnung im Ganzen bewilligten Kredits sowie der Höchstbetrag der einzelnen Kreditbewilligungen müssen zu dem eigenen Vermögen des Vereines in angemessenem Verhältnisse stehen und es dürfen fremde Gelder nur unter ganz besonderen Vorsichtsmaßregeln verwendet werden um dem in laufender Rechnung gewährten Kredit zu genügen.

Wenn der Gesammtkredit, der in laufender Rechnung bewilligt wird, das eigene Vermögen des Vereines übersteigt muß nicht blos selbstverständlich die Regel befolgt werden daß man seinen Mitgliedern nicht auf längere Zeit Kredit gewährt als man selbst von seinen Gläubigern genießt sondern es können sich die Vereine nur dadurch gegen jede Gefahr schützen daß sie einestheils die für den Kontokorrent-Verkehr zu verwendenden fremden Gelder oder doch einen beträchtlichen Theil derselben nur mit längerer Kündungsfrist aufnehmen, anderntheils aber sich vorbehalten die Kreditbewilligungen jederzeit zurückzuziehen und die auf Grund derselben bezogenen Gelder nach Ablauf einer ganz kurzen Kündungsfrist zurückzuverlangen.

In den Fällen, in welchen ein Mitglied ohne Kredit zu beanspruchen mit dem Vereine in laufende Rechnung treten will, ist der Höchstbetrag der Summe, welche der Verein als Einlage annimmt, in jedem einzelnen Falle durch die Vereinsverwaltung festzusetzen.

Ein Zusatz zum vorletzten Satze

„Am meisten empfiehlt sich den Kunden die Bedingung zu stellen daß der eingeräumte Kredit mindestens viermal im Jahre umgesetzt werden muß"

wurde nicht ausreichend unterstützt.

Ebenso wenig der Zusatz-Antrag zum ersten Satze

„Hiebei ist besonders darauf zu achten ob auf einen regelmässigen Umsatz gerechnet werden kann. Ebenso muß die Gelegenheit vorhanden sein die mit Rücksicht darauf sich ansummenden Geldbestände in der Vereinskasse nutzbar und doch jeden Augenblick verfügbar unterzubringen."

Es wurde vom Anwalte insbesonders empfohlen nur die Wechsel der Mitglieder zu diskontiren weil dabei nicht vorausgesetzt ist daß dieselben jeder Zeit jede beliebige Anforderung an den Verein machen können sondern daß dieser Gelegenheit hat jedes einzelne Geschäft zu prüfen.

## §. 28. Grundkredit und Beleihung von Hipotheken-Dokumenten.

Ueber Spezialhipotheken zur Sicherung gegebener Vorschüsse vergleiche man § 25 Seite 164 und 165.

VI. Es ist nicht zu empfehlen die Grundsätze und Einrichtungen der für den Personalkredit bestimmten Vorschuß- und Kredit-Vereine auf Institute, welche dem Grundkredit dienen sollen, anzuwenden.

In der Verhandlung über den diesem Beschlusse zu Grunde liegenden Antrag wurde anerkannt daß zwischen Realkredit und Realbürgschaft unterschieden werden muß, auf Hipothekendokumente daher bei nöthiger Vorsicht, wofür Bürgschaft empfohlen wurde, kurzer Kredit wohl gegeben werden kann. Ebenso fand das Verfahren eines würtembergischen Vereines, welcher Grundstücke auf neun Monate (Bauzeit) belehnte, aber ebenfalls Bürgschaft beanspruchte, keine Beanstandung.

VI. Der Antrag

„Die Anwaltschaft möge darauf hinwirken daß beim Vorkommen von Verbindungen für Arbeiterwohnungen, welche natürlich Solidarhaft und deklarirte bindende Statuten haben müssen, denselben Kreditvorschüsse zugewendet und überhaupt solche Wohnungsvereine mit in die Gesammtgenossenschaft aufgenommen werden wenn sie es wünschen"

fand nicht die nöthige Unterstützung.

VII. Ueber den Antrag zu erklären

„a) Die einfache Hingabe von Hipotheken-Dokumenten bezw. lettres au porteur als Faustpfand begründet nach

Preussischem Rechte zwar ein rechtsgiltiges Pfandverhältniß zwischen Faustpfandgläubiger und Pfandschuldner, jedoch ist

b) denjenigen Vorschußvereinen, welche dergleichen Faustpfänder zur Verstärkung der Sicherheit für gewährte Vorschüsse anzunehmen, eine schriftliche Verpfändungserklärung des Pfandschuldners zu empfehlen;

c) der Konkurs des Pfandschuldners ist nach Preussischem Rechte ohne Einfluß auf die Sicherheit des Pfandgläubigers"

wurde (wegen seiner beschränkten Bedeutung für das Gebiet des Preussischen Landrechts) zur Tagesordnung geschritten.

XII. Die Vorschußvereine eignen sich nach ihrer ganzen Organisation als Personal-Kredit-Genossenschaften nicht dazu gleichzeitig dem Realkredit-Bedürfnisse ihrer Mitglieder zu genügen.

Der Antrag hinzuzufügen

„Sie können vielmehr nur soweit es in den Formen des Realkredits möglich ist gegen Real-Sicherheit durch Hypotheken-Bestellung ihren Mitgliedern auch solche Darlehen gewähren, welche einem augenblicklichen und vorübergehenden Bedürfnisse nach Realkredit abhelfen sollen.

Wohl aber empfiehlt es sich die Bildung besonderer Realkredit-Genossenschaften zur Abhilfe der bestehenden Hipothekennoth des städtischen und des kleinen ländlichen Grundbesitzes anzustreben"

wurde abgelehnt,

der Antrag auf Bildung einer Kommission, welche zu untersuchen habe auf welchem Wege besondere Einrichtungen für Befriedigung des Realkredits von den Vorschußvereinen getroffen werden könnten,

zurückgezogen.

Den bisher erwähnten Anträgen war grundsätzlich gegenübergestellt der Antrag auszusprechen

„In der Erwägung daß genügende Erfahrungen darüber ob sich die Vorschußvereine nach ihrer ganzen Organisation als Personalkreditgenossenschaften nicht dazu eignen gleichzeitig den Realkreditbedürfnissen ihrer Mitglieder zu genügen noch nicht vorliegen, — daß dagegen die bisherigen Erfahrungen einzelner Vorschußvereine und die Geschichte der Englischen Land- und Bau-Genossenschaften die Möglichkeit der Grundkreditgewähr durch die Personalkreditgenossenschaften sehr nahe legen, — daß endlich sowohl die Verschiedenheit der Hipothekengesetzgebung und der Vertheilung des Grundbesitzes wie der Lage der Genossenschaften selbst und des Bedürfnisses ihrer Mitglieder eine prinzipielle Erledigung der Frage der Grundkredit-gewähr durch die Personal-Genossenschaften mindestens verfrüht erscheinen lassen — zur Tagesordnung überzugehen,"

der abgelehnt wurde.

Eine an Stelle des Satzes „wohl aber empfiehlt sich ꝛc." wie er oben erwähnt ist vorgeschlagene Verbesserung, welche lauten sollte

„Wohl aber empfiehlt sich die Bildung besonderer Realkredit-Genossenschaften zur Abhilfe der bestehenden Hipotheken-Noth des städtischen oder des kleinen ländlichen Grundbesitzes da anzustreben wo diese Hipothekennoth nicht auf besondere in erster Linie zu beseitigende Mißstände — insbesondere auf eine ungesunde Vertheilung des Grundbesitzes zurückzuführen ist"

wurde zurückgezogen weil der Schluß der Verhandlung ihre Begründung unmöglich machte.

Das Wiederkehren ähnlicher Anträge auf allen Vereinstagen seit 1864 bewies die Nothwendigkeit einer Abhilfe für das Kreditbedürfniß des Grundbesitzes. Die umfassende Darlegung des Anwaltes und verschiedener Theilnehmer am Allgemeinen Vereinstage zeigte aber auch daß die Personal-Genossenschaften diese Abhilfe nicht bieten können.

Von anderer Seite konnte man sich nicht entschliessen diesen Satz als unbedingte Wahrheit gelten zu lassen; daher die sich gegenüberstehenden Vorschläge. —

Insbesondere in Ost- und West-Preussen wollte man sich von dem Gedanken nicht trennen daß die bestehenden Genossenschaften befähigt und darum auch verpflichtet seien die Grundkreditfrage auf genossenschaftlicher Grundlage zu lösen und zu diesem Behufe ausgedehntere Vereinigungen ins Leben zu rufen, zum allermindesten aber die Vermittelung von Hipotheken in den Bereich ihrer Thätigkeit zu ziehen. Ausschlaggebend waren wieder die Auslassungen des Anwaltes, der zeigte wie das Ausleihen kurz befristeter Gelder dem Grundbesitze nicht nützen kann weil der Grundeigenthümer nicht in der Lage ist rasch zurückzuzahlen und durch unvorhergesehene Kündung nur in doppelte Bedrängniß versetzt würde während auch dem Darleiher Unannehmlichkeiten und Verluste bevorstehen wenn er zu der Frist, auf welche er gerechnet hat, sein Geld nicht in Empfang zu nehmen vermag.

Er deutete jedoch die Abhilfe an durch Mobilisirung des Grundkapitals d. h. durch Errichtung von Pfandbriefinstituten, deren Papiere Börsenkurs haben und leicht verkäuflich sind, und durch Schaffung von Verbänden von Grundbesitzern, deren Grundstücke solidarisch für die gemeinsamen Verbindlichkeiten haften damit die Beleihungsgrenze so weit gezogen werden kann als es das Bedürfniß thatsächlich erfordert, und widerlegte den Einwurf daß beweisgiltige Erfahrungen darüber mangeln daß die Personal-Kreditgenossenschaften dem Realkreditbedürfnisse nicht zu dienen vermögen, vielmehr dadurch geschädigt werden, — durch ziffermässige Beispiele.

**XIV. Der Anwalt wird ersucht für den alsbaldigen Erlaß eines Reichsgesetzes für Realkreditgenossenschaften mit allen geeigneten Mitteln zu wirken.**

Hierüber Näheres in §. 8 Seite 99.

**XV.** Ueber die Kreditgewährung an Baugenossenschaften vergl. man §. 42.

Im Allgemeinen vergleiche man §. 29 insbesondere XI. (Raiffeisensche Darlehenskassen.)

## §. 29. Zinshöhe und Kündungsfristen.

Schon am ersten Vereinstage wurde der Antrag eingebracht auszusprechen

„wie es gegen alle volkswirthschaftlichen Grundsätze sei Gelder auf längere Frist auszuleihen als die Vereine sie erhalten haben."

Man hielt es jedoch für genügend die Vereine durch entsprechende Abhandlungen im Organ auf diesen Grundsatz hinzuweisen.

II. Der Vereinstag empfiehlt

die Ausbedingung geraumer Kündungsfristen bei den aufzunehmenden Anlehen besonders bei Spareinlagen wenn auch mit Vorbehalt der sofortigen Rückzahlung an die Gläubiger ohne Eingehen einer Verpflichtung dazu insofern es die Kräfte der Kasse und Verhältnisse des Geldmarktes erlauben, aber auch alsdann nur gegen entsprechende Provision, —

die Führung besonderer Konti über die verschieden befristeten Kredite, welche jeden Augenblick eine Uebersicht der Summen gewähren, deren Kündung man je nach den verschieden bemessenen Fristen entgegenzusehen hat, —

die Gestattung keiner längeren als dreimonatlicher Fristen für Vorschüsse mit Vorbehalt der jedesmaligen Verlängerung insofern es die Verhältnisse der Kasse und des Schuldners gestatten.

Die Erniedrigung des Zinsfusses und der Provision bei länger befristeten Vorschüssen ist nicht zu empfehlen.

Der Beschluß war durch einen Antrag veranlaßt, wodurch ausgesprochen werden sollte

„daß die Vorsicht den Vereinen gebiete im Allgemeinen Gelder nicht auf sofortige Rückzahlung oder kürzere Kündungsfristen anzunehmen als sie selbst ihren Mitgliedern (Schuldnern) gewähren.

In der Hauptsache sollte keineswegs die Verbindung von Sparkassen mit den Vorschußvereinen widerrathen sondern nur die nöthige Vorsicht empfohlen werden. Dabei wurde als vortheilhaft die Umwandlung der kurzfristigen Sparbuchdarlehen in mindestens dreimonatlich kündbare Schuldscheinsanlehen mit mässiger Zinserhöhung hervorgehoben.

Die Erneuerung der Belehnung an Stelle der einfachen Verlängerung der Zahlungsfrist wurde insbesondere deshalb bevorzugt weil dadurch auch die Interessen des Bürgen besser gewahrt werden, ohne dessen Zustimmung die erstere nicht möglich erscheint.

Man vergleiche auch §. 13 II.

IV. Es ist den bereits bestehenden Vorschuß- und Kredit-Vereinen zu empfehlen in Zeiten, wo der Zinsfuß auf dem Geldmarkte andauernd niedrig ist, mit Herabsetzung des Zinsfusses bei den Vorschüssen nicht zu schnell sondern nur sehr vorsichtig und nur allmälig vorzugehen.

Der ursprüngliche Antrag lautete

„Den Vorschußkassen zu empfehlen mit dem Zinsfusse und der Provision für gegebene Vorschüsse auf thunlichst niedrige Sätze herabzugehen."

Derselbe fiel ebenso wie der Gegenantrag, der lautete

„Es muß zwar Hauptziel der Vorschußvereine bleiben den Kredit an ihre Mitglieder zu so mässigen Bedingungen als möglich zu gewähren, doch muß dabei Maß insoweit gehalten werden daß noch immer die Vertheilung einer beträchtlichen Dividende möglich bleibt und also der Anreiz zur Erhöhung der Mitgliederantheile nicht zu sehr vermindert werde. Eine Herabsetzung des Zinsfusses wird daher erst dann, aber dann auch bestimmt einzutreten haben wenn die Dividende mehr als zehn Prozent beträgt."

Die durch zu niedrigen Zinsfuß gefährdete Möglichkeit einer ergiebigen Dividendengewährung als Sporn zur weiteren eigenen Kapitalbildung wurde neben den allgemeinen wirthschaftlichen Rücksichten hauptsächlich gegen den ersteren Antrag geltend gemacht.

V. Ueber den Antrag

„Der Verwaltungsausschuß ist befugt jeden Vorschuß nach Ablauf seiner Rückzahlungsfrist zu verlängern jedoch nur mit Bewilligung der Bürgen und jedesmal nur auf drei Monate. Beschränkungen in den Statuten oder durch Vereinsbeschluß hinsichtlich der Zahl der Erneuerungen sind aufzuheben; es ist in dieser Beziehung dem Ausschusse insofern freie Hand zu lassen als er die Zulässigkeit der Erneuerungsanträge nach dem Bestande der Kassa und der Sicherheit zu bemessen hat. Jedoch darf ihn auch das Interesse der Vorschußnehmer oder Bürgen zur gänzlichen oder theilweisen Verweigerung der Erneuerung veranlassen"

wurde zur Tagesordnung übergegangen.

Der Antragsteller hatte im Sinne die Beschränkung mancher Statuten, wonach Prolongirung über drei Monate hinaus nicht gestattet war und die zu mancherlei verderblichen Umgehungen führt, zu beseitigen und den Grundsatz zur Geltung zu bringen daß bei Erneuerungen nur das Interesse der Kasse in Betracht kommen könne.

XI. Kreditgesellschaften und Bankgeschäfte jeder Art soweit sie ihren Geschäftsfond durch Depositen — Anlehen und Spareinlagen dritter Personen — aufbringen, können ihren Schuldnern keine weitere Befristung gestatten als es die Befriedigung der Anforderungen an dieselben innerhalb der ihnen selbst von ihren Gläubigern fest oder auf Kündung zugestandenen Fristen zuläßt.

Aus diesem Grunde haben die auf dem Prinzipe der Personalgenossenschaft beruhenden Vorschuß- und Kredit-Vereine jede dauernde Anlage ihrer Fonds möglichst zu vermeiden da diese Fonds durch Herausziehung der Geschäftsantheile ausscheidender Mitglieder sowie durch Kündungen der Gläubiger meist innerhalb so kurzer Fristen in ihrem Bestande herabgemindert werden können daß die Realisirung von Aktiven der angedeuteten Art besonders von Hipothekenforderungen in der Regel damit nicht Schritt hält.

Mit diesen auf Vernunft und Erfahrung beruhenden Sätzen stehen die sogenannten Raiffeisenschen Darlehenskassen-Vereine in der Preussischen Rheinprovinz, welche — ihrem rechtlichen Charakter nach ebenfalls den Personalgenossenschaften zugehörig — die ihnen auf kürzere Kündung anvertrauten Gelder zu Ankauf und Melioration von ländlichen Grundstücken mit Erstattung der Rückzahlung in einer längeren Reihe von Jahresterminen ausleihen, in Widerspruch.

Ganz besonders aber ist das von diesen Vereinen ergriffene Auskunftsmittel, wonach die von ihnen auf meist zehnjährige Terminalrückzahlungen ausgeliehenen Gelder im Falle die Vereinskasse in das Gedränge kommt von dieser mit einemmale nach kurzer Frist zurückgefordert werden können, durchaus zu verwerfen. Dasselbe gereicht dem durch die dargebotene Art der Terminalrückzahlung vielfach erst zu der Kapitalanlage verleiteten Grundbesitzer fast immer zum Ruin, der Kasse aber wegen der regelmässig zwischen die Realisirung der Forderung tretenden Subhastation fast nie zur Rettung aus den augenblicklich andrängenden Verwickelungen so daß der ganze Vorbehalt sich nur als ein Zugeständniß der Unzulänglichkeit wie der Gefahren des Sistems darstellt, verbunden mit dem höchst bedenklichen Versuche die letzteren von den Kassen auf die Schuldner abzuwälzen.

Der ursprüngliche Antrag der Anwaltschaft enthielt im dritten Absatze noch den Schluß

„Sie können als solid begründet oder gar zur Unterbringung von Geldern öffentlicher Institute geeignet nicht anerkannt werden."

Das Sistem der Raiffeisenschen Vereine, gegen welche der Beschluß zunächst gerichtet ist, ist aus den Verhandlungen der letzten Jahre so hinreichend bekannt daß es nicht nothwendig erscheint, was über Entstehung und Wirksamkeit derselben am XI. Vereinstage mitgetheilt wurde hier zu wiederholen.

Es galt damals jede Gemeinschaft dieser Vereine mit den nach Schulzes Grundsätzen verfahrenden Genossenschaften umsomehr entschieden von der Hand zu weisen als viele der ersteren glaubten sich ganz nach Schulzeschem Sisteme gebildet zu haben.

Ein Zwischenantrag

„den Namen Raiffeisen in den Beschlüssen nicht aufzunehmen um dem Manne nicht zu einem unverdienten Ansehen zu verhelfen"

fand nicht Annahme da durch eine allgemeinere Bezeichnung auch Vereine geschädigt werden könnten, die dem verwerflichen Sisteme nicht huldigten und es sich gar nicht um den Mann sondern nur um das unter seinem Namen bekannte Sistem handelte, das unter allen Umständen genau und sicher bezeichnet werden mußte.

Im Uebrigen vergleiche man §. 9 XVI Seite 100, §. 15 XIV Seite 128 und §. 19 XIV Seite 145 ff.

---

## §. 30. Gegenseitiges Inkasso.

I. Die auf dem Vereinstage vertretenen Vereine übernehmen die Verpflichtung sich gegenseitig das Inkasso zu besorgen gegen eine Provision von $^1/_6$ Prozent jedoch nicht unter 5 Silbergroschen.

Ausser der Provision werden noch die Unkosten vergütet.

Der Beschluß war hauptsächlich für die Vereine berechnet, welche Wechsel ihrer Mitglieder diskontiren um die kostspielige Vermittelung durch Banquiers zu ersparen, wurde aber auch für alle anderen erspriesslich und für keinen lästig erachtet da die allenfallsige Mühewaltung entsprechend vergütet werden sollte.

V. Der Vereinstag erklärt es für wünschenswerth daß die dem Gesammtverbande der Deutschen Genossenschaften angehörigen Vereine das Wechsel-Inkasso — abgesehen von den Nebenkosten — gegenseitig provisionsfrei besorgen und daß demgemäß diejenigen Vereine, welche sich hierzu verstehen, die betreffende Erklärung an die Anwaltschaft zum Zwecke allgemeiner Bekanntmachung durch die letztere abgeben.

Die am ersten Vereinstage betonte Vergütung für die besondere Mühewaltung sollte sonach wegfallen und die Arbeit, die dem einzelnen Vereine erwächst, ausgeglichen werden durch den Vortheil des kostenfreien Einzuges eigener auswärtiger Wechsel und durch die hiedurch veranlaßte regere Betheiligung von Geschäftsleuten am Vereine. Einzelne Versuche hatten sich nach beiden Richtungen hin erfolgreich bewährt.

IX. Den Deutschen Vorschuß- und Kredit-Vereinen wird dringend empfohlen sich gegenseitig ihre Wechsel provisionsfrei einzuziehen.

**Der Vereinstag erklärt sich dagegen daß das Inkasso von Wechseln, welche einem Vereine von einem andern übersendet werden, als ein Privatgeschäft des Vereinskassirers behandelt werde, hält es vielmehr für nothwendig daß dieses Geschäft vom Vereine als solchem besorgt und in dessen Büchern gebucht werde.**

Gleichzeitig mit dem zum Beschlusse erhobenen Antrage war ein solcher auf Feststellung bestimmter Höchstprovisionen eingebracht, in Folge dessen beschlossen wurde

„in Erwägung daß die Frage über Provision des Inkassos noch nicht genügend durch Erfahrungen klargelegt worden ist den Antrag auf die Tagesordnung des nächsten Vereinstages zu stellen."

Die fraglichen Sätze waren

bei Platzwechseln 1/8 Prozent,
bei Wechseln auf die zum Platze gehörige Umgebung 1/8 Prozent;
Wechsel unter 50 Thaler werden für volle 50 Thaler gerechnet;
bei Platzwechseln darf die Vergütung 20 Silbergroschen nicht überschreiten.

Ausserdem war beantragt

„die bestehenden Unterverbände aufzufordern die zu ihren Verbänden gehörigen Vereine zu veranlassen sich darüber ob und unter welchen Bedingungen sowie für welche Orte sie die Einziehung von Wechseln unter dem Vorbehalte der Gegenseitigkeit übernehmen, auszusprechen und das Ergebniß den anderen Verbänden mitzutheilen."

Eine Beschlußfassung darüber unterblieb als unnöthig zumal in §. 9 des Organischen Statutes die Verpflichtung gegenseitiger Erleichterung für die Verbandsvereine (S. 41) bereits ausgesprochen war.

Mehrfach wurde auf den Giroverkehr der Genossenschaftsbank (§. 12) hingewiesen.

Ein Antrag

„zu empfehlen daß die dem Allgemeinen Verbande angehörigen Vorschußvereine sich gegenseitig ihre Inkassos provisionsfrei und nur gegen Erstattung der entstandenen Auslagen besorgen und daß alle diejenigen Vereine, die sich dieser Verpflichtung unterziehen wollen, dies in den Genossenschaftsblättern bekannt machen"

wurde abgelehnt.

**X. Es wird den Deutschen Vorschuß- und Kredit-Vereinen dringend empfohlen sich gegenseitig ihre Wechsel provisionsfrei lediglich gegen Ersatz der baaren Auslagen einzuziehen, wo dies**

aber nicht thunlich sein sollte wenigstens keine höhere Entschädigung für die Besorgung des Inkasso zu berechnen als zur Deckung des erhöhten Geschäftsaufwandes erforderlich ist und Vereinen gegenüber, welche einem anderen Unterverbande angehören, dasselbe Verfahren zu beobachten, das bei den zu demselben Verbande gehörigen Vereinen gebräuchlich ist.

Die Anwaltschaft wird ersucht durch die Unterverbände die Vereine, welche zu dem provisionsfreien Inkasso sich bereit erklären, sich namhaft machen zu lassen und in bestimmten Zwischenräumen die Liste dieser Vereine in den Genossenschaftsblättern zu veröffentlichen.

Der Antrag

„zu erklären daß es unter allen Umständen genügt wenn in der Weise verfahren wird daß die Vorschuß- und Kredit-Vereine den (unter IX. erwähnten) höchsten Provisionssatz nicht überschreiten"

wurde zurückgezogen weil die Entschädigungssätze zu sehr auf örtlichen Verhältnissen beruhen.

Der zweite Absatz des Beschlusses war als Verbesserungsantrag eingebracht an Stelle des ursprünglich beantragten Satzes

„Die bestehenden Unterverbände sind durch die Anwaltschaft aufzufordern die einzelnen Vereine zur Beschlußfassung darüber zu veranlassen, unter welchen Bedingungen und für welche Orte sie die Einziehung von Wechseln unter dem Vorbehalte der Gegenseitigkeit übernehmen, und sodann das Ergebniß den anderen Unterverbänden mitzutheilen."

Der Gesammtantrag wurde in der Verhandlung lebhaft bekämpft, hauptsächlich aber vom Anwalte unterstützt, der darlegte daß der oftgehörte Einwand „Leistung gegen Leistung" dem Beschlusse durchaus nicht entgegensteht da in der Gegenseitigkeit des freien Inkassos diesem Grundsatze vollständig Rechnung getragen wird.

Auf seinen Vorschlag wurde es gutgeheissen daß die Liste der sich jeweils zum provisionsfreien Inkasso bereit erklärenden Vereine vierteljährlich, — das Gesammtverzeichniß aller dieser Vereine aber jährlich in den Genossenschaftsblättern zur Veröffentlichung gelangt.

XIII. Wegen Berechnung von Botenlöhnen im Giroverbande vergleiche man §. 12 Seite 115.

**XIV.** Die gegenseitige Besorgung des Wechselinkassos gehört bei den im Allgemeinen Verbande stehenden Kreditgenossenschaften zu denjenigen Geschäftsverbindungen, in welche die Vereine nach §. 9 Nr. 7 des Organischen Statutes (S. 42) unter Gewährung jeder möglichen Erleichterung dabei einzutreten sich verpflichtet haben.

Insoweit dieselben sich demgemäß nicht zum völlig provisionsfreien Inkasso erklärt haben sind die von ihnen in diesem gegenseitigen Verkehre in Anwendung gebrachten Provisionssätze baldigst zur Kenntniß der Anwaltschaft zu bringen um die Aufstellung einer möglichst vollständigen Uebersicht zu ermöglichen.

Zugleich werden die Unterverbände der Kreditgenossenschaften veranlaßt auf ihren Verbandtagen über einen bei dieser Provision anzuwendenden Höchstsatz zu verhandeln, welcher dem nächsten Allgemeinen Vereinstage zur Feststellung unterbreitet werden kann.

Der erste Satz wurde einfach als eine Auslegung des Organischen Statuts aufgefaßt, nach welchem das gegenseitige Inkasso von keinem Verbandsvereine abgelehnt werden kann wenn auch keiner derselben förmlich zur *provisionsfreien* Besorgung verpflichtet ist. Ein ausdrücklicher Ausspruch hierüber erschien um so nothwendiger als bereits Prozesse zwischen den Vereinen ausgebrochen waren weil einer derselben die rechtzeitige Protesterhebung für einen von einem anderen Vereine zugesendeten Wechsel unterlassen und so diesen in Schaden gebracht hatte. Aber auch beim provisionsfreien Inkasso sollte der Ersatz thatsächlicher Baarauslagen wie besonderer Botenlöhne und dergl. niemals ausgeschlossen sein.

Die *Aufnahme von Privatpersonen in den Giroverband* (S. 114) wurde vielfach widerrathen, bei der wesentlichen Erleichterung, welche der ganze Verkehr durch den Giroverband gewährt, aber empfohlen das provisionsfreie Inkasso überhaupt auf die Girogenossen zu beschränken.

**XV.** Die zum Allgemeinen Deutschen Genossenschaftsverbande gehörigen Kreditgenossenschaften haben zum Behufe der Ausführung des auf dem Allgemeinen Vereinstage zu Konstanz (XIV.) gefaßten Beschlusses in Betreff des gegenseitigen Wechselinkassos spätestens bis zum Jahresschlusse sich gegen den Anwalt zu erklären

a) ob sie das Inkasso unter der Bedingung der Gegenseitigkeit provisionsfrei besorgen oder

b) ob und welchen Satz sie für diese Besorgung in Anwendung bringen oder endlich

c) ob und aus welchen Gründen sie die Besorgung gänzlich ablehnen zu müssen glauben.

Ueber die Zulässigkeit dieser Gründe hat nach Anhörung der betreffenden Unterverbands-Direktoren der Engere Ausschuß zu entscheiden.

Es wird denjenigen Vereinen, welche eine Provision in Anspruch nehmen, dringend empfohlen dieselbe nicht höher als auf $^1/_{10}$ Prozent mit Innehaltung eines Höchstsatzes von 2 Mark zu berechnen und ausserdem nur die entstehenden Baarverläge zu liquidiren.

Im ursprünglichen Antrage war der Provisionssatz auf $^1/_6$ Prozent mit einem Mindest-Betrage von $^1/_2$ und einem Höchst-Betrage von 3 Mark vorgesehen.

Im Laufe der Verhandlung wurde beantragt statt $^1/_6$ Prozent $^1/_{12}$ Prozent einzustellen, ferner im ersten Absatze litera a nach den Worten „ob sie das Inkasso" einzuschalten

„auf den Wohnort"

endlich die Schlußworte „und ausserdem 2c." zu streichen.

Alle diese Zwischenanträge wurden abgelehnt, ebenso der mehrfach beantragte Minimalsatz gestrichen.

In Folge des vorjährigen Beschlusses, wornach die Vereine, welche auf das provisionsfreie Inkasso nicht eingehen wollten, die verlangte Provision der Anwaltschaft zur Anzeige bringen sollten, war nur eine einzige solche Anzeige eingelaufen. Dessenungeachtet fuhren viele Vereine fort Provision zu berechnen.

Die Beschränkung auf Platzwechsel schien nicht rathsam weil sehr häufig das Inkasso auf Nachbarorte nothwendig wird.

Im Laufe der Verhandlungen wurde darauf hingewiesen daß gegen Vereine, welche das gegenseitige Inkasso (ohne Rücksicht auf Provision) überhaupt ablehnen, in Gemäßheit der am XIV. Vereinstage erfolgten Auslegung des Organischen Statutes der Ausschluß aus dem Verbande verfügt werden kann.

## §. 31. Geschäftsführung im Allgemeinen.

III. Den grösseren Vorschußvereinen ist die Einrichtung der kaufmännischen doppelten Buchhaltung zu empfehlen.

Das Zentralbureau wird beauftragt mit Zuziehung des Engeren Ausschusses möglichst bald eine Anleitung zur Anpassung dieser Buchführung auch auf die kleineren Vereine zu entwerfen und im Vereinsblatte zu veröffentlichen.

Schulze verweist im gedruckten Berichte über den Vereinstag auf die in seinem Werke „Vorschußvereine als Volksbanken" abgedruckte Kassenordnung des Delitzscher Vereins und auf die kaufmännisch vervollkommnete des Vereines in Merseburg.

III. Der Vereinstag hält es für wünschenswerth daß die Vorschußkassen dafür sorgen daß die laufenden Geschäfte so prompt als möglich und wenn irgend thunlich an jedem Wochentage expedirt werden.

XIII. Eine Anweisung zur Geschäftsführung und Kontrole für Vorstände und Verwaltungsräthe der Vorschußvereine, vom Breslauer Vereine ausgearbeitet, wurde sammt einem Korreferate des Vereines zu Oppeln eingehender Berathung unterzogen, jedoch ohne Beschlußfassung verlassen weil es sich nicht empfahl einheitliche Vorschriften für diese überall nach örtlichen Verhältnissen gesondert zu regelnden Fragen aufzustellen.

Der Anwalt anerkannte die beiden Arbeiten als sehr tüchtig und den Vereinen zur aufmerksamen Beachtung sehr empfehlenswerth. Sie sind in den Blättern für Genossenschaftswesen Jahrgang 1872 Numer 31 abgedruckt.

Uebrigens bestehen ähnliche Mustervorschriften schon länger aus der Feder des Anwaltes; sie sind für die mittleren und kleineren Vereine im Jahrgang 1868 Seite 45—46 der erwähnten Blätter, für die grösseren Vereine im Jahrgang 1871 Seite 12—15 abgedruckt.

XV. **Es ist den Vorschußvereinen zu empfehlen die Vermittelung von Zeitgeschäften an der Börse für Mitglieder sowohl als Nichtmitglieder abzulehnen.**

Auf die Anfrage wie sich dieser Beschluß unterscheide von dem im Vorjahre gestellten aber abgelehnten, wornach alle Geschäfte, welche dem Börsenspiele dienen, von der Thätigkeit der Vorschußvereine ausgeschlossen werden sollten (§. 19 XIV), wurde bemerkt daß es nicht in der Aufgabe der Vereinsvorstände liegen könne den Zwecken und Gründen der von den Mitgliedern angeknüpften Geschäftsverbindungen nachzuspüren, daß aber Zeitgeschäfte unbedingt in den Bereich des Börsenspieles fallen und deshalb mit allem Rechte ausgeschlossen werden dürfen.

Im Uebrigen vergleiche man §. 24 IV Seite 162 und §. 28 XV Seite 175.

## D. Besondere Angelegenheiten der Konsumvereine.

### §. 32. Musterstatuten der Konsumvereine.

IX. Die Anwaltschaft wird ersucht möglichst bald in der Art der Brochure über die Musterstatuten für Vorschußvereine auch für die Konsumvereine eine Anleitung wie sich dieselben unter das Genossenschaftsgesetz stellen können zu gewähren.

Es war bereits ein Musterstatut vorgelegt, in dessen Berathung man jedoch nicht eintrat weil es zu spät bekannt geworden war als daß sich annehmen ließ die anwesenden Konsumvereinsvertreter seien mit dem Inhalte desselben genügend vertraut.

Im Verlaufe der Verhandlungen wurden noch einige Punkte, die im Musterstatut geregelt werden sollten, besprochen so die Höhe der Geschäftsantheile, ihre Verzinsung, die Gewinnvertheilung 2c. ohne daß eine Beschlußfassung darüber veranlaßt erschien.

Ein solches Musterstatut enthält die Schrift von Dr. Schneider, dem Sekretär der Anwaltschaft,

„Neue Anweisung für Konsumvereine zur Unterstellung unter das Genossenschaftsgesetz. Berlin bei Franz Duncker."

Ihr Inhalt war einer besonderen Berathung am Allgemeinen Vereinstage nicht unterstellt; die wesentlichsten Grundsätze fallen selbstverständlich mit den im Vorgehenden und Nachfolgenden erörterten Beschlüssen vollständig zusammen.

## §. 33. Gemeinsamer Einkauf.

VII. Einrichtungen jedweder Art, welche den Konsumvereinen die Vortheile des Großbezuges erreichbar machen und sichern, verdienen seitens derselben Beachtung und Pflege.

Behufs Anbahnung geeigneter Verbindungen der Konsumvereine untereinander empfiehlt der Vereinstag denselben zuvörderst den Austausch von Mittheilungen über erprobte Bezugsquellen, überzeugt daß sich daraus Einrichtungen entwickeln werden, welche dem von dem Vereine Königshütte beabsichtigten Zwecke entsprechen.

Dieser Verein hatte beantragt

„den Konsumvereinen zu empfehlen daß sie ihre Waare oder wenigstens den größten Theil derselben durch Vermittelung einiger weniger Großhandlungshäuser oder Agenten in den Haupthandelsplätzen Deutschlands beziehen."

IX. Es ist zu empfehlen daß neben den sonstigen möglichst eingehenden Mittheilungen über die Verhältnisse hervorragender Konsumvereine und der in denselben gemachten Erfahrungen auch ein gegenseitiger Austausch über die Bezugsquellen der hauptsächlichsten in- und ausländischen Waarengattungen und deren Preise unter den verschiedenen Vereinen desselben Bezirks wo möglich durch Gründung besonderer Unterverbände für Konsumvereine veranlaßt werde.

Der Zusatz

„und auf gemeinschaftlichen Einkauf geeigneter Artikel hingewirkt werde"

wurde abgelehnt.

Die Worte „desselben Bezirkes" wurden erst durch einen Zusatzantrag in den Beschluß gebracht um der Anschauung Ausdruck zu zu geben daß es nicht nothwendig ist über alle Preisverhältnisse in allen mitunter sehr weit von einander entlegenen Vereinen stets gleichmässig unterrichtet zu sein.

Ebenso wurde der Schlußsatz „womöglich durch Gründung besonderer Unterverbände für die Konsumvereine“ erst im Laufe der Verhandlung auf nachdrückliche Empfehlung des Anwaltes beantragt und aufgenommen.

XI. Der Antrag

„ein Komite zu erwählen, welches die Einrichtung einer Zentralbezugsstelle oder einer Deutschen Konsum-Großhandlungs-Genossenschaft zu ermöglichen strebt“

wurde zurückgezogen.

Die Verhandlung hatte mancherlei Schwierigkeiten gezeigt, welche sich der Ausführung des Antrages in den Weg stellten. Da zur Begründung einer Großhandlungsgenossenschaft bedeutendes Betriebskapital nothwendig erscheint, welches aufzubringen und den eigenen Geschäften zu entziehen die Vereine schwerlich in der Lage gewesen wären, — weil ferner der Einkauf vieler Artikel an derselben Stelle vom kaufmännischen Standpunkte aus nicht gerechtfertigt werden könnte und weil die Urtheile über die Qualität der verschiedenen Waaren an verschiedenen Orten äusserst ungleichartig sind.

Dagegen wurde von allen Seiten zugestanden daß das Bedürfniß gemeinsamer Einkäufe für viele Waarengattungen wenigstens für benachbarte Vereine schwer empfunden wird und jeder ausführbare Vorschlag hiefür dankbarst entgegengenommen werden muß.

**XIII. Es ist den Konsumvereinen zu empfehlen sich behufs billigsten Waareneinkaufs im Grossen in kommerziell zusammengehörigen, um die grösseren Handelsstädte als Verkehrsmittelpunkte gruppirten Bezirken zu Börsentagen zu vereinigen.**

In der Verhandlung wurde auch auf die von den Süddeutschen Konsumvereinen in's Leben gerufene Waareneinkaufs- (Aktien-) Gesellschaft in Mannheim hingewiesen und über deren Thätigkeit berichtet.

Im Uebrigen vergleiche man §. 8 XI Seite 185 und §. 11 Seite 107 ff.

## §. 34. Markenverträge.

VI. Ueber den Antrag auszusprechen

„Die Marken-Konsumvereine bieten ihren Mitgliedern bei weitem nicht die Vortheile wie Konsumvereine, welche auf eigene Rechnung ein- und verkaufen. Immerhin aber sind Markenkonsumvereine dort und für solche Lebensmittel zu empfehlen, wo und hinsichtlich deren äussere Verhältnisse den Ein- und Verkauf auf eigene Rechnung in den ersten Anfängen der Entwickelung noch nicht zweckmässig erscheinen lassen"

wurde in der Erwägung daß über die Sisteme, nach welchen Konsumvereine bestehen sowie über deren Kombination noch nicht hinlängliche Erfahrungen gesammelt sind um dem einen Sistem vor dem andern oder irgend einer Verbindung derselben den Vorzug zu geben —

zur Tagesordnung übergegangen.

Ein Gegenantrag

„zur anfänglichen Bildung von Konsumvereinen das Markensistem zu empfehlen" —

wurde zurückgezogen, die Tagesordnung aber unter anderem damit begründet daß die Verhandlung selbst, in welcher jedes der beiden (Marken- und Lager-) Sisteme sowohl als ihre Verbindung Vertheidiger fand, zur Klärung der Ansichten beigetragen habe.

**XI. Die geschäftliche Entwickelung sowie die wirthschaftlichen Ziele der Konsumvereine sind durch die Haltung eigener Lager bedingt; die Markengeschäfte erscheinen nur solange und insoweit zulässig als die Versorgung der Mitglieder mit gewissen Artikeln auf eine andere Weise nicht möglich ist.**

Der Antrag auszusprechen

„Der Vereinstag könne den Betrieb des Markengeschäftes nur befürworten

1. wenn dadurch bei Entstehung eines Vereines auf eine leichte Weise Kapital gesammelt werden kann um zur Eröffnung eines eigenen Magazins überzugehen,
2. wenn die Artikel einer genauen Beurtheilung der Mitglieder unterliegen und dieselben von den Vereinen unbedingt nicht geführt werden können;

es sei indeß nothwendig daß der zu vertheilende Gewinn aus diesem Geschäfte im richtigen Verhältnisse zu demjenigen des Magazinsgeschäftes steht"

wurde abgelehnt.

Ebenso wurde der ursprüngliche Antrag abgelehnt zu erklären

„der Vereinstag könne die Einleitung von Markengeschäften nicht begutachten sondern rathe zur Bildung von Vereinen mit eigenen Lagern."

Man glaubte aus den Erfahrungen einiger Vereine als Regel aufstellen zu dürfen daß der Vortheil, welcher sich den Mitgliedern durch die sogenannten Markenverträge zeigt, nur ein scheinbarer ist da sie den Rabatt, welchen die in Vertrag stehenden Geschäfte dem Vereine abgeben, durch schlechtere Beschaffenheit der Waaren im Voraus bezahlen müßten. Andererseits aber machte man darauf aufmerksam daß gewisse Artikel von den Vereinen doch nicht selbst auf Lager geführt werden können und daß es deshalb immerhin gerathener erscheine dieselben im Markenvertrage beziehen zu lassen — daß man aber dem ebenfalls angeführten Uebelstande daß die Markengeschäfte durch eine höhere Dividende als aus ihnen gewonnen werden kann gewissermassen auf Unkosten jener Mitglieder, die in den Vereinsläden kaufen, prämiirt werden, sehr wohl dadurch vorbeugen kann daß auf die sogenannten Markenkäufe nur halbe Gewinnantheile gewährt werden.

Im Uebrigen vergleiche man §. 18 VII. Seite 138.

## §. 35. Kreditgewährung.

VII. In Erwägung daß das Kreditgeben in Konsumvereinen

1. schon im Allgemeinen denjenigen volkswirthschaftlichen Fortschritt vereitelt, den die Genossenschaften durch die Verdrängung des Borgsistems überall anstreben müssen,
2. die Verwaltung erschwert und die Waaren vertheuert sowie auch wegen der unvermeidlichen Verluste den Reingewinn aufzehrt oder gar die ganze Existenz der Vereine bedroht und
3. durch die Ueberschreitung der festgesetzten Kredite Sorgen, Unlust und Zwiespalt in die Verwaltung sowie durch die Verweigerung eines höheren und längeren Kredits und durch Anstellung von Klagen Verstimmung und Abfall unter den Mitgliedern erzeugt, —

in Erwägung daß durch diese mittelbaren und unmittelbaren Uebel des Kreditgebens in gesellschaftlicher Hinsicht die Prosperität und in genossenschaftlicher die Freudigkeit der Gemüther und der Schwung des Geistes in Verwaltung und Mitgliedschaft abhanden kommt und damit die Entwickelung der Vereine zu grösseren und höheren Gestaltungen im Keime erstickt wird, —

warnt der Allgemeine Vereinstag die Konsumvereine vor dem Kreditgeben und empfiehlt er da wo es noch nicht geschehen ist die Einführung des Baarverkaufs und die Abänderung entgegenstehender Bestimmungen in den Statuten.

IX. Der Antrag

„den Konsumvereinen zu empfehlen daß sie unter gewissen Bebingungen überflüssige Kapitalien ihren Mitgliedern als Darlehen gewähren

wurde abgelehnt.

Der Antragsteller selbst beabsichtigte die Ablehnung und in derselben eine Warnung gegen das thatsächliche Vorgehen der Berliner Vereine zu veranlassen da das Darlehensgeschäft mit grossem Risiko verbunden ist und auf Seite der Verwaltung wieder ganz andere Kenntnisse verlangt als der Konsumvereinsbetrieb.

Im Uebrigen vergleiche man §. 19.

## §. 36. Lagerhalter und sonstige Vereinsbeamte.

XI. In Erwägung daß die Höhe des wirklich eintretenden Mankos sich je nach dem Charakter und dem Quantum der umgesetzten Waaren sowie nach verschiedenen örtlichen Verhältnissen thatsächlich verschieden gestaltet so daß die Höhe der den Lagerhaltern zu gewährenden Manko-Entschädigung lediglich nach den speziellen örtlichen Verhältnissen der einzelnen Vereine bemessen werden kann

wird den Vereinen dringend empfohlen die bei ihnen hinsichtlich der Entschädigung der Lagerhalter für die durch Lagerung entstehenden Gewichts- und Gemäß-Verluste an den Waaren geltenden Sätze nach dem beigefügten Formulare der Anwaltschaft zur Benutzung zu überreichen.

Der ursprüngliche Antrag lautete

„Der Vereinstag erklärt daß die Entschädigung der Lagerhalter für Einwiegen u. s. w. bis zu $1\frac{1}{2}$ Prozent für sämmtliche Materialwaaren mit Ausschluß des Brodes und der Lieferantenmarken ausreichend ist."

In der zur Vorberathung dieses Antrages niedergesetzten Kommission hatte sich ergeben daß die größte Verschiedenheit herrscht da einzelne Vereine $\frac{1}{2}$, 1, $1\frac{1}{4}$, $1\frac{1}{2}$ bis 2 Prozent zulassen, wieder andere nur bei wenigen Waarengattungen $\frac{1}{2}$ Prozent, im übrigen gar nichts.

Das beigefügte Formular enthielt folgende Fragen:

1) Welchen festen Gehalt erhält der Lagerhalter?
2) Erhält derselbe Tantiemen vom Reingewinn oder vom Verkaufserlöse und wie hoch belaufen sich dieselben?

3) Erhält derselbe eine durchschnittliche Mankoentschädigung für alle Waaren und wieviel?

4) Erhält derselbe nur für bestimmte Waaren Mankovergütung, für welche und wie hoch?

5) Werden dem Lagerhalter Papiere und Düten vom Vereine geliefert?

6) oder muß der Lagerhalter sie selbst anschaffen?

7) Wird beim Verkaufe brutto oder netto gewogen?

8) Was war der Lagerhalter früher?

9) Wie lange ist derselbe im Amte?

10) Wieviele Lager hält der Verein?

11) Wo liegt der Lagerkeller? (Parterre u. s. w.)

12) Hat der Verein ein Zentrallager?

13) Welche Waaren verkauft der Verein hauptsächlich?

14) Hat der Lagerhalter aus seinem Gehalte auch die nöthigen Kommis zu bezahlen?

15) Bis zu welchem geringsten Quantum wird von den einzelnen Vereinen verkauft?

16) Wie groß ist der Jahresumsatz des Vereines im Waaren- und im Marken-Geschäft?

17) Betreibt der Lagerhalter noch ein Nebengeschäft?

**XI. Ein (bei den Inventuren an Waarenvorräthen) sich herausstellendes Plus ist als ausserordentlicher Geschäftsgewinn zu betrachten und zu Gunsten des Vereins zu verrechnen.**

In der vorberathenden Kommission hatte sich eine Minderheit dafür ausgesprochen daß das Plus dem Lagerhalter belassen werden soll weil er für den Manko aufkommen muß und weil dieser sich bei einer einzelnen Inventur durch Irrung ergeben haben kann. Es wurde dem gegenüber bemerkt daß wenn eine Inventur Uebermanko ergibt sofort eine neue Inventur vorgenommen werden muß, — daß aber wiederholt vorkommende ungewöhnliche Ueberschüsse entweder zu hohe Mankoprozente oder Uebervortheilung der einkaufenden Mitglieder vermuthen lassen, weshalb nach dieser Richtung Abhilfe zu treffen sein würde. Auch der Anwalt widerrieth entschieden das Plus dem Lagerhalter gewissermassen als Tantieme zu belassen, empfahl dagegen denselben so zu stellen daß er im Interesse des Vereines von selbst und uneigennützig auf ein Plus hinarbeitet.

**XIII. Der Lagerhalter hat für ein Manko, welches sich an**

den ihm übergebenen Kontremarken ergibt, den bezüglichen Dividendenbetrag des laufenden Quartals zu erstatten.

Es empfiehlt sich diese Verpflichtung in den Lagerhalter-Vertrag aufzunehmen.

Es wurde von allen Seiten anerkannt daß ohne solche vertragsmässige Bestimmungen der durch den Abgang der Marken verursachte Schaden bewiesen werden muß, was in der Regel schwer fallen dürfte.

Da der Antragsteller berichtete daß in seinem Vereine die Dividende für ausgegebene und nicht zur Vorlage gelangte Kontrolmarken reservirt bleibe, was die Rechnung sehr belästige, wurde von anderer Seite darauf hingewiesen daß die Englischen Vereine nur insoweit Dividende berechnen und zahlen als die Marken innerhalb bemessener Frist thatsächlich in Vorlage kommen.

Ueber die Anträge

„a) Es qualifiziren sich nur mackellose, gewandte, ordnungsliebende Personen zu Lagerhaltern.

b) Jeder Lagerhalter hat vor Antritt seiner Stellung eine entsprechende, jeder Zeit leicht realisirbare Kaution zu stellen; sollte dieselbe nicht in genügender Höhe sofort vorhanden sein so hat der Betreffende für den Rest einen Solawechsel zu hinterlegen, der erforderlichen Falls auch von der Ehefrau zu unterzeichnen ist.

c) Bei erforderlich scheinender Kündung des Lagerhalters dürfen humane Rücksichten zum Schaden des Vereins niemals obwalten.

d) Als untauglich erkannte Lagerhalter sind unter Zahlung des vollen kontraktlichen Gehaltes und ohne von einer Kündung seitens des Vereinsvorstandes Gebrauch zu machen sofort zu entlassen.

Dasselbe gilt von den Lagerhaltern bezw. Verkäufern der Rohstoff- Produktiv- und Magazin-Genossenschaften."

dann:

„Es ist nöthig daß

1) die Konsumvereine auf Stellung einer genügenden Kaution seitens der Vereinsbeamten streng sehen,

2) die Kontrakte mit den Beamten in der Weise abgeschlossen werden daß als untauglich erkannte Personen unter Zahlung des kontraktlich garantirten Nominalgehaltes für die Dauer der

vereinbarten Kündungsfrist sofort entlassen werden können,

3) alle grösseren Vereine nach Kräften für Heranbildung tüchtiger Beamten namentlich tüchtiger Lagerhalter bemüht sind um nöthigenfalls auch die Nachbarvereine mit qualifizirten Personen versehen zu können"

endlich

„Der Allgemeine Vereinstag hält es nicht für eine Schädigung des Vereinsgeschäftes wenn Beamte des Vereines, die nach Ueberzeugung des Vorstandes zu ihrer Stellung unfähig sind, denen aber eine Veruntreuung nicht nachgewiesen werden kann, sofort entlassen werden wenn ihnen auch für die zu vereinbarende Zeit Gehalt gezahlt werden muß"

wurde zur Tagesordnung übergegangen.

Zu Ziffer 2 des zweiten Antrages war ein Zusatz vorgeschlagen „falls nicht schon ein offenbarer Verstöß gegen den Vertrag das Recht zu sofortiger Entlassung gibt."

An Stelle der Ziffer 3 desselben Antrages war ferner vorgeschlagen zu sagen

„alle grösseren Vereine für Heranbildung tüchtiger Beamten bemüht sind um jederzeit Ersatz für die abgehenden Beamten zu haben und nöthigenfalls auch die Nachbarvereine mit befähigten Personen versehen zu können."

Ein Theil der Anträge wurde für ganz selbstverständlich erklärt, bezüglich mehrerer der übrigen aber ging die Anschauung zu sehr auseinander und wurde namentlich die Fassung — um den wahren Gedankengang auszudrücken und gleichwohl irrige Darstellungen fernzuhalten — für zu schwierig befunden, weshalb man von einer Beschlußfassung lieber gänzlich Umgang nahm.

Anerkannt wurde die unter allen Umständen gebotene Nothwendigkeit einer genügenden Kaution und der Möglichkeit den Lagerhalter — wenn er nicht für tüchtig befunden wird — sofort aus dem Geschäfte entfernen zu können. Die Frage welchen Gehaltsanspruch er in solchen Fällen zu machen habe mußte der Einzeln-Austragung — unter Umständen vor Gericht — selbstverständlich vorbehalten bleiben.

Man vergleiche übrigens §. 38 XI Seite 199.

## §. 37. Genossenschafts-Bäckereien und Fleischereien.

IX. Mittheilungen über die Bäckerei der Berliner Konsumvereine wurden mit grossem Interesse entgegengenommen.

XIV. Die Anwaltschaft wird ersucht dafür Sorge zu tragen daß eine genügende Anzahl Berichte technischer Prüfungskommissionen der Wiener Weltausstellung über Bäckerei, Fleischerei und Erbauung von Wohnhäusern den Genossenschaften reservirt bezw. von dem Allgemeinen Verbande zum Zwecke des Vertriebes an Genossenschaften angekauft werde.

Ein Zusatz-Antrag

„die Baugenossenschaften aufzufordern daß sie ihre Erfahrungen den Konsumvereinen zum Zwecke der Erbauung von Wohnhäusern für Beamte mittheilen"

wurde abgelehnt weil die Baugenossenschaften andere Ziele zu verfolgen haben.

Zum Beschlusse selbst wurde in der Verhandlung mitgetheilt daß die Ausbeute auf der Ausstellung gerade in den angedeuteten Richtungen eine sehr geringfügige war.

XV. Die Anwaltschaft übergab den zu einer Abtheilungssitzung versammelten Konsumvereinsvertretern den einschlägigen Theil des Ausstellungsberichtes der Deutschen Reichskommission; derselbe wurde den Vereinen München und Görlitz zur auszugsweisen Berichterstattung in den Blättern für Genossenschaftswesen überwiesen, die bisher noch nicht erfolgt ist.

Die in Konstanz (XIV.) ausgesprochene Befürchtung einer geringen Ausbeute hatte sich als vollkommen begründet erwiesen.

Man vergleiche übrigens §. 19 XII Seite 144 f.

---

## §. 38. Geschäftsführung im Allgemeinen.

XI. Der Antrag auszusprechen

„daß für Konsumvereine, die auf Dividende arbeiten, ein jährlicher Geschäftsabschluß wohl zu empfehlen ist unter der Voraussetzung daß innerhalb des Rechnungsjahres auf Grund unangemeldet vorgenommener Inventuren eine genaue Darlegung des Vereinsgeschäftes stattfindet“

wurde abgelehnt.

Der Antrag war sehr ausführlich begründet worden mit dem Hinweise auf die Möglichkeit dem Lagerhalter bei öfteren Inventuren Unrecht zu thun weil die Waarenabgänge sich nach den Jahreszeiten verschieden gestalten, — daß stark wechselnde Vierteljahresabschlüsse die Mitglieder leicht irre machen, — daß die Lust zum Sparen durch grössere jährliche Erübrigungen bei den Mitgliedern mehr geweckt wird als durch die kleinen vierteljährlichen, — daß ausserordentliche Inventuren zur Kontrole weit zweckmässiger sind als die im Voraus bestimmten regelmässig wiederkehrenden, — daß die Vereinsbeamten durch oft wiederkehrende Geschäftsabschlüsse sehr in ihrer sonstigen Wirksamkeit gestört werden.

Auf der anderen Seite wurde aber die erzieherische Aufgabe der Generalversammlungen betont und die Nothwendigkeit den Mitgliedern so oft als nur immer möglich genaue Kenntniß vom Stande des Vereinsgeschäftes zu geben, was lediglich durch die vierteljährigen Geschäftsabschlüsse ausgeführt werden kann.

XIV. Wegen vielfach hervorgetretener Mißstände beim Eisenbahntransporte wird

a) die Anwaltschaft ersucht auf Beseitigung der in dieser Beziehung bestehenden Mängel durch die Reichsbehörde hinzuwirken und hiezu

b) den Vereinen empfohlen der Anwaltschaft thatsächliche Mittheilungen über die bei ihnen vorgekommenen bezüglichen Mißstände alsbald zu erstatten.

Die Klagen, welche diesen Beschluß hervorriefen, gründeten hauptsächlich darauf daß Mankos an Waaren nicht vergütet, die Lieferungsfristen nicht eingehalten und selbst in Fällen der Transportversicherung Entschädigungen nicht geleistet wurden weil die Bahnen immer regelmässig eine Hinterthüre fanden um sich der Zahlungspflicht zu entziehen.

Ungeachtet wiederholter Mahnung in den Blättern für Genossenschaftswesen kamen der Anwaltschaft thatsächliche Beschwerdepunkte aus den Vereinen nicht zu so daß sie auch nicht in der Lage war eine beschlußgemässe Thätigkeit zu entwickeln.

## E. Besondere Angelegenheiten der übrigen Genossenschaftsgattungen.

### §. 39. Rohstoff-Genossenschaften.

III. Der Vereinstag erklärt es in der Erwägung daß das Kreditgeben bei Rohstoffgenossenschaften nicht ganz zu umgehen ist für geboten

a) die Gewährung von Kredit grundsätzlich zu gestatten und dem Gesammtvorstande der Genossenschaft die Bestimmung eines verhältnißmässigen Betrages für jedes einzelne Mitglied zuzuweisen, wobei es als selbstverständlich vorausgesetzt wird daß

b) in allen Fällen für den gewährten Kredit ein Zins- oder Preis-Aufschlag in die Vereinskasse gezahlt werden muß

Der Abtheilungsantrag lautete in seinem litera b

„oder seitens der Genossenschaft das Kreditgeben grundsätzlich auszuschliessen dagegen dem Lagerhalter nachzulassen auf eigene Gefahr aber unter steter Kontrole des Vorstandes einen angemessenen Kredit an die Einzelnen zu bewilligen, wobei als selbstverständlich 2c. (wie nun im Beschlusse)"

Der Anwalt legte in den gedruckten Mittheilungen über den Vereinstag sein abweichendes Einzelnvotum nieder, wonach das Kreditgeben an die Mitglieder über den Betrag der jeweiligen Geschäftsantheile des Einzelnen hinaus nur auf Risiko des Lagerhalters unter strenger Kontrole des Vorstandes zulässig sein, kein Mitglied also ein Recht auf Kredit haben, vielmehr die Baarzahlung die Regel bilden sollte. Bildung hoher Geschäftsantheile der Mitglieder, Uebernahme von Wechselverpflichtungen für das Guthaben des Vereines an sie und prompte Beitreibung erklärte er als die unerläßliche Voraussetzung jeder Kreditgewährung. Diese Anforderungen können aber nur an geschulte Mitglieder mit Erfolg gestellt werden, die man nicht überall findet.

Daß das Kreditgeben einer der verhängnißvollsten Punkte ist, an dem schon viele Rohstoffgenossenschaften scheiterten, und daß für den wirklich gewährten Kredit Zins oder Preisaufschlag berechnet werden muß, darüber bestand nirgends ein Zweifel.

**IV. Der Vereinstag erklärt daß wo das Kreditgeben bei den Rohstoffvereinen nicht zu vermeiden ist es unbedingt geboten erscheint die strengsten Vorsichtsmaßregeln anzuwenden und den Kredit mit einem gewissen Prozentsatze zu belasten.**

Die Schulzesche Auffassung hatte also bereits weiteren Anklang gefunden. In der Erörterung wurde bemerkt daß an einem Orte vier Prozent Preisaufschlag, an anderen drei bis fünf Prozent Zinsen berechnet werden. Auch machte der Anwalt aufmerksam auf eine Einrichtung, wonach ein eigener Vorschußverein für die Mitglieder einer Rohstoffgenossenschaft, die Waarenschulden nicht zuläßt, gegründet wurde, von welchem sie Geld entnehmen können. Die vom Referenten besonders empfohlenen Vorsichtsmaßregeln entsprachen ganz den vorjährigen Aufstellungen des Anwaltes.

**V. Der Vereinstag empfiehlt in Bezug auf das Kreditgeben der Rohstoffgenossenschaften an ihre Mitglieder einen bestimmten Zahltag in jedem Monate festzusetzen, nach dessen Verlauf Alle, welche den Preis der von ihnen aus dem Vereins-Lager entnommenen Waaren nicht bezahlt haben, ihre Waarenschuld entweder landesüblich an die Genossenschafts-Kasse verzinsen oder einen bestimmten Prozentaufschlag über den Preis unnachsichtlich entrichten müssen.**

Anstoß zu dem desfallsigen Antrage gab die Mittheilung daß in einem Vereine der die Zinsen vom 15. jedes Monats an berechnete wenn bis dahin nicht bezahlt war, die Mitglieder ernstlich bestrebt waren diesen Zahltag einzuhalten um der Zinslast zu entgehen, die man in den meisten Vereinen bereits auf acht Prozent berechnete.

Die Wechselverpflichtung sollte selbstverständlich beibehalten werden.

Im Allgemeinen vergleiche man §§. 9—22 und bezüglich der Verhältnisse der Genossenschaftsbeamten insbesondere §. 36 XIII.

Musterstatuten und Belehrungen aller Art für die Geschäftsführung der Rohstoffgenossenschaften finden sich in Schulzes trefflichen Werke: „Die Genossenschaften in einzelnen Gewerbszweigen Leipzig bei E. Keil 1873.“

## §. 40. Magazinsgenossenschaften.

III. Der Vereinstag betrachtet zwar als Endziel der Genossenschaftsbestrebungen die Fabrikation und Verwerthung der gewonnenen Produkte auf gemeinschaftliche Rechnung, — ist indessen der Meinung daß als die nächste Entwickelungsstufe nach diesem Ziele der Uebergang von der Rohstoffgenossenschaft zur Magazinirung fertiger Handwerkserzeugnisse auf Rechnung der einzelnen Mitglieder anzusehen sei.

Die Erfahrungen in Deutschland hatten gegenüber jenen in England und Frankreich bereits zur Genüge bewiesen daß der genossenschaftliche Geist unter den Deutschen Handwerkern erst mehr ausgebildet werden mußte ehe von einer gemeinsamen Produktion im Grossen die Rede sein konnte. Dazu schien die Magazinsgenossenschaft vorzugsweise geeignet. —

Man vergleiche im Uebrigen die §§. 9—22 dann die hier fast durchweg einschlagenden §§. 35, 36, 38 und 39.

Auf das am Schlusse des §. 39 erwähnte Werk des Anwaltes muß auch hier nachdrücklichst verwiesen werden.

## §. 41. Produktiv-Genossenschaften.

VI. Der Allgemeine Vereinstag empfiehlt den Unterverbänden Erfahrungen über diejenigen Industriezweige zu sammeln, in welchen ein genossenschaftlicher Geschäftsbetrieb mit Erfolg unternommen werden kann, insbesondere aber in ihren Kreisen die Gründung von Genossenschaften zur Errichtung und zur Benutzung von gemeinsamen Werkstätten mit Triebkräften und Maschinen zu empfehlen.

Ueber die Frage

„wie dem langen Kreditiren Seitens der Handwerker an ihre Kunden entgegenzutreten sei"

wurde in Erwägung daß

1. das Kreditgeben der Handwerker an ihre Kunden zwar ein grosser Krebsschaden ist, an dem das Handwerk krankt, daß dies Uebel aber nur dadurch beseitigt werden kann daß die Handwerker hiezu *selbst* die nöthigen Verabredungen unter sich treffen und streng daran festhalten,
2. die Sache aber keine *Genossenschafts*-Angelegenheit ist

zur *Tagesordnung* übergegangen.

Die Frage wurde als eine *allgemein* volkswirthschaftliche erkannt, die nicht vor die Entscheidung des Vereinstages gehörte.

**VII.** Der Allgemeine Vereinstag empfiehlt den von der Produktivassoziation der Berliner Shawlweber gestellten Antrag — indem er dessen Hauptgesichtspunkten seine volle Anerkennung bezeugt ohne auf seine Einzelheiten einzugehen — allen Handwerkern und Arbeitern, welche die Gründung von Produktivgenossenschaften beabsichtigen, zu ernster Erwägung, auf welche derselbe als das Resultat der Erfahrungen von praktischen Männern aus ihren eigenen Reihen einen berechtigten Anspruch hat.

Der erwähnte Antrag lautete:

Es ist zu empfehlen

1. daß bei Produktiv-Assoziationen die Aufnahme in die Genossenschaft nicht vom speziellen Gewerbebetrieb abhängig gemacht wird,
2. daß der Geschäftsantheil möglichst hoch und wo es angeht auf 200 Thaler gebracht wird, welche Summe allmälig in kleinen Monats- oder Wochen-Raten entgegenzunehmen ist, um sich den Weg zu einer Kommanditgesellschaft auf Aktien zu bahnen;
3. daß bei Etablirung oder Einrichtung des Geschäftsbetriebes nur diejenigen Mitglieder am Gewinn und Verlust des Geschäftes theilnehmen, welche mindestens 10 Thaler auf ihren Geschäftsantheil eingezahlt haben;
4. daß die Etablirung nicht eher geschieht bis folgende zum Erfolg des Unternehmens dringend nothwendige Vorbedingungen vorhanden sind:
   a) ein der Art und dem Umfang des geschäftlichen Unternehmens entsprechendes Betriebskapital,
   b) Personen, von denen nach ihren bisherigen geschäftlichen Leistungen anzunehmen ist daß sie sowohl die zur Leitung des Unternehmens nöthigen Kenntnisse und Fähigkeiten besitzen als auch durch ihre bisherige Handlungsweise die Garantie bieten daß eine absichtliche oder fahrlässige Schädigung des Unternehmens ihrerseits nicht zu erwarten ist;
5. daß die Ueberwachung des Geschäftes seitens der Generalversammlung durch einen aus deren Mitte gewählten Ausschuß geschieht, dem jedoch ein bestimmter Eingriff in die geschäftlichen Anordnungen nur bei erwiesener Fahrlässigkeit, Unredlichkeit oder eingetretener körperlicher Unfähigkeit des Geschäftsinhabers zusteht;
6. daß ein Abschluß der Mitgliederzahl nur dann stattfindet wenn das Geschäft eine weitere Ausdehnung bezw. Kapitalanlage nicht mehr zuläßt;

7. daß den austretenden oder auszuschliessenden Mitgliedern von dem Tage der Kündung bis zur geschäftlichen Auseinandersetzung die Theilnahme an den Versammlungen, in denen über die Interessen des Geschäftes berathen bezw. beschlossen wird, nicht zusteht sondern denselben nur auf Verlangen die Monats- oder Jahres-Abschlüsse zugestellt werden;
8. daß bis zur gesetzlichen Regelung der genossenschaftlichen Verhältnisse diejenigen Produktivgenossenschaften, welche sich nicht als offene Handelsgesellschaften im Sinne des Deutschen Handelsgesetzbuches konstituiren können, durch ausdrückliche Urkunden die solidarische Haft der Mitglieder feststellen."

Aus den Begründungen der einzelnen Sätze heben wir hervor

Zu 1. Die Antragsteller hatten sich überzeugt daß Arbeiter, welche nicht Gelegenheit haben sich einer Produktivgenossenschaft ihres Geschäftes anzuschliessen, sich recht gut einer anderen anschliessen können um dort Erfahrungen zu sammeln, daß aber jede Produktivgenossenschaft unbedingt tüchtige kaufmännische Kräfte für sich gewinnen muß, die nicht bloß Beamte sondern Mitglieder sein sollen.

Zu 2. Thatsächlich war in einzelnen Vereinen die angegebene Höhe der Geschäftsantheile durch Wochenbeiträge von vier Groschen mit Zins- und Dividenden-Ansammlung erreicht worden.

Zu 5. Der Berichterstatter empfahl monatliche Geschäftsabschlüsse, deren Prüfung und Vorlage an die Generalversammlung.

Zu 7. Das Fernhalten Fremder von den Vereinsversammlungen erschien besonders mit Rücksicht auf den mangelnden Musterschutz nothwendig.

VIII. Die Sätze

„Bei solchen Produktivgenossenschaften, in welchen zusammengesetzte Arbeiten durch Arbeiter verschiedener Geschäftsgattungen geleistet werden, ist die größte Strenge in der Prüfung der zur Aufnahme sich meldenden Mitglieder nöthig.

Besteht bei einer solchen Genossenschaft die Einrichtung daß jeder mit seiner ganzen Arbeitskraft für die Genossenschaft arbeitet so ist die Aufnahme von Mitgliedern nur gruppenweise möglich.

Es widerspricht dem Begriff der Produktivgenossenschaft nicht daß dieselbe zeitweise Arbeiter derselben Branche gegen Lohn beschäftigt"

kamen zwar zur Erörterung, wurden aber ohne Beschlußfassung verlassen weil man sie dazu noch nicht für bereift erachten konnte. Es handelte sich hauptsächlich darum ob solchen Genossenschaften das Recht zuzugestehen sei ihre Mitgliederzahl zu schliessen oder mindestens Neuaufnahmen nur bei Stimmeneinhelligkeit der bisherigen Mitglieder zu bethätigen; diese Frage wurde von verschiedenen Seiten und auch vom Anwalte bejaht.

XIII. Ueber den Antrag

„der Vereinstag solle beschliessen daß Produktivgenossenschaften, die sich seinerzeit unter das Deutsche Genossenschaftsgesetz nicht stellten weil ein solches noch nicht existirte und jetzt ohne erheblichen Schaden unter dasselbe sich nicht zu stellen vermögen, gleichwohl aber dem Verbande der Deutschen Genossenschaften angehören, als solche auch die Vergünstigungen bestehend in Darlehen und Diskontirung von Wechseln seitens der Genossenschaftsbank (§. 12) gleich den anderen eingetragenen Genossenschaften zu gewähren seien,

wurde ohne Beschlußnahme hinweggegangen.

Die antragstellende Genossenschaft hatte sich vor dem Erscheinen des Gesetzes unter Aufnahme eines Familiennamens in ihre Firma gebildet und wäre nach dem Erscheinen des Gesetzes wenn sie sich demselben unterordnen wollte gezwungen gewesen diese Firma zu ändern, was ihr bei dem inzwischen errungenen bedeutenden Rufe des Geschäftes mißlich erschien. Da es nicht möglich ist daß der Allgemeine Vereinstag eine einzelne Genossenschaft oder besondere Gruppen als kreditwürdig bezeichnet und empfiehlt konnte auf den Antrag um so weniger eingegangen werden als der Vereinstag nicht berechtigt ist sich in die Geschäftsführung der Genossenschaftsbank einzumengen.

Im Uebrigen vergleiche man §§. 9—22, 35, 36, 38—40, bezüglich der Stellung der Vereinsbeamten aber insbesondere §. 36 XIII.

Auf das am Schlusse des §. 39 Seite 202 erwähnte Werk muß auch hier besonders aufmerksam gemacht werden.

## §. 42. Baugenossenschaften.

VI. Die Frage der Gründung von Arbeiterwohnungen auf genossenschaftlichem Wege wird auf die Tagesordnung des nächsten Allgemeinen Vereinstages gesetzt und schriftliche Berichterstattung darüber beschlossen.

Der aus Hamburg angeregte Antrag wurde nicht zur Verhandlung gestellt weil der Anwalt erklärte es spielen so viele und so schwierige Fragen mit daß die gründlichste Vorbereitung nothwendig erscheine.

Ein Unterantrag, eingebracht bei Besprechung des Grundkredites (§. 28) und lautend

„Die Anwaltschaft möge darauf hinwirken daß bei Vorkommen von Verbindungen für Arbeiterwohnungen, welche natürlich die solidarische Haft und bindende deklarirte Statuten besitzen müssen, denselben Kreditvorschüsse zugewendet und überhaupt solche Wohnungsvereine mit in die Gesammtgenossenschaft aufgenommen werden"

fand nicht die nöthige Unterstützung.

**VII. Dem Mangel an guten und gesunden Arbeiterwohnungen können in der Regel auf dem Prinzip der Selbsthilfe beruhende Baugenossenschaften abhelfen sofern dieselben kleine, für je eine Familie bestimmte Häuser bauen und ihren Mitgliedern ein Kaufgeld, welches durch terminliche auf eine Reihe von Jahren zu vertheilende Raten amortisirt wird, zum ausschließlichen Eigenthum überlassen.**

Ueber den weiteren Antrag

„Bei der Errichtung solcher Baugenossenschaften sind folgende Grundsätze zu empfehlen:

a) Unter die Mitglieder, deren Zahl nicht geschlossen sein darf, können auch solche Personen aufgenommen werden, welche zwar nicht selbst ein Haus erwerben wollen aber an der Herstellung guter Arbeiterwohnungen ein Interesse haben;

b) die Geschäftsantheile sind niedrig zu normiren aber es ist den Mitgliedern zu gestatten mehrere Geschäftsantheile zu erwerben;

c) der Uebereignung des Wohnhauses muß eine längere Probewohnzeit des betreffenden Mitgliedes (Wohnungsgenossen) und die Abtragung eines so erheblichen Theiles des Kaufgeldes vorausgehen daß für den Ueberrest eine ausreichende hipothekarische Sicherheit bestellt werden kann;

d) die erforderlichen fremden Gelder sind gegen persönliche solidarische Verpflichtung der Mitglieder aufzunehmen;

e) die Miethsentschädigung der Wohnungsgenossen und der Kaufpreis der Häuser sind so zu bemessen daß nach möglichst hoher Verzinsung der eingezahlten Amortisationsbeträge von dem Reingewinne eine den gewöhnlichen Hipothekenzinsfuß übersteigende Dividende auf die Geschäftsantheile vertheilt werden kann;

f) die Ordnung und Verwaltung der Angelegenheiten der Baugenossenschaft muß durch Generalversammlung, Aufsichtsrath und Vorstand nach den bei den andern Arten der Genossenschaften erprobten Grundsätzen der Selbstverwaltung erfolgen"

ging man zur Tagesordnung über.

Es mangelte an Theilnehmern, die in der Lage gewesen wären auf Grund praktischer Erfahrung auf die aufgestellten Sätze sich näher einzulassen.

**XIII. Die dem Verbande beitretenden Baugenossenschaften haben bis auf weiteres den Mindestbeitrag des Organischen Statuts (§. 7) von zwei Thalern zur Kasse des Allgemeinen Verbandes zu entrichten.**

Der Engere Ausschuß war mit der Vorprüfung des von der Anwaltschaft ausgegangenen Antrages betraut worden

„die nach §. 2 des Organischen Statuts zum Beitritte berechtigten Baugenossenschaften in Bezug auf die zu entrichtenden Beiträge nach den Bestimmungen des §. 10 des Statuts den Productivgenossenschaften gleichzusetzen jedoch mit der Maßgabe daß dem

Verkaufserlöse für ihre Gebäude die aus denselben erzielten Miethen hinzugerechnet werden müssen."

Er fand jedoch daß die Bestrebungen der Baugenossenschaften sich weder nach dem Maßstabe des Reingewinnes wie bei den Vorschußvereinen noch nach jenem des Umsatzes wie bei Konsumvereinen u. s. w. regeln lassen weshalb erst eine weitere Entwickelung dieser jungen Genossenschaftsgattung abgewartet werden müsse.

**XIII.** Der Allgemeine Vereinstag anerkennt daß die durch die Aufnahme stiller Gesellschafter vermittelte Heranziehung grösserer, auf lange Zeit unkündbarer Kapitalien für die Baugenossenschaften eine der Formen ist, in welcher das Kapital denselben dauernd dienstbar gemacht wird und welche sie in den Stand setzt das Wohnungsbedürfniß auch der bemittelten Klassen leichter zu befriedigen.

Der ursprüngliche Vorschlag lautete

„Der Allgemeine Vereinstag anerkennt daß die durch die Aufnahme stiller Gesellschafter vermittelte Heranziehung grösserer, auf längere Zeit unkündbarer Kapitalien für die Baugenossenschaften den Vortheil hat das Kapital denselben dauernd dienstbar zu machen und sie in den Stand zu setzen die Wohnungsbedürfnisse auch der bemittelten Klassen leichter zu befriedigen."

Es wurde allgemein anerkannt daß die Beiziehung stiller Gesellschafter ein sehr empfehlenswerthes Mittel zur Gewinnung der nöthigen Kapitalien ist.

Der Anwalt hatte in einer eigenen Flugschrift, die auf diesem Vereinstage zur Vertheilung gelangte, die Verbindung von Aktiengesellschaften mit Baugenossenschaften empfohlen und über die Art und Weise dieser Verbindung sehr beherzigenswerthe Aufschläge ertheilt. Von anderer Seite wurden Vorschläge gemacht wie sich die Vorschußvereine dem Kreditbedürfnisse der Baugenossenschaften gegenüber zu verhalten haben und unter welchen Umständen sie dieselben zu befriedigen im Stande wären.

Ausserdem brachte die Verhandlung eine Reihe höchst anregender Mittheilungen über die Bestrebungen und Erfolge verschiedener Baugenossenschaften. Wir müssen darauf verzichten hier eingehendere Auszüge aufzunehmen und die Betheiligten auf die Mittheilungen über den Allgemeinen Vereinstag selbst verweisen, aus deren Kenntnißnahme sie viel Vortheil gewinnen können.

**XIV. Es empfiehlt sich bei der Bilanzaufstellung für Baugenossenschaften**

**die vermietheten Immobilien zu dem Herstellungskostenpreise jedoch nicht höher anzusetzen als zu dem durch jeweilige gewissenhafte Schätzung zu ermittelnden wahren, jederzeit realisirbaren Werthe.**

Der ursprüngliche Antrag lautete

„Es empfiehlt sich bei der Bilanzaufstellung für Baugenossenschaften die vermietheten Immobilien nicht nach den Herstellungskosten sondern nach dem wahren jederzeit realisirbaren Werthe anzusetzen; derselbe kann nicht ausschließlich nach bestimmten Vielfachen der Miethe ausgedrückt sondern nur durch jeweilige gewissenhafte Schätzung erhoben werden. Das Ergebniß dieser Schätzung, nöthigenfalls ermässigt auf den achtzehnfachen Betrag der letztbezahlten Jahresmiethen, ist dann unter die Aktiven einzustellen."

Dieser Antrag war von der Versammlung einer Abtheilungs-Vorberathung unterzogen worden und die Abtheilung ersetzte ihn durch den zum Beschlusse erhobenen Antrag.

Es wurde gegen den ursprünglichen Wortlaut eingewendet daß nur die Herstellungskosten maßgebend sein können, daß jede Ueberschreitung derselben die Vertheilung eines Gewinnes zur Folge hätte, der später als Verlust in Abzug gebracht werden müsse wenn die Gebäude nicht verkäuflich sind und Reparaturkosten von einigem Umfange nothwendig werden, so daß der sogenannte Unternehmergewinn erst dann zur Berechnung und Vertheilung gebracht werden dürfe wenn er durch den Verkauf des Objektes thatsächlich bereits in die Kasse der Genossenschaften geflossen ist. Insbesondere aber wurde Werth darauf gelegt daß entweder eine Amortisation für die Abnützung an den Gebäuden in Rechnung gestellt oder ein besonderer Erneuerungsfond gebildet wird, der einen Bestandtheil der Reservefonds zu bilden habe. —

In Bezug auf die Beschaffung der nothwendigen Baumittel wurde wiederholt wie am vorjährigen Vereinstage auf die Einrichtung der stillen Gesellschafter, vom Anwalte aber gleichfalls wiederholt auf die Verbindung mit besonderen Aktiengesellschaften hingewiesen, welche den Grund und Boden im Grossen zu erwerben und die Bauführung im Grossen zu bethätigen haben während die Baugenossenschaft die Häuser einzeln von den Aktiengesellschaften erwirbt und die Verantwortlichkeit für deren Bezahlung in angemessenen Fristen übernimmt, wodurch die Aktiengesellschaft sicherer gestellt ist als im Verkehre mit Privaten weil die Solidarhaft der Mitglieder ihr zur vollen Deckung dient, die Genossenschaft aber ihre Selbständigkeit wahrt ohne sich selbst in die Bauspekulation einzumengen.

Der Anwalt erklärte sich bereit für Baugenossenschaften, welche dem Allgemeinen Verbande beitreten und bereits Beweise ihrer Leistungsfähigkeit durch Aufsammlung von Sparantheilen gegeben haben, die Kapitalvermittlung zu versuchen.

XV. Der Allgemeine Vereinstag empfiehlt sämmtlichen Baugenossenschaften den Zutritt zu dem in Bildung begriffenen Unterverbande Deutscher Baugenossenschaften.

Der ursprüngliche Antrag einer vorberathenden Abtheilung lautete „Der Allgemeine Vereinstag erklärt auf den Antrag der bei demselben versammelt gewesenen Vertreter von Baugenossenschaften die Errichtung eines Unterverbandes der Deutschen Baugenossenschaften für deren Entwickelung für nützlich und nothwendig und ersucht die Anwaltschaft die vorbereitenden Schritte zur Errichtung eines Unterverbandes namentlich durch Sammlung des statistischen Materials über die Organisation und Tendenz der vorhandenen Baugenossenschaften zu thun, auch sich hiebei der Mitwirkung der zu diesem Zwecke gewählten Kommission bedienen zu wollen."

Für diese Kommission waren die Vertreter der Bauvereine Bremen, München, Neviges und Insterburg in Vorschlag gebracht.

Man überzeugte sich in der Verhandlung daß die Gründung des Unterverbandes nicht der Anwaltschaft zugeschoben werden dürfe sondern aus der Thätigkeit der Vereine selbst hervorgehen müsse. Die Ausdehnung auf das ganze Deutsche Reich erschien für den Anfang nothwendig da die Zahl der Baugenossenschaften noch gering war und man mit Grund annehmen durfte daß eine Abzweigung in mehrere Unterverbände sich mit der allmäligen Ausbildung von selbst gestalten werde.*) —

*) Noch ehe dieser Bogen in den Druck geht wurde der Unterverband wirklich gegründet und seine Leitung vorerst der Baugenossenschaft Arbeiterheim in München übertragen.

XV. Bei neuerlicher Besprechung der Frage ob die Vorschußvereine den Bauvereinen Kredit gewähren können und sollen (§. 11 XV) kam auch die Einrichtung der Stillen Gesellschafter wieder zur Erörterung und wurde die Behauptung dieselbe sei von dem Begriffe einer Wohlthätigkeitseinrichtung nicht leicht zu trennen durch ziffermässigen Nachweis der ausgiebigen Verzinsung nnd der sicheren Geldanlage widerlegt. —

Im Uebrigen gelten auch für Baugenossenschaften viele der in §§ 1—22, 28, 29, 36, 38 erwähnten Beschlüsse.

## Zum Schlusse.

Ueber Schutzgenossenschaften vergleiche man §. 11. XI Seite 109 f. —

Es bestehen thatsächlich verschiedene Gattungen von Genossenschaften, deren in den bisherigen Erörterungen eine Erwähnung nicht geschah, so beispielsweise die landwirthschaftlichen Genossenschaften, die Werk- und Maschinen-Genossenschaften &c.

Der Allgemeine Vereinstag hatte bislang nicht Anlaß sich anders mit denselben zu befassen als insoweit ihre Angelegenheiten mit denen anderer Vereinsgattungen zusammenfallen und also in §§ 1—22 behandelt sind.

Ihr Beitritt zum Allgemeinen Verbande, ihre Theilnahme an den Allgemeinen Vereinstagen und die Einbringung geeigneter Anträge von ihrer Seite wird allein geeignet sein die etwa empfundenen Lücken auszufüllen!

# Inhaltsverzeichniß.

# Die Grundlehren

der

# Deutschen Genossenschaften.

Nach den Beschlüssen der Allgemeinen Vereinstage sistematisch dargestellt und eingeleitet mit einer Skizze der

**Geschichte des Allgemeinen Vereinstages**

von

**Fr. X. Prößl**

Vorstand des Statistischen Bureaus der Stadt München.

Zweiter Band.

**München, 1884.**

Friedrich Adolf Ackermann.

# Inhaltsverzeichnis.

(Die mattgedruckten Seitenzahlen beziehen sich auf den ersten, die fett gedruckten auf den zweiten Band.)

## a) Sistematisches.

# Erster Theil.

---

## Geschichte des Allgemeinen Vereinstages.

### XVI.*)

Was im Jahre 1873 durch die Ungunst der Verhältnisse unmöglich geworden war, wurde im Jahre 1875 nachgeholt. Der Allgemeine Vereinstag trat Ende August in München zusammen und der Umstand daß es galt, das fünfundzwanzigjährige Bestehen der ältesten Genossenschaften nach Schulzeschem Sisteme zu feiern, brachte eine grössere Zahl von Theilnehmern dorthin als irgend einer der vorausgegangenen Vereinstage gesehen hatte. Ausser dem Anwalte waren Vertreter von 31 Unterverbänden, 123 Vorschußvereinen, 30 Konsumvereinen, 3 gewerblichen und 5 Bau-Genossenschaften anwesend, zusammen 227 Abgeordnete, ganz abgesehen von der zahlreichen Betheiligung aus München selbst. Als Gäste sind insbesondere Regierungsrath Dr. Papellier als Vertreter des Staatsministeriums des Innern, der Präsident der Oberbayerischen Kreisregierung Freiherr von Burchtorff, der II. Bürgermeister in München Dr. Widenmayer, der Direktor des Länderbankenvereines in Wien, der Direktor der Genossenschaftlichen Grundkreditbank in Königsberg, dann Engelbert Keßler, der Referent der genossenschaftlichen Abtheilung des Allgemeinen Oesterreichisch-Ungarischen Beamtenvereines in Wien**) und der Direktor der Deutschen Genossenschaftsbank Soergel zu erwähnen.

---

*) Eine gedrängte Darstellung über den Verlauf der ersten fünfzehn Vereinstage enthält das erste Bändchen Seite 1 bis 36.

**) Man vergleiche Bd. I Seite 19.

Um die erwähnte Jubelfeier würdig und mit voraussichtlich gutem Erfolge für die genossenschaftliche Sache selbst begehen zu können, hatte der Engere Ausschuß eine Summe von viertausend Mark aus Mitteln des Allgemeinen Verbandes bewilligt, wovon jedem Unterverbande die Reisevergütung für einen eigenen Abgeordneten ausser denjenigen, welche der Verband auf seine Kosten senden wollte, gewährt werden konnte. Auch der Umstand daß unmittelbar an den Allg. Vereinstag sich der XVI. Kongreß Deutscher Volkswirthe anreihte, führte der Versammlung aussergewöhnlichen Besuch zu.

Den Vorsitz führte wie seit 1866 ununterbrochen Nizze-Ribnitz, unterstützt von Mayer-München und Laßwitz-Breslau; als Schriftführer waren thätig Barth, Feierabend und Dr. Fläxl-München, Grundtke-Naumburg, Basler-Eigeltingen und Kühne-Hohenmoelsen. — Bürgermeister Dr. Widenmayer brachte der Versammlung den Gruß der Stadt; Troitzsch-Delitzsch, der treue Mitarbeiter Schulzes bei der Gründung der ersten Vereine und bei allen Bestrebungen im ersten Jahrzehnt der genossenschaftlichen Thätigkeit auf Deutschem Boden, sprach gleich am Beginne der Versammlung den Dank seines Vereines für die vielen Zeichen von Theilnahme und freundlicher Begrüssung aus, mit welcher dieser am 10. Mai bedacht wurde als er das Erinnerungsfest an seine vor fünfundzwanzig Jahren vollzogene Gründung feierte.

Der Anwalt konnte in seinen einleitenden Worten wieder einen wesentlichen Fortschritt in der ganzen genossenschaftlichen Bewegung betonen, der um so stärker ins Gewicht fallen mußte als die allgemeine wirthschaftliche Lage eine trübe war. Die statistische Uebersicht wies eine Mehrung in der Zahl der bestehenden Genossenschaften gegen das Vorjahr um fast 450 nach, der von den Vorschußvereinen gewährte Kredit eine solche um fünf Millionen Thaler; das eigene Vermögen an Geschäftsantheilen und Reserven war um mehr als zwei Millionen Thaler, der Verkaufserlös der Konsumvereine um 250 tausend Thaler, die Geschäftsantheile der Mitglieder derselben waren um 90 tausend Thaler gewachsen.

Damit verband Schulze ernste Worte der Mahnung an diejenigen Vereine, in welchen eine wirksame schützende Kontrole noch nicht durchgeführt war; er warnte vor verschiedenen unsoliden Unternehmungen, die sich unter genossenschaftlicher Firma in den öffentlichen Verkehr, insbesondere in Oesterreich eingeschlichen hatten, wo die gesetzliche Zulassung von Genossenschaften mit beschränkter Haftpflicht solche Gründungen begünstigte. Eine schwere Krisis der Düsseldorfer Gewerbebank gab Anlaß, auf eine Reihe von Mißgriffen hinzuweisen, die dort unter fortdauernden Verstößen gegen die Grundsätze des Genossenschaftswesens begangen worden waren. —

Den Schluß seiner Ansprache bildete ein Rückblick auf das erste Vierteljahrhundert der genossenschaftlichen Thätigkeit und ihre Erfolge, den wir, obschon er unmittelbar nach dem Vereinstage in allen Zeitungen abgedruckt wurde und seither in einer Reihe von Büchern Aufnahme fand, doch auch an dieser Stelle seinem ganzen Inhalte nach wiedergeben da er für jede genossenschaftliche Vereinigung von unvergänglicher Bedeutung ist:

„Gewiß ziemt es sich an dem Gedächtnistage einer Bewegung, „welche in verhältnismässig kurzer Zeit so erhebliche Resultate „ergeben hat, daß man sich nicht mit einem Rückblicke auf das „Erreichte begnüge. Vielmehr gilt es da einer Ausschau in die „Zukunft um die letzten Ziele der Bewegung in das Auge zu „fassen, sich ihres geistigen Zusammenhanges mit den übrigen Zeit„strebungen bewußt zu werden. Haben wir doch schon sonst bei „unserem gemeinsamen Tagen dieser Beziehungen im einzelnen „gedacht. Neben der Wahrung der sittlichen Fundamente des „Verkehres galt uns die Genossenschaft als Schule der Selbstver„waltung für Gemeinde und Staat, und dieser politischen Mission „gesellten wir die soziale bei, den Ausgleich des Klassenkampfes, „die Versöhnung zwischen Kapital und Arbeit. Aber immer mehr „weitet sich der Gesichtskreis, fallen die anfangs gezogenen Schranken, „immer entschiedener tritt die materielle Frage der Versorgung der „Massen mit der phisischen Lebensnothdurft als Bedingung jeder „weiteren Entwickelung in den Vordergrund. Und so reiht sich

„die wirthschaftliche Genossenschaft würdig dem mächtig auf allen „Daseinsgebieten emporblühenden freien Vereinswesen ein, mittels „dessen die moderne Gesellschaft ihre unwiderstehliche Initiative „übt. Gestützt auf diesen gewaltigen Hebel zieht sie eines nach „dem anderen von den Gebieten, in welche der Staat mit seinen „äusserlichen Machtmitteln nicht reicht, an sich und ist bemüht, „die staatlichen Institutionen selbst immer mehr dem ureigensten „Wesen und Bedürfnis der Menschen gemäß zu gestalten. Indem „wir somit die Selbsthilfe, die Bethätigung der eigenen Kraft, die „Verantwortlichkeit für das eigene Geschick als Wirthschaftsprinzip „proklamiren, haben wir es nicht blos mit der materiellen Existenz „einzelner Volksklassen, mit beschränkten Privatinteressen zu thun, „vielmehr stehen wir mitten in der Gesammtarbeit für die grossen „Aufgaben unserer Zeit.

„Gewiß muß uns dies Bewußtsein, werthe Genossen, in „unserem Streben ermuthigen, mit einem gewissen Selbstgefühl „erfüllen; indessen legt es uns doch auch andererseits die größte „Bescheidenheit auf! — Wie schwindet das bisher Geleistete vor „dem, was noch zu thun übrig bleibt, wenn man die Aufgabe in „ihrer vollen Grösse erfaßt; wie drängt es sich Jedem auf daß „es nur die Anfänge der Bahn sind, deren Endziele in der Ferne „uns winken! — Und wenn es verdienstlich scheint, auch nur die „Anfänge der rechten Bahn zu eröffnen, — wie muß doch jeder „kleinliche Egoismus, jede persönliche Ueberhebung zurücktreten „wenn sich Alle sagen müssen daß, um nur auf den Punkt zu „gelangen wo wir uns jetzt befinden, die vereinte Arbeit von „Tausenden die Reihe Jahre daher erfordert wurde! — Und das „eben, das ist es was Jeder sich fest einprägen soll um sich mit „dem ächten genossenschaftlichen Geiste zu erfüllen: Mit ver„einten Kräften im engen brüderlichen Zusammenschlusse den grossen „Fragen und Interessen des Menschendaseins gegenüber treten! „Nicht nur daß der Einzelne sich selber so am besten dient „indem er lernt wie erst durch die Einordnung in das Ganze „der feste Halt für sein freies individuelles Gebahren gewonnen „wird; er hilft, wenn auch im bescheidensten Maße, die grossen

„Gesammtaufgaben, den Kulturfortschritt unseres Geschlechtes fördern, „von dem alles ausgeht und in den alles zurückgreift, was der „Menschheit von je zum Heile gereicht hat.

„Aber wie nach alledem unsere Arbeit dem inneren Frieden „dient so dient sie auch dem Frieden nach aussen. Ueberall im „Auslande erkennt man die Mustergiltigkeit der Organisation des „Deutschen Genossenschaftswesens an, welches zu einer wahrhaft „nationalen Institution geworden ist. Da sage ich: Ein Volk, „welches nicht nur in seinen geistigen Leistungen, in Kunst und „Wissenschaft sondern sogar auf dem von so schweren Zerwürf„nissen heimgesuchten Felde des materiellen Erwerbes die höheren „humanen Ziele nicht aus den Augen verliert, von dessen politischer „Erstarkung hat der Welttheil keine Störung seiner friedlichen „Entwickelung zu fürchten!

„Und da tritt mir lebhaft ein grosses Wort des gestürzten „Kaisers in unserem Nachbarlande vor die Seele, das zugleich „eine seiner grossen Lügen war: „Das Kaiserthum ist der Friede!"

„Mit besserem Rechte sprechen wir es heute aus: „Die Genossenschaft ist der Friede!"

„Dies die Losung des Tages. Möge sie zugleich mit unseren „Organisationen als Friedensgruß Deutscher Genossenschafter zu „allen Gleichstrebenden weit über die Gränzen unseres Vater„landes dringen, und man wird uns hören, — das versichert Ihnen „Ihr Anwalt." —

Die K o n s u m v e r e i n e traten mit ihren Berathungsgegenständen bei diesem Vereinstage mehr als bei früheren in den Vordergrund. Sie hatten bezweckt daß ihre Angelegenheiten sofort beim Beginne zur Verhandlung gelangten während sie bisher regelmässig am Schlusse d. h. n a ch den gemeinsamen Angelegenheiten aller Genossenschaftsgattungen eingestellt waren. Doch ist diese Aenderung eine vereinzelte Ausnahme geblieben.

Vor dem Uebergange zu den gemeinsamen Angelegenheiten wurde ein Bericht des Anwaltes über d i e A u s f ü h r u n g d e r B e s c h l ü s s e d e s l e t z t e n V e r e i n s t a g e s eingeschaltet, ebenfalls eine Neuerung, die nicht von Bestand blieb, deren Wiederaufnahme sich aber empfehlen würde. In diesem Berichte sprach sich Schulze insbesondere über die Verwendung des vom Allg. Vereinstage des Vorjahres zur Verfügung gestellten sogenannten Agitationsfondes aus. Darnach war an verschiedenen Orten zumal in Ost- und West-Preussen und in Thüringen Aufklärung über die genossenschaftlichen Bestrebungen durch die Lokalpresse mit gutem Erfolge versucht worden. Schulze selbst hatte in einer vielverbreiteten Schrift über die Mißstände im Raiffeisenschen Darlehenskassensisteme und über die Möglichkeit, diese Mißstände zu beseitigen und auch die genannten Kassen auf den gesunden Boden ächter genossenschaftlicher Wirksamkeit überzuführen sowie für das Grundkreditbedürfnis des ländlichen Kleinbesitzes zu sorgen, sich ausgesprochen, — Dr. Schneider, der Sekretär der Anwaltschaft, eine Schrift für Baugenossenschaften herausgegeben, und in Süddeutschland waren an mehreren Orten belehrende Vorträge über das Genossenschaftswesen abgehalten worden.

Der schon erwähnte Bruch der Düsseldorfer Gewerbebank bot Anlaß zu Anträgen in Bezug auf das Verhalten von Vereinen, welche in Konkurs gerathen sind, während der Dauer desselben, Anträgen, in welchen wir den Keim zu wichtigen, inzwischen weiter ausgebildeten Vorschlägen für die Revision des Genossenschafts-Gesetzes erblicken dürfen. Die zahlreichen Beschlüsse, welche in Bezug auf verschiedenartige Angelegenheiten der Vorschuß- Konsum- Rohstoff- und Bau-Genossenschaften gefaßt wurden, sind im zweiten Theile wörtlich und mit kurzer Begründung vorgetragen.

Durch eine Zeichnung von Beiträgen in genossenschaftlichen Kreisen waren die Mittel beschafft worden, dem Anwalte zur Erinnerung an die Jubelfeier eine schöne Ehrengabe, bestehend in werthvollen silbernen Tafelgeräthen zu übergeben, die er mit herzlichem Danke entgegennahm und stets als ein Familiengut von besonderer Bedeutung im Besuchzimmer seines Hauses zu Potsdam verwahrte. —

## XVII.

Das Jahr 1876 führte die Vertreter der Deutschen Genossenschaften wieder an den Strand der Ostsee. In Danzig vereinten sich am 21. August mit dem Anwalte und seinem Sekretäre die Vertreter von 31 Unterverbänden, 128 Vorschußvereinen, 13 Konsumvereinen, 9 landwirthschaftlichen, 2 gewerblichen und 2 Bau-Genossenschaften, zusammen abgesehen von den Vereinsmitgliedern aus der Stadt selbst 242 Abgeordnete nebst mehreren Gästen, unter letzteren insbesondere der Oberbürgermeister von Winter und der Stadtverordnetenvorsteher Kommerzienrath Bischoff aus Danzig, der Vorsitzende des Preussischen Provinzialverbandes der Gesellschaft für Verbreitung von Volksbildung, zahlreiche Mitglieder des Allgemeinen Bildungsvereines und des Lehrervereines in Danzig sowie des Handwerkervereines in Gumbinnen.

Den Vorsitz führte Nizze mit Unterstützung von Schenck-Wiesbaden und Pröbst-München; als Schriftführer waren thätig Dr. Landgraf-Stuttgart, Trabert-Mellrichstadt, Weber-Bruchsal, Dr. Daße, Meyer und Elsner aus Danzig.

In zündender Rede begrüßte der Oberbürgermeister von Winter die Versammlung. Der Vorsitzende erfüllte die traurige Pflicht an den Tod eines Mannes zu erinnern, der den genossenschaftlichen Bestrebungen von ihrem Beginne an die größte Aufmerksamkeit und thatkräftigste Unterstützung zugewendet und sich noch an der vorjährigen Versammlung in München lebhaft betheiligt hatte, des Mitbegründers und ersten Direktors der Deutschen Genossenschaftsbank, Alwin Sörgel, dessen Hinscheiden als ein schwerer Verlust für die Deutschen Genossenschaften empfunden wurde.*)

Wieder hatte die Zahl der Kreditvereine gegen das Vorjahr zugenommen und zwar von 2639 auf 2763 während jene der Konsumvereine von 1089 auf 1034 zurückgegangen war, und zwar in Oesterreich, wo diese Vereine theils zu national-czechischen Zwecken mißbraucht, theils durch die Steuerbelästigungen unterdrückt

*) Schulze hat ihm in den „Blättern für Genossenschaftswesen" 1875 Nr. 49 einen herzlichen Nachruf gewidmet; ebenso Parisius in der „Vossischen Zeitung," aus welcher der fragliche Artikel in der genannten Numer der Bl. f. G.W. zum Abdrucke kam.

worden waren. Mit rühmender Anerkennung gedachte Schulze der Thätigkeit Hermann Zillers, des Anwaltes des Oesterreichischen Genossenschaftsverbandes, der mit den größten Schwierigkeiten zu kämpfen hatte, aber treu und beharrlich auf seinem Posten aushält.

Mit allem Rechte bezeichnete er die in der Oeffentlichkeit schon mehrfach aufgetauchten Behauptungen als hinfällig, die Kreditvereine könnten den Arbeitern nichts helfen und diese betheiligten sich auch gar nicht an denselben. Die Statistik lieferte den ziffermässigen Nachweis daß in 731 Kreditvereinen, von welchen die Tabellen vorlagen, nicht weniger als 37tausend Lohnarbeiter und Handwerksgehilfen als Mitglieder betheiligt waren!

Aus der einleitenden Ansprache Schulzes mögen hier einige besonders bemerkenswerthe Sätze Raum finden. Er sagte:

„Wir stehen im zweiten Stadium unserer Entwickelung. Wie „viel Zähigkeit und Ausdauer gehörte nicht am Anfange der Be„wegung dazu, gegenüber dem mangelnden Rechtsschutze, den Ein„griffen der Behörden, die uns schreckliche destruktive Tendenzen „unterlegten, den ungenügenden Mitteln und allen damit zusammen„hängenden Schwierigkeiten zu einer gesicherten Stellung empor„zuarbeiten? Aber diese Schwierigkeiten der ersten Zeit, welche die „Vereine ganz auf die eigene Kraft verwiesen und nur durch zähe „Ausdauer und mühsames Zusammenfassen überwunden werden „konnten, waren es gerade, denen sie die Gesundheit ihres Auf„kommens, ihren geschäftlichen Halt verdanken. Jetzt hat sich das „geändert. Wir haben Rechtsschutz, wir haben Kredit und Kapital „in Fülle. In den verhängnisvollen Jahren, welche dem grossen „Krach vorangingen, ja zum Theile noch nach demselben wurden „die Vereine mit Kredit, mit Geldangeboten förmlich überschwemmt. „Das führte uns zur zweiten Probe, die — ich möchte sagen — „schwerer ist als die erste. Sie wissen wie viele Millionen des „Volksvermögens verloren wurden in den letzten Jahren weil „man sich nicht in den natürlichen Gränzen, die der Entwickelung „des Verkehres gesteckt sind, zu halten wußte. Deshalb müssen „wir als Losung aufstellen: Maßhalten, nicht Hinausgehen aus „unserem natürlichen Wirkungskreise, aus dem, was wir thun „können, was wir thun sollen als Genossenschaften!“

Von den gefaßten Beschlüssen erwähnen wir an dieser Stelle insbesondere denjenigen, welcher den Anwalt zur Anbahnung eines Gesetzes für die Errichtung von Realkreditgenossenschaften ermächtigte, sowie diejenigen, welche eine genauere Regelung der Kontrolfunktionen des Aufsichtsrathes ins Auge fassen und so schon dazu beitrugen, das Programm, welches der Anwalt im ebenerwähnten Theile seiner Ansprache für die zweite Periode der genossenschaftlichen Thätigkeit gestellt hatte, zu verwirklichen, — ferner einen Beschluß, welcher den in Aktiengesellschaften umgewandelten Genossenschaften das Verbleiben im Rahmen des Allgemeinen Verbandes ermöglicht.

Die im Jahre vorher gegebene Anregung zur Revision des Genossenschaftsgesetzes in dem Sinne daß in Vereinen, welche in Konkurs gerathen, den Mitgliedern eine freiere Bewegung zur selbständigen Erledigung der Vereinsangelegenheiten auch in diesem Stadium gewährt werden sollte, wurde weiter verfolgt und die Solidarhaft als die dem Wesen und den Aufgaben der Genossenschaften am besten entsprechende Rechtsgrundlage neuerdings anerkannt.

Im Konsumvereinswesen wurde der Kampf gegen die Verfälschung der Nahrungsmittel ernstlich aufgenommen, der dann eine Kette von Beschlüssen auf den folgenden Vereinstagen nach sich zog und viel dazu beitrug, die solide Geschäftsführung der Vereine zu fördern, freilich aber auch die Zahl ihrer Gegner rasch und beträchtlich anwachsen zu machen.

Dem Anwalte wurde ein besonderer Dispositionsfond von 500 Mark für unvorhergesehene Ausgaben, wie sie in einem so grossen Verbande leicht denkbar sind, bewilligt.

Nach dem Schlusse des Vereinstages folgten viele Theilnehmer einer Einladung des Anwaltes zu einem Besuche in seinem Hause in Potsdam. Sie staunten über das bescheidene Heim, das der gefeierte Mann sich und seiner Familie gegründet hatte, erfreuten sich mit ihm seiner Lieblingsplätze in dem treugepflegten Garten und verbrachten Stunden des schönsten Genusses an der Stätte, an der sie jahraus jahrein in jeder schwierigen Lage sich brieflich Rath zu erholen gewohnt waren. —

## XVIII.

Der in Danzig ergangenen Einladung folgend vereinten sich am 2. September 1877 in Wiesbaden mit dem Anwalt und seinem Sekretär die Vertreter von 32 Verbänden, 136 Vorschuß- und 19 Konsum-Vereinen, 4 gewerblichen und 2 Bau-Genossenschaften, zusammen 220 Abgeordnete sammt vielen Mitgliedern der Wiesbadener Vereine. Den Vorsitz führte Nizze mit Unterstützung von Schenck-Wiesbaden und Pröbst-München; als Schriftführer waren thätig Seher, Knauer, Straßburger und Dicke, sämmtliche aus Wiesbaden. Bürgermeister Coulin begrüßte die Versammlung Namens der Stadt und der Vorsitzende konnte beim Beginne der Verhandlungen die freudige Mittheilung machen daß der Kongreß für Gesundheitspflege und Rettungswesen in Brüssel den Anwalt auf Grund des von ihm eingereichten Jahresberichtes über die Fortschritte der Deutschen Genossenschaften durch den ersten Preis in Form einer goldenen Medaille auszeichnete sowie daß die Italienischen Volksbanken in ihrem kurz vorher abgehaltenen Kongresse die Deutsche Genossenschaftsorganisation als mustergiltig anerkannten und darüber eine eigene Urkunde der Anwaltschaft überschickten. Um so kleinlicher erschien das Vorgehen einiger Raiffeisenschen Darlehens-kassen,*) welche einen Protest darüber erhoben daß Schulze-Delitzsch im Reichstage im Namen der Deutschen Genossenschaften aufgetreten sei. Der Engere Ausschuß hatte bereits eine Erklärung über diese Angelegenheit veröffentlicht; der Allgemeine Vereinstag drückte durch Erheben aller Theilnehmer von den Sitzen in feierlicher Weise seine Zustimmung zu dieser Erklärung aus.

Der Anwalt konnte in seinem Berichte neuerdings eine Mehrung der Zahl der bekannten Genossenschaften gegenüber dem Vorjahre um mindestens hundert verzeichnen obschon manche Gebietstheile des Reiches bereits so mit Genossenschaften besetzt erschienen daß neue Zugänge in denselben kaum mehr zu erwarten standen.

Er hatte aber auch Ursache, einer politischen Krisis zu gedenken, welche Einfluß auf die genossenschaftliche Bewegung zu

*) Vergl. Bd. I Seite 178 f.

gewinnen suchte. Von Seite der neu konstituirten konservativen Partei waren die heftigsten Angriffe auf die Genossenschaften erfolgt. Wieder war die Lüge verbreitet worden daß in ganz Deutschland nur 71 Handwerker in den Schulzeschen Vereinen sich befinden während die Statistik deren 114tausend nachwies.

Von den einzelnen Anträgen, welche an diesem Vereinstage behandelt wurden, mögen hier nur die auf Heranziehung langbefristeter fremder Gelder, welche besonders im Interesse der Kreditgewährung an Landwirthe erwünscht schien, dann die auf Vereinbarung einer Kontrolinstruktion für den Aufsichtsrath der Kreditvereine gerichteten erwähnt werden.

Schulze legte einen neu redigirten Entwurf einer Novelle zum Genossenschaftsgesetze vor, der eingehender Berathung unterzogen wurde.

Die im Vorjahre von den Konsumvereinen angeregte Frage des Kampfes gegen die Waarenfälschung wurde nun auch von den landwirthschaftlichen Genossenschaften aufgenommen und erreichte dadurch eine erhöhte Bedeutung.

In Thüringen hatte sich ein neuer Konsumvereinsverband gebildet, in der Provinz Preussen ein Verband der landwirthschaftlichen Genossenschaften von Ost- und West-Preussen, im südlichen Bayern ein Bayerischer Genossenschaftsverband, die insgesammt als willkommene Glieder des Allgemeinen Verbandes anerkannt wurden. Dagegen mußte die Auflösung des Deutschen Baugenossenschaftsverbandes genehmigt werden, der sich nicht als lebensfähig erwiesen hatte. Die wenigen Bauvereine, welche sich demselben angeschlossen, wurden ermahnt, nunmehr den ihnen nächstgelegenen Unterverbänden von Kredit- oder Konsum-Vereinen beizutreten.

An den Vereinstag schloß sich, wie das seit Jahren üblich, ein gemeinsamer Ausflug, der diesmal selbstverständlich an den Rhein und zum Niederwalde führte, wo schon der Grundstein vorbereitet war für das herrliche Denkmal, das inzwischen dort Platz gefunden. Bei der Rückkehr waren die Vereinstags-Mitglieder der Gefahr des Schiffbruches ausgesetzt, eine Episode, die nicht ganz ohne Schrecken vorüberging, aber nachträglich zu manchem heiteren Scherze Anlaß bot. Die herrliche Fahrt am Rhein bei festlicher Beleuchtung der beflaggten Landhäuser an beiden Ufern wird sicher keiner der Festtheilnehmer vergessen, ebensowenig aber auch die fröhliche Gastfreundschaft der wackeren Rheingauer! —

## XIX.

Am 22. August 1878 trat der neunzehnte Allgemeine Vereinstag in Eisenach zusammen. Der Anwalt war eingetroffen, aber durch ein Unwohlsein ans Krankenlager gefesselt und sein Zustand besserte sich so wenig daß er nicht nur an den Verhandlungen nicht Antheil nehmen konnte sondern unmittelbar wieder nach Hause reisen mußte um sich einer ernsten Kur zu unterziehen. Nur wenige Vertraute konnte er vorher am Krankenlager empfangen und von seinen Plänen für den diesmaligen Vereinstag eingehender unterrichten. Schenck-Wiesbaden übernahm es, den Patienten nach Potsdam zu begleiten, gefolgt von den aufrichtigsten Segenswünschen aller Theilnehmer.

Ausser dem Anwalt und seinem Sekretär Dr. Schneider, dem nun die Aufgabe zufiel, die Anwaltschaft am Vereinstage zu vertreten, und der diese Aufgabe in befriedigendster Weise löste, hatten sich die Abgeordneten von 31 Unterverbänden, 165 Vorschußvereinen, 27 Konsumvereinen, einer landwirthschaftlichen, einer Bau- und zwei Produktiv-Genossenschaften eingefunden, zusammen 283 Theilnehmer. Als Gäste waren unter anderen anwesend der Bezirksdirektor, der Bezirkskommissär und der Oberbürgermeister von Eisenach sowie der Sekretär des landwirthschaftlichen Zentralvereines in Kassel Th. Krauß.

Den Vorsitz führte Nizze mit Unterstützung von Schwanitz-Ilmenau und Pröbst-München; als Schriftführer wirkten Burkhardt-Eisenach, Fleischhauer-Waltershausen, Geffers-Insterburg und Dr. Landgraf-Stuttgart. Die Aufzeichnung der Verhandlungen als Grundlage der zu druckenden Mittheilungen über den Vereinstag besorgte an Stelle des Anwaltsekretärs der als Gast mitanwesende Studiosus Max Pröbst aus München. Bezirksdirektor Coudray und Bürgermeister Elle begrüßten die Versammlung Namens der großherzoglichen Staatsregierung und bezw. der Stadt Eisenach.

Den einleitenden Bericht über die Fortschritte des Deutschen Genossenschaftswesens erstattete an Stelle des Anwaltes Dr. Schneider. Zum erstenmale waren die Oesterreichischen Genossenschaften aus den grossen Tabellen der Anwaltschaft weggeblieben weil sichere Aussicht geboten war daß Herrmann Ziller, der verdienstvolle Anwalt des Oesterreichischen Genossenschaftsverbandes, selbst einen solchen Bericht zu veröffentlichen in der Lage sein werde. Nach dieser Ausscheidung berechnete sich die Gesammtzahl namentlich bekannter Genossenschaften in Deutschland auf 3123 so daß die Zahl der bestehenden überhaupt auf 3300, ihr Geschäftsumsatz auf 2200 Millionen, ihre eigenen Kapitalien auf 160 Millionen und das ihnen anvertraute fremde Kapital auf 400 Millionen Mark geschätzt werden durfte.

Leider waren mehrere schwere Unfälle einzelner Vereine zu beklagen, die meisten wie der grosse Bankerott des Vorschußvereines in Roßwein herbeigeführt durch Betrügerei von Beamten der Vereine und Nachlässigkeit der zur Kontrole verpflichteten Aufsichtsrathsmitglieder. Einen glänzenden Beweis für die Lebensfähigkeit von Genossenschaften auch unter widrigen Umständen lieferte der Freiburger Darlehensverein, der einen Verlust von mehr als einer Million Mark durch das treue und feste Zusammenhalten der Mitglieder überwand indem er die Geschäfsantheile der Mitglieder zur Abschreibung brachte und den beträchtlichen Rest des Ausfalles durch Zwangsumlagen unter den Mitgliedern deckte. So durfte mit allem Rechte der Berichterstatter den Stand des Deutschen Genossenschaftswesens ungeachtet der fortdauernd ungünstigen wirthschaftlichen Verhältnisse im allgemeinen und der eingetretenen Verluste im einzelnen als einen hochbefriedigenden bezeichnen.

Unter den behandelten Anträgen befanden sich wieder solche, welche auf die Förderung der Kontrole durch die Aufsichtsräthe und Vorarbeiten zur Einführung einer Verbandsrevision hinzielten d. h. einer Prüfung der ganzen Geschäftsgebahrung der einzelnen Vereine durch sachkundige, geschäftlich und genossenschaftlich gebildete Männer, welche selbst nicht dem betreffenden Vereine angehören und am besten von Seite der Unterverbände und für die Vereine derselben ausgewählt und aufgestellt werden (eine Einrichtung von hoher Bedeutung, deren Vervollkommnung wir auf der ganzen Reihe der in diesem Bändchen zu besprechenden weiteren Vereinstage begegnen), ferner solche, welche den Vereinen ans Herz legen, von den Beschlüssen der Verbands- und Vereins-Tage auch ihren Mitgliedern in den Generalversammlungen in unterrichtender und fördernder Weise Kenntnis zu geben. Wie im Vorjahre für die Vorschußvereine so wurde in diesem Jahre für die Konsumvereine eine Instruktion für die Kontrole der Aufsichtsräthe eingehender Berathung unterstellt und das Kreditbedürfnis landwirthschaftlicher Genossenschaften sowie die Mittel zur Befriedigung desselben zur Sprache gebracht.

Die Mitwirkung der Konsumvereine im Kampfe gegen die Nahrungsmittelfälschung wurde durch neue Beschlüsse weiter gefördert. —

## XX.

Vom 24. bis 27. August 1879 beherbergte Stuttgart die Theilnehmer am zwanzigsten Allg. Vereinstage. Der Anwalt hatte sich in voller geistiger Frische und für sein Alter bewunderswerther körperlicher Kraft eingefunden, und mit ihm und seinem Sekretäre waren die Vertreter von 31 Unterverbänden, 136 Vorschuß- und 22 Konsum-Vereinen sowie einer Produktivgenossenschaft vereinigt, im ganzen 261 Abgeordnete, ungezählt die vielen Mitglieder der Stuttgarter Vereine. Dem Vereinstage war ein Verbandtag der Württembergischen Kreditgenossenschaften vorausgegangen, von welchen ein grosser Theil dem Allg. Verbande noch nicht angehörte. Der Anschluß derselben wurde in diesen Berathungen kräftig befürwortet.

Den Vorsitz im Vereinstage führte Nizze, unterstützt von Schenck-Wiesbaden und Dr. Landgraf-Stuttgart; als Schriftführer arbeiteten Müller und Proß von Stuttgart.

Oberregierungsrath Lutz begrüßte die Versammlung im Namen

der Staatsregierung, Stadtrath Welte desgleichen im Namen der städtischen Kollegien. Die Regierung ließ den Theilnehmern eine Denkschrift der Württembergischen Zentralstelle für Handel und Gewerbe über die Vorschuß- und Kredit-Vereine des Landes überreichen.

Der Vorsitzende hatte die traurige Pflicht zu erfüllen, der im letzten Jahre dahingeschiedenen Freunde, Guttmann-Insterburg und Laßwitz-Breslau zu gedenken, die beide in ihren Kreisen ausserordentlich eifrig und segensreich für die Ausdehnung und Vervollkommnung der genossenschaftlichen Thätigkeit gewirkt hatten.

Der Anwalt konnte in seinem einleitenden Berichte 3146 namentlich bekannte Genossenschaften erwähnen. Die von 948 Vorschußvereinen der Anwaltschaft eingesendeten Tabellen wiesen nach daß die Kreditgewährung eine vorsichtigere geworden war und das eigene Kapital der Vereine sich beträchtlich (um sechs Millionen) vermehrt hatte sowie daß in den Konsumvereinen die Borgwirthschaft mehr und mehr beseitigt wurde, ein Beweis daß die Mahnungen auf den vorhergehenden Vereinstagen nicht ohne nützliche Folge geblieben waren. Mehrung der eigenen Fonds bildete den Gegenstand des ersten Antrages, der zur Verhandlung gelangte. Regelung der Kontrolbefugnisse des Aufsichtsrathes und die Heranziehung von langbefristeten Darlehen waren neuerdings die Gegenstände eingehender Berathungen. Es tauchte aber auch der vorerst erfolglose Antrag auf, bei Aenderung des Genossenschaftsgesetzes neben den Vereinen mit voller Solidarhaft beziehungsweise Solidarbürgschaft auch solche mit beschränkter Haftpflicht unter Bedingungen zuzulassen, welche die Rechte der Gläubiger zu sichern geeignet erscheinen.

Der vor wenig Jahren neugeschaffene Dispositionsfond, dem bisher nur 500 Mark jährlich zugewiesen waren, wurde auf 1200 Mark erhöht um den Anwalt in die Lage zu versetzen, den Beirath und die Unterstützung jüngerer juristischer Kräfte in Anspruch zu nehmen, wie das die Einführung der neuen Deutschen Justizgesetze zur Nothwendigkeit machte.*)

*) Der Anwalt erinnerte bei dieser Gelegenheit daß es nach der Zivilprozeßordnung gestattet ist, Streitsachen, welche der Regel nach vor dem

Um das siebenzigste Geburtsfest des Anwaltes würdig zu feiern, war beschlossen worden, durch einen hervorragenden Schriftsteller eine Lebensbeschreibung Schulzes anfertigen zu lassen. Dr. A. Bernstein in Berlin unterzog sich mit dem glücklichsten Erfolge dieser Aufgabe und beschenkte das Deutsche Volk mit einem Buche, das in keiner Familie fehlen sollte. Zu den Herstellungskosten wurde, um den Verkaufspreis möglichst niedrig zu halten, aus den Mitteln des Allgemeinen Verbandes ein Beitrag von tausend Mark verwilligt.

Gegen die Thätigkeit der Konsumvereine war an verschiedenen Orten, zumal am Sitze grösserer Vereine eine heftige Agitation von Seite der Angehörigen einzelner Gewerbszweige (Spezereihändler, Bäcker, Mehlhändler, Metzger u. s. w.) aufgetreten, die auch während des Allg. Vereinstages selbst in Stuttgart in aufdringlicher Weise sich geltend machte. Der Vereinstag hielt es deshalb für seine Verpflichtung, in aller Form die Konsumvereine, eine streng geordnete Geschäftsführung vorausgesetzt, als ein wichtiges Glied in der Kette des Deutschen Genossenschaftswesens anzuerkennen und die Verdächtigungen zurückzuweisen, die von gegnerischer Seite erhoben worden waren und unter welchen insbesondere die der sozialdemokratischen Prinzipien geradezu lächerlich war. Das neu erschienene Gesetz über den Verkehr mit Nahrungsmitteln und die Haltung, welche die Konsumvereine den Bestimmungen desselben gegenüber anzunehmen hatten, war Gegenstand umfassender Berathung. —

## XXI.

Das Jahr 1880 führte die Genossenschafter nach Altona. Dort vereinten sich am 22. August mit dem Anwalt und seinem Sekretäre die Vertreter von 32 Unterverbänden, 127 Vorschußvereinen, 19 Konsumvereinen und einer Produktivgenossenschaft, im

Landgericht also unter Anwaltszwang ausgetragen werden mußten, auch bei den Amtsgerichten zum Austrag zu bringen, wenn sich die Parteien desfalls vereinigen (Prorogation), sowie an das Mahnverfahren, durch welches einfache Klagsachen in wesentlich verkürzter Form zur Erledigung geführt werden können. (Blätter für Genossenschaftswesen 1879 Nr. 34.)

ganzen 325 Abgeordnete. Als Gäste waren verschiedene Mitglieder der städtischen Kollegien Altonas, an ihrer Spitze Oberbürgermeister Etatsrath von Thaden anwesend.

Vorsitzender war Nizze mit Unterstützung von Beckmann-Altona und Pröbst-München; Schriftführer Hartick, Hüfler und Lehmann aus Altona.

Bürgerworthalter Hell begrüßte die Versammlung Namens der Stadt.

Der Anwalt berichtete daß die Zahl der bekannten Genossenschaften wieder um sechzig gegen das Vorjahr sich mehrte.

Die Wahrnehmungen des Redners gingen dahin daß die Vereine ihre Geschäftsführung immer mehr konsolidirten. Besonders interessant war seine Mittheilung daß er mit den Führern verschiedener Raiffeisenscher Darlehenskassen-Verbände in ein freundliches Benehmen getreten war und eine Verständigung über alles Wesentliche erzielte, namentlich auch Zustimmung dazu daß die Vertretung der Deutschen Genossenschaften und ihrer Interessen bei der Revision des Genossenschaftsgesetzes ihm, dem Redner, überlassen werden sollte.

Im Laufe des Jahres waren in Thüringen und Oberschlesien Nothstände eingetreten, zu deren Linderung auch die Genossenschaften ihr Schärflein in ergiebigem Maße beitrugen. Ausser beträchtlichen Vorräthen an Kleidern und Naturalien hatten sie 37 tausend Mark aufgebracht. Da sich auch in der Preussischen und Sächsischen Lausitz solche Mißstände zeigten, neuerdings Sammlungen in genossenschaftlichen Kreisen anzustellen aber nicht gerathen erschien, waren aus den Mitteln des Allg. Verbandes tausend Mark hiefür bestimmt worden.

Isaak Pereire, der bekannte französische Industrielle, hatte einen internationalen Konkurs über Fragen ausgeschrieben, die zum Theile das Genossenschaftswesen berührten, und Schulze-Delitzsch als einzigen Nichtfranzosen mit in die Jury gerufen mit dem ausdrücklichen Bemerken daß dieser Mann für diese Zwecke nicht zu entbehren sei. Ebenso hatte Schulze eine ehrende Einladung zu dem in Brüssel tagenden congrès international de l'enseignement erhalten. Die Italienischen Volksbanken hatten während der Anwesenheit des Deutschen Kronprinzen in Pegli demselben durch den Ministerpräsidenten Minghetti eine Adresse überreichen lassen, in welcher unter anderem der kräftigen Initiative Deutschlands in der wirthschaftlichen und gesellschaftlichen Ordnung durch die Einrichtungen, welche sich im Namen Schulze-Delitzsch vereinigen, offene Anerkennung gezollt wurde, und ein hervorragendes Mailänder Journal knüpfte daran den Ausspruch der Hoffnung daß diese Freundschaft auch zur politischen Freundschaft beider Völker führen werde. Schulze verband mit diesen Mittheilungen die Mahnung:

„Nicht zum Stillstande sondern zu einer fortschreitenden „Vervollkommnung unserer Einrichtungen muß uns solch ein internationales Zeugnis antreiben damit wir an der Spitze der Be-„wegung bleiben, wohin wir vom Auslande gestellt sind. Jedes „Mißlingen im einzelnen wird gegen uns ausgebeutet und ge-„fährdet unser Ansehen im Auslande."

Hatten die Vorjahre Instruktionen zur Ausübung der Kontrolbefugnisse des Aufsichtsrathes gebracht so handelte es sich an diesem Vereinstage um eine Instruktion für die Geschäftsführung der Vorstände von Kreditvereinen.

Im Reichstage waren Bestrebungen zur Beschränkung des Zinsfusses und der Wechselfähigkeit aufgetaucht, denen gegenüber die Genossenschaften schon auf schriftlichem Wege Stellung genommen hatten. Aber auch ein Ausspruch des Allg. Vereinstages bekräftigte den lauten Widerspruch gegen jede Beeinträchtigung der freien Bewegung auf diesem Theile des wirthschaftlichen Gebietes.

Von höherer Bedeutung für die Geschichte des Genossenschaftswesens, von höherer wohl als von vielen Theilnehmern am Altonaer Vereinstage selbst erkannt wurde, war ein Antrag des Anwaltes, zwar die Solidarhaft unerschütterlich als die gesündeste genossenschaftliche Kreditgrundlage festzuhalten, dagegen wenn bei der Revision des Genossenschaftsgesetzes Konzessionen unerläßlich werden, als die äusserste derselben die Zulassung von Genossenschaften anzuerkennen, in welchen die Mitglieder zwar ebenfalls solidar persönlich aber nur bis zu einer durch die Vereinssatzungen bestimmten Gränze haften, während eine Beschränkung der Haftung auf die Geschäftsantheile selbst unter keinen Umständen als ausreichend bezeichnet werden sollte. Der Antrag fand in Bezug auf diese beschränkte Haftform keinen Anklang in der Versammlung weil den einzelnen Mitgliedern ein gleich tiefer Blick in die Lage der Verhältnisse wie dem Anwalte nicht zu Gebote stand und dieser sich nur mit unverkennbarer Zurückhaltung, nicht mit voller Offenheit wie man sie sonst an ihm gewohnt war, über die Angelegenheit aussprach; er wurde vielmehr durch einen Beschluß erwidert, in welchem der Vereinstag dem vollen Vertrauen Ausdruck gab daß der Anwalt bei der Revision des Genossenschaftsgesetzes dem gesammten Deutschen Genossenschaftswesen die bewährten Grundlagen mit aller Kraft wahren werde und daß es Pflicht aller Verbandsvereine sei, ihn in seiner desfallsigen Thätigkeit auf das Kräftigste zu unterstützen. Die folgenden Jahre brachten jedoch bald zur Klarheit wie richtig der Antrag Schulzes gemeint war und wie sicher er damals schon die vielen anderen unklar gebliebenen Verhältnisse durchschaute. —

## XXII.

In Kassel hatte 1866 unmittelbar nach der Einverleibung des Kurfürstenthums in den Preussischen Staat der achte Allg. Vereinstag stattgefunden. Dahin kehrten die Genossenschafter fünfzehn Jahre später zurück. Es war zum erstenmale daß der Vereinstag sich an einem Orte wiederholte. Neben dem Anwalte und seinem Sekretäre hatten sich die Vertreter von 31 Unterverbänden, 127 Vorschußvereinen, 24 Konsumvereinen, einer Bau- und zwei Produktiv-Genossenschaften, zusammen 217 Abgeordnete eingefunden, welchen sich sehr viele Mitglieder der Kasseler Vereine anschlossen. Als Gäste betheiligten sich unter anderen die Vorstände der Reichsbankhauptstelle in Kassel, drei Vertreter von landwirthschaftlichen Genossenschaftsverbänden in Hessen und Baden (Polizeirath Haas aus Darmstadt, Oekonomierath Märklin aus Karlsruhe und Generalsekretär Dr. Weidenhammer aus Darmstadt.)

Den Vorsitzenden Nizze unterstützten in Ausübung seines Amtes Schenck-Wiesbaden und Proebst-München; Schriftführer waren Claudius, Knetsch, Luckhardt und Petersen aus Kassel.

Ausserordentlich freundlich begrüßte Bürgermeister Klöffter die Versammlung im Namen der Stadt indem er ausdrücklich anerkannte daß ohne die Mitwirkung des vortrefflich geleiteten Kasseler Kreditvereines gar viel hätte unterbleiben müssen, was zum Vortheile der Stadt und ihrer Bewohner im Laufe der Jahre geschehen konnte.

Wieder oblag dem Vorsitzenden die Pflicht, eines treuen Freundes zu gedenken, den der Tod seiner Wirksamkeit in den besten Jahren entrissen hatte, des Berliner Verbandsdirektors Bensemann, der allen Verbandtagen vom ersten bis zum einundzwanzigsten angewohnt, gar oft durch treuen Rath die Verhandlungen gefördert und durch die Kraft seines Humors die geselligen Vereinigungen und Tafelfreuden gewürzt hatte.

Die Zahl der namentlich bekannten Genossenschaften betrug 3250. Der Bericht des Anwaltes konnte betonen daß die Verhältnisse der Genossenschaften einen entschiedenen Schritt vorwärts gemacht hatten in der Bildung eigenen Kapitals und der Mehrung der Reserven. Herzlich begrüßte er die persönliche Theilnahme der oben genannten Führer landwirthschaftlicher Genossenschaftsverbände, welche bis dahin in engerer Verbindung mit dem Raiffeisenschen Vereinssisteme gestanden waren; aber ebenso ernstlich sprach er auch sein Bedauern darüber aus daß von Seite einiger Führer solcher Raiffeisenschen Vereine, zumal in Bayern, ganz falsche Beschuldigungen gegen die Kreditvereine nach seinem Sistem erhoben wurden, als wäre deren ganze Thätigkeit nur darauf gerichtet, den Mitgliedern fette Dividenden zu erkämpfen. Der Umstand daß in 814 Vorschußvereinen, deren Mitgliedertabellen vorlagen, mehr als 93 tausend Landwirthe sich betheiligten und daß in 906 solchen Vereinen 102 Millionen Mark Geschäftsantheile und

16 Millionen Mark Reserve angesammelt waren, also auf den einzelnen Verein durchschnittlich 18 tausend Mark Reserve traf, konnte am besten zur Widerlegung der unbegründeten Vorwürfe dienen.

Ueber das sehr in Aufnahme gekommene Sistem der Staatshilfe sprach sich Schulze-Delitzsch bei diesem Vereinstage in folgender beachtenswerther Weise aus:

„Wir wundern uns nicht über die Angriffe unserer alten „Gegner da die wirthschaftliche Selbsthilfe in Zusammenstoß kommt „mit dem Staatssozialismus. Von jeher hat die wirthschaftliche „und politische Bewegung in einander gegriffen; sie haben dieselben „Bedingungen und Formen. Die herrschende Richtung hier beeinflußt die Richtung auf dem andern Gebiete. Daß wir mit dem „Staatssozialismus zusammengerathen können, ist natürlich, aber „wir haben mit Politik nichts zu thun sondern bleiben auf unserem „Felde, das gesichert ist durch das Reichsgesetz vom Jahre 1868, „und lassen uns hier nicht beirren durch den Wandel der politischen Richtung. Wir bleiben bei unserer Auffassung, auf dem „uns gesteckten Felde ein für allemal stehen, und arbeiten rüstig „weiter an der Aufgabe der Aufrichtung zahlreicher, weniger begüterter Bevölkerungsklassen indem wir sie anspornen zu eigener „Thätigkeit, zur wirthschaftlichen Selbsthilfe, zur Energie im Erwerbsleben und zu sittlicher Vervollkommung. Wir halten fest „an Selbsthilfe in Wirthschaft und Erwerb und trösten uns. Es „ist ja möglich daß gewisse Elemente der Bevölkerung uns durch „die politische Agitation unserer Gegner entzogen werden; die „kommen aber wieder zu uns denn sie werden allmälig begreifen „lernen daß die Staatshilfe im Erwerbsleben gar nicht so billig „ist, daß sie im Gegentheil sehr viel Kosten verursacht. Man „wird einsehen: Die Kosten der Staatshilfe sind nicht anders aufzubringen als durch die Rückkehr zur Selbsthilfe!“

Die im Vorjahre schon in Angriff genommene Instruktion für die Geschäftsführung der Vorstände von Kreditgenossenschaften, wie sie vom Anwalt überarbeitet worden war, wurde nur im allgemeinen berathen und dann den einzelnen Genossenschaften zur Berücksichtigung bei der Anfertigung ihrer Instruktionen überwiesen.

Die Frage der Verbandsrevision, schon am XIX. Vereinstage in Anregung gebracht, wurde weiter verfolgt und führte zu wichtigen Beschlüssen und Anregungen.

Der Anwalt hatte dem Reichstage einen neuen Entwurf zur Revision des Genossenschaftsgesetzes in Vorlage gebracht wie auch von anderer Seite, von den Abgeordneten von Mirbach und Ackermann einzelne Revisionsanträge gestellt worden waren. Alle diese Anträge kamen dem Vereinstage in Vorlage, der vom Standpunkte der Genossenschaften aus Stellung zu denselben nahm und den Entwurf des Anwaltes in allen wichtigen Einzelnheiten seiner Berathung unterzog.

Den Dispositionsfond wieder wie in den letzten Jahren, mit 1200 Mark zu dotiren, hatte sich kein Bedürfnis gezeigt, weshalb er auf 400 Mark ermäßigt wurde. —

## XXIII.

Dem im Vorjahre in Kassel gefaßten Beschlusse gemäß versammelten sich am 24. August 1882 in Darmstadt die Theilnehmer am XXIII. Vereinstage. Neben Schulze-Delitzsch und Dr. Schneider waren die Vertreter von 31 Unterverbänden, 117 Vorschuß- 21 Konsum-Vereinen und einer Produktivgenossenschaft, zusammen 216 Abgeordnete und eine grosse Zahl von Mitgliedern der Darmstädter Volksbank zugegen. Als Gäste betheiligten sich unter anderen Oberbürgermeister Ohly von Darmstadt und die im Vorjahre schon in Kassel anwesenden drei Vertreter von landwirthschaftlichen Genossenschaftsverbänden.

Den Vorsitz führte Nizze mit Unterstützung von Schenck-Wiesbaden und Oppermann-Magdeburg. Schriftführer waren Rückert, Schorlemmer, Schenck und Holz aus Darmstadt.

Oberbürgermeister Ohly begrüßte die Versammlung Namens der Stadt.

Der Vorsitzende erinnerte an eine Rede des Englischen Staatsministers Lord Derby bei Eröffnung des letztjährigen Englischen Genossenschaftstages, wo er sagte:

„Mit der Weiterentwicklung der Genossenschaften minderten

„sich allmälich die politischen Zuckungen. Freiwillige Genossen„schaften in grosser Zahl, nicht Staatshilfe sondern nur Freiheit „und Selbsthilfe fordernd, sind ein ausgesprochenes Zeichen unserer „Zeit und es ist nach meiner Ueberzeugung nicht der letzte der „vielen Verdienste der genossenschaftlichen Bewegung daß sie sich „streng in den Gränzen dieses Grundsatzes bewegt."

Der Allgemeine Römische Arbeiterverein hatte Schulze-Delitzsch zum Ehrenmitgliede ernannt, was der Vorsitzende als ein Zeugnis dafür freudig begrüßte daß die Arbeiterkreise dankbar empfinden, von wem und auf welchem Wege ihre Interessen am besten gewahrt und gefördert werden.

Leider mußte auch diesem Vereinstage die Mittheilung gemacht werden daß ein treuer bisheriger Mitarbeiter, der Schlesische Konsumvereinsverbands-Direktor Oelsner in Breslau durch den Tod von seiner unermüdlichen Thätigkeit abberufen worden war.

Der Anwalt berichtete daß in seinem grossen Tabellenwerke 3481 Genossenschaften namentlich nachgewiesen sind und die Gesammtzahl derselben im Deutschen Reiche einschlüssig der Raiffeisenschen Kassenvereine zwischen vier- und fünftausend betrug. Mitgliederzahl wie Umsatzsummen zeigten wieder namhafte Erhöhungen. Neuerdings begrüßte er es mit lauter Freude daß auch die landwirthschaftliche Bevölkerung lebhaft in die Genossenschaftsbewegung einzutreten begann.

Die Frage der Verbandsrevision wurde wieder behandelt und die Angelegenheit wesentlich gefördert. Es entwickelte sich dabei aber ein scharfer Gegensatz der Anschauungen da die Vertreter der Leipziger Kreditbank ihre eigene Kontroleinrichtung für so vortheilhaft erklärten daß sie eine weitere Revision für überflüssig, ja nachtheilig hielten was selbstverständlich zu Gegenerklärungen Anlaß gab. Unlieber Weise betrachteten die Leipziger Abgeordneten letztere als gegen sie persönlich gerichtet und als eine Beschränkung ihres freien Votums, weshalb sie in einem Schreiben an den Vorsitzenden Verzicht auf weitere Theilnahme an den Verhandlungen aussprachen. Das Schreiben wurde durch Beschluß des Engeren Ausschusses, den der Allg. Vereinstag billigte, in gebührender Weise beantwortet.

Auch in Bezug auf die ersehnte und stets als bevorstehend bezeichnete, aber noch immer nicht eingetretene Revision des Genossenschaftsgesetzes nahm der Vereinstag wieder Stellung durch den Ausspruch daß die Zuständigkeit der Gerichte in Genossenschaftsangelegenheiten als die allein richtige anerkannt und jede Kontrole von Seite einer Staats- oder Gemeinde-Behörde als dem Wesen und den Aufgaben der Genossenschaften widersprechend zurückgewiesen werde.

Schon vor Beginn des Allg. Vereinstages war Schulze-Delitzsch durch eine Einladung in das großherzogliche Schloß ausgezeichnet worden, wo ihm der Großherzog längere Audienz ertheilte und warme Theilnahme an der ganzen genossenschaftlichen Bewegung bekundete. Bei dem Festmahle überbrachte Staatsminister von Stark persönlich die Glückwünsche seines Regenten für die gedeihliche Lösung der Aufgaben des Vereinstages.

Als sich am Schlusse der Berathungen die Theilnehmer von ihrem alten Anwalte verabschiedeten, der gerade in diesem Jahre wieder eine bewundernswerthe Geistesfrische und Arbeitsfreudigkeit bewiesen hatte, ahnte wohl keiner daß es die letzte persönliche Begegnung sein sollte, daß Schulze-Delitzsch zum letztenmale dem Vereinstage beigewohnt und die Verhandlungen mit seiner liebevollen und väterlich ernsten Sorgfalt, seiner reichen Erfahrung und seiner unwiderstehlichen Beredsamkeit belebt hatte, daß der Abschiedsgruß, den er gab und empfing, für alle Zeiten gelten und der fröhlich getauschte Ruf „Auf Wiedersehen" sich nicht mehr erfüllen sollte! —

## XXIV.

Am 29. August 1883 trat der vierundzwanzigste Allg. Vereinstag in Halberstadt zusammen, der erste nach dem Tode des Gründers der Deutschen Genossenschaften.

Während bisher seit dem Bestehen des Engeren Ausschusses und des Organischen Statutes dieser Ausschuß nur aus Anlaß des Allg. Vereinstages und unmittelbar vor demselben am Orte des Vereinstages selbst zusammengetreten war um die ihm obliegenden Aufgaben zu erfüllen, hatten in diesem Jahre bereits mehrere ausserordentliche Sitzungen stattgefunden. Am 29. April hatte Schulzes treues Auge sich für immer geschlossen. Am 2. Mai fanden sich die Direktoren der Unterverbände, der Einladung ihres Vorsitzenden folgend, zur Begräbnisfeier in Potsdam ein und unmittelbar nach derselben traten sie zu einer Sitzung des Engeren Ausschusses zusammen um die Schritte zu berathen, die im Interesse des Allgemeinen Verbandes zunächst nothwendig erschienen. Da sie für die Geschichte des Deutschen Genossenschaftswesens von hervorragender Bedeutung sind, erscheint es gerechtfertigt, sie hier im Zusammenhange aufzuführen obschon sie im zweiten Theile dieses Bändchens bei den betreffenden Gruppen der Vereinstagsbeschlüsse wieder vorgetragen sind. Sie lauten:

„Die Stellvertretung des Anwaltes wird bis zum Allgem. Vereinstage dem ersten Sekretär der Anwaltschaft Dr. Friedrich Schneider übertragen.

Der Gehalt des Anwaltes wird bis zum 1. Oktober der Wittwe desselben überwiesen.

Die sämmtlichen Begräbniskosten übernimmt die Kassa des Allg. Verbandes. Ueber den Verlauf der Begräbnisfeier soll Dr. Schneider eine Denkschrift verfassen, die von den Verbandsdirektoren in den Verbandsvereinen zur Verbreitung zu bringen ist.

Die würdige Ausstattung des Grabes auf Kosten des Verbandes wird dem Kreditvereine Potsdam unter Zuziehung des Dr. Schneider und der Verbandsdirektoren Hütt in Berlin und Astroth in Brandenburg übertragen.

Zur Errichtung eines grösseren Denkmales sollen in Verbindung mit Gesinnungsgenossen vorbereitende Schritte geschehen, wofür eine Kommission aus den Verbandsdirektoren Nizze, Schenck und Schwanitz ernannt wurde.

Eine Kommission von fünf Mitgliedern des Engeren Ausschusses soll über die vom nächsten Allg. Vereinstage vorzunehmende Wahl eines neuen Anwaltes sowie über eine etwa an die

Wittwe des verstorbenen Anwaltes zu gewährende Pension Vorschläge machen. In diese Kommission wurden die Verbandsdirektoren Nizze-Ribnitz, Hopf-Insterburg, Morgenstern-Breslau, Oppermann-Magdeburg und Pröbst-München gewählt."

Wie diese Beschlüsse vollzogen wurden, zeigen die einschlägigen Verhandlungen des Allgemeinen Vereinstages, die unter §§ 1, 3 und 7 aufgeführt sind. Hier mag nur der Umstand noch Erwähnung finden daß eine Pensionsgewährung an Frau Schulze nach Klarstellung der Vermögensverhältnisse der Familie nicht nothwendig befunden wurde.

Die zuletzt genannte Kommission zur Vorbereitung der Anwaltswahl versammelte sich am 17. und 18. Juli in Berlin und kam nach reiflicher Erwägung aller Verhältnisse zu dem Beschlusse, dem Engeren Ausschusse die Wahl des bisherigen Mittelrheinischen Verbandsdirektors Rechtsanwalt Friedrich Schenck in Wiesbaden in Vorschlag zu bringen. Die weiter damit verbundenen Vorschläge sind aus den Beschlüssen des Vereinstages im zweiten Theile § 3 zu ersehen.

Da sich bedenkliche Meinungsverschiedenheiten in den einzelnen Unterverbänden zu entwickeln drohten und die Kommission grosses Gewicht darauf legte daß der Engere Ausschuß bei seinen auf die Wahl bezüglichen Anträgen an den Allg. Vereinstag einmüthig auftrete, berief der Vorsitzende die Mitglieder des Engeren Ausschusses auf den 12. August nach Weimar wo an diesem und dem folgenden Tage in eingehender Verhandlung die Anträge der Kommission entgegengenommen und einstimmig genehmigt sowie eine Reihe von Anordnungen zur genauen Durchführung der Wahlhandlung selbst beschlossen wurden.

Ludolf Parisius, der sich um das Genossenschaftswesen seit vielen Jahren hoch verdient gemacht, wurde schon am eilften Vereinstage (vergl. Bd. I Seite 26) ersucht, allen künftigen Vereinstagen beizuwohnen; ebenso war derselbe seit Jahren mit der Stellvertretung des Anwaltes auf Unterverbandstagen betraut. Auf seine Anfrage ob diese Thätigkeit in unverändertem Umfange fortbestehen soll, erwiderte der Engere Ausschuß bejahend und mit der ausdrücklichen Einladung zum bevorstehenden Allg. Vereinstage in Halberstadt.

Am 28. August trat dann der Engere Ausschuß in Halberstadt wieder zusammen um die letzten nothwendigen Anordnungen zu treffen. Parisius wurde eingeladen, an den Sitzungen des Engeren Ausschusses, welche bei Gelegenheit des Allgem. Vereinstages stattfinden, jeweils mit berathender Stimme Theil zu nehmen. Die Aufnahme der Verhandlungen des Vereinstages und die Ausarbeitung der darüber zu druckenden Mittheilungen wurde dem zweiten Sekretär der Anwaltschaft Haentschke übertragen. —

Zum Allgem. Vereinstage selbst trafen ausser den beiden Sekretären die Vertreter von 32 Unterverbänden, 176 Vorschußvereinen, 49 Konsumvereinen, einer landwirthschaftlichen, einer Rohstoff- und zwei Produktiv-Genossenschaften, zusammen neben den zahlreichen Theilnehmern aus Halberstadt selbst 343 Abgeordnete ein. Als Gäste fanden sich unter anderen zum erstenmale zwei Verbandsrevisoren, vom Mittelrheinischen Unterverbande und vom Verbande des Regierungsbezirkes Magdeburg und Herzogthums Braunschweig ein.

Vor der Vorversammlung wurde im reich und würdig geschmückten Saale des Elisiums eine sehr stark besuchte Gedächtnisfeier für Schulze-Delitzsch abgehalten. Ernste Weisen einer Instrumentalmusik und eines Sängerchores leiteten die Feier ein und schlossen sie. Den Mittelpunkt bildete die Gedächtnisrede Dr. Schneiders.

Dann ging im neuen Theatersaale die Versammlung im Geiste Schulzes an die gewohnte Arbeit; zu Vorsitzenden wurden Nizze, Pröbst-München und Sommer-Halberstadt gewählt, zu Schriftführern Deicke, Lamm, Reichel und Briesemann aus Halberstadt.

Den Allg. Vereinstag selbst eröffnete der Vorsitzende mit der ernsten Erinnerung an den grossen Verlust, den das Deutsche Genossenschaftswesen durch Schulzes Tod erlitten hat, und mit der Mahnung, in seinem Sinne und Geiste das Werk, das er geschaffen, weiter zu fördern.

Oberbürgermeister Boedcher begrüßte die Versammlung Namens der Stadt. Auch er gab dem Gefühle der Trauer über Schulzes Hinscheiden würdigen Ausdruck und verband damit eine feierliche Anerkennung der genossenschaftlichen Wirksamkeit.

„Der Segen der Genossenschaften reicht weit hinaus über den „Kreis der Genossenschaften selbst. Vor allem haben daran die Ge- „meinden Theil, in welchen das Genossenschaftswesen gepflegt wird. „Die Gemeinden haben mit den Genossenschaften den Grundsatz der „Selbstverwaltung gemein, sie haben auch die Sorge für das Wohl „der Gemeinschaft mit einander gemein. Deshalb liegt die För- „derung der Bestrebungen des Genossenschaftswesens im hohen „Interesse der Kommune!"

Donnernder Beifall antwortete diesen trefflichen Worten.

Auch Namens der Handelskammer wurde von deren Vorsitzenden Banquier Vogler die Versammlung in würdiger Weise begrüßt.

Den einleitenden Bericht über den Stand der genossenschaftlichen Bewegung, den bisher (mit der einzigen Ausnahme am XIX. Vereinstage in Eisenach) stets Schulze-Delitzsch erstattet hatte, legte in Stellvertretung des Anwaltes Dr. Schneider ab. Er wies auf die vor kurzem stattgehabte Gründung eines eigenen Landwirthschaftlichen Genossenschaftsverbandes hin, die noch unter der Billigung und Mitwirkung Schulzes vorbereitet worden war, verbreitete sich über die angebahnte Revision des Genossenschaftsgesetzes, insbesonders über die Zulassung der beschränkten neben der unbeschränkten Solidarhaft, über die Umwandlung von Genossenschaften in Aktiengesellschaften und über die Verbandsrevision, und schilderte dann in kurzen Zügen die Verhältnisse in den einzelnen Zweigen genossenschaftlicher Verbindungen.

Der Jahresbericht für 1882 zählt 1875 Kreditgenossenschaften, 954 Genossenschaften in den einzelnen Gewerbszweigen, 621 Konsumvereine und 35 Baugenossenschaften auf, zusammen 3485 Vereinigungen so daß die Gesammtzahl der bestehenden im Deutschen Reiche auf 3550 geschätzt werden darf mit etwa 1'150,000 Mitgliedern, sicher mehr als 2000 Millionen Umsatz und 620 Millionen Mark Betriebskapital, wovon 200 Millionen auf das eigene Kapital an Geschäftsantheilen und Reserven, 420 Millionen auf das fremde Kapital treffen. In diesen Zahlen sind jene der Raiffeisenschen Kassenvereine und der mit ihnen in Verbindung stehenden Landwirthschaftlichen Konsumvereine nicht inbegriffen, deren Gesammtzahl immerhin auch auf siebenhundert berechnet werden kann.

Die präziseren Zahlen der Rechnungsabschlüsse selbst sind aus den folgenden beiden Tabellen*) zu ersehen; solche auch für die Genossenschaften in den einzelnen Gewerbszweigen aufzustellen, ist wegen der Verschiedenartigkeit derselben und ihrer Buchungen nicht möglich. —

Dem Allg. Verbande gehörten 1043 Vereine an und zwar 821 Kreditvereine, 186 Konsumvereine, 36 andere Genossenschaften. Die Einnahmen des Verbandes für das Jahr 1882/83 (vom 1. Oktober bis 30. September) betrugen 35,829 Mark, die Ausgaben 54,510 Mark, worunter 23,246 Mark ausserordentliche Ausgaben, veranlaßt durch die besonderen Bewilligungen aus Anlaß des Todesfalls Schulzes und der Anwaltsneuwahl sowie durch die Aenderung und Klarstellung der Verrechnungsfristen. Nach dieser Bereinigung der Rechnungen verblieb dem Allg. Verbande ein Vermögensbestand von 17,711 Mark. —

Was die Verhandlungen des Allg. Vereinstages selbst betrifft so kann bezüglich der gefaßten Beschlüsse auf den folgenden zweiten Theil verwiesen werden. Es verdient aber hier ausser dem schon erwähnten vor allem hervorgehoben zu werden daß die vom Engeren Ausschusse beantragte Wahl des bisherigen Verbandsdirektors Friedrich Schenck zum Anwalte des Allg. Verbandes mit grosser Stimmenmehrheit (222 gegen 27 Stimmen) erfolgte und der Gewählte die Annahme mit folgenden denkwürdigen Worten erklärte:

„Meine geehrten Herren! Ich danke Ihnen für die Wahl „und erkläre mich zu deren Annahme bereit.

„Diese Wahl ist eine genossenschaftliche That, die Bedeutung

*) Seite 30/31.

## I. Vorschuß- und

| | 1859 | 1860 | 1865 |
|---|---|---|---|
| Zahl der Vereine, von welchen Rechnungsabschlüsse vorlagen . . | **80** | **133** | **493** |
| Mitglieder-Zahl . . . . . . | 18 676 | 31 603 | 169 595 |
| Gewährte Vorschüsse und Prolongationen . . . . . . . . . . | *)12 394 308 | 25 435 467 | 202 709 709 |
| durchschnittlich**) . . . . . | 154 926 | 191 244 | 407 046 |
| Eigene Fonds: a) Geschäftsantheile | 738 003 | 1 386 036 | 13 328 637 |
| b) Reserven . . . | 92 535 | 200 535 | 1 229 037 |
| Summe a und b . | 830 538 | 1 586 571 | 14 557 674 |
| durchschnittlich**) . . . . . | 10 380 | 11 928 | 29 232 |
| Auf Kredit entnommene Gelder: | | | |
| a) Anlehen von Privaten . . . / b) Anlehen von Banken u. Vereinen | 1 505 385 | 3 209 499 | 33 463 737 |
| c) Spareinlagen der Mitglieder . | 1 537 050 | 3 967 482 | 19 506 591 |
| Summe a bis c . | 3 042 435 | 7 176 981 | 52 970 328 |
| durchschnittlich**) . . . . . | 38 028 | 53 961 | 106 365 |
| Prozentsatz des eigenen zum fremden Fond . . . . . . . . . . | 27,50 | 22,10 | 27,40 |

## II. Konsum-

| | 1864 | 1865 |
|---|---|---|
| Zahl der Vereine, von welchen Rechnungsabschlüsse vorlagen . . . . . . . . . | **38** | **34** |
| Mitglieder-Zahl . . . . . . . . . . . | 7 709 | 6 647 |
| Summe des Verkaufserlöses . . . . . . | *)802 767 | 925 383 |
| Guthaben der Mitglieder . . . . . . . . | 64 299 | 66 678 |
| Reservefond . . . . . . . . . . . . | 14 736 | 8 301 |
| Aufgenommene Anlehen . . . . . . . . | 50 853 | 49 587 |
| Waarenschulden der Vereine . . . . . . | 37 908 | 56 844 |
| Waarenschulden der Mitglieder . . . . . . | 17 250 | 15 675 |
| Zahl der kreditirenden Vereine . . . . . . | **19** | **17** |

*) Mit Ausnahme der ersten, zweiten und letzten Zeile bezeichnen die angegebenen Summen durchweg Reichsmark.

**) Die Durchschnittsummen sind auf je einen betheiligten Verein gerechnet.

## Kredit-Vereine.

| 1870 | 1875 | 1880 | 1881 | 1882 |
|---|---|---|---|---|
| **740** | **815** | **906** | **902** | **905** |
| 314 656 | 418 251 | 460 656 | 462 212 | 461 153 |
| 622 854 861 | 1495 648 437 | 1447 526 317 | 1472 004 974 | 1502 367 435 |
| 841 695 | 1 835 151 | 1 597 712 | 1 631 934 | 1 660 074 |
| 40 347 456 | 83 542 008 | 102 029 366 | 102 374 010 | 103 286 404 |
| 3 642 525 | 8 427 981 | 16 398 062 | 17 396 157 | 18 182 515 |
| 43 989 981 | 91 969 989 | 118 427 428 | 119 770 167 | 121 468 919 |
| 59 445 | 112 848 | 130 714 | 132 780 | 134 219 |
| 60 410 037 | 194 575 752 | 231 005 835 | 240 313 951 | 240 112 136 |
| 7 080 120 | 13 229 115 | 11 371 333 | 10 838 145 | 10 663 765 |
| 70 507 329 | 122 360 031 | 122 072 777 | 123 146 318 | 128 603 391 |
| 137 997 486 | 330 164 898 | 364 449 945 | 374 298 414 | 379 379 292 |
| 186 483 | 405 111 | 402 262 | 414 964 | 419 203 |
| 31,87 | 27,85 | 32,49 | 31,99 | 32,01 |

## Vereine.

| 1870 | 1875 | 1880 | 1881 | 1882 |
|---|---|---|---|---|
| **111** | **179** | **194** | **185** | **182** |
| 45 761 | 28 055 | 94 366 | 116 510 | 130 089 |
| 9 007 860 | 22 704 963 | 30 359 000 | 32 761 636 | 35 603 799 |
| 818 805 | 2 912 265 | 3 177 329 | 3 088 788 | 3 352 568 |
| 151 224 | 503 409 | 1 036 153 | 1 206 289 | 1 323 434 |
| 546 378 | 2 429 586 | 2 884 583 | 2 926 506 | 2 849 796 |
| 467 280 | 875 844 | 668 590 | 537 672 | 449 493 |
| 60 231 | 124 419 | 141 639 | 122 759 | 106 719 |
| **27** | **56** | **49** | **48** | **47** |

„und Tragweite dieser Wahl reicht weit hinaus über die Personen„frage, steht mit der Person des Gewählten nicht in Beziehung.

„In der Anwaltschaft haben die Deutschen Genossenschaften „eine Einrichtung eigener Art geschaffen, welche ähnlich kaum noch „vorhanden ist.

„Die Deutschen Genossenschaften berufen einen ihrer Genossen „zu ihrem Anwalte damit derselbe nach seiner freien, besten Ueber„zeugung die Vertretung, Förderung und weitere Ausbildung des „Genossenschaftswesens und die Vermittlung der gegenseitigen Be„ziehungen zwischen den einzelnen Genossenschaften übernimmt und „die Geschäfte des Verbandes der Deutschen Genossenschaften führt, „und die Genossenschaften sichern diesem ihrem Anwalte eine unab„hängige Existenz damit derselbe seine ganze volle Kraft den ihm „zugewiesenen Aufgaben und Bestrebungen widmen kann.

„Als vor nun 24 Jahren die Idee der Gründung der An„waltsstelle aufgetaucht und zur Ausführung gekommen ist, war „es selbstverständlich daß nur der Schöpfer unserer Genossenschaften, „unser allverehrter Dr. Schulze-Delitzsch zu diesem Vertrauensamte „berufen werden und daß nur er es übernehmen konnte.

„Das Genossenschaftswesen war damals noch in seinem An„fange; es bestanden damals 140—150 Vorschuß- oder Kredit„genossenschaften und 50—60 Rohstoff-Assoziationen. Heute zählen „die Genossenschaften in Deutschland nach tausenden. Die Mit„glieder derselben zählen nach Millionen und hunderte von „Millionen Mark stellen diese Genossenschaften ihren Mitgliedern „zu deren Geschäftsbetriebe zur Verfügung; die Genossenschaften „haben sich die staatliche Anerkennung erkämpft, dieselben sind ver„breitet über alle Theile des deutschen Vaterlandes und haben sich „mit ihrer behauptenden Thätigkeit voll und unzertrennlich ein„gebürgert in das Wirthschafts- und Verkehrs-Leben unseres Volkes.

„Daß unsere Genossenschaften zu dieser schönen, herrlichen „Blüthe sich entfaltet haben, verdanken wir der wohlwollenden, „energischen, rastlosen, umsichtigen Geschäftsleitung unseres ersten „Anwaltes und dem von ihm gegründeten Genossenschaftsverbande. „Wenn nun heute, nachdem unser Schulze nicht mehr unter uns

„weilt und mit seinem hohen Geiste, seiner bewährten Kraft, „seinem tiefsittlichen Ernste und seiner unvergleichlichen Pflichttreue „die Geschäfte unseres Genossenschaftsverbandes nicht ferner leiten, „fördern und vertreten kann, die hier aus allen deutschen Gauen „versammelten Vertreter der Deutschen Genossenschaften einen neuen „Anwalt gewählt haben, so ist damit dies Anwaltsamt erst zu „einem dauernden, zu einer bleibenden Institution des Deutschen „Genossenschaftsverbandes geworden, so ist damit bewiesen daß die „Deutschen Genossenschaften unverbrüchlich festhalten wollen an den „genossenschaftlichen Grundsätzen unseres Lehrers und Meisters, „daß sie die lebensvolle Organisation zur Abwehr von Angriffen „und zur Wahrnehmung unserer gemeinsamen Interessen aufrecht „erhalten wissen wollen, und daß sie in dem Bewußtsein daß die „wirthschaftliche Selbstverwaltung die Grundlage für die Selbst„verwaltung in Staat und Gemeinde bildet und in dem uner„schütterlichen Glauben an die Zukunft der Genossenschaften „einig, fest und treu ihre ganze Kraft einsetzen werden für die „Förderung und weitere Ausbildung der Genossenschaftsidee zum „allgemeinen Wohle und zum Heile des Vaterlandes.

„Ich danke Ihnen daß Sie mich zu Ihrem Anwalte gewählt „haben.

„Ich schätze ganz und voll die hohe Ehre, welche Sie mir „dadurch erzeigt haben, und erkenne das grosse Vertrauen an, „welches Sie mir entgegengebracht haben; und indem ich Ihnen „erkläre daß ich die Wahl annehme, geschieht dieses in dem vollen „Bewußtsein der Grösse und Schwere der Verantwortung, welche „ich damit übernehme.

„Diese Verantwortung werde ich nur tragen und meiner „Pflicht nur genügen können so lange ich Ihr Vertrauen besitze.

„Ich bitte mir dasselbe zu erhalten, ich werde, was an mir „liegt, thun dasselbe zu bewahren." —

Der neue Anwalt wurde ermächtigt, seinen Wohnsitz in Berlin oder einem der Vororte der Reichshauptstadt zu wählen, und hat sich in Berlin selbst niedergelassen, wohin auch das Bureau der Anwaltschaft bereits übersiedelt ist.

Die Ordnung der Stellung des bisherigen ersten Sekretärs der Anwaltschaft, dem der Engere Ausschuß durch Ernennung zum Verbandsekretär die Würdigung seiner Verdienste um das Genossenschaftswesen auszudrücken wünschte, soll durch den Anwalt vorbereitet und vom nächsten Vereinstage vollzogen werden.

Das Organische Statut wurde in einigen Punkten den Verhältnissen angemessen abgeändert (man vergl. Th. II §§ 5 bezw. 4 und 7), die Revision der Gesetzgebung und das Institut der Verbandsrevisoren, das schon sehr erfreuliche Fortschritte gemacht, neuerdings eingehend erörtert, die Vorschläge des Engeren Ausschusses in Bezug auf ein in Berlin zu errichtendes Schulze-Delitzsch-Denkmal genehmigt und dabei die Erwartung ausgesprochen daß die eingeleitete Sammlung ausreichende Mittel gewähren werde um auch in Delitzsch, der Vaterstadt Schulzes, ein würdiges Denkmal aufzurichten.

Im Laufe des letzten Jahres feierte Kronprinz Friedrich Wilhelm die silberne Hochzeit mit Kronprinzessin Viktoria. Die Theilnahme des ganzen deutschen Volkes an diesem schönen Feste spiegelte sich selbstverständlich auch in genossenschaftlichen Kreisen wieder. Der Kronprinz hatte bei mancherlei Gelegenheiten das regste Interesse für alle genossenschaftlichen Bestrebungen an den Tag gelegt und deshalb erschien es für die Deutschen Genossenschaften doppelt geziemend, ihren Dank bei dem festlichen Anlasse zum Ausdruck zu bringen. Auf Veranlassung Schulzes war aus den Mitteln des Allg. Verbandes eine Spende von zweitausend Mark bewilligt worden, die mit Glückwunschschreiben dem hohen Jubelpaare am Festtage überreicht, von demselben mit gewohnter Freundlichkeit entgegengenommen und den reichen Gaben einverleibt wurde, die aus allen Theilen Deutschlands einlangten und über welche der Edelsinn des Jubilars zu Gunsten gemeinnütziger und mildthätiger Anstalten und Unternehmungen verfügte. —

Im Jahre 1884 wird der XXV. Allgemeine Vereinstag stattfinden. Es wurde bestimmt daß er in Weimar abzuhalten ist, wo sich 1859 zum erstenmale die Vertreter des Deutschen Genossenschaftswesens zusammenfanden, so daß der Charakter der Jubiläumsfeier auch durch die Wahl des Ortes zum Ausdruck gelangt. Die Zahl der Theilnehmer an diesem Vereinstage wird jene der Theilnehmer am ersten vielleicht um das zehnfache übertreffen wie die Zahl der bestehenden Vereine sich um mehr als das fünfundzwanzigfache vergrössert hat. Möge, wenn dereinst das goldene Jubiläum des Allg. Vereinstages naht, der Rückblick wieder eine solche Erweiterung der genossenschaftlichen Thätigkeit und Erfolge erkennen lassen, — möge es unserem neugewählten Anwalte einst am Abende seines Lebens gegönnt sein, mit gleicher Befriedigung auf seine Laufbahn zurückzublicken wie Schulze-Delitzsch es vermochte, — nach Schencks eigenen Worten

„zum allgemeinen Wohle und zum Heile des Vaterlandes!"

---

# Zweiter Theil.

## Die Beschlüsse der Allgemeinen Vereinstage der auf Selbsthilfe beruhenden Deutschen Erwerbs- und Wirthschafts-Genossenschaften

von

**1875—1883.*)**

Die den einzelnen Beschlüssen vorgesetzten römischen Zahlen bezeichnen die Reihenfolge der Vereinstage. Der Uebersichtlichkeit wegen stellen wir dieselbe hier und zwar von Beginn an zusammen obschon die ersten fünfzehn Versammlungen bereits im ersten Bande Seite 36 verzeichnet sind.

| | | |
|---|---|---|
| I. | 1859 | Weimar. |
| II. | 1860 | Gotha. |
| III. | 1861 | Halle. |
| IV. | 1862 | Potsdam. |
| V. | 1863 | Görlitz. |
| VI. | 1864 | Mainz. |
| VII. | 1865 | Stettin. |
| VIII. | 1866 | Kassel. |
| IX. | 1867 | Quedlinburg. |
| X. | 1868 | Leipzig. |
| XI. | 1869 | Neustadt a. d. H. und Magdeburg.**) |
| XII. | 1871 | Nürnberg. |
| XIII. | 1872 | Breslau. |
| XIV. | 1873 | Konstanz. |
| XV. | 1874 | Bremen. |
| XVI. | 1875 | München. |
| XVII. | 1876 | Danzig. |
| XVIII. | 1877 | Wiesbaden. |
| XIX. | 1878 | Eisenach. |
| XX. | 1879 | Stuttgart. |
| XXI. | 1880 | Altona. |
| XXII. | 1881 | Kassel. |
| XXIII. | 1882 | Darmstadt. |
| XXIV. | 1883 | Halberstadt. |

*) Die Beschlüsse der vorausgegangenen 15 Vereinstage sind im ersten Bändchen Seite 40 ff. mitgetheilt.

**) Im Jahre 1869 fand ausnahmsweise ein besonderer Konsumvereinstag in Magdeburg statt. Man vergleiche Bd. I Seite 26.

Für die Einordnung der einzelnen Beschlüsse wurde das im ersten Bande Seite 38/39 aufgestellte S i s t e m beibehalten. Dasselbe erwies sich allerdings gegenüber der fortgesetzten Erweiterung im Gebiete der genossenschaftlichen Thätigkeit und der Fülle von Fragen, mit welchen die Allgemeinen Vereinstage sich beschäftigen mußten, zu eng, allein die Oekonomie des ganzen Buches ließ eine andere Eintheilung für das zweite Bändchen nicht zweckmässig erscheinen. Deckt daher die Ueberschrift der einzelnen Paragraphen den Kern verschiedener Beschlüsse, die ihnen eingereiht wurden, nicht vollkommen, so wird durch regelmässige Verweisung auf die verwandten Materien und durch das ausführliche Inhaltsverzeichnis am Schlusse wenigstens dafür gesorgt daß das Auffinden der Beschlüsse selbst ohne Schwierigkeiten bleibt.

---

# A. Organisation des Allgemeinen Deutschen Genossenschaftsverbandes.

## § 1. Allgemeiner Genossenschaftsverband.

XVI. Vereine, deren Buchführung sie nicht in den Stand setzt, den Anforderungen der Anwaltschaft in Bezug auf S t a t i s t i k zu genügen, werden aus den Verbänden ausgeschlossen.

So lautet nicht wörtlich aber dem Sinne nach ein Beschluß, der zunächst nur mit Bezug auf Konsumvereine gefaßt wurde und deshalb bei § 38 zur Erörterung gelangt, billiger Weise aber auch für alle anderen Gattungen von Genossenschaften Anwendung finden muß. — Es mag hier daran erinnert sein, daß schon der XIV. Vereinstag (Bd. I Seite 126) bestimmte, Vereine, welche ihre Rechnungsabschlüsse nicht einsenden, seien nach zweimaliger Mahnung auszuschliessen.

XVII. Wegen Theilnahme von A k t i e n- u n d K o m m a n d i t- G e s e l l s c h a f t e n am Allgem. Verbande vergl. § 7.

XXI. Konsumvereine, welche in Anlehnung an bestehende Materialwaarenhandlungen sich in der Art organisiren daß der

Vorstand lediglich aus der Person des betreffenden Geschäftsinhabers besteht, welcher sein offenes Geschäft beibehält, können die Zwecke und Ziele der auf dem Prinzip der Selbsthilfe beruhenden und im Allg. Verbande vereinigten Genossenschaften nicht verfolgen nnd entbehren daher der Berechtigung, in diesen Verband aufgenommen sowie zu den genannten Genossenschaften in irgend welche Beziehungen gebracht zu werden.

Es empfiehlt sich in Gegenden, wo solche Vereine entstehen, Komites zu bilden, welche der Sache ihre Aufmerksamkeit zuwenden, Statuten einsehen, über deren Befund der Anwaltschaft berichten und im Benehmen mit dieser in der Presse gegen weitere Ausdehnung solchen Gesetzesmißbrauches vorgehen.

Der Antrag zu diesem Beschlusse ging vom Neustadt-Magdeburger K. V. aus, erstreckte sich aber nur auf den ersten Absatz; der zweite wurde im Laufe der Erörterung beantragt und aufgenommen. Es waren in verschiedenen Theilen Deutschlands, am Harz, in Thüringen und in Ostpreussen Bestrebungen aufgetaucht, die genossenschaftliche Vereinigungsform zu Zwecken zu mißbrauchen, die nur im Interesse einzelner Wirthe oder Krämer lagen, denen damit eine ständige Kundschaft zugeführt oder eine Ausschanksberechtigung unter Umgehung der allgemeinen gesetzlichen Konzessionspflicht gesichert werden sollte. Da bei ganz unzulänglichen Einrichtungen die größte Schädigung für die Mitglieder solcher Verbindungen wie für das Genossenschaftswesen überhaupt zu befürchten war, fanden die Anträge die Zustimmung des Anwaltes, der schon im Jahresberichte für 1879 auf diese Mißbildungen aufmerksam gemacht hatte, und der ganzen Versammlung. —

XXIV a. Der Allg. Vereinstag erklärt:

Die in Hamburg am 6. Juli 1883 stattgehabte Konstituirung der Vereinigung landwirthschaftlicher Genossenschaften Deutschlands erscheint geeignet, die zerstreuten Anfänge genossenschaftlicher Arbeit auf landwirthschaflichem Gebiete zusammenzufassen und eine weitere Ausbreitung des Genossenschaftswesens auf diesem Gebiete herbeizuführen.

Die landwirthschaftlichen Genossenschaften hatten schon seit geraumer Frist in verschiedenen Theilen Deutschlands, in Baden und Hessen, in Sachsen und Oldenburg wie in Ost- und West-Preussen mehr und mehr Boden gewonnen, aber nur ein kleiner Theil derselben gehörte dem Allgemeinen Deutschen Genossenschafts-verbande an. Sie blieben mit Ausnahme der landwirthschaftlichen Kreditvereine vereinzelt oder bildeten unter sich gesonderte Verbände und die vorwiegend technischen Fragen, mit welchen sie sich zu beschäftigen haben, liessen dies wohl erklärlich erscheinen. Die leitenden Kräfte erkannten daß eine Vereinigung all dieser Vereine in einem eigenen grossen, ganz Deutschland umfassenden Verbande eine wesentliche Förderung sowohl der Vereinsinteressen selbst als auch der genossenschaftlichen Idee im Gefolge haben müßte, und daß sie darin richtig urteilten, beweist der Umstand daß auf der ersten Zusammenkunft in Hamburg sofort neun Verbände und 17 einzelne Vereine ihren Beitritt erklärten, so daß der neue Verband geordnet werden konnte. Ihn dem Allgemeinen Deutschen Genossenschaftsverbande einzuverleiben war aus mancherlei Gründen nicht möglich. Der demselben bereits seit Jahren angehörende Verband landwirthschaftlicher Genossenschaften Ost- und West-Preussens war zwar der neuen Vereinigung beigetreten, erklärte aber daß er auch beim Allg. Deutschen Genossenschaftsverbande verbleiben wolle und Werth darauf lege daß dessen Allg. Vereinstag die neue Vereinigung als eine die genossenschaftliche Arbeit fördernde anerkenne. Er brachte deshalb den Antrag ein, der nach kurzer Debatte einstimmig zum Beschlusse erhoben wurde, sich aber — wie der Referent ausdrücklich betonte — nicht auf landwirthschaftliche Kreditvereine sondern hauptsächlich auf Molkereigenossenschaften und landwirthschaftliche Konsumvereine bezieht. In dieser Debatte wurde besonderes Gewicht darauf gelegt daß die Vorarbeiten zu der neuen Vereinigung von ihrem ersten Entstehen an sich der Billigung und des Beirathes Schulze-Delitzschs zu erfreuen hatten. —

XXIV b. Der Allg. Vereinstag hofft daß die Sammlung für das in Berlin zu errichtende nationale Schulze-Delitzsch-Denkmal so reiche Mittel darbieten wird daß auch die berechtigten Wünsche der Stadt Delitzsch Berücksichtigung finden können.

Schon in der Sitzung des Engeren Ausschusses, die unmittelbar nach Schulzes Beerdigung am 2. Mai 1883 in Potsdam stattfand, wurde der Gedanke an ein würdiges Denkmal für Schulze als berechtigt anerkannt und eine besondere Kommission zur Einleitung der weiteren Verhandlungen ermächtigt, die sich mit Mitgliedern des Reichstages und des Preussischen Abgeordnetenhauses in Verbindung setzte und so zu einem grossen Komite erweiterte, das alsbald in öffentlichem Aufrufe zu Beiträgen für ein Nationaldenkmal in Berlin aufforderte. Die Bürgerschaft der Heimatstadt Schulzes glaubte jedoch mit allem Rechte Anspruch darauf machen zu müssen daß auch in Delitzsch ein würdiges Denkmal errichtet werde, und veranlaßte den dortigen Vorschußverein beim Allg. Vereinstage zu beantragen

„derselbe wolle anerkennen, daß auch der Stadt Delitzsch ein Denkmal für Dr. Schulze-Delitzsch gebührt, und dahin wirken daß, um dies zu erreichen, dorthin reichliche Beiträge fliessen."

Nachdem der Referent der obenerwähnten Kommission Bericht über die Angelegenheit erstattet und der Ueberzeugung Ausdruck gegeben hatte daß die einkommenden Mittel sowohl für Berlin als für Delitzsch ausreichen werden, kam aus der Mitte der Versammlung der Antrag

„im Anschluß an den gehörten Bericht die Erwartung auszusprechen daß die Vorstände der Vereine es sich angelegen sein lassen werden, die einzelnen Mitglieder ihrer Vereine zu Beisteuern für das in Berlin zu errichtende Schulze-Delitzsch-Denkmal anzuregen, auch bei der Beschlußfassung über die Verwendung des diesjährigen Reingewinnes dahin zu wirken daß ein der Grösse des letzteren entsprechender Beitrag für den genannten Zweck bewilligt werde."

Dieser Antrag wurde vor der Abstimmung zurückgezogen weil der Antragsteller die durch die Besprechung der Sache gegebene Anregung für ausreichend erachtete.

Dagegen fand ein zweiter Antrag genügende Mehrheit, der in der obenerwähnten Form und mit dem Zusatze

„und geht in dieser Erwartung über den Antrag des Vorschußvereins Delitzsch zur Tagesordnung über"
zum Beschlusse erhoben wurde, obschon der Vertreter des letztgenannten Vereins seinen Vortrag auf das tapferste vertheidigte und viele Simpathien gewann.

**XXIV c. Der Allg. Vereinstag nimmt mit Dank Kenntnis von dem Schreiben des Vorsitzenden des Stiftungsrathes der Schulze-Delitzsch-Stiftung und ermächtigt den Engeren Ausschuß jetzt und für die Zukunft, geeignete Persönlichkeiten für den Genuß eines Theiles dieser Stiftung zu ermitteln und dem Stiftungsrathe im Namen des Verbandes vorzuschlagen.**

Am 4. Oktober 1863 war Schulze von einer Anzahl von Freunden und Verehrern eine Ehrengabe von 47 tausend Thalern überreicht worden, welche diese ganz im stillen gesammelt hatten, um dem selbstlosen Manne den Dank des deutschen Volkes für seine aufopfernde Thätigkeit zu bezeugen und ihm die Mittel zu bieten, sich dauernd dieser Thätigkeit zu widmen. Schulze bezog nur die Zinsen des Kapitales und verwendete dies selbst zu einer Stiftung, die seinen Namen trägt und aus deren Renten laut der Stiftungsurkunde nach seinem Tode Männern, die sich um das Wohl des Volkes im Gebiete der Volksbildung oder des Genossenschaftswesens verdient gemacht, ein Ehrensold gewährt werden soll. Der Stiftungsrath richtete nach Schulzes Tod an den Allg. Deutschen Genossenschaftsverband die Einladung, geeignete Männer zum Bezuge eines Theiles der Rente in Vorschlag zu bringen. Da eine solche Benennung Erörterungen zur Voraussetzung haben muß, die kaum in geeigneter Form in Versammlungen von dem Umfange erledigt werden können, die der Allg. Vereinstag allmälig angenommen hat, erbat sich der Engere Ausschuß die Ermächtigung, in eigener Zuständigkeit die nöthigen Ermittelungen zu pflegen, wobei jedoch — wie der Referent ausdrücklich betonte — keineswegs ausgeschlossen ist daß auch der Allg. Vereinstag Männer namhaft macht, die er des erwähnten Ehrensoldes für würdig erachtet.

Die Genehmigung wurde ohne Debatte einstimmig ertheilt.

## § 2. Allgemeiner Vereinstag.

(Bd. I. S. 43 ff.)

XVII a. Bei den Verhandlungen des Allg. Vereinstages sind als stimmberechtigt nur diejenigen Theilnehmer zu betrachten, welche mit einer schriftlichen Legitimation versehen sind; die stimmberechtigten werden von den übrigen Theilnehmern in solchen Versammlungen auf irgend eine Weise geschieden.

Der Besuch der Allg. Vereinstage war im Laufe der Jahre immer lebhafter geworden, mancher Verein sendete zwei und mehrere Abgeordnete, von welchen doch nur einer stimmberechtigt für den Verein sein konnte. In Folge dessen waren kleine Schwierigkeiten aufgetaucht, die der Fränkische Verband durch den von ihm beantragten Beschluß fernzuhalten hoffte. Praktische Anwendung fand derselbe wenigstens in seinem ersten Teile erst am XXIV. Vereinstage, als es sich um die Stimmberechtigung bei der Wahl eines neuen Anwaltes handelte.

Der ursprüngliche Antrag enthielt im Eingange die Worte „ausser den Vertretern der Anwaltschaft und den Direktoren der einzelnen Unterverbände."

Schulze-Delitzsch führte ohne Widerspruch aus daß die Vertreter der Anwaltschaft ein Abstimmungsrecht überhaupt nicht, die Verbandsdirektoren ein solches aber nur dann haben wenn sie auch Vertreter ihres Verbandes sind (d. h. wenn der Verband nicht einen anderen Vertreter abgeordnet hat.) Daraufhin wurden die erwähnten Worte abgestrichen. —

XVII b. Wegen der Zusammenstellung der Beschlüsse der Allg. Vereinstage vergl. § 10.

XVIII. Es wird den im Verbande stehenden Genossenschaften zur Pflicht gemacht, die Unterverband- sowie die Allg. Vereins-Tage soweit möglich auch durch Mitglieder des Aufsichtsrathes zu besenden.

Der Satz bildet nur einen Theil eines Beschlusses, der im Zusammenhange bei § 13 zur Erörterung gelangt.

XVIII und XIX. Wegen Bekanntgabe der Verhandlungen und Beschlüsse der Allg. Vereinstage und der Verbandtage in den einzelnen Vereinen vergl. § 8 Seite 51/52.

## § 3. Anwaltschaft.

(Bd. I. S. 52 ff.)

XVI a. Der Allg. Vereinstag richtet an die Anwaltschaft das Ersuchen künftig dem Jahresberichte einen Nachweis über den Verbrauch in den wichtigsten Verkaufsgegenständen der Konsumvereine beizufügen, in der sicheren Erwartung daß die Vereinsvorstände die geringe Mehrarbeit im allgemeinen Interesse gerne übernehmen werden.

Der vom Konsumverein Hohenmölsen beantragte Beschluß wurde ohne Widerspruch gefaßt, ist aber in seiner Allgemeinheit bisher nicht zur Ausführung gelangt. In Unterverbänden wird dagegen die Verbrauchstatistik fleissig gepflegt. —

XVI b. Wegen der Erweiterung des Schemas für den statist. Jahresbericht behufs Aufnahme der Nachweise über die Verpflichtungen aus schwebenden Wechseln vergl. § 13.

XVIII a. Die Anwaltschaft wird beauftragt, bei wichtigen Vorkommnissen und Fragen von allgemein genossenschaftlichem Interesse sich der Tagespresse zu bedienen um die Kenntnisnahme davon soviel als möglich in den Reihen der Genossenschafter zu verbreiten.

Theil eines grösseren Beschlusses, der im Zusammenhange bei § 13 zur Besprechung gelangt, und der auch das Schema für die statistischen Nachweise dahin ausdehnt daß für die Namen der Vorsitzenden des Aufsichts-Rathes und ihrer Stellvertreter eine Spalte eröffnet werden mußte.

XVIII b. Wegen der statistischen Erhebungen über die Verwaltungskosten der Vereine vergl. § 14, wegen Erhebungen über die Besteuerung der Genossenschaften § 38.

XXIV a.*) Der Allg. Vereinstag wählt zum Anwalt des Allg. Deutschen Genossenschaftsverbandes den Rechtsanwalt Friedrich Schenck in Wiesbaden.

---

*) Die unter XXIV aufgeführten drei Beschlüsse wurden vom Allgemeinen Vereinstage in umgekehrter Reihenfolge gefaßt.

Der Engere Ausschuß hatte unmittelbar nach der Beerdigung Schulzes in einer in Potsdam abgehaltenen Sitzung die ersten Vorbereitungen zur Wahl eines Nachfolgers getroffen indem er eine Kommission von fünf Mitgliedern (Nizze-Ribnitz, Hopf-Insterburg, Morgenstern-Breslau, Oppermann-Magdeburg und Pröbst-München) mit den weiteren Vorverhandlungen betraute. Die Kommission tagte am 17. und 18. Juni 1883 in Berlin, erstattete an den Engeren Ausschuß Bericht, dieser versammelte sich am 12. und 13. August in Weimar und am 28. und 29. August (unmittelbar vor dem Allg. Vereinstag) in Halberstadt, und sein Referent empfahl auf Grund einstimmigen Beschlusses sowol der Kommission als des Engeren Ausschusses selbst dem Allg. Vereinstage die Wahl Schencks, die dann auch mit 222 gegen 27 Stimmen erfolgte. (Vergl. Theil I Seite 29/32 ff.)

XXIV b. Der Allg. Vereinstag beschließt, dem neuzuwählenden Anwalte zehntausend Mark Gehalt auszusetzen und die Forderung an denselben zu stellen, seinen Wohnort in Berlin oder einem der Vororte (einschl. Potsdam) zu nehmen.

Der desfallsige, auf rein praktischen Erwägungen fussende Antrag des Engeren Ausschusses wurde einstimmig zum Beschlusse erhoben. —

XXIV c. Der Allg. Vereinstag beauftragt den neuerwählten Anwalt, im nächsten Jahre eine auf Regelung der Stellung des ersten Sekretäres gehende Vorlage zu unterbreiten.

Der Engere Ausschuß hatte einen Antrag auf Aenderung des Organischen Statuts angemeldet, wonach dem § 5 desselben, welcher die Rechte und Pflichten des Anwaltes regelt, folgender Satz beigefügt werden sollte:

„Zur Unterstützung und Vertretung des Anwaltes wird ein Sekretär des Deutschen Genossenschaftsverbandes angestellt. Derselbe wird vom Engeren Ausschuß auf Vorschlag des Anwaltes auf gegenseitige halbjährige Kündung gewählt. Seine Geschäftsthätigkeit regelt eine Instruktion, welche vom Anwalte zu entwerfen und vom Engeren Ausschuß festzustellen ist."

Dagegen waren von einigen Vereinen Anträge auf vollständige Abänderung des § 5 in der Weise eingereicht daß die Anwaltschaft eine zweigliederige, aus dem Anwalte und dem Verbandsekretäre gebildete werde und eine Geschäftstheilung zwischen diesen beiden Beamten satzungsgemäß festgestellt werden sollte.

Der Eng. Ausschuß zog den zuerst erwähnten Antrag zurück „in der Erwägung daß derselbe einer vorhergehenden Verständigung des zu erwählenden Anwaltes mit dem zu bestellenden Verbandsekretäre bedarf" — und ließ durch seinen Referenten die oben mitgetheilte Fassung vorschlagen, welche einstimmig zum Beschlusse erhoben wurde.

Zur Erklärung sei angefügt:

Der verstorbene Anwalt Dr. Schulze-Delitzsch war schon viele Jahre lang bei allen Arbeiten für das Deutsche Genossenschaftswesen von seinem Sekretär Dr. Fr. Schneider unterstützt, der jedoch nur vom Anwalte persönlich angestellt und aus dem Bureaukostenaversum desselben besoldet war. Als der E. A. die Wahl eines Nachfolgers Schulzes in Vorbereitung nehmen mußte, kam auch die künftige Stellung Dr. Schneiders in Frage, dessen Verdienste der E. A. dadurch anerkannte und würdigte daß er demselben eine unabhängigere und selbständigere Stellung als Sekretär des Verbandes statt als Privatsekretär des Anwaltes einzuräumen beantragte. Die zwischen der Antragstellung des E. A. und der Eröffnung des Allg. Vereinstages gepflogenen Unterhandlungen führten jedoch nicht zu einer vollen Uebereinstimmung der Nächstbetheiligten, weshalb es zweckmässiger erschien, vorläufig an dem bestehenden Verhältnisse nichts zu ändern und weitere Vorlage seitens des neuen Anwaltes auf Grund der inzwischen gewonnenen praktischen Erfahrungen abzuwarten. —

## § 4. Engerer Ausschuß.

(Bd. I S. 57 ff.)

XXIV a. In § 6 des Organischen Statuts sind die Rechte und Pflichten des Engeren Ausschusses geregelt. Im letzten Absatze desselben (Bd. I Seite 59) ist bestimmt:

„Nur bei Gelegenheit des Allg. Vereinstages findet eine eigentliche Sitzung der Mitglieder statt, in welcher die Konstituirung und die Wahl des Vorsitzenden für das nächste Jahr erfolgt, auch die Verfügungen wegen des Kassenwesens eingeleitet und etwaige dem Allg. Vereinstage vorzulegende Anträge formulirt werden."

Der Allg. Vereinstag beschloß nun:

**Die Worte „nur" und „eigentliche" zu streichen und am Schlusse anzufügen:**

**„Der Vorsitzende ist berechtigt in dringenden Fällen ausserordentliche Sitzungen des Engeren Ausschusses einzuberufen. Der Vorsitzende muß eine ausserordentliche Sitzung einberufen wenn die Anwaltschaft oder zehn Verbandsdirektoren dies beantragen."**

Der Tod des ersten Anwaltes hatte schon einen solchen dringenden Fall gebracht. Es war ein Gebot der Ehre daß der Engere Ausschuß an der Beerdigungsfeier theilnahm, es war aber auch unerläßlich daß derselbe sofort die ersten Einleitungen zur Wahl eines neuen Anwaltes ordnete. Ebenso unbedingt nothwendig erwies sich im Laufe der Wahlverhandlungen eine zweite Versammlung des Engeren Ausschusses zur endgiltigen Beschlußfassung über die hinsichtlich der Anwaltswahl dem Allg. Vereinstage zu unterbreitenden Anträge. (Vgl. Theil I S. 26 und § 3 S. 44.)

Daraus ergab sich auch die Nothwendigkeit der Aenderung des Organischen Statutes, die auf Antrag des Eng. Ausschusses ohne Debatte mit grosser Mehrheit beschlossen wurde.

XXIV b. Wegen Ermächtigung des Eng. Ausschusses zu Vorschlägen für den Rentengenuß der Schulze-Delitzsch-Stiftung vergl. § 1 Seite 41.

## § 5. Verfassung des Allgemeinen Verbandes. Organisches Statut.

(Bd. I S. 61 ff.)

XVII. Wegen Theilnahme von Aktien- und Kommandit-Gesellschaften am Allg. Verbande vergl. § 7 S. 48 f.

XXIV. Die in Halberstadt beschlossenen Abänderungen des Organischen Statuts betreffen die in § 4 besprochene Möglichkeit einer Einberufung des Eng. Ausschusses sowie von Kommissionen desselben zu ausserordentlichen Sitzungen und die darauf erwachsenden Kosten.

In letzterer Hinsicht vergleiche man § 7 S. 49 — dann wegen beabsichtigter Aenderung des § 5 des Organischen Statutes oben § 3 S. 44.

## § 6. Organ des Verbandes.

(Bd. I. S. 63 ff.)

**XVIII. Es wird den im Verbande stehenden Genossenschaften zur Pflicht gemacht, ein zweites Exemplar der Blätter für Genossenschaftswesen zu halten, welches unmittelbar an den Vorsitzenden des Aufsichtsrathes oder dessen Stellvertreter gelangt und unter den Mitgliedern dieser Körperschaft zirkuliren muß.**

Theil eines grösseren Beschlusses, der im Zusammenhange bei § 13 besprochen wird. Man vergleiche dort insbesondere auch die Begründung. Die Verpflichtung zur Haltung eines Exemplares ist schon in § 6 des Organischen Statuts ausgesprochen. (Band I Seite 63.) Der neuere Beschluß unterscheidet sich von dem am X. Vereinstage gefaßten (Bd. I S. 64) hauptsächlich dadurch daß dort die Haltung mehrerer Exemplare nur empfohlen, hier aber zur Pflicht gemacht wurde.

Es verdient hier erwähnt zu werden daß die beim VII. Vereinstage abgelehnte Aufnahme bezahlter Inserate in die Bl. f. G.W. (Bd. I S. 63/64) vom 1. Januar 1884 ab durch Uebereinkommen des Anwaltes mit dem Verleger zur Thatsache geworden ist, nachdem der Eng. Ausschuß schon in seinen Sitzungen in Halberstadt (XXIV) von der desfallsigen Absicht Kenntnis genommen und dieselbe gebilligt hatte. Jedoch bezieht sich diese Anordnung nicht auf die am VII. Vereinstage vorzugsweise mit ins Auge gefaßten Rechnungsabschlüsse der Vereine, die nach wie vor im redaktionellen Theile Besprechung finden. —

## § 7. Aufbringung und Verwendung der Verbandskosten.

(Bd. I. S. 66. ff.)

XVI a. Die Bestimmung des § 10 Nr. 1 des Organischen Statutes über die Höhe des Mindestbetrages der Verbandsbeiträge wird dahin geändert daß derselbe vom Jahre 1875 ab nicht mehr wie bisher mit zwei Thalern sondern mit zehn Mark auf das Jahr anzusetzen und abzuführen ist, und zwar für alle Genossenschaften ohne Ausnahme einschlüssig der Baugenossenschaften.

Die im Vorjahre empfohlene Erwägung (XV a. Bd. I S. 77) hatte auf den Unterverbandtagen stattgefunden und ernsten Widerspruch nirgends hervorgerufen.

XVI b. Die unentgeltliche Gewährung des Jahresberichtes hängt davon ab daß die Vereine ihren Beitrag zu den Verbandskosten bis Anfang August berichtigen.

Theil eines grösseren Beschlusses, der bei § 14 besprochen wird.

XVII. Die im Beschlusse des Allg. Vereinstages zu Bremen bezeichneten, mit berathender Stimme bei den Allg. Vereinstagen zuzulassenden Aktiengesellschaften und Kommanditgesellschaften können auch auf den Verbandtagen der Unterverbände von diesen mit berathender Stimme zugelassen werden. Insoferne solche Gesellschaften von dieser

Erlaubnis Gebrauch machen, haben sie einen jährlichen Beitrag von sechzig Mark zu den Kosten des Allg. Verbandes zu erlegen.

Der vom Anwalt beantragte Beschluß ist eine einfache Folge des in Bremen gefaßten (Band I Seite 62) und stieß begreiflicherweise auf keinerlei Widerspruch.

XXIV a. Das Organische Statut bestimmt in § 10 Ziffer 4 lit. e (Bd. I Seite 74 und 77): „Aus der Allg. Verbandskasse werden bestritten . . . e. die Diäten und Fahrkosten für die Unterverbandsdirektoren zum Allg. Vereinstage."

Nun wurde beschlossen

am Schlusse beizufügen

„und zu den Sitzungen des Engeren Ausschusses."

Die Gründe sind oben bei § 4 (Seite 46) angegeben da diese Aenderung im engsten Zusammenhange mit der dort besprochenen des § 6 des Org. Statutes vorgenommen wurde.

XXIV b. Die Kosten für die Begräbnisfeier von Dr. Schulze-Delitzsch werden auf den Allg. Verband übernommen.

Der Eng. Ausschuß beschloß das schon in der Potsdamer Sitzung unmittelbar nach der Beerdigung und der Allg. Vereinstag ertheilte ohne Debatte einstimmig seine Genehmigung.

XXIV c. Für Schmückung der Grabstätte von Dr. Schulze-Delitzsch werden rund dreitausend Mark bewilligt.

Auch dieser Antrag des Eng. Ausschusses stammte aus derselben Sitzung und wurde einstimmig zum Beschlusse erhoben. —

Nach dem Berichte über Bestand und Finanzen des Allg. Verbandes, wie er den Mittheilungen über den XXIV. Vereinstag angefügt ist, war die Gesammteinnahme im Jahre 1882/83 35828.93 Mark und zwar:

| | | |
|---|---|---|
| Reste aus 1879 bis 1881 . . . . . . | 527.25 | Mark |
| Beiträge für 1882 . . . . . . . . . | 34734.98 | „ |
| Zinsen . . . . . . . . . . . . . | 476.70 | „ |
| Erlös aus Jahresberichten von 1881 . . . | 90.— | „ |

dagegen die Ausgabe 54510.43 Mark und zwar

| | | |
|---|---|---|
| Gehalte und Bureaukosten . . . . . . . | 30185.02 | Mark |
| Reisekosten und Diäten . . . . . . . . | 14145.75 | " |
| Drucksachen und deren Versendung . . . . | 6200.49 | " |
| Bibliothek, Allg. Vereinstag und andere kleine Ausgaben . . . . . . . . . . . | 547.86 | " |
| Beerdigungskosten . . . . . . . . . | 1396.31 | " |
| Kronprinzenspende (vgl. Seite 34) . . . . | 2035.— | " |

Der Mehrbetrag der Ausgaben wurde aus dem Vermögensbestande gedeckt, der mit 36392.56 Mark aus dem Vorjahre übergegangen war und dadurch auf 17711.06 Mark sich minderte.

Die hohe Ausgabensumme dieses Jahres erklärt sich aus zwei Gründen. Bisher waren Anwaltsgehalt und Bureaukosten immer erst im Nachjahre verrechnet worden. Beim Beginne der Verbandsthätigkeit war das nothwendig weil die Einnahmen erst eingegangen sein mußten; jetzt schien es nicht mehr nöthig, ein richtiger Abgleich vielmehr zweckmässiger, deshalb kamen neben 7200 Mark Anwaltsgehalt für 1882 weitere 6458.35 Mark für 1883, neben 8895.30 Mark Bureaukosten für 1882 weitere 7331.37 Mark für 1883 und in ähnlicher Weise einige kleinere Posten zur Verausgabung.

Ferner waren für die ausserordentlichen Sitzungen des Eng. Ausschusses und seiner Kommission 6039.50 Mark, für die Kronprinzenspende und die Beerdigung des verstorbenen Anwaltes die oben ausgewiesenen Posten als ausserordentliche Anfälle zu decken.

Von nun an läuft die Rechnung glatt von 1. Oktober bis 30. September. Der Etat für 1883/84 wurde auf 36000 Mark in Einnahme und Ausgabe festgestellt.

## § 8. Unterverbände.

(Bd. I. S. 80 ff.)

XVI. Wegen Ausschluß jener Vereine aus den Verbänden, welche den Anforderungen der Anwaltschaft in Bezug auf Statistik nicht genügen, vergl. § 1 Seite 37 und § 18

XVII a. wegen Theilnahme von Aktien- und Kommanditgesellschaften an Verbänden und Verbandtagen § 7 Seite 48/49.

XVII b. Vom Fränkischen Unterverbande war der Antrag gestellt zu beschliessen: „Die Verbandsdirektoren werden veranlaßt, die jährlichen Geschäftsberichte der Unterverbände möglichst nach einem einheitlichen Sistem und rechtzeitig d. h. noch vor dem Allg. Vereinstage gegenseitig mitzutheilen."

Die Versammlung begnügte sich mit der gegebenen Anregung und ging zur Tagesordnung über weil die Verbandsdirektoren ohnedies soweit möglich die Muster der anwaltschaftlichen Jahresberichte beachten, eine zu enge Beschränkung aber nicht wünschenswerth schien.

XVIII a. Die Direktoren der Unterverbände haben alle für die Vereine bestimmten Erlasse und Zuschriften sowie die Berichte über die Unterverbandtage nebst den statist. Uebersichten künftig nicht bloß den Vorständen sondern zugleich auch den Aufsichtsräthen der zugehörigen Vereine direkt durch deren Vorsitzende zugehen zu lassen.

Theil eines grösseren, bei § 13 im Zusammenhange mitgetheilten und besprochenen Beschlusses.

XVIII b. Wegen Vereinigung Landwirthschaftlicher Konsumvereine zu Verbänden behufs Verwendung geprüfter Chemiker zur Waarenuntersuchung vergl. § 28

XVIII c. wegen Gründung des Bayerischen Genossenschaftsverbandes, des Thüringer Konsumvereinsverbandes, des Landwirthschaftlichen Genossenschaftsverbandes für Ost- und West-Preussen sowie wegen Auflösung des Deutschen Baugenossenschaftsverbandes Theil I Seite 11.

XIX a. Es ist Pflicht der Vorstände und Aufsichtsräthe der dem Allg. Verbande angehörigen Vereine, die Beschlüsse und Verhandlungen der Allg. Vereins- sowie der Unterverband-Tage in der nach jedem derselben stattfindenden Generalversammlung nach Maßgabe der ihnen zukommenden gedruckten Mittheilungen und Berichte zur Kenntnis der Mitglieder und zur Besprechung zu bringen.

Der Beschluß, der auf einem Antrage der Anwaltschaft fußt, reiht sich einfach an den im Vorjahre gefaßten, welcher die weitere

Verbreitung der Kenntnis von allen wichtigen Vorgängen im Genossenschaftswesen bezielt. Die Worte „und zur Besprechung" standen nicht im ursprünglichen Antrage und wurden eingeschaltet um anzudeuten daß es durchaus nicht ausgeschlossen sein soll, die Beschlüsse der Vereins- und Verband-Tage zur näheren Erörterung auch im Wege einer Diskussion zu bringen.

XIX b. Es wird den Direktoren der Unterverbände dringend empfohlen

1) sachverständige, im kaufmännischen Rechnungswesen erfahrene und mit der genossenschaftlichen Organisation vertraute Männer zum Behufe von Geschäfts-Revisionen und Inventuren auf Anrufen der einbezirkten Vereine unter vorheriger Vereinbarung über die zu gewährenden Honorarsätze bereitzuhalten und die Vornahme solcher Revisionen im allgemeinen zu befördern;
2) falls die Angelegenheiten eines Vereines bis zur Gefährdung seines Bestandes gediehen sind, demselben auf Anrufen unter Zuziehung des Anwaltes mit Rath und That zur Seite zu stehen um womöglich den Bruch zu verhüten.

Der Beschluß fußt auf einem gleichlautenden Antrage der Anwaltschaft, der schon in einer grossen Zahl von Unterverbänden besprochen war und beifällige Aufnahme gefunden hatte. Er ist der Anstoß zu der inzwischen segensreich entwickelten Verbandsrevision geworden. Der Vertreter der Anwaltschaft erklärte ausdrücklich daß die Verbandsrevision andere Ziele haben muß als die vom Aufsichtsrathe bethätigte Revision, daß es insbesondere nicht Aufgabe des Verbandsrevisors sein kann, die Sicherheit der Aussenstände zu prüfen, sondern daß er sich zunächst durch Einsicht der Bücher ꝛc. ein Urtheil zu bilden hat ob Geschäftsführung und Buchführung dem zeitweiligen Geschäfts-Umfange entspricht oder hinter der Entwickelung des Vereines zurückgeblieben ist, und daß er Rathschläge ertheilen wird wie nach irgend einer Richtung hin Verbesserungen einzuführen wären, wobei die gegebenen thatsächlichen Verhältnisse sorglich zu beachten sind.

Es verdient Erwähnung daß schon bei dieser ersten Besprechung der Frage im weiteren Kreise die Anstellung von berufsmässigen Inspektoren angeregt, von verschiedenen Seiten aber als dem ganzen Wesen der Genossenschaften widersprechend mit Nachdruck zurückgewiesen wurde.*)

XXI. 1. Zur Erfüllung der den Unterverbänden des Allg. Deutschen Genossenschaftsverbandes in § 7 des Organ. Statuts**) gestellten Aufgaben gehört vor allem der gegenseitige Austausch und die Kritik der in den einzelnen Vereinen gemachten Erfahrungen auf den alljährlich unter Betheiligung der Anwaltschaft stattfindenden Versammlungen ihrer Deputirten, deren möglichst zahlreiche Besendung allen zur Pflicht gemacht wird. Als unerläßlich erscheinen dabei die Mittheilungen der Vereinsvertreter über Einrichtungen und Vorkommnisse bei ihren Vereinen mit dem Rechte auf Rath und Auskunft. Besonders hat sich zu diesem Zwecke die Umfrage unter den Deputirten praktisch bewährt, wie dieselbe seitens der Verbandsdirektoren nach ihren Wahrnehmungen unter Eingreifen der Anwaltschaft entweder speziell einzelnen Vereinen gegenüber oder ganz allgemein über gewisse zum voraus bestimmte Punkte stattfindet, wobei namentlich die Beschlüsse des Allg. Vereinstages in das Auge zu fassen sind.

2. Dagegen widerstreitet es den Interessen des Allg. Verbandes, deren Förderung allen Vereinen nach § 9***) des Organ. Statutes obliegt, wenn auf den Unterverbandtagen Vertreter von Genossenschaften zur Berathung und Berichterstattung über deren Angelegenheiten mit zugelassen werden, welche den Verbänden gar nicht angehören, indem hiebei die Beschränkungen des § 2 der Geschäftsordnung zum Allg. Vereinstage†) wohl zu beachten sind.

---

*) Man vergleiche die Beschlüsse des XXII. XXIII. und XXIV. Vereinstages in dieser Angelegenheit Seite 54 ff.

**) Bd. I. S. 82.

***) Bd. I. S. 41.

†) Bd. I. S. 45 f.

3. Wegen Zeitbestimmung der Unterverbandtage bleibt es bei dem Beschlusse des XI. Allg. Vereinstages,*) wonach die Bestimmung der Tage, an welchen die Versammlungen der Unterverbände stattfinden, in keinem Falle ohne vorherige Vereinbarung mit der Anwaltschaft zu treffen und dabei möglichst auf Aufeinanderfolge der Versammlungen benachbarter Verbände Rücksicht zu nehmen ist.

Der Beschluß war vom Eng. Ausschusse auf Wunsch des Anwaltes angeregt. Die Einrichtung der Umfragen hatte sich überall bewährt weil damit den einzelnen Vereinsvertretern in der Regel der Mund geöffnet und so der interessanteste Austausch von Meinungen und Erfahrungen veranlaßt wird, der allen Theilnehmern gleichmässig zugutekommt. Es war nicht die Absicht den Vereinsvertretern freizustellen ob sie die Umfrage beantworten wollen oder nicht, sondern es sollte die Antwort zur Pflicht gemacht werden. Gastirende Vertreter von Vereinen, die dem Unterverbande nicht angehören, sollen jedoch von der Berichterstattung und Fragestellung ausgeschlossen bleiben weil nur die Verbandsvereine an den Lasten der Vereinigung theilnehmen, also in der Ausübung der damit verknüpften Rechte nicht beschränkt werden dürfen.

Die in Ziffer 3 erfolgte Auffrischung eines älteren Beschlusses war durch die mancherlei Schwierigkeiten veranlaßt, auf welche die Anwaltschaft dadurch stossen mußte daß die meisten Verbände ihre Verbandtage an Sonntagen abhalten wollten.

**XXII.****) **In der Erwägung**

**a) daß die Einrichtung regelmässiger Revisionen in den Verbandsvereinen, allmälig allgemein durchgeführt, eine wünschenswerthe Vervollständigung und organische Weiterentwickelung der Verbandseinrichtungeu darstellt und zugleich geeignet ist, gesetzgeberischen Versuchen, die Genossenschaften der Kontrole staatlicher oder kommunaler Behörden zu unterstellen, entgegenzuwirken**

---

*) Bd. I. S. 85.

**) Man vergleiche den Beschluß des XIX. Vereinstages S. 52.

b) daß es daher den allgemeinen genossenschaftlichen Interessen entspricht, diese Einrichtung in allen Verbänden zur Durchführung zu bringen —

erklärt der Allg. Vereinstag es für **Pflicht** der Unterverbände, für die Einrichtung regelmässig wiederkehrender Revisionen der einzelnen Vereine Sorge zu tragen.

Die Anregung zu diesem Beschlusse ging vom Schlesischen Vorschußvereinsverbande aus und der desfallsige Antrag war in mancher Hinsicht anders formulirt. In Schlesien war die Bestellung eines ständigen Verbandsrevisors durch Beiträge der Vereine bereits soweit gesichert daß nur noch ein Zuschuß von einigen hundert Mark nothwendig erschien. Der Verband wollte deshalb Beschluß hervorrufen daß ein solcher Zuschuß bis zum Höchstbetrage von zehn Prozent der Jahreseinnahmen des Allg. Verbandes aus dessen Kasse als Beihilfe zur Besoldung ständiger Verbandsrevisoren den Unterverbänden gewährt werden dürfte. Dagegen traten gewichtige Bedenken auf. Allseitig aber wurde die Nothwendigkeit und Nützlichkeit ständiger Verbandsrevisionen anerkannt, welche nicht allein „auf Anrufen" eines Vereines sondern regelmässig in angemessenen Zeitabschnitten vorgenommen werden sollten, und welche gleichzeitig ein Vorbeugungsmittel gegen die im Reichstage von konservativer Seite bereits in Antrag gebrachte Revision durch Staats- oder Gemeinde-Beamte bilden können.

XXIII. In Erwägung daß in Folge des (vorstehenden) Beschlusses des Vereinstages in Kassel 1881 die diesjährigen Unterverbandtage überall mit dieser Einrichtung begonnen haben und daß nur durch verbandsmässiges Vorgehen eine fruchtbringende Durchführung der Revision zu ermöglichen und die drohende staatliche Revision abzuwenden ist, empfiehlt der Vereinstag allen dem Allg. Verbande angehörigen Genossenschaften, die erforderlichen Schritte zu thun um sich die Vortheile der verbandsmässig organisirten Revisionseinrichtung zu sichern.

In der Zeit zwischen dem XXII. und dem XXIII. Vereinstage war die Frage der Verbandsrevision in allen Unterverbänden Gegenstand reiflicher Erwägung, in vielen praktischer, von unverkennbaren Vortheilen begleiteter Ausführung gewesen. Um diese Verwirklichung auch in den übrigen Verbänden zu fördern und insbesondere die ausserhalb der Unterverbände stehenden Vereine für die Sache zu interessiren, stellte der Eng. Ausschuß den unverändert zum Beschlusse erhobenen Antrag, in dessen Begründung der nunmehrige Anwalt Schenck neuerdings hervorhob daß der Verbandsrevisor keineswegs die revisorische Thätigkeit der Aufsichtsräthe ersetzen, sondern diese selbst kontroliren, die Einrichtungen der Vereine auf ihre Gesetzmäßigkeit prüfen und darauf achten soll ob die Inventuren richtig gemacht werden, ob das Vereinsinteresse bei Bemessung der Höhe der Risikos gewahrt erscheint, daß deshalb die Revisionen in Uebereinstimmung mit Vorstand und Aufsichtsrath vollzogen, das Ergebnis mit diesen besprochen und sowohl der Generalversammlung als dem Verbandsdirektor angezeigt werden soll damit für Beseitigung allenfallsiger Mißstände sowohl aus der Mitgliedschaft als auch von Verbandswegen der nöthige Anstoß gegeben werden kann. Das würde nicht erreicht wenn die Revisionen von staatswegen vorgenommen würden, denn dann würde den Leitern der Vereine das Pflichtgefühl, das Bewußtsein der vollen Selbstverantwortlichkeit schwinden. Bekämpft wurde der Antrag ernstlich nur von den Vertretern der Leipziger Kreditbank, welche schon vor dem Allg. Vereinstag eine Denkschrift über die Frage versendet hatte, worin eine sorgsame ständige Revision durch den Aufsichtsrath selbst als die unbedingt beste Einrichtung geschildert, bezw. der Staatsrevisor weil mit grösserer Autorität ausgestattet dem Verbandsrevisor vorgezogen wird. (Man vergleiche Theil I Seite 23.)

XXIV a. Der V. V. Verband für Neumarck und Pommern hatte beantragt

den Unterverbänden zu empfehlen daß sie in die Bestimmungen für die Revisoren folgenden Satz aufnehmen:

„Stimmt die von dem Revisor aufzunehmende Inventur der Wechsel und Werthpapiere mit dem Saldo des Wechsel- und Effektenkontos überein?"

Der Antrag wurde bekämpft von einer Seite weil das, was er ausspreche ganz selbstverständlich sei, von der anderen weil zu befürchten daß der Aufsichtsrath, in dessen Verpflichtung doch zunächst die Aufnahme der Wechsel- wie aller anderen Inventuren liegt, sich durch eine derartige Bestimmung von dieser Verpflichtung enthoben erachten könnte, von einer dritten weil überhaupt eine bindende Instruktion für die Verbandsrevision noch nicht bestehe, also auch nicht bruchstückweise ein einzelner Satz für dieselbe vom Allg. Vereinstage beschlossen werden sollte.

Ein Zwischenantrag auf Tagesordnung

„in Erwägung daß die Berechtigung der Verbandsrevisoren, selbst eine Wechsel- und Effekten-Inventur aufzunehmen, nicht zu bezweifeln ist, die Vorschrift regelmässiger Aufnahme der Inventur durch den Revisor aber praktisch undurchführbar und prinzipiell bedenklich erscheint"

wurde zwar unterstützt, gelangte aber nicht zur Abstimmung.

Ein weiterer Antrag auf Tagesordnung in Erwägung

daß das Institut der Verbandsrevisoren noch in den Anfängen seiner Entwickelung begriffen ist, daß es durchaus wünschenswerth erscheint auf Grund der gemachten Erfahrungen eine Musterinstruktion für die Verbandsrevisionen*) in grossen Zügen zu bekommen, daß deshalb die Anwaltschaft zweifellos in Bälde das Material zu einer solchen Instruktion sammeln und ordnen und einem der nächsten Allg. Vtg. vorlegen wird,

fand dagegen die Zustimmung einer grossen Mehrheit.

Es war wohl nicht mit Unrecht angeführt worden daß die Aufnahme der Wechselinventur dem Revisor Gelegenheit bietet, genauen Einblick in die Art der Geschäftsführung zu gewinnen; die Berechtigung zur Vornahme einer solchen Inventur wurde auch von keiner Seite widersprochen, nur die Verpflichtung dazu förmlich auszusprechen schien zur Zeit nicht genügend gerechtfertigt.

XXIV b. Ein Antrag auf Befürwortung eines gesetzlichen

*) Grundzüge für die Vornahme von Verbandsrevisionen sind in den Bl. f. G.W. Jahrgg. 1881 Seite 17 und 1882 Seite 22. 121. 163 und 234 mitgetheilt.

Zwanges zur Vornahme von Superrevisionen durch dem Vereine nicht angehörende Fachmänner wird bei § 9 mitgetheilt. —

Der derzeitige Bestand der Unterverbände ist folgender:

1. Verband Bayerischer Genossenschaften.
2. Verband der Vorschußvereine zu Berlin.
3. Verband der Fränkischen Genossenschaften.
4. Verband Hessischer Vorschußvereine, Vorort Kassel.
5. Verband der Genossenschaften in der Preuß. Lausitz.
6. Verband der Genossenschaften des Reg.Bez. Magdeburg und des Herzogthums Braunschweig. Vorort Halberstadt.
7. Verband der wirthschaftlichen Genossenschaften am Mittelrhein (Reggs.Bezk. Wiesbaden und Rheinhessen). Vorort Wiesbaden.
8. Verband Norddeutscher Genossenschaften (Mecklenburg und Westpommern).
9. Verband der Vorschuß- und Kreditvereine von Nordwest-Deutschland. Vorort Husum.
10. Verband der Oberbadischen Vorschußvereine. Vorort Konstanz.
11. Verband der Genossenschaften von Ost- und West-Preussen.
12. Verband der Pfälzischen Genossenschaften.
13. Verband der Kredit- und Vorschuß-Vereine in Pommern und den Gränzkreisen der Mark Brandenburg. Vorort Stettin.
14. Verband der Genossenschaften der Preuß. Provinz Posen.
15. Genossenschaftsverband für Preuß. Rheinland und Westfalen nebst Lippe und Waldeck.
16. Verband der Genossenschaften für die südl. Hälfte der Preuß. Provinz Sachsen und das Herzogthum Anhalt.
17. Verband der Sächsischen Kreditgenossenschaften. Vorort Chemnitz.
18. Verband der Erwerbs- und Wirthschafts-Genossenschaften von Schlesien und den angränzenden Landestheilen. Vorort Breslau.

19. Verband der Starkenburger Erwerbs- und Wirthschafts-Genossenschaften. Vorort Darmstadt.
20. Verband Thüringischer Genossenschaften. (Thüring. Staaten und Reggsbezk. Erfurt.)
21. Unterbadischer Genossenschaftsverband.
22. Verband der Vorschuß- und Kredit-Vereine von West-Brandenburg.
23. Verband der wirthschaftlichen Genossenschaften in Württemberg.

(Diese 23 Verbände umfassen vorzugsweise Kredit- und Vorschuß-Vereine.)

24. Verband der Konsumvereine der Provinz Brandenburg.
25. Verband der Konsumvereine der Lausitz. Vorort Görlitz.
26. Verband Rheinisch-Westfälischer Konsumvereine, Produktiv- und Bau-Genossenschaften.
27. Verband der Konsumvereine der Provinz Sachsen und der angränzenden Provinzen und Staaten. Vorort Magdeburg.
28. Verband Sächsischer Konsumvereine. Vorort Chemnitz.
29. Verband der Schlesischen Konsumvereine. Vorort Breslau.
30. Verband Süddeutscher Konsumvereine (Bayern, Württemberg, Baden.)
31. Verband Thüringischer Konsumvereine. Vorort Weimar.
32. Verband Landwirthschaftlicher Genossenschaften der Provinz Preussen.

# B. Gemeinsame Angelegenheiten aller oder mehrerer Genossenschafts-Gattungen.

## § 9. Gesetzgebung.*)

(Bd. I. S. 88 ff.)

XVI a. Von der Koblenzer Volksbank war Antrag gestellt zu beschliessen:

„Nach dem ausgesprochenen Fallimente einer Genossenschaft empfiehlt es sich wenn sie zum öfteren Generalversammlungen abhält, hierbei erforderlichen Falles ihren Vorstand und Verwaltungsrath reorganisirt und dieselben insbesondere zur zeitweisen

---

*) In dieser Abtheilung ist Bd. I S. 93 der Beschluß des VII. Vereinstages nach dem offiziellen Berichte nicht so wie er schließlich gefaßt wurde sondern so wie er ursprünglich beantragt war, wiedergegeben. Lud. Parisius hat die Geschichte des Antrages und bezw. Beschlusses in den Bl. f. G.W. 1875 Nr. 42 S. 192 erzählt und seinen Angaben gemäß lautete der letztere in richtiger Form wie folgt:

1. Mit Rücksicht auf die von dem Preussischen Ministerium der am 21. August 1865 in Berlin zusammengetretenen Kommission für die Arbeiterverhältnisse vorgelegten Fragen:

1) Was kann geschehen, um die auf Selbsthilfe beruhenden Genossenschaften (Vorschuß- und Kreditvereine, Vereine zur Beschaffung von Rohstoffen, Konsumvereine, Produktivassoziationen) zu fördern?

2) Welche dieser Assoziationen können auch unter Fabrikarbeitern Eingang finden und auf welchem Wege würde dies zu erreichen sein?

erklärt der Allgemeine Vereinstag der auf Selbsthilfe beruhenden Deutschen Erwerbs- und Wirthschafts-Genossenschaften:

1. Die einzige Förderung, welche die Genossenschaften von der Preussischen wie von jeder anderen Staatsregierung beanspruchen, ist

a) daß sie sich aller Versuche, die Genossenschaften unter die der polizeilichen Kontrole unterliegenden Vereine zu stellen, fernerhin enthalte,

b) daß sie dem Gesetzentwurfe über die endliche Regelung der privatrechtlichen Stellung der Genossenschaften, welcher die Beseitigung der für sie bei der jetzigen Lage der Gesetzgebung

Berichterstattung an die Generalversammlung verpflichtet, wobei es dieser überlassen bleibt, durch geeignete Beschlüsse die Interessen der Gesellschaft zu wahren und namentlich auf schnelle Erledigung des Fallimentes hinzuwirken."

Es handelte sich der Hauptsache nach um Auslegung des Genossenschaftsgesetzes und Beseitigung des Irrthums als ob mit der Auflösung der Genossenschaft nach § 34 des Gesetzes jede Thätigkeit derselben ein Ende hätte und Vorstand und Verwaltungsrath rc. nicht mehr bestünden, während wie aus den §§ 49 und 60 und einer Reihe hieher bezüglicher Bestimmungen des Gesetzes hervorgeht, die Absicht der Auflösung nur die Verhinderung neuer Geschäftsabschlüsse ist, die ohne Mitwirkung des Vorstandes gar nicht ausgeführt werden könnten.

Man trug Bedenken Verhaltungsmaßregeln für den Fall des Fallimentes zu beschliessen weil dadurch die Folgerung veranlaßt werden könnte als gehörten dieselben zu den alltäglichen Erscheinungen, und beschloß Uebergang zur Tagesordnung. Der Anwalt sprach sich allerdings gegen diese aus da er glaubte, eine Mahnung an die Vereine sei mit Rücksicht auf die ungenügende Gesetzeskenntnis vieler Mitglieder ganz angezeigt, — verwies übrigens auf die damals schon erwartete Reichskonkursordnung, in welcher vielleicht auch diese Frage berücksichtigt werden könnte. (Man vergleiche XVII c Seite 63 f.)

---

vorhandenen Schwierigkeiten in Betreff Erwerb, Aufgabe und Verfolgung von Vermögensrechten bezweckt und im Preussischen Abgeordnetenhause in der Session von 1863 von dem Anwalte der Genossenschaften eingebracht ist, nicht länger entgegenstehe, sondern dahin wirke daß derselbe zum Gesetz erhoben werde.

2. Von den auf Selbsthilfe beruhenden Genossenschaften haben namentlich die Konsumvereine unter den Fabrikarbeitern längst Eingang gefunden. Auch die Vorschuß- und Kredit-Vereine und die Produktivgenossenschaften erfreuen sich einer wachsenden Betheiligung derselben; ihrer Entwickelung stehen nur die vorher bezeichneten Hindernisse entgegen.

Alle Versuche der Staatsregierungen, die auf Selbsthilfe beruhenden Erwerbs- und Wirthsschafts-Genossenschaften im allgemeinen oder innerhalb einer einzelnen Berufsklasse durch positive Einmischung fördern zu wollen, müssen als ihnen schädlich zurückgewiesen werden."

XVI b. Vom Kreditvereine Siegen war Antrag gestellt

„das Reichskanzleramt um Vorlage eines Gesetzentwurfes an den Reichstag zu bitten wodurch die Zahlungsleistungen mittels in- und ausländischer Koupons jeder Art bei Strafe verboten wird.“

Da nach den Bestimmungen des Münzgesetzes von 1873 (Art. 14 § 1) Niemand zur Annahme von Koupons statt Baargeld verhalten ist, anderseits in manchen Fällen die Zahlung in Koupons sowohl beim Empfang wie bei der Ausgabe Privaten und Vereinen ganz willkommen sein mag, da ferner der Antrag dem Grundsatze der in gegebenen Fällen leicht durchführbaren Selbsthilfe widersprach und endlich der Allgem. Vereinstag bezw. Verband beim Mangel von Korporationsrechten auch ein Petitionsrecht nicht ausüben kann, wurde zur Tagesordnung übergegangen.

Dringend kam die Mahnung zum Ausdrucke, die Vereine sollten vor allem selbst sich der Verausgabung entwertheter Koupons enthalten, wie sie im Inkassoverkehre mannigfach vorkam.

XVI c. Vom Unterverbande der Konsumvereine der Provinz Brandenburg war der Antrag gestellt, die Anwaltschaft zur Sammlung von Material darüber zu veranlassen inwieweit

„a) die Handelsrichter, wie in manchen Fällen geschehen, in ihren amtlichen Veröffentlichungen über das Maß dessen hinausgehen, was das Genossenschaftsgesetz vorschreibt;

b) die Gerichte zu den amtlichen Veröffentlichungen mehr Blätter wählen als das Interesse der einzelnen Genossenschaften und des mit ihnen verkehrenden Publikums erfordert.“

Der Vereinstag ging zur Tagesordnung über nachdem der Anwalt erklärt hatte, er werde bei den betr. Behörden geeignete Schritte zur Abstellung der erwähnten Uebelstände unternehmen.

XVI d. Der Anwalt wird veranlaßt, über die Heranziehung der Genossenschaften zu den in einzelnen deutschen Ländern bestehenden Handelskammern sich mit den betreffenden Unterverbänden in Vernehmen zu setzen um nach Befinden die etwa nöthigen Schritte in Bezug auf eine Modifikation dieser Heranziehung einzuleiten.*)

Die einschlägigen Vorschriften sind in den verschiedenen Staaten nicht gleichmäßig. Zumeist handelt es sich um Beiträge zu den Kosten der Handelskammern einerseits, um das Recht einer Vertretung durch dieselben und bezw. der Theilnahme an der Wahl dieser Vertretung anderseits. Auf Anregung von Seite mehrerer Preussischer Vereine brachte deshalb der Anwalt selbst den Antrag auf Materialsammlung, der ohne Debatte genehmigt wurde

XVII a. In Erwägung daß das Gesetz vom 10. Juni 1869 über die Besteuerung der Wechsel mit Rücksicht auf die seit 1. Januar 1876 eingeführte Reichsmarkwährung und zur Beseitigung der bestehenden Ungleichheit in der Besteuerung in der Art einer Abänderung dringend bedürftig ist daß der in § 3 dieses Gesetzes bestimmte Tarif aufgehoben und anstatt dessen bestimmt werde daß für einen Wechselbetrag von je hundert Mark oder angefangene hundert Mark fünf Pfennige Steuer erhoben werden sollten, ist der Anwalt zu ersuchen bei der Reichsregierung für die alsbaldige Abänderung des Wechselstempelsteuertarifes in dieser Richtung zu wirken.

Der Beschluß wurde vom Mittelrheinischen Verbande mit dem Hinweise auf ein ähnliches Vorgehen verschiedener Handelskammern und in der Absicht, die Steuer für kleine Wechsel zu mindern, mit welchen sich die Genossenschaften vorzugsweise zu beschäftigen haben, angeregt und stieß auf keinen Widerspruch.

XVII b. Wegen der zur Anbahnung eines Gesetzes über Realkreditgenossenschaften nöthigen Maßnahmen vergl. § 28.

XVII c. Es wird den Vereinen des Allg. Deutschen Gen.-Verbandes zur Pflicht gemacht, den Anwalt bei seinem Vor-

*) Der Beschluß fällt nicht genau in den Rahmen des § 9. Da aber das im ersten Bande aufgestellte und aus der Seite 37 erwähnten Gründen beibehaltene Sistem eine andere passende Einrichtung nicht zuläßt, schien die Einschaltung hier am zweckmässigsten.

gehen in der Reichsgesetzgebung, welches die Beseitigung der bei Auslegung des Genossenschaftsgesetzes vom 4. Juli 1868 bisher entstandenen Zweifel und insbesondere

a) die möglichste Verhütung von Konkursen,

b) die Feststellung des Rechtsverhältnisses der ausgeschiedenen Genossenschafter bis zum Ablaufe der Verjährung

bezweckt, auf jede Weise, nach Befinden durch seinerzeit an die gesetzgebenden Faktoren zu richtende Petitionen zu unterstützen.

Ueber verschiedene Bestimmungen des Genossenschaftsgesetzes herrschte Meinungsverschiedenheit nicht allein unter den Kommentatoren sondern auch unter den erfahrensten Praktikern, weshalb die Anwaltschaft es für nothwendig erachtete, Abänderungsanträge zur Klarstellung an die Reichsregierung und bezw. den Reichstag zu bringen, womit auch eine Aenderung in der Weise in Verbindung gebracht werden sollte daß die im Gesetze festgestellte Zwangsumlage zur Deckung der Ausfälle nicht erst am Schlusse des Konkursverfahrens sondern vor Einleitung und zur Verhütung desselben im Wege der Liquidation von der Generalversammlung beschlossen werden könnte. Gleichzeitig mit dem zum Beschlusse erhobenen Antrage des Anwaltes kam ein Antrag des Rheinisch-Westphälischen Verbandes zur Verhandlung, der das Verhalten der Genossenschaften im Konkurse, also nicht eigentlich eine Gesetzes-Auslegung oder Aenderung bezielte und deshalb an anderer Stelle (§ 13) besprochen wird.

**XVII d.** **Der gegen die gesetzliche Solidarhaft der Mitglieder eingetragener Genossenschaften bei dem Bruche der Düsseldorfer Gewerbebank erhobenen Beschwerde gegenüber erklärt der Allg. Vereinstag**

**in Erwägung daß dieser Bruch nur durch die gröbsten, trotz öffentlicher Warnung des Anwaltes und der Allg. Vereinstage fortgesetzten Verstöße gegen die wichtigsten Grundsätze in der Organisation wie in der Verwaltung jener Bank, verbunden mit andauernder Theilnahmslosigkeit der Mitglieder in Wahrung der gemeinsamen Interessen herbeigeführt ist:**

1. daß er an der gesetzlichen Solidarität der Genossenschafter als der dem Wesen und den Aufgaben der Genossenschaften entsprechenden Rechtsbasis festhält,

2. daß er in den bezeichneten und ähnlichen Vorkommnissen nur die Bestätigung der Richtigkeit der von ihm aufgestellten Normen und eine Veranlassung mehr findet, den Genossenschaften die ernsteste Beachtung derselben wiederholt und dringend zu empfehlen sowie deren Mitglieder darauf hinzuweisen daß es ihre Sache ist, sich durch richtigen Gebrauch der ihnen im Gesetze bei Ordnung und Ueberwachung der Vereinsangelegenheiten gewährten Rechte und lebendige Betheiligung dabei gegen die schweren Folgen solcher Mißstände zu sichern.

In Folge der Düsseldorfer Katastrophe war am Rhein und anderwärts gegen die Genossenschaften und insbesondere gegen die Solidarhaft eine so heftige Agitation entstanden daß eine Wahrung des genossenschaftlichen Standpunktes wie sie der vom Eng. Ausschusse beantragte Beschluß bringt, dringend nothwendig erschien.

Man vergleiche den Beschluß des IV. Vereinstages Bd. I Seite 90 dann jene des XX. und XXI. in diesem Bändchen Seite 66 u. 68.

XVIII a. Der Allg. Vereinstag ertheilt seine Zustimmung zu dem vom Anwalte neu redigirten Entwurfe der Novelle zum Genossenschaftsgesetze nach der in Nr. 13 der Bl. f. G.W.*) abgedruckten Fassung, jedoch unter Berücksichtigung der angeschlossenen Abänderungen und genehmigt ferner folgendes Amendement hiezu:

Es empfiehlt sich nicht, offene Handelsgesellschaften durch ein Verbot von der Mitgliedschaft auszuschliessen. Für ihre Vertretung in den Generalversammlungen haben dieselben einen Theilhaber zu bezeichnen; von der Wählbarkeit in den Vorstand sind sie auszuschliessen.

Schulze-Delitzsch hatte eine förmliche Novelle ausgearbeitet, welche in den Bl. f. G. W. veröffentlicht und auf allen Unterverbandtagen berathen worden war. In Folge dieser Berathungen fügte die Anwaltschaft selbst sogleich vier Aenderungsvorschläge an

*) Jahrgang 1877.

die Novelle an, welche mit zur Debatte im Vereinstage standen. Das in den Beschluß aufgenommene Amendement tauchte erst in dieser Debatte selbst auf, da man allgemein den Ausschluß von offenen Handelsgesellschaften für nicht wünschenswerth erklärte. Damit im Zusammenhange wurde die Frage besprochen ob Handels-Firmen als Mitglieder von Genossenschaften zugelassen werden sollen. Die Antwort lautete verneinend weil der Begriff der Handelsfirma ein viel zu weitreichender ist, beispielsweise auch Aktiengesellschaften umfaßt, weil ferner die Firma durch Kauf 2c. in anderen Besitz übergehen, der Besitznachfolger aber weder berechtigt noch verpflichtet sein kann, in die Verbindlichkeiten seiner Vorfahrer als Genossenschafter einzutreten, bei Wechselverpflichtungen der Firma für den genossenschaftlichen Verkehr leicht Schwierigkeiten entstehen u. dgl. mehr.

Von einem Abdrucke der Novelle und der im Beschlusse erwähnten Aenderungen wird hier Umgang genommen weil die nächsten Jahre noch viel neues Material zur Sache brachten.

Erwähnt muß aber werden daß die Anwaltschaft in ihrem Antrage eine Ziffer 2 hatte um „den Genossenschaften die Unterstützung des Anwaltes im Petitionswege und sonst bei Einbringung der Novelle im Reichstage zur Pflicht zu machen."

Dieser Satz findet sich im Beschlusse nach den offiziellen Protokollen nicht, ohne daß die Verhandlung entnehmen läßt daß über diesen Theil des Antrages überhaupt gesprochen worden wäre. Einem ausführlichen Privatberichte in der Frankfurter Zeitung vom 6. September 1877 Nr. 279 zu Folge wurde der Antrag richtig zur Abstimmung gebracht und angenommen so daß also nur ein Versehen der Protokollführung vorzuliegen scheint. —

Man vergleiche Seite 70 XXII a.

XVIII b. Wegen Besteuerung der Konsum-Vereine und wegen reichsgesetzlichen Vorgehens gegen die Waarenfälschung vgl. § 38.

XX a. Der Kreditverein Meissen hatte den Antrag eingebracht

„es möge bei Revision des Genossenschaftsgesetzes vermittelt werden daß dem Gesetze ein Zusatz beigefügt wird, dahingehend daß unter gewissen die Solidität der Geschäftsführung sichernden

Normativbestimmungen auch Genossenschaften, bei welchen die gemeinsame Verhaftung der Mitglieder auf eine bestimmte Summe beschränkt wird, bestehen und der Vortheile des Genossenschaftsgesetzes theilhaftig werden können."

Der Vereinstag ging zur Tagesordnung über in Erwägung

1. daß der Allg. Verband bereits 1876*) sich einmüthig für Beibehaltung der unbeschränkten Solidarhaftpflicht der Genossenschafter bei Revision des Genossenschaftsgesetzes erklärt hat weil er darin die den wirthschaftlichen und sozialen Aufgaben der Genossenschaften entsprechende Rechts- und Kredit-Basis erkannte,

2. daß zur Aenderung dieser Ueberzeugung aus den in einzelnen Genossenschaften vorgekommenen schweren Unfällen kein Grund hergenommen werden kann, da dieselben lediglich durch Vernachlässigung der im Gesetze selbst gegen die Gefahren der Solidarhaft gegebenen Schutzmittel sowie durch ein den ersten Grundsätzen geordneter Geschäftsführung widersprechendes Gebahren und Nichtbeachtung aller desfallsigen Warnungen und Rathschläge entstanden sind. —

Der Meissener Antrag war hauptsächlich durch die Befürchtungen veranlaßt, die in Sachsen in Folge des Bruches einiger Vereine in weiten Kreisen sich verbreiteten. Die Gründe der Ablehnung sind in den Erwägungen klargelegt.

XX b. Die Anwaltschaft wird ersucht bei Revision des Genossenschaftsgesetzes folgenden Zusatz zu § 25 desselben und zwar am Schlusse des ersten Absatzes zu beantragen:

„Unterläßt der Vorstand die rechtzeitige Anzeige des Austrittes eines Genossenschafters so steht letzterem das Recht zu, seinen Austritt demjenigen Gerichte, von welchem das Genossenschaftsregister geführt wird, anzuzeigen. Das Gericht hat die Behauptung des Austrittes vorzumerken und dem Vorstande Nachricht zu geben. Diese Vormerkung sichert die Rechte des Genossenschafters."

---

*) Vergl. XVII d Seite 64/65 dann XXI a Seite 68.

Der Beschluß fußt auf einem Antrage des Schlesischen Vorschußvereinsverbandes, zu dessen Gunsten sich die Anwaltschaft schon in den Bl. f. G. W. 1879 Nr. 24 ausgesprochen hatte, und will das Recht der ausscheidenden Mitglieder auf Verjährung ihrer Haftpflicht schützen. Ein Unterantrag, wonach dem Richter eine Bescheinigung des Vorstandes über bethätigte Austrittserklärung vorgelegt werden sollte, fand nicht genügende Unterstützung.

XX c. Wegen des Verhaltens der Konsumvereine dem Reichsgesetze über den Verkehr mit Nahrungs- und Genuß-Mitteln gegenüber vergl. § 38.

XXI a. 1. In Uebereinstimmung mit den bereits in Danzig 1876 und in Stuttgart 1879 gefaßten Beschlüssen*) hält der Allg. Vereinstag an der dem rechtlichen Charakter und den wirthschaftlichen Aufgaben der Genossenschaften vorzugsweise entsprechenden unbeschränkten persönlichen und solidaren Haftbarkeit der Genossenschafter für die von den Genossenschaften eingegangenen Verbindlichkeiten nach dem Gen. Gesetze vom 4. Juli 1868 fest, indem das Deutsche Genossenschaftswesen nur auf Grund der dadurch gewonnenen Kreditbasis auf den Standpunkt gelangt ist, welchen es gegenwärtig einnimmt.

2. Dagegen ist der Zulassung der blossen Kapitalhaft dabei wie sie mittels der Beschränkung der Haft auf die Geschäftsantheile die Genossenschaften in den Bereich der Aktiengesellschaften überführen würde, auf das entschiedenste mit allen Mitteln entgegenzutreten.

3. Der Allg. Vereinstag hat zu seinem Anwalte das volle Vertrauen daß er, zur Mitwirkung bei Revision des Genossenschaftsgesetzes berufen, dem gesammten Deutschen Genossenschaftswesen die bewährten Grundlagen mit aller Kraft wahren wird.

Der Allg. Vereinstag erklärt daß er es für eine Pflicht aller Verbandsvereine hält, den Anwalt in seiner Thätigkeit bei Revision des Genossenschaftsgesetzes aufs kräftigste zu unterstützen.

---

*) Vergl. oben XVII d Seite 64/65 und XX a Seite 66.

Schulze-Delitzsch hatte einen Antrag eingebracht, der die beiden ersten Absätze, zwischen denselben aber einen weiteren enthielt, folgenden Inhalts:

„Ist daher bei Revision des Gen. Gesetzes unbedingt hievon auszugehen so erscheint als äusserste Konzession, welche unter Umständen dabei etwa noch in Frage zu ziehen sein dürfte, ob neben diesen nach wie vor auf der unbeschränkten Solidarhaft beruhenden Genossenschaften noch eine zweite Klasse ebenfalls mit solidarer persönlicher, aber durch eine bestimmte Summe für jeden einzelnen Genossen begränzter Haft zugelassen werden könne."

Dieser Satz wurde gestrichen weil die grosse Mehrheit des Vereinstages bedingungslos an der unbeschränkten Solidarhaft festhalten wollte, und dafür die nunmehrige Ziffer 3 angenommen. Schulze hatte die ursprüngliche Ziffer 2 hauptsächlich deshalb eingestellt weil er aus seinen engen Beziehungen zu den maßgebenden Kräften in der Reichsregierung wie im Reichstage die Ueberzeugung gewonnen hatte daß Anträge auf Zulassung einer beschränkten Haftart ganz sicher einkommen und durchdringen, daß ein schroffes Ablehnen die Verständigung über andere hochwichtige Punkte erschweren, ein Zugeständnis aber diese Verständigung wesentlich fördern würde; zunächst sollte die betreffende Frage wenigstens als diskussionsfähig, keineswegs schon als zu Gunsten der beschränkten Haft gelöst bezeichnet werden. Vergl. Theil I Seite 19. —

XXI b. In Erwägung

a. daß die **Wiederaufrichtung der Zinsschranken** und insbesondere die **Beschränkung der allgemeinen Wechselfähigkeit** einen beklagenswerthen Eingriff in die Vertrags- und Verkehrs-Freiheit, keineswegs aber ein gesundes Bekämpfungsmittel des Wuchers enthalten,

b. daß dagegen durch diese Maßnahmen die auf Selbsthilfe beruhenden Deutschen Erwerbs- und Wirthschafts-Genossenschaften, in deren immer weiteren Ausdehnung das wirksamste Mittel zur Bekämpfung des Wuchers gegeben ist, in ihrer Entwickelung und Wirksamkeit gehemmt werden, erklärt der Allg. Vereinstag daß diese Beschränkungen durchaus zu verwerfen sind und ihrer Einführung durch die Gesetzgebung auf das entschiedenste entgegengewirkt werden müsse.

Bei Berathung des Wuchergesetzes im Reichstage war die Feststellung eines zulässigen Zinsmaximums in Anregung gebracht, jedoch als praktisch undurchführbar abgelehnt worden. Auch für die Genossenschaften wurde in der Besprechung des im obigen Wortlaute zum Beschlusse erhobenen Antrages des Mittelrheinischen Genossenschaftsverbandes die Nothwendigkeit einer freien Bewegung in der Zinsfeststellung nachgewiesen weil örtliche und zeitliche Verhältnisse darauf einen im voraus nicht berechenbaren Einfluß üben.

Ebenso war im Reichstage wiederholt die Beschränkung der Wechselfähigkeit auf gewisse Bevölkerungsgruppen, beispielsweise auf die im Handelsregister eingetragenen Personen angeregt, allein die maßgebendsten Stimmen und darunter auch der Vertreter des Reichsjustizamts Namens des Bundesrathes erklärten dieselbe für unausführbar. Für die Genossenschaften war schon im Reichstage selbst eine Art von Wechselprivilegium im Verkehre mit ihren Mitgliedern in Aussicht gestellt. Es erschien jedoch angemessen, auch im allgemeinen Interesse gegen jede Beschränkung der allgemeinen Wechselfähigkeit sich öffentlich auszusprechen weil dieselbe, praktisch kaum durchführbar, gerade das herbeiführen würde, was man vermeiden wollte, nämlich die Auslieferung der kleineren Geschäftsleute an den Wucher. —

**XXII a.** **1. Dem vom Anwalte zur Revision des Genossenschaftsgesetzes auf dem letzten Reichstage gestellten Antrage ertheilt der Allg. Vereinstag seine Zustimmung.*)**

**2. Der Anwalt wird ermächtigt, den von anderer Seite zu dem angeführten Zwecke eingebrachten oder noch einzubringenden Anträgen gegenüber die bekannten, dem Wesen und den Aufgaben der Genossenschaften entsprechenden Grundsätze zur Geltung zu bringen, wie das bereits in Betreff der Anträge der HH. von Mirbach und Ackermann auf dem Reichstage geschehen ist.**

---

*) Vergl. XVIII a Seite 65 und XXIII b Seite 72.

Den Gegenstand der Berathung, welche zu diesen Beschlüssen führte, bildete die von Schulze-Delitzsch neu redigirte Novelle wie sie in den Bl. für G. W. 1881 Nr. 18 und 19 sammt Motiven veröffentlicht wurde. Es würde zu weit führen dieselbe hier zum Abdrucke zu bringen und erscheint auch nicht nothwendig da eine umfassende Literatur darüber vorhanden ist.*) Erwähnt muß aber werden daß im Laufe der Berathungen die Schulzesche Vorlage einige Ergänzungen und Abänderungen unter Zustimmung des Anwaltes selbst erfuhr und zwar hauptsächlich in folgenden Punkten:

zu § 1. Die Aufzählung der genossenschaftlichen Vereinsgattungen wurde erweitert durch „Genossenschaften zum gemeinsamen Betriebe einzelner Zweige des landwirthschaftlichen Gewerbes."

zu § 2. Durch die Forderung einer Mindestzahl von Mitgliedern darf das Fortbestehen bereits vorhandener Vereine mit geringerer Mitgliederzahl nicht unmöglich gemacht werden.

zu § 27. Die Strafbestimmung des zweiten Absatzes (gegen Vorstandsmitglieder, welche andere als die im Gesetze erwähnten geschäftlichen Zwecke verfolgen oder in den Generalversammlungen die Erörterung öffentlicher Angelegenheiten zulassen) soll wegfallen.**)

zu § 35. Die Strafdrohung wegen gesetzwidriger Handlungen oder Unterlassungen, welche das Gemeinwohl gefährden, soll ebenfalls ausfallen.**)

zu § 48. Die Frist, innerhalb deren die Genossenschafter die Deckung eines Defizits zur Verhütung der Konkurseröffnung zu bewirken haben, soll auf vier Wochen erstreckt werden. —

Die im zweiten Absatze des Beschlusses erwähnten Anträge der Reichstagsabgeordneten von Mirbach und Ackermann sind in den Bl. f. G. W. 1881 Nr. 19 und 20 abgedruckt.

**XXII b.** Vom Kreditgenossenschaftsverbande der Preuß. Lausitz war der Antrag eingebracht

---

*) Insbesondere sei erwähnt: Dr. Schulze-Delitzsch. Material zur Revision des Genossenschaftsgesetzes. Leipzig. Ernst Keils Nachfolger. — und Dr. Herz. Die Novellen und Anträge zum Genossenschaftsgesetze. Breslau. Morgenstern. —

**) Man vergleiche den Beschluß des XII. Vereinstages Bd. I S. 96.

„die Anwaltschaft zu ersuchen daß sie geeignete Maßnahmen in Anregung bringt um den aus irrigen Einträgen in die Protestregister der Notare 2c. den Vereinsvorständen drohenden Bestrafungen wegen angeblich nicht verwendeter oder nicht richtig kassirter Wechselstempelmarken vorzubeugen."

Er war veranlaßt durch Vorkommnisse in diesem Vereine, der wegen unrichtiger Abschriften des Wechselstempelkassationsvermerkes (ohne Beifügung der Jahreszahl) im Protestregister des Notares von der Steuerbehörde zur Verantwortung gezogen und in einem Falle, da der Originalwechsel nicht mehr beigeschafft werden konnte, zu empfindlicher Strafe verurtheilt wurde. Der Antrag wurde als aussichtslos zurückgezogen da die Anschauung des Anwaltes, solche Fälle müßten einzeln im Instanzenzuge zum Austrage gebracht werden, wobei die betheiligten Vereine stets auf seine Unterstützung rechnen können, überall Zustimmung fand.

XXIII a. Der Anwalt wird ersucht, sich im nächsten Reichstage über die Deklaration des Bundesrathes zum Reichsstempelgesetze und die etwa dagegen zu thuenden Schritte zu informiren.

Der Rheinisch-Westfälische Kreditgenossenschafts-Verband hatte den Antrag gestellt

„eine Petition an den Reichstag gelangen zu lassen, in der um eine Deklaration des Reichsstempelgesetzes gebeten wird"

und begründete denselben durch den Hinweis auf die grosse Unsicherheit, welche in Auslegung und Vollzug des genannten Gesetzes bereits zu Tage getreten und durch die Deklaration des Bundesrathes vom Jahre 1882 noch gesteigert worden war. Nach kurzer Erörterung wurde die Abänderung des Antrages in der zum Beschlusse erhobenen Form vereinbart.

XXIII b. In Bezug auf die Revision des Genossenschaftsgesetzes erklärt der Allg. Vereinstag daß dabei das bereits in diesem Gesetze durchgeführte Prinzip, wonach sämmtliche Rechtsverhältnisse der Genossenschaften, ihre Eintragung mit den daran geknüpften Rechten und Pflichten, die Gesetzlichkeit ihrer Zwecke, ihrer Einrichtungen und ihres Verhaltens sowie etwaige

Kontraventionen dagegen ausschließlich der Kognition der Gerichte überwiesen sind, — unter allen Umständen aufrecht erhalten werden muß und dagegen jeder Versuch, das hier einschlagende irgend wie einer Kontrole der administrativen staatlichen oder kommunalen Behörden zu unterwerfen, als im Widerspruche mit dem Wesen und den Aufgaben der Genossenschaften auf das entschiedenste zu bekämpfen ist. —

Der Beschluß fußt auf einem gleichlautenden Antrage des Anwaltes, der durch die schon bei § 8 Seite 56 erwähnte Denkschrift der Leipziger Kreditbank veranlaßt war. Diese Denkschrift spricht sich nämlich ziemlich unverholen zu gunsten des vom Reichstagsabgeordneten Ackermann dem Reichstage unterbreiteten Antrages aus, demzufolge

> „den Kommunalaufsichtsbehörden ein gewisses Aufsichtsrecht, insbesondere auch das Recht der Bestellung von Revisoren über die auf Solidarhaft begründeten Vereine"

eingeräumt werden sollte. Dem gegenüber führte Schulze-Delitzsch überzeugend aus daß die nöthige Kontrole in der bisherigen Gesetzgebung schon geboten ist durch die Straf- und Mahn-Befugnisse, die den Gerichten zustehen, und durch das Recht der Mitglieder, dem Vorstande einen Aufsichtsrath zur Seite zu setzen, ein Recht das bei der Revision des Gesetzes unbedingt in eine Pflicht verwandelt werden sollte, — daß aber eine Staatsaufsicht, durch Verwaltungsbehörden in dem Sinne ausgeübt daß nicht nur die Gesetzmässigkeit sondern auch die Zweckmässigkeit genossenschaftlicher Einrichtungen dem Urtheile solcher abhängiger Behörden unterstünde, unzulässig ist weil die Genossenschaften unter dem Handelsgesetze stehen und schon dieses eine geschäftliche Beaufsichtigung von Handelsgesellschaften ausschließt, weil überdies den gemeindlichen und staatlichen Verwaltungsbehörden in der Regel die nöthigen technischen und praktischen Kenntnisse zur vollen Würdigung und zu einer fördernden Prüfung mangeln, daß es also gilt, die mühsam errungene gesetzliche Stellung der Genossenschaften zu wahren und sie nicht unter eine Vormundschaft zu stellen, die ihnen nur schaden könnte. —

XXIV a. Vom Konsumvereins-Verbande der Provinz Sachsen war der Antrag gestellt zu beschliessen:

„Der Vereinstag legt bei der Revision des Genossenschafts-Gesetzes einen ganz besonderen Werth darauf daß der von Dr. Schulze-Delitzsch in seinem Werke „Material zur Revision des Genossenschaftsgesetzes" vorgeschlagene Zusatz zum § 28 lautend —

Ausserdem hat die Genossenschaft in Perioden von zwei bis drei Jahren je eine Superrevision durch einen ihr nicht angehörigen sachverständigen Revisor unter Zuziehung des Aufsichts-Rathes vornehmen und durch Einreichen eines Attestes desselben bescheinigen zu lassen —

zum Gesetze werde."

Das Institut der Verbandsrevision*) hatte sich bereits allerwärts bewährt. Da aber noch eine grosse Zahl von Vereinen den Unterverbänden nicht angehört, glaubte der Vertreter des Antrages, eine gesetzliche Nöthigung zur Revision werde die aussenstehenden Vereine den Verbänden zuführen, die doch alle den Verbandsrevisor dem Staatsrevisor (vergl. oben XXIII b) vorziehen müßten.

Von anderer Seite wurde dagegen grosses Gewicht darauf gelegt daß die Revision bezw. Superrevision als Verbandsangelegenheit freiwillig durchgeführt und nicht aus genossenschaftlichen Kreisen selbst der Ruf nach einem gesetzlichen Zwange ausgesprochen werde. Ausserdem schien es bedenklich, für eine Gesetzesreform, die nur im Zusammenhange einer grossen Zahl von einschneidenden Bestimmungen vorgenommen werden kann, eine einzelne dieser Bestimmungen herauszugreifen und mit einer besonderen Empfehlung des Allg. Vereinstages auszustatten.

Diese Erwägungen bestimmten den Vertreter der Sächs. Konsumvereine den Antrag zurückzuziehen.

Es war Tagesordnung beantragt in Erwägung

„daß auf den Allg. Vereinstagen von Kassel und Darmstadt**) den Unterverbänden dringend empfohlen wurde, die

---

*) Vergl. § 8 Seite 52. 54 ff.

**) XXII. und XXIII bei § 8 Seite 54 ff.

periodische Revision in ihren Vereinen einzuführen, und daß es nicht angemessen erscheint, eine einzelne Bestimmung für einen seinem Inhalte nach im übrigen unbekannten Gesetzentwurf zu empfehlen."

Dieser Antrag kam jedoch wegen der Zurückziehung des Hauptantrages nicht zur Abstimmung. —

XXIV b. Die Rohstoffassoziation vereinigter Schneidermeister zu Magdeburg hatte beantragt auszusprechen:

„Die Anwaltschaft wird gebeten, bei Revision des Genossenschaftsgesetzes dahin zu wirken daß Ansprüche der Mitglieder einer Genossenschaft aus einer Forderung gegen dieselbe nach Verlauf von zwei Jahren verjähren,"

zog aber denselben — auf Grund privater Vorbesprechungen — noch vor Eröffnung der Debatte zurück. —

## § 10. Genossenschaftliche Bildung und Bildungs-Zwecke überhaupt.

(Bd. I. S. 103. ff.)

XVII. Es wird den Genossenschaften dringend empfohlen, die von den Allg. Vereinstagen aufgestellten Grundsätze in Betreff ihrer Organisation und Verwaltung sowie der Handhabung der Geschäfte wohl zu beachten und bei ihren speziellen Einrichtungen thunlichst zu Grunde zu legen. Der Anwalt wird deshalb ermächtigt eine Zusammenstellung der betreffenden Beschlüsse für die einzelnen Gattungen von Genossenschaften anzufertigen und zur Kenntnis der Vereine zu bringen.

Der Beschluß war veranlaßt durch einen gleichlautenden Antrag der Anwaltschaft, welche auf Verbandtagen wie im Schriftenverkehre nur allzuoft die Wahrnehmung hatte machen müssen daß die Vereinstagsbeschlüsse viel zu wenig bekannt sind und beachtet werden. Es ist das dieselbe Erfahrung, aus welcher sich das Erscheinen des ersten Bändchens dieses Buches zum XV. Vereinstage herleitet, dieselbe Klage, die auch seitdem Jahr für Jahr wiederkehrt und welche den Verfasser, nachdem der Beschluß bisher nicht zur Ausführung kam und nach dem derzeitigen Stande der Anwaltsgeschäfte auch in naher Frist nicht zur Ausführung kommen wird, ermuthigte, auch das zweite Bändchen erscheinen zu lassen. Schulze-Delitzsch wollte nur „die wichtigsten" Beschlüsse zusammenfassen. Seiner Autorität wäre das zugestanden; ein anderer Herausgeber würde sich durch eine Auswahl sicher den Vorwurf der Unvollständigkeit zuziehen.

---

Selbstverständlich fällt unter diesen Paragraphen eine ganze Reihe von Anträgen und Beschlüssen, die in anderen Abschnitten mitgetheilt wurden und deshalb dort gesucht werden müssen, denn streng genommen gehört die Kenntnis aller zur genossenschaftl. Bildung. —

## § 11. Zusammenwirken der verschiedenen Vereinsgattungen.

(Bd. I. S. 106 ff.)

XVIII. Wegen der Kreditbedürfnisse von Molkereigenossenschaften vergl. § 41.

XX. Der Allg. Vereinstag anerkennt ausdrücklich die Konsumvereine als ein berechtigtes Glied in der Kette des Deutschen Genossenschaftswesens und spricht deshalb die Erwartung aus daß sowohl Vorschuß- und Kredit-Vereine als alle anderen Arten von Genossenschaften dieselben in dem ihnen aufgezwungenen Kampfe kräftigst unterstützen.

Dieser Satz bildet den Schluß eines umfangreichen, in späterem Abschnitte (§ 38) mitgetheilten Beschlusses, welcher angesichts der heftigen Agitation gegen die Konsumvereine, wie sie an vielen Orten entflammt war, vom Eng. Ausschusse veranlaßt wurde. Es waren dabei wunderliche Erfahrungen zu Tage getreten, an manchen Orten hatten sich sogar Vorstands- und

Aufsichtsraths-Mitglieder von Vorschußvereinen oder Produktiv-Genossenschaften an der erwähnten Agitation lebhaft betheiligt, anderswo war der Buchhalter eines Vorschußvereines bei Gründung eines Konsumvereines behilflich gewesen und hatte dafür ein Mißtrauensvotum im Vorschußvereine geerntet, so daß schon auf einem Verbandtage der Verbandsdirektor darauf hinweisen mußte daß es eine Pflicht der Vorschußvereine sei, alle auf dem Prinzip der Selbsthilfe beruhenden Genossenschaften also auch die Konsumvereine in jeder Beziehung zu fördern. Das gleiche spricht der Vereinstagsbeschluß aus.

Ueber den Vollzug desselben wurden sehr verschiedenartige Berichte bekannt; im allgemeinen scheint der Beschluß leider zu denjenigen zu zählen, die nicht ganz die gebührende Beachtung fanden. Doch sei hier nicht verschwiegen daß

XXI. am Schlusse des nächstjährigen Vereinstages der Direktor des Sächsischen Konsumvereins-Verbandes ausdrücklich dankend anerkannte, er sei bei der heftigen Agitation gegen die Konsumvereine in Sachsen durch den Direktor des Sächs. Vorschußvereinsverbandes in ausgiebigstem Maße unterstützt worden.

Man vergleiche den Beschluß des VII. Vereinstages Bd. I Seite 108. —

## § 12. Genossenschafts-Bank.

(Bd. I S. 111.)

**XVI. Gegenüber den billigen Bedingungen einerseits und der Gefahr anderseits, welche das Inkasso durch Postmandat bietet, ist den Vereinen zu empfehlen, dem Giroverbande als dem besten und billigsten Vermittler des Inkasso beizutreten.**

Der veranlassende Antrag ging vom Offenbacher Bankverein aus und hatte einen zweiten Satz folgenden Inhalts:

„die Inkassobedingungen für Genossenschaften, welche dennoch nicht dem Verbande beitreten wollen, bei Gegenseitigkeit auf $^1/_{16}$ Prozent (ohne Minimum und Maximum) festzusetzen, Porti (und baare Auslagen bei Wechseln auf Nachbarorte) zu Lasten des Inkassos, Rückanschaffung in verlustfreiem Gelde und zwar bis dreihundert Mark durch Posteinzahlung, über dreihundert Mark baar unter Kouvert."

Dieser Nachsatz wurde abgelehnt weil er nur geeignet schien den Vordersatz abzuschwächen.

Der Anschluß an den Giroverband vollzog sich sehr langsam und schien namentlich durch das billige Postmandat aufgehalten. Da aber im Verlustfalle nur 42 Mark Vergütung gewährt wird und die Post keine Verbindlichkeit für rechtzeitige Protesterhebung übernimmt, blieb es immerhin ein bedenkliches Mittel, dem gegenüber der Giroverband schon der vereinfachten Buchungen und Portosätze wegen stets erneuerte Empfehlung verdient. —

## § 13. Rechte und Pflichten der Vorstands- und Aufsichtsraths-Mitglieder.

(Bd. I S. 116 ff.)

XVI a. In den Rechenschaftsberichten der Kreditgenossenschaften haben die Vorstände den Vereinsmitgliedern bekannt zu geben, mit welcher Gesammtsumme die Genossenschaft aus weiter begebenen noch schwebenden Wechseln verpflichtet ist.

Die Anwaltschaft wird ersucht, in der Tabelle der Jahresabschlüsse eine Rubrik zu eröffnen, in welcher der Nachweis über diese Verpflichtungen zu ersehen ist.

Zu den Funktionen der Aufsichtsräthe gehört es, bei den Monatsabschlüssen von der Gesammtsumme der von der Genossenschaft begebenen noch nicht fälligen Wechsel Kenntnis zu nehmen und deren Höhe von Zeit zu Zeit zu bestimmen.

Der ursprüngliche Antrag des Anwaltes beschränkte sich auf den ersten Satz, der einer auf die Wochenausweise der Notenbanken bezüglichen Anordnung des Reichskanzleramtes entspricht und im Interesse einer vorsichtigen Verwaltung von allen Seiten als gerechtfertigt anerkannt wurde.

Der Urheber des zweiten, in der Debatte erst aufgenommenen Satzes hatte die Absicht, die Vereine zur Beachtung des ersten zu zwingen; da aber die Höhe der Giroverpflichtungen im Laufe des Jahres sehr wandelbar ist und deshalb die einmalige Kenntnisnahme bei Gelegenheit der Erstattung des Jahresberichtes nicht genügend erscheint, fand auch der dritte, eine regelmässige Kontrole bedingende Satz, der gleichfalls erst in der Debatte eingebracht wurde, allseitige Zustimmung.

XVI b. Den in Unterverbänden befindlichen Vereinen wird dringend empfohlen, über die bei ihnen vorhandenen Kontroleinrichtungen und deren Handhabung an ihre Verbandsdirektoren zu berichten um dieselben in den Stand zu setzen, dem Beschlusse des Bremer Allg. Vereinstages*) nachzukommen, nämlich den Vereinen unter Benützung des vorhandenen Materiales mustergiltige Instruktionen auszuarbeiten und zugänglich zu machen, wonach die Aufsichtsräthe bei ihren Kontrolfunktionen zu verfahren haben.

Verlässige Instruktionen für die Mitglieder der Auff. R. als Anhaltspunkte für richtige Ausübung ihrer Kontrolfunktionen erschienen unerläßlich. In mehreren Verbänden waren solche entworfen, die Erfahrung ließ es aber am zweckmässigsten erscheinen, vorerst das Material aus den einzelnen Vereinen heraus zu sammeln und dann erst an die Ausarbeitung zu gehen. Der vom Eng. Ausschuß gestellte desfallsige Antrag fand keinen Widerspruch.

Man vergleiche übrigens unten XVIII a ff.

XVI c. Den Konsumvereinen wird dringendst empfohlen, von der in § 28 des Gen. Gesetzes eingeräumten Befugnis Gebrauch zu machen und Verwaltung und Kontrole ihrer Vereinsgeschäfte streng von einander zu trennen so zwar daß ein aus drei Personen bestehender Vorstand die Verwaltung, ein aus mindestens fünf Personen bestehender Aufsichtsrath die Kontrole führt.**) Es empfiehlt sich dabei eine geschäfts-

---

*) Bd. I S. 123.

**) Man vergleiche die Beschlüsse des IX. und des XI. Vereinstages Bd. I S. 117 und 119 ff. dann unten in diesem Paragraph XIX a und insbesondere XIX b.

ordnungsmässige Einrichtung daß die Vorstandsmitglieder alle wichtigeren Verwaltungsangelegenheiten in regelmässigen Sitzungen behandeln, welchen ein vom Aufsichtsrathe bestimmter Kommissär des letzteren mit berathender Stimme, aber ohne Berechtigung zur Theilnahme an der Beschlußfassung anwohnt.

Der Antrag zu diesem Beschlusse ging vom Süddeutschen Konsumvereinsverbande aus und enthielt am Schlusse noch die Worte

> „der gegen die Ausführung eines Beschlusses, welcher nach seiner Meinung die Vereinsinteressen schädigt, Veto einlegen darf, in Folge dessen die Ausführung drei Tage unterbleiben muß, innerhalb deren der Aufsichtsrath über die Sache zu beschliessen hat.“

Dies Veto fand als ein unzulässiger Eingriff in die Verwaltung vielfache Gegner, weshalb der betreffende Nachsatz fiel. Der erste Satz des nunmehrigen Beschlusses fand ganz allgemeine, der folgende sehr vielseitige Zustimmung da die Einrichtung des Aufsichtsrathskommissäres für die Vorstandssitzungen sich bereits an verschiedenen Orten praktisch bewährt hatte.

Gleichzeitig kam ein Antrag des Schlesischen Konsumvereinsverbandes zur Berathung, der lautete:

> „den Konsumvereinen nicht zu empfehlen, die durch den Vorstand zu bewirkenden Waareneinkäufe von der Genehmigung des Verwaltungsrathes abhängig zu machen.“

Dr. Schneider hatte nämlich in seinem „Verbesserten Musterstatut für eingetragene Konsumvereine“ *) die Zustimmung des Aufsichts-Rathes zu allen Einkäufen im Betrage von mehr als 150 Mark in einem Posten für nöthig erklärt. Der Vertreter des Schlesischen Verbandes brachte dagegen in Vorschlag daß die Einkäufe sich auf den Bedarf der nächsten zwei Monate beschränken sollten. Beide Sätze fanden ihre Gegner wie ihre Vertheidiger, doch waren der letzteren für den Schlesischen Antrag sehr wenige so daß er vor der Abstimmung zurückgezogen wurde. Daß das Einkaufsrecht des Vorstandes der Summe nach je nach den Ver-

*) Bl. f. G. W. 1875. Nr. 12.

hältnissen des Vereines einer Beschränkung unterworfen werden muß, wurde allseitig, insbesondere auch vom Anwalte anerkannt.

XVII a. Der Rheinisch-Westfälische Kreditgenossenschafts-Verband hatte den Antrag gestellt auszusprechen:

„Nach dem ausgesprochenen Fallimente einer Genossenschaft empfiehlt es sich zur speziellen Wahrung der Interessen der Genossenschafter unter sich, den in § 52 ff. des Genossenschafts-Gesetzes erwähnten Vorstand wie auch den Verwaltungsrath baldigst zu reorganisiren und demselben aufzugeben

1. zeitweise der Generalversammlung über die Lage des Fallimentes Bericht zu erstatten —
2. sodann in Verbindung mit den Sindiken auf schleunigste Aufstellung einer nach Art. 31 des Deutschen Handels-G.B. angefertigten Bilanz hinzuwirken, der Generalversammlung diese Bilanz zur Prüfung und Anerkennung vorzulegen und den über die Ausfälle gefertigten Vertheilungsplan dem zuständigen Gerichte mit dem Antrage einzureichen, den Vertheilungsplan für vollstreckbar zu erklären."

Der Antrag kam gleichzeitig mit dem in § 9 Seite 63 f. erwähnten des Anwaltes zur Berathung, wurde im Laufe derselben dahin geändert daß Ziffer 2 lauten sollte

„sodann in Verbindung mit den Sindiken resp. Massenverwaltern auf schleunigste Anfertigung des Schlußvertheilungsplanes hinzuwirken, der Generalversammlung denselben vorzulegen und dem zuständigen Gerichte mit dem Antrage einzureichen, ihn für vollstreckbar zu erklären" —

fand aber nicht die Zustimmung der Versammlungsmehrheit nachdem der Anwalt unter Verweisung auf die Verhandlungen des XVI. Vereinstages (§ 9 Seite 60) ausgeführt hatte daß eine Zwangs-Umlage vor Beendigung des Konkurses gesetzlich nicht möglich, eine freiwillige aber jederzeit zulässig ist. Er anerkannte daß es sehr wichtig ist, während des Konkurses Generalversammlungen abzuhalten damit die Genossenschaft als Inhaberin des Geschäftes in die Lage kommt, bei Abwickelung des Konkurses mitthätig zu sein und daß deshalb auch die Neuwahl des Vorstandes wenn sie der Generalversammlung zweckmässig erscheint möglich sein muß, zeigte aber daß es dem Vorstande in der Regel unmöglich sein wird, während des Konkurses eine Bilanz aufzustellen da er nicht im Besitze der dem Masseverwalter überlieferten Bücher ist rc. — und daß das Wesentliche des Rheinischen Antrages durch den Antrag der Anwaltschaft, der wie Seite 64 erwähnt Beschluß wurde, getroffen wird. —

XVII b. In Erwägung daß die Aufstellung einer erschöpfenden, überall anwendbaren detailirten Anweisung der Aufsichtsräthe zur Ausübung ihrer Kontrolfunktionen nur in Anlehnung an die betr. Instruktionen für die Verwaltung und Buchführung seitens der Vorstände durchzuführen ist, beschließt der Vereinstag,

vom Anwalte unter Benützung des durch die Arbeiten der Unterverbände gewonnenen Materiales die Punkte, auf welche es

a. für die laufende regelmässige Kontrole,

b. für die Kassen- und Geschäfts-Revisionen

wesentlich ankommt, welche daher unter allen Umständen in den speziellen Instruktionen der einzelnen Vereine berücksichtigt werden müssen, zusammenstellen und dem nächsten Allg. Vereinstage vorlegen zu lassen. —

Der Anwalt, der selbst die Anregung zu diesem Beschlusse gab, hatte in Folge der Bremer und Münchener Beschlüsse (Bd. I S. 123 und oben S. 79 XVI b) ein äusserst reichhaltiges Material von Einzelninstruktionen für Vorstand und Auff. Rath gesammelt, das unmöglich in seiner ganzen Breite vom Vereinstage zu berathen war sondern erst einheitlich zu einer geeigneten Vorlage bearbeitet werden mußte.

XVIII a. Der Allg. Vereinstag anerkennt es als eine ernstliche Verpflichtung sämmtlicher Genossenschaften

1. die bei ihnen fungirenden Aufsichts- (Verwaltungs-) Räthe oder Ausschüsse mit einer speziellen, von der Generalversammlung zu genehmigenden Instruktion zu versehen, nach welcher dieselben bei der ihnen obliegenden Ueberwachung der Geschäftsführung zu verfahren haben;

2. hiebei die nach dem Danziger Beschlusse unter Benützung der Arbeiten der Unterverbände vom Anwalte revidirte und zusammengestellte Probeinstruktion zu Grunde zu legen, welche diejenigen Punkte enthält, auf welche es

a. bei der laufenden regelmässigen Kontrole sowie

b. bei den Kassen- und Geschäfts-Revisionen namentlich am Jahresschlusse — wesentlich ankommt.

Mit dem von der Anwaltschaft eingebrachten Antrage war in theilweisem Vollzuge des Danziger Beschlusses (oben XVII b) auch der Entwurf einer solchen Instruktion vorgelegt, der gleich dem Antrage selbst die Zustimmung des Allg. Vereinstages fand und nur in § 15 eine kleine Aenderung erfuhr, einschlüssig deren die Instruktion also lautet:

### Probeinstruktion für die Aufsichtsräthe der Vorschuß- und Kredit-Vereine.

§ 1. Der Aufsichtsrath hält zur Erledigung der ihm obliegenden Geschäfte allwöchentlich zu einer ein für allemal bestimmten Zeit in dem Geschäftslokale der Genossenschaft eine Sitzung ab.

§ 2. Den Sitzungen des Aufsichtsrathes haben die Vorstands-Mitglieder auf Erfordern beizuwohnen und alle Aufschlüsse zu ertheilen und die Einsicht aller Bücher, Korrespondenzen und sonstigen Papiere des Vereins, welche verlangt wird, zu gewähren.

§ 3. In jeder ordentlichen Aufsichtsrathssitzung hat der Vorstand einen Kassenbericht vorzulegen, aus welchem der augenblickliche Stand der Kasse, der Gesammtbetrag der Einnahmen und Ausgaben der letzten Woche, die verfallenen und noch nicht eingegangenen Kapital-Forderungen und die während der letzten Woche eingezahlten Anlehen gegen Schuldscheine ersichtlich sind.

Der Vorstand hat ferner am Schlusse jeden Monats einen die Einnahmen und Ausgaben des ganzen Monats umfassenden Rechnungs-Auszug nebst Geschäfts-Bilanz dem Aufsichtsrathe einzureichen und am Schlusse jedes Vierteljahres eine Zusammenstellung der Einnahmen und Ausgaben des Vereins und die Bilanz in den vom Statute bezeichneten Blättern zu veröffentlichen und am Jahresschlusse über die Verwaltung des abgelaufenen Jahres vollständigen Bericht zu erstatten.

§ 4. Die Monats- und Vierteljahrs-Abschlüsse sowie die Jahres-Rechnung und Bilanz sind von dem Aufsichtsrathe sorgfältig zu prüfen.

Der Aufsichtsrath hat zu diesem Zwecke regelmässig am Schlusse jeden Monats oder Vierteljahres eine Kassen- und Geschäftsrevision vorzunehmen und ausserdem nach Bedürfnis ausserordentliche und unvermuthete Revisionen, mindestens jedoch zweimal im Jahre eintreten zu lassen.

Bei den Revisionen ist stets die Kasse zu stürzen.

Dabei sind die Baarbestände an Gold, Silber, Papier und Koupons aufzunehmen und der danach sich ergebende Istbestand ist mit dem nach den Büchern festgestellten Sollbestande zu vergleichen.

§ 5. Bei den vorzunehmenden Revisionen hat der Aufsichtsrath sich zu überzeugen daß die sämmtlichen Geschäftsbücher ordnungsmässig geführt und die Belege nach den einzelnen Geschäftszweigen getrennt gehörig geordnet sind. Hierbei ist eine Vergleichung der Bestände an Geld, Wechseln, Schuld-Urkunden, Werthpapieren mit den Listen und Kontrolen und den betreffenden Konten in den Büchern vorzunehmen und darauf zu achten daß diejenigen Bücher bis zum Tage der Revision beigetragen sind, und regelmässig jeden Tag beigetragen werden, welche täglich über die Lage des Geschäfts, über die Vorfälle in dem Geschäfte, über den Stand der Guthaben und der Schulden Aufschluß zu geben bestimmt sind.

Bei jeder Revision ist zu untersuchen daß bei den Kreditgewährungen die gezogenen Gränzen nicht überschritten sind, daß die Mitglieder des Vorstandes die ihnen durch Statut und Instruktion besonders zugewiesenen Funktionen gewissenhaft erfüllen und daß die Vorschriften des Genossenschafts-Gesetzes und die Bestimmungen der Vereinsstatuten überall befolgt werden; und es ist darüber zu wachen daß die Unterschriften der in den Verein aufgenommenen Mitglieder unter dem Vereinsstatute pünktlich eingeholt, daß über den Ein- und Austritt von Mitgliedern die vorgeschriebenen Anzeigen sowie alle sonstigen durch das Genossenschaftsgesetz erforderten Anmeldungen zum Genossenschafts-Register rechtzeitig gemacht und daß die durch Statut und Instruktion gegebenen Vorschriften über die Aufbewahrung und den Verschluß der Werthbestände eingehalten werden.

§ 6. In Betreff des Vorschuß- und Wechsel-Kontos ist bei der Revision festzustellen daß alle Vorschüsse und Wechsel-Diskontirungen statutenmässig bewilligt sind, daß die ausgestellten Wechsel vorhanden und die bestellten Sicherheiten sich im Besitze des Vereins befinden.

Mindestens zweimal im Jahre ist die Inventarisirung des Wechsel-Portefeuilles durch genaue Protokollirung jedes einzelnen Wechsels nach seiner laufenden Nummer, seinem Betrage, Fälligkeitstage und Schuldner vorzunehmen und die bei dieser Wechsel-Inventur sich ergebende Gesammtsumme mit dem Abschlusse des Hauptbuches zu vergleichen.

§ 7. Bei dem Kontokorrent-Konto ist besonders zu untersuchen ob die bewilligten Kreditsummen überall eingehalten sind und ob der von den Kantokorrent-Inhabern eingehaltene Umschlag mit dem in Anspruch genommenen Kredit in dem richtigen Verhältnisse ist.

Wenigstens zweimal im Jahre ist die Kreditfähigkeit aller Kontokorrent-Inhaber sowie der etwaigen Bürgen genau zu prüfen und in jedem Semester ist festzustellen daß die Anerkenntnisse der sämmtlichen Kontokorrent-Inhaber über die Richtigkeit der ihnen zugestellten Rechnungsabschlüsse eingegangen sind. Die für die bewilligten Kredite verpfändeten Objekte sind zu verzeichnen und es ist festzustellen daß alle in den Verpfändungs-Urkunden verzeichneten Werthpapiere in dem Gewahrsam des Vereins sich befinden und daß dieselben ausreichende Sicherheit für die darauf bewilligten Kredite gewähren.

§ 8. Die Effektenbestände des Vereins sind monatlich zu revidiren und zu inventarisiren.

§ 9. Bei allen vom Aufsichtsrathe vorzunehmenden Revisionen

darf eine Untersuchung der sogenannnten schwebenden Verbindlichkeiten aus Wechsel-Indossamenten (Giroverbindlichkeiten) nicht unterlassen werden.

§ 10. Am Schlusse des Geschäftsjahres hat der Aufsichtsrath mit dem Vorstande behufs Aufstellung der Jahresrechnung und Bilanz eine vollständige Inventur vorzunehmen.

Zu diesem Zwecke sind am letzten Tage des Geschäftsjahres

a. das Kassenbuch abzuschliessen und der Sollbestand der Kasse festzustellen, sodann der wirkliche Kassenbestand nach den vorhandenen Geldsorten, Kassenscheinen, Banknoten und Koupons aufzunehmen,

b. die vorhandenen Bestände an Wechseln, Schuldscheinen und Werthpapieren durchzusehen, einzeln zu verzeichnen und mit den geführten Listen und Kontrolen zu vergleichen.

Soweit diese Arbeit an demselben Tage nicht zu beenden ist, ist dieselbe an dem nächstfolgenden Tage fortzusetzen, bis dahin aber alles unter sicheren Verschluß zu nehmen damit jede Möglichkeit zu Verfügungen, durch welche ein Defekt verdeckt werden könnte, ausgeschlossen ist.

Bei dieser Inventarisation ist jeder einzelne Wechsel nach seiner laufenden Nummer, seinem Betrage, Fälligkeitstage und Schuldner zu verzeichnen und nach seiner Bonität zu prüfen.

Ebenso wie die Wechsel sind alle übrigen vorhandenen Schuld-Dokumente und Werthpapiere nach ihrem rechnungsmässigen Werthe und ihrer Bonität zu untersuchen und einzeln zu verzeichnen.

Alle Werthpapiere sind hierbei höchstens nach dem Börsenkurse am Tage des Abschlusses aufzunehmen.

§ 11. Zur genauen Feststellung der bei Jahresschluß auf Schuldscheine oder Sparbücher angeliehenen Gelder (Anlehen und Spareinlagen) erfolgt die Abhebung von Zinsen für die fremden Gelder an vorher bekannt zu machenden Tagen unter Vorlegung der betr. Schuldurkunden im Beisein des Aufsichtsrathes, welcher die Urkunden mit den Büchern vergleicht.

Etwaige bei Jahresschluß auf den Verein laufende Accepte,

welche selbstverständlich als Passiven in der Bilanz erscheinen müssen, sind ebenfalls nach ihrer Einlösung dem Aufsichtsrathe zur Vergleichung mit den Büchern vorzulegen.

§ 12. Sobald die Jahresrechnung und Bilanz von dem Vorstande aufgestellt ist, sind die in dieselben eingestellten Abschlußsummen der einzelnen Konten mit den Inventurlisten zu vergleichen und danach die Richtigkeit der Bilanz festzustellen und zu bescheinigen.

§ 13. An der Inventur am Jahresschlusse nehmen sämmtliche Aufsichtsrathsmitglieder theil indem für die verschiedenen Geschäftszweige Kommissionen von je zwei oder drei Mitgliedern gebildet werden, die für die sorgfältige Erledigung der ihnen überwiesenen Arbeiten verantwortlich sind.

Für die sonstigen ordentlichen und ausserordentlichen Revisionen ernennt der Aufsichtsrath aus sich Revisions-Kommissionen von zwei oder drei Mitgliedern in der Weise daß möglichst alle Mitglieder des Aufsichtsrathes im Laufe des Jahres zu den Revisionen herangezogen werden.

Auch zur fortlaufenden Ueberwachung einzelner Geschäftszweige kann der Aufsichtsrath besondere Revisions-Kommissionen aus sich bilden.

Die Revisions-Kommission fungirt als Organ des Aufsichtsrathes und ist verantwortlich für die sorgfältige Ausführung der Revision.

Der Aufsichtsrath ist befugt, einen Rechnungsverständigen, welcher nicht Mitglied des Vereins zu sein braucht, zur Besorgung der kalkulatorischen Revisionsarbeiten bei Revision der Jahresrechnung sowie bei den sonstigen im Laufe des Jahres erfolgenden Revisionen hinzuzuziehen und dessen Honorar festzusetzen.

§ 14. Ueber alle vorgenommenen Revisionen sind Protokolle aufzunehmen, aus welchen der Umfang der vorgenommenen Revisionshandlungen, die dabei betheiligten Personen und die Arbeiten, welche dieselben im einzelnen ausgeführt haben, sowie das Ergebnis der Revision genau ersichtlich sind.

Das Protokoll ist der nächsten Aufsichtsrathssitzung vorzulegen und sobald es Monita enthält dem Vorstande zur baldigen

Erledigung derselben zu überweisen. Bleiben einzelne Monita unerledigt so hat der Aufsichtsrath der Generalversammlung darüber Bericht zu erstatten.

§ 15. Die Mitglieder des Aufsichtsrathes haften gesetzlich dem Verein solidarisch für Schaden, welcher dem Vereine entstanden ist und welcher durch pflichtmässige Ausübung der Kontrolfunktionen des Aufsichtsrathes vermieden worden wäre. —

Es muß ausdrücklich darauf verwiesen werden daß das ganze nur den Charakter einer Probe-Instruktion für Vorschußvereine an sich trägt, nicht den einer unumstößlichen Vorschrift und daß es deshalb den Vereinen überlassen bleibt je nach ihren besonderen Verhältnissen einzelne Bestimmungen zu ändern, wegzulassen oder anzufügen. Eine Probeinstruktion für alle Gattungen von Genossenschaften zu entwerfen hatte sich als unausführbar erwiesen. Die Vorlage dürfte aber in den meisten Fällen entsprechen und genügen da sie auf sehr eingehenden Berathungen einer Anzahl von Verbandsdirektoren und deren reichen Erfahrungen sowie dem aus den Vereinen heraus gesammelten Materiale und auf der Ueberarbeitung des Ergebnisses dieser Berathung durch die Anwaltschaft beruht. (Vergl. unten S. 94 ff.)

Hinsichtlich der Begründung zu den einzelnen Sätzen der Instruktion muß auf die Bl. f. GW. Jahrgang 1877 Nr. 34 verwiesen werden da der Abdruck hier zu weit führen würde. Aus der Berathung im Vereinstage selbst mag erwähnt sein daß insbesondere § 11 Gegenstand lebhaften Meinungsaustausches war da von verschiedenen Seiten behauptet wurde, die Einforderung der Sparbücher zur Kontrole sei eine zu zeitraubende, die Mitglieder belästigende Maßregel. Es wurde entgegnet daß in mehreren grossen Vereinen und sogar in grossen Bankanstalten das erwähnte Verfahren anstandslos durchgeführt sei und angedeutet daß wenn auch nicht alle sondern nur ein Theil der Sparbücher zur Vorlage komme, schon die Existenz einer solchen Vorschrift und das thunlichste Beharren auf ihrer Durchführung Unterschleife fernzuhalten geeignet sei, daß die möglichst strenge Kontrole der Passiven einen wesentlichen Bestandtheil einer genauen Inventur und diese hinwieder die Voraussetzung einer richtigen Bilanz bilde.

In § 15 ist die oben erwähnte einzige Abänderung eingetreten indem das Wort „gesetzlich" eingeschaltet und statt „für allen Schaden" wie im Antrage stand lediglich „für Schaden" gesetzt wurde. Man hatte nämlich davor gewarnt die Vermuthung zu wecken als wolle die Instruktion die Haftpflicht der Aufsichtsräthe noch über die gesetzlichen Bestimmungen hinaus erweitern. Schulze-Delitzsch selbst erklärte, er halte diese Haftpflicht für eine subsidiäre allein es komme dabei die Landesgesetzgebung mit ihren bekanntlich sehr von einander abweichenden Bestimmungen in Frage. —

Im übrigen vergleiche man insbesondere Band I S. 185. XIII.

XVIII b. In Erwägung daß von den seitens der Anwaltschaft und der Unterverbandsdirektoren an die Vereine gerichteten Mittheilungen und Aufforderungen mehrfach weder die Mitglieder derselben noch selbst die von ihnen bestellten Aufsichtsräthe in so genügender Weise Kenntnis erhalten wie dies die Wahrnehmung der ihnen zukommenden Rechte und Pflichten, besonders der dem letztgenannten Organe obliegenden Kontrolfunktionen durchaus erfordert, beschließt der A. V.

1. Die Anwaltschaft hat den Formularen für die Rechnungsabschlüsse der Vereine eine Rubrik anzufügen, in welcher Name, Stand und Wohnort des Vorsitzenden des Aufsichtsrathes und dessen Stellvertreters angegeben werden.

2. Es wird den im Verbande stehenden Genossenschaften zur Pflicht gemacht

a. ein zweites Exemplar der Blätter für Genossenschaftswesen zu halten, welches unmittelbar an den Vorsitzenden des Aufsichtsrathes oder dessen Stellvertreter gelangt und unter den Mitgliedern dieser Körperschaft zirkuliren muß,

b. die Unterverband- sowie die Allg. Vereins-Tage soweit möglich auch durch Mitglieder des Aufsichtsrathes zu besenden.

3. Die Direktoren der Unterverbände haben alle für die Vereine bestimmten Erlasse und Zuschriften sowie die Berichte über die Unterverbandtage nebst den statistischen Uebersichten künftig nicht blos den Vorständen sondern zugleich auch den Aufsichtsräthen der zugehörigen Vereine direkt durch deren Vorsitzende zugehen zu lassen.

4. Die Anwaltschaft wird beauftragt, bei wichtigen Vorkommnissen und Fragen von allgemeinem genossenschaftlichen Interesse sich der Tagespresse zu bedienen um die Kenntnisnahme davon soviel als möglich in den Reihen der Genossenschafter zu verbreiten. —

Der zum Beschlusse erhobene Antrag, dessen einzelne Sätze schon bei §§ 2, 3, 4, 6 und 8 mitgetheilt wurden, ging vom Engeren Ausschusse aus, dessen Erfahrungen die Ueberzeugung aufdrängten daß an vielen Orten die Kontrolverpflichtungen der Aufsichtsräthe zu lässig ausgeübt werden und noch lässiger das Gros der Mitgliedschaft von den gesetzlich gewährleisteten Kontrolbefugnissen in Generalversammlungen ꝛc. Gebrauch macht, daß von den Ereignissen in anderen Genossenschaften, von der allgemeinen Bewegung und den werthvollsten Erfahrungen zu wenig Kenntnis in die Mitgliedschaft dringt.

Schulze-Delitzsch sprach in Befürwortung des Antrages unter anderem: „Wir wollen eine wirthschaftliche Schule sein und als solche können wir keine bessere Einwirkung ausüben als durch eine gute Vereinswirthschaft; diese Einwirkung wird sich auf die Privatwirthschaft der einzelnen Mitglieder übertragen."

Anerkannt wurde daß Ziffer 2 des Beschlusses den Vereinen nicht eine unbedingte Zwangsverpflichtung auferlegen sondern nur eine besonders dringliche Empfehlung ausdrücken soll. Andernfalls hätte der Beschluß eine Aenderung des Org. Statuts zur Folge, für welche die satzungsgemäßen Formen (Bekanntgabe des Antrages bei der ersten Einladung zum Vereinstage und Dreiviertelsmehrheit) nicht eingehalten waren. Dagegen wurde auch betont daß die Empfehlung von zwei Exemplaren der Bl. f. G.W. nur eine Mindestforderung in sich schließt und daß es weit besser wäre wenn für jedes Mitglied des Aufsichts-Rathes ein eigenes Exemplar gehalten würde.

XIX a. 1. Die bei einer Anzahl Kreditgenossenschaften trotz wiederholter Abmahnung noch vorkommende direkte Beschlußfassung der Aufsichtsräthe (Ausschüsse 2c.) über die Kreditgesuche ist durchaus verwerflich weil wenn der Aufsichtsrath selbst dadurch mit der Verwaltung des wichtigsten, mit dem meisten Risiko verbundenen Geschäftszweiges befaßt wird, dies jede Ueberwachung des letzteren seinerseits aufhebt, da man Akte, die man überwachen soll, nicht selbst vornehmen darf.

2. Die Beseitigung dieses Mißstandes ist daher im Interesse der Vereine wie der Aufsichts-Räthe selbst geboten indem die letzteren dadurch in Widerspruch mit den Grundbedingungen ihrer Wirksamkeit gerathen und zu einer Verantwortlichkeit hingedrängt werden, für deren Uebernahme es an den nöthigen Voraussetzungen gebricht.

Der Kern des Antrages ist schon in einem Beschlusse des XI. Vereinstages (Band I Seite 119) und für die Konsumvereine gesondert in einem solchen des XVI. (vergl. oben Seite 79) ausgesprochen. Die Erfahrung hatte gezeigt daß derselbe viel zu wenig Beachtung gefunden und der Anwalt hielt es deshalb für nothwendig, durch den Antrag auf einen neuen, strenger gefaßten Beschluß die Aufmerksamkeit der Vereine wieder auf die hochwichtige Angelegenheit zu richten. Die Debatte, an welcher leider der Anwalt selbst wegen seiner Erkrankung nicht theilnehmen konnte, ließ erkennen, welche Unklarheit noch in der Sache herrschte. Von verschiedenen Seiten wurde der Antrag als völlig unannehmbar bezeichnet, von anderen dagegen mit Recht als durchaus mit den Bestimmungen des Gesetzes übereinstimmend und deshalb beinahe entbehrlich erkannt. Insbesondere führte L. Parisius als Referent aus wie § 28 des Genossenschaftsgesetzes dem Aufsichtsrathe die Kontrole der durch den Vorstand zu besorgenden Verwaltung zur Pflicht macht und deshalb die Wahl eines Vorstandsmitgliedes in den Aufsichts-Rath untersagt, demzufolge die Uebernahme eines Geschäftes, das in den Bereich der Vorstandsthätigkeit d. h. der Verwaltung fällt, seitens des Aufsichts-Rathes ganz unzulässig ist.

Eine Reihe von Abänderungsanträgen fand zwar Unterstützung aber nicht Aufnahme in den Beschluß.

Der erste ging dahin an Stelle des anwaltschaftlichen Antrages auszusprechen:

> „Es ist den Kreditgenossenschaften zu empfehlen, bei gemeinschaftlicher Beschlußfassung über Kreditgesuche durch den Verwaltungsrath und den Vorstand dem letzteren das unbedingte Veto einzuräumen."

Dagegen wurde vor allem geltend gemacht daß eine gemeinschaftliche Beschlußfassung überhaupt nicht zulässig ist, daß aber ausserdem der Wortlaut des Antrages die Meinung wachrufen würde als stünde die Initiative beim Aufsichts-Rathe und nicht beim Vorstande.

Ein zweiter Antrag ging dahin statt der „direkten Beschlußfassung" — die

> „Einrichtung daß der Aufsichtsrath selbständig und ohne Zustimmung des Vorstandes über Kreditgesuche Beschluß fassen kann"

für verwerflich zu erklären.

Auch hiegegen wurde richtig eingewendet daß es sich nicht um eine „Zustimmung" des Vorstandes zu einem Beschlusse des Aufsichts-Rathes handeln könne sondern gerade umgekehrt um eine selbständige Beschlußfassung des Vorstandes, welche wenn sie kreditbewilligend ausfällt der Genehmigung des Aufsichts-Rathes bedarf.

Ein dritter Antrag wollte die Fassung

> „Die bei einer Anzahl ꝛc. noch vorkommende direkte Kreditgewährung durch die Aufsichtsräthe ist durchaus verwerflich"

unter Streichung der Ziffer 2 um den Zweifel fernzuhalten ob eine sofortige Kontrole seitens des Aufsichts-Rathes zulässig ist.

Es wurde entgegnet daß eine Kredit-Gewährung durch den Aufsichts-Rath an und für sich undenkbar ist weil derselbe ja nicht im Besitze der Kasse ist.

Endlich war ein Vorschlag gemacht zu sagen:

> „Die direkte Beschlußfassung der Aufsichts-Räthe über die Kreditgesuche in der Weise daß der Vorstand vom Aufsichts-

Rathe majorisirt und gezwungen werden kann, Kreditgesuchen zu willfahren, die er nicht für annehmbar hält, ist durchaus verwerflich."

Vom Vertreter der Anwaltschaft wurde zugegeben daß damit genau ausgesprochen würde, worauf der Antrag des Anwaltes abgesehen war. Von anderer Seite dagegen wurde bemerkt daß in dem neuen Antrage doch nicht so klar wie in dem ursprünglichen der Umstand betont sei daß dem Aufsichts-Rathe niemals die Initiative zufallen dürfe.

So wurden alle Abänderungsanträge abgelehnt und der Antrag des Anwaltes unverändert zum Beschlusse erhoben. *)

Im Laufe der Berathung wurde unter lebhafter Zustimmung von einem der Redner betont daß die noch öfter vorkommende Bezeichnung der zur Kontrole berufenen Körperschaft als „Verwaltungsrath" viel besser durch die Benennung „Aufsichtsrath" ersetzt würde weil damit schon im Namen die Aufgabe richtig ausgeprägt ist.

Man vergleiche desfalls Bd. I S. 101. —

XIX b. Es ist den Konsumvereinen zu empfehlen

---

*) Die praktische Ausführung gestaltet sich am zweckmässigsten so:

1. Hält der Vorstand ein Kreditgesuch nicht für berücksichtigenswerth so lehnt er dasselbe aus eigener Zuständigkeit ab. Es steht nichts im Wege daß dem Aufsichts-Rathe von solchen Ablehnungen Kenntnis gegeben wird, aber er hat nicht mehr darüber zu beschliessen.

2. Hält der Vorstand ein Kredit-Gesuch für begründet so bewilligt er den Kredit beschlußmässig und legt diesen Beschluß dem Aufsichts-Rathe zur Genehmigung vor, die selbstverständlich ertheilt oder versagt werden kann.

3. Ist der Vorstand im Zweifel hinsichtlich der Beschlußfassung über ein Kreditgesuch so kann er dasselbe auch unbeschlossen zur Kenntnis des Aufsichts-Rathes bringen um denselben auf Grund seiner Personalkenntnisse zu gutachtlichen Aeusserungen zu veranlassen. In solchem Falle erfolgt aber nicht sofort Beschlußfassung im Aufsichts-Rathe sondern nach erholtem Gutachten vorerst solche im Vorstande, und nur wenn diese bewilligend lautet, hat der Aufsichts-Rath Anlaß zu eigener Beschlußfassung.

Gemeinsame Berathung ist demnach nicht unbedingt ausgeschlossen, wohl aber gemeinsame Beschlußfassung.

a. die bei ihnen fungirenden Aufsichts- (Verwaltungs-) Räthe oder Ausschüsse mit einer speziellen, von der Generalversammlung zu genehmigenden Instruktion zu versehen, nach welcher dieselben bei der ihnen obliegenden Ueberwachung der Geschäftsführung zu verfahren haben;
b. hiebei die nachstehende Probeinstruktion zu Grunde zu legen und
c. in ihre Statuten eine Bestimmung aufzunehmen, welche es dem Aufsichts-Rathe ermöglicht, aus sich gewählte Kommissionen unter selbständiger Verantwortlichkeit mit bestimmten Kontrolfunktionen zu betrauen.

## Probe-Instruktion für die Aufsichtsräthe der Konsumvereine.

§ 1. Der Aufsichtsrath hat die Verpflichtung, die Geschäftsführung des Vorstandes und der Beamten des Vereines zu kontroliren und darüber zu wachen daß überall in Uebereinstimmung mit den Statuten, Beschlüssen der General-Versammlung und der innerhalb seiner eigenen Zuständigkeit gefaßten Beschlüsse gehandelt wird.

§ 2. Zur Erledigung der ihm obliegenden Geschäfte hält der Aufsichtsrath mindestens allmonatlich zu einer ein für allemal bestimmten Zeit und in einem bestimmten Lokal eine Sitzung ab.

§ 3. Zu den Sitzungen des Aufsichtsrathes sind die Vorstandsmitglieder soweit nöthig beizuziehen; sie haben alle Aufschlüsse zu ertheilen und die Einsicht aller Bücher, Korrespondenzen und sonstigen Papiere des Vereines, welche verlangt wird, zu gewähren.

§ 4. In jeder auf den Monatschluß folgenden Aufsichtsrathsitzung hat der Vorstand eine Geschäftsübersicht vorzulegen, welche die Einnahme und Ausgabe des vergangenen Monats nach den Hauptrubriken bei der Buchführung geordnet sowie die Veränderungen im Mitgliederbestande nachweist.

Am Schlusse der Rechnungsperiode hat der Vorstand über dieselbe dem Aufsichtsrathe vollständigen Rechenschaftsbericht zu erstatten.

§ 5. Die monatlichen Geschäftsübersichten und Rechenschaftsberichte sind vom Aufsichtsrathe sorgfältig zu prüfen.

§ 6. Die Beaufsichtigung jedes einzelnen Verkaufslokales wird je einem Mitgliede des Aufsichtsrathes ständig oder abwechselnd übertragen.

Dasselbe übernimmt dadurch folgende Verpflichtungen:

1. Ueber die zweckmässige Aufbewahrung der Waaren sowie über die Reinlichkeit des Lokales zu wachen;
2. die Instandhaltung der Waagen und Gewichte und die vorräthig abgewogenen Waaren auf Richtigkeit zu prüfen;
3. sich von dem Vorhandensein und dem guten Zustande der im Lokale befindlichen, in einem dem Lagerhalter übergebenen Inventarbuche verzeichneten Inventargegenstände zu überzeugen.

Ueber die Ausübung dieser Obliegenheiten hat das Aufsichtsrathsmitglied der ordentlichen Aufsichtsrathsitzung mindestens vierteljährlich einmal kurzen schriftlichen Bericht zu erstatten, etwaige Mängel, deren Beseitigung es dem Vorstand anheimgegeben hat, dabei hervorzuheben und nach Befinden bezügliche Anträge beim Aufsichtsrathe zu stellen.

Persönliches Eingreifen durch Weisungen an das angestellte Personal hat zu unterbleiben, es sei denn Gefahr im Verzuge.

§ 7. Zu den regelmässig vor dem Rechnungsabschlusse stattfindenden ordentlichen sowie zu den je nach Bedarf angeordneten ausserordentlichen*) Inventuren hat der Aufsichtsrath ausser dem zur Zeit in dem betr. Verkaufslokale die Aufsicht führenden Aufsichtsrathsmitglied in der Regel noch ein weiteres zu bestimmen.

Vor Beginn der Inventur hat der Lagerhalter zu Protokoll zu erklären ob alle dem Vereine zugehörigen Gelder richtig vereinnahmt seien, verneinenden Falles welche Beträge und aus welcher Veranlassung noch ausstehen.

Demnächst erfolgt die Abnahme des baaren Kassenbestandes, welche zu Protokoll vermerkt wird.

Bei Feststellung der Waarenvorräthe haben die Aufsichtsrathsmitglieder namentlich darauf zu achten daß

---

*) Vereine, welche nur einmal jährlich ihre Rechnung abschliessen, müssen mindestens drei, welche halbjährlich abschliessen mindestens zwei ausserordentliche Inventuren jährlich dem Aufsichtsrathe zur Pflicht machen.

1. sämmtliche vorhandene Waaren genau aufgenommen, und dieselbe Waare nicht zweimal aufgenommen wird,
2. die doppelt geführten Inventurlisten in ihren Angaben mit einander übereinstimmen, etwaige Differenzen vor Abschluß des Protokolles ermittelt und ausgeglichen werden,
3. etwaige Einwendungen des Lagerhalters gegen die in die Inventurliste eingetragenen Quantitäten einzelner Waaren sofort durch wiederholte Feststellung derselben erledigt werden.

Die Inventurprotokolle sind von sämmtlichen Mitwirkenden einschließlich des Lagerhalters zu unterzeichnen.

§ 8. Der Aufsichtsrath wählt eine Revisions-Kommission von wenigstens zwei seiner Mitglieder, deren besondere Pflicht es ist, als Organ des Aufsichtsrathes die sämmtlichen Bücher des Vereines, die Kasse und den Rechnungsabschluß unter Zuziehung des Vorstandes in eingehendster Weise zu revidiren.

Die Revisions-Kommission führt über ihre Thätigkeit ein Tagebuch, in welches sie ihre Protokolle einträgt. Aus denselben muß der Umfang der vorgenommenen Revisionshandlungen, die dabei betheiligten Personen und die Arbeiten, welche dieselben im einzelnen ausgeführt haben, sowie das Ergebnis der Revision ersichtlich sein. Auch die Antworten des Vorstandes auf die nicht von kurzer Hand zu erledigenden Monita sind in dieses Tagebuch einzutragen und letzteres bei Beginn einer Aufsichtsrathsitzung dem Vorsitzenden vorzulegen.

Die Revisions-Kommission hat ihr besonderes Augenmerk zu richten:

1. auf die Kassa.
   a. Es muß allmonatlich mindestens eine unangesagte Kassenrevision vorgenommen werden, wobei die Uebereinstimmung bezw. Nichtübereinstimmung des Bestandes mit dem im Augenblicke des Kassensturzes vorzunehmenden Abschlusse des Kassenbuches sowie des Depots mit dem Kautionen-Konto festzustellen ist.
   b. Es müssen die Kassenbelege in Bezug auf ordnungsmässige Anweisung und Quittirung seitens des Empfangs-

berechtigten sowie darauf geprüft werden ob sich die Ausgaben innerhalb der dem Vorstande durch die Statuten oder durch Beschlüsse der General-Versammlung oder des Aufsichtsrathes gezogenen Gränzen halten.

c. Für die Revision der Einnahmeposten aus dem eigenen Geschäfte dienen zur Vergleichung die vom Kassirer dem Lagerhalter ausgestellten Quittungen (im Lagerhalterbuche); ebenso für die Einnahme aus Markenverträgen die bei der Umwechslung ausgestellten Abrechnungen im Lieferanten-Kontrolbuche.

2. auf die Antheilkonten der Mitglieder.

a. Es muß an der Hand des Kassabuches die richtige Uebertragung der von den Mitgliedern gemachten Einzahlungen erwiesen werden.

b. Es ist die Zinsberechnung nachzurechnen und nach den über die Markenentnahme der Mitglieder geführten Aufschreibungen die richtige Gutschrift der Ertragsantheile zu ermitteln.

c. Die Gesammtsumme aller einzelnen Mitgliederguthaben muß mit dem Saldo des Antheil-Kontos im Hauptbuche übereinstimmen.

d. Von Zeit zu Zeit ist eine Anzahl von Mitgliederbüchern zum Zwecke der Vergleichung mit dem Hauptbuche einzuziehen.

3. auf die buchmässige Kontrole der Waarenbestände.

Es ist festzustellen ob sämmtliche laut Kassabuch sowie laut der eingegangenen und nach dem Datum geordnet aufzubewahrenden Fakturen gekauften Waaren so zur Verbuchung gebracht sind daß sie als aktive Bestandtheile des Waarenlagers erscheinen; die Summe des Ausganges an Waaren ergibt sich aus den Abrechnungen mit den Lagerhaltern unter Zuziehung der ohne Vermittelung des Lagerhalters verkauften, und aus dem Kassabuche zu ermittelnden Posten. Die Differenz zwischen den eingekauften und verkauften Waaren gibt den buchmässigen Sollbestand, von welchem der bei der Inventur aufgefundene wirkliche Bestand nur ganz unwesentlich differiren darf.

4. auf die Lagerhalter-Kontos
in Bezug auf Gewicht und Preis der übergebenen Waaren, Buchung und Verrechnung der Abgabe des Erlöses und der Rücklieferung.

5. auf das Hauptbuch.
Ausser der rein rechnerischen Thätigkeit durch Addition und der Richtigstellung der Ueberträge hat hier der Revisor sein Hauptaugenmerk darauf zu richten daß jeder Posten stets im richtigen Verhältnisse zu dem Konto-Inhaber gebucht ist, der ihn zu zahlen oder zu erhalten hatte — mit anderen Worten daß er richtig in Soll oder Haben gebucht ist. Die auf den Konten des Hauptbuches sich ergebenden Abschlußsummen (Saldi) bilden die Grundlage der Bilanz und sind daher mit dem zum Zwecke der Aufstellung derselben gemachten Auszuge zu vergleichen.

6. auf die Kalkulation der Inventuren der im Hauptlager (Magazin) sowie in den Verkaufslokalen vorhandenen Waaren.
Der Werth der vorhandenen Waaren muß unter Zugrundelegung des Einkaufspreises berechnet übereinstimmen mit dem Saldo des Waarenkontos im Hauptbuche. Für solche Waaren, welche seit ihrem Eingang in das Magazin des Vereines rückgängig im Marktpreis oder sonst minderwerth geworden sind, sind entsprechende Abschreibungen vorzunehmen.

7. auf die Bilanzaufstellung.
Die Bilanz muß in den einzelnen Posten auf ihre Uebereinstimmung mit dem Hauptbuche, sowie auf die Bestimmungen des Handelsgesetzbuches und des Gesellschaftsstatuts geprüft werden.

8. auf Beobachtung der gesetzlichen Vorschriften
bezüglich der Erholung und Verwahrung der Eintritts- und Austrittserklärungen, Erstattung der vorschriftsmässigen

Anzeigen, Erlaß der nöthigen Bekanntmachungen und genaueste Evidenthaltung der Mitgliederliste.

§ 9. Die Mitglieder des Aufsichtsrathes haften dem Vereine gesetzlich für allen Schaden, welcher durch pflichtmässige Ausübung der Kontrolfunktionen des Aufsichtsrathes verhütet worden wäre.

Der Süddeutsche K. V. Verband hatte den Entwurf einer Probeinstruktion mit dem Antrage vorgelegt, dieselbe den Konsumvereinen zu empfehlen. Auch seitens der Anwaltschaft war ein solcher Entwurf eingebracht, in manchen Punkten ganz mit dem vorerwähnten übereinstimmend, in wenigen wesentlich von demselben verschieden.

Der Entwurf der Anwaltschaft bildete die Grundlage der sehr eingehenden Berathung, bei welcher übrigens anerkannt wurde daß es kaum möglich ist, eine für alle Vereine anwendbare Vorschrift zu ertheilen, daß der Hauptwerth vielmehr darin liegt, einen allgemeinen Rahmen zu gewinnen und durch die Besprechung der Vorlagen die an verschiedenen Orten geltenden Anschauungen kennen zu lernen. Daher sollte auch hier nicht eine „Muster-" sondern nur eine „Probe"-Instruktion geschaffen werden.

Aus diesem Grunde erscheint es nothwendig die wesentlicheren Aenderungen, welche die ursprüngliche Vorlage der Anwaltschaft erfuhr oder welche beantragt wurden ohne angenommen zu werden, hier zu erwähnen:

Zu §§ 5 und 6 wurde ein Zwischenparagraph des Inhaltes beantragt:

„Zu den Sitzungen des Vorstandes ist ein Mitglied des Aufsichtsrathes mit berathender Stimme abzuordnen, welches Kenntnis von der Geschäftsführung besonders Waarenbestellung zu nehmen hat."

Der Antragsteller stützte sich auf den Beschluß des Münchener (XVI c) Vereinstages *), drang aber nicht durch weil man die Anordnung in kleineren Vereinen nicht für ausführbar hielt.

Zu § 6 war Antrag gestellt, im zweiten Absatze nach dem

*) Vergl. oben Seite 79 f.

Worte „dadurch“ einzuschalten „insbesondere“ um damit anzudeuten daß die Aufgaben des Lagerkurators in den drei angegebenen Punkten nicht erschöpft sind. Der Antrag wurde zurückgezogen nachdem darauf verwiesen war daß die Rechte und Pflichten der Kuratoren in bestimmte Gränzen geschlossen werden müssen um Zuständigkeitsstreitigkeiten zwischen Vorstand, Aufsichtsrath und Lagerhaltern zu vermeiden.

Im § 6 war nach dem Entwurfe auch die Verpflichtung aufgeführt „das Waarenkonto monatlich kalkulatorisch zu prüfen.“

Der Satz wurde gestrichen weil diese Thätigkeit in die Aufgabe der Revisionskommission fällt.

Zum § 8 war der Antrag gestellt die Fassung in der Weise zu genehmigen daß drei Revisionskommissionen gewählt würden, eine für Waaren- eine für Kassen- und eine für Bücher-Revision, und der Waarenprüfungskommission insbesondere die Aufgabe zuzuweisen wäre sich zu überzeugen

„a. ob die Beschaffenheit der angekauften Waaren den Anforderungen des Vereines und

b. der angelegte Preis der thatsächlichen Marktlage des Artikels entspricht,

c. ob der Ankauf der Waare in den angemessenen Mengen, zu rechter Zeit und am rechten Orte erfolgte,

d. ob die dem Vereine in Rechnung gestellten Preise und die Lieferungsbedingungen eingehalten sind (die Fakturen sind darauf hin mit den vom Vorstande geführten Einkaufbuche zu vergleichen)

e. ob die Verkaufpreise im richtigen Verhältnisse zu den Einkaufpreisen bezw. zur augenblicklichen Marktlage der betr. Artikel stehen.“

Der Antrag wurde abgelehnt weil er zu sehr in Einzelnheiten einging und in kleineren Vereinen nicht durchführbar wäre; dagegen wurde anerkannt daß er für grössere Vereine dankenswerthe Anregungen enthielt.

Ferner war ein Zusatzparagraph beantragt des Inhaltes:

„Der Aufsichtsrath ist befugt einen Rechnungsverständigen oder Waarenkundigen, welcher nicht Mitglied des Vereines zu sein braucht, zur Mitwirkung oder selbständigen Thätigkeit bei der Revision der Bücher zuzuziehen und dessen Honorar festzustellen."

Der Antragsteller verwies auf den ähnlichen Satz in der Probeinstruktion für Vorschußvereine (oben Seite 87) wogegen erinnert wurde daß die Konsumvereine doch nur selten in die Lage kommen dürften einer solchen Maßnahme zu bedürfen und daß in diesen Ausnahmsfällen die Generalversammlung beschliessen könne. Demgemäß wurde der Antrag abgelehnt.

Am Schlusse der Berathung über die Probeinstruktion wurde lit. c des Beschlusses beantragt und als nothwendige Ergänzung zum § 8 angenommen wobei der Vertreter der Anwaltschaft bemerkte, Vereine, welche von der Instruktion Gebrauch machen wollen, müssen den Satz in ihre Statuten aufnehmen um spätere Streitigkeiten fernzuhalten.

Ueber das Zustandekommen der lit. a und b des Beschlusses gibt der gedruckte Vereinstagsbericht keinen Aufschluß; sie waren weder im Süddeutschen noch im Anwalts-Entwurfe enthalten. —

XIX. c. Wegen Mittheilung der Beschlüsse der Allg. Vereinstage an die Mitglieder in den Generalversammlungen Vergl. § 8 Seite 51 f.

**XX.** 1. **Die Bestellung eines Aufsichts- oder Verwaltungs-Rathes (Ausschusses) mit den im Genossenschaftsgesetze vom 4. Juli 1868 demselben als Kontrolorgan übertragenen Rechten und Pflichten ist eine unabweisliche Forderung, welcher alle eingetragenen Erwerbs- und Wirthschafts-Genossenschaften im eigenen Interesse wie zum Schutze ihrer Mitglieder genügen müssen soweit die Zahl der letzteren dies überhaupt ermöglicht.**

2. **Ausser dem bereits von den Allg. Vereinstagen zu Neustadt (1869) und Eisenach (1878)*) durchaus verworfenen, über seine gesetzlichen Zuständigkeiten hinausgehenden direkten**

---

*) XI. und XIX. Band I. Seite 119 und oben Seite 90 ff.

Eingreifen des Aufsichtsrathes in die Geschäftsführung des Vorstandes widerspricht auch die Zulassung der für jedes dieser Organe gewählten Personen zu den Funktionen des anderen dem Gesetze und dem Zwecke der ganzen Einrichtung wie dies insbesondere von

a) Uebertragung des Vorsitzes im Aufsichts-Rathe an den zum Vorstande gehörigen Direktor
b) Berufung einzelner Aufsichts-Räthe zur Stellvertretung behinderter Vorstandsmitglieder

gilt.

3. Die Beachtung vorstehender Grundsätze in Betreff der Einsetzung und Zuständigkeit eines besonderen Kontrolorganes wird auch denjenigen Genossenschaften dringend empfohlen, welche dem Genossenschafts-Gesetze noch nicht unterstehen.

Der gleichlautende Antrag der Anwaltschaft war hervorgerufen durch die neuerlich gemachten Wahrnehmungen daß in vielen Vereinen ein Aufsichts-Rath überhaupt noch immer nicht besteht, in anderen Vorstand und Aufsichts-Rath über alle Angelegenheiten gemeinsam beschliessen also der Aufsichts-Rath sich an der Verwaltung betheiligt, was der gesetzlichen Bestimmung desselben als Kontrolorgan unmittelbar widerspricht. Die aushilfsweise Uebernahme einer Vorstandsfunktion durch ein Aufsichts-Rathsmitglied im Falle einer Erkrankung, Beurlaubung ꝛc. wurde gleichfalls als unzulässig wenigstens in so weit bezeichnet als damit nicht der Austritt des Betreffenden aus dem Aufsichtsrathe verbunden ist, in welchen er dann nur in Folge einer Neuwahl wieder eintreten könnte.*) —

*) Der Allg. Vereinstag der Oesterreichischen Genossenschaften erklärte es 1876 für „ungesetzlich und zugleich der Sicherheit des Geschäftsbetriebes abträglich wenn Aufsichts-Raths-Mitgliedern das Recht der Firmenzeichnung eingeräumt wird".

Im selben Jahre sprach er auch aus: „Das Interesse einer jeden Genossenschaft erheischt die Bestellung eines Aufsichts-Rathes oder eines anderen Organes, welches mit den dem Aufsichts-Rathe hinsichtlich der Kontrole gesetzlich zukommenden Funktionen betraut ist" —

drei Jahre später: „Der Vereinstag erklärt es für nothwendig daß

XXI. a. Der Anwalt wird beauftragt, die von dem Direktor des Mittelrheinischen Genossenschaftsverbandes und von der Gewerbebank Gotha bei ihm eingereichten Instruktionen für Vorstände von Kreditgenossenschaften einer Ueberarbeitung seinerseits zu unterziehen, dieselben sodann der Berathung der im nächsten Jahre zusammentretenden Verbandtage von Unterverbänden der bez. Vereine zu überweisen und die so gewonnenen Resultate nach Befinden dem Allg. Vereinstage zur Beschlußnahme zu unterbreiten.

Nachdem die langgeplante Probeinstruktion für die Aufsichts-Räthe (S. 83 f. und 94 f.) zur That geworden erwies sich eine solche für die Vorstände um so mehr als Bedürfnis als ihr Mangel von verschiedenen Vereinen als Hindernis bezeichnet wurde, die Aufsichts-Raths-Instruktion einzuführen. In einzelnen Verbänden waren Vorstandsinstruktionen schon lange vorhanden. Diese und die im Beschlusse erwähnten neueren Arbeiten wollte der Eng. Ausschuß durch seinen zum Beschlusse erhobenen Antrag dem Anwalte als Material zur weiteren Verfolgung der Sache überweisen.

XXI. b. Wegen Besoldung von Konsumvereins-Vorständen vergl. § 36.

XXII. a. In Befolgung des vorjährigen Vereinstagsbeschlusses hatte der Anwalt versucht eine Instruktion für die Vorstände von Kredit- oder Vorschuß-Vereinen herzustellen, sich aber neuerdings überzeugt daß dies in einer allen solchen Vereinen dienenden Weise nicht möglich sei, deshalb die Entwürfe des Mittelrhein. Verbanddirektors und der Gothaer Gewerbebank in

---

Genossenschaften, bei denen es die Zahl ihrer Mitglieder zuläßt, einen Aufsichts-Rath bestellen" und

„Der Allg. Vereinstag fordert diejenigen Genossenschaften, in welchen der Direktor (Vorstandsmitglied) Vorsitzender des Aufsichts-Rathes ist, auf, diese Einrichtung als gesetzwidrig zu beseitigen und aus den Mitgliedern des Aufsichts-Rathes einen Vorsitzenden für denselben zu bestellen" —

endlich 1880: „Es ist unbedingt nöthig daß die verschiedene Stellung, welche Vorstand und Aufsichts-Rath in der Genossenschaft einnehmen, wohl beachtet werde; die Ausserachtlassung dieser Verschiedenheit bringt für die Genossenschaft grosse Gefahren."

Vergl. Wrabetz, Genossenschaftliche Grundsätze. Wien 1883. Selbstverlag.

den Bl. f. G. W. Jahrg. 1881 Nr. 21 und 22 zum Abdruck gebracht und eine neue Ueberarbeitung des ersteren dem Vereinstage mit dem Antrage vorgelegt,

„derselben als den Bedürfnissen der weniger bankmässig entwickelten Vereine angepaßt seine Zustimmung zu ertheilen.“

Aber auch die Einzeln-Bestimmungen dieser Vorlage fanden eine so verschiedenartige Beurtheilung und veranlaßten so viele Abänderungsanträge daß nach längerer Debatte beschlossen wurde auf eine weitere Einzelnberathung nicht einzugehen sondern

„den Entwurf zur Kenntnisnahme der Genossenschaften zu bringen um sich darnach selbst eine Instruktion auszuarbeiten.“

Da es immerhin von hohem Werthe für kleinere Vereine sein kann, einen Anhalt rasch zur Hand zu haben, fügen wir einen Abdruck des dem Vereinstage vorgelegten Entwurfes bei und schalten die eingelangten wichtigeren Abänderungsanträge an den geeigneten Stellen ein.

## Entwurf einer Instruktion für Vorstände von Kreditgenossenschaften, welche aus drei Mitgliedern (dem Direktor, Kassirer und Kontroleur) bestehen.

§ 1. Mindestens zwei Vorstandsmitglieder haben an allen Wochentagen während der bestimmten Geschäftsstunden von . . Uhr Vormittags bis . . Uhr Nachmittags in dem Kassenlokale des Vereins anwesend zu sein.

§ 2. Der Vorstand hält wöchentlich am . . mindestens eine ordentliche Sitzung unter Leitung des Direktors und in dringenden Fällen ausserordentliche Sitzungen, welche letztere der Direktor unter Angabe der Gegenstände der Verhandlung besonders beruft.

§ 3. In den Vorstandsitzungen wird über folgende Angelegenheiten berathen und beschlossen:

1. Ueber alle eingehenden Gesuche um Bewilligung von Vorschüssen und Prolongationen derselben, um Dis-

kontirung von Wechseln und um Gewährung und Kündigung von Krediten in laufender Rechnung;

2. über Unterbringung zeitweilig müssiger Kassenbestände;
3. über Aufnahme von Anlehen für die Vereinskasse innerhalb der von der Generalversammlung gezogenen Gränzen und über Kündigung der Anlehen.

Die Beschlüsse werden nach Stimmenmehrheit gefaßt.

Die Beschlüsse sind in ein Protokollbuch einzutragen und von den anwesenden Vorstandsmitgliedern zu unterschreiben.

Wenn ein Vorstandsmitglied mit einem gefaßten Beschlusse nicht einverstanden ist so hat es das Recht, seinen Protest bei der Unterschrift zu vermerken.

Die über die vorstehend bezeichneten Angelegenheiten gefaßten Beschlüsse sind dem Aufsichtsrathe in dessen nächster Sitzung zur Genehmigung vorzulegen mit Ausnahme der über die Ablehnung der in Nr. 1 erwähnten Gesuche, welche dem Vorstande selbständig zusteht.*)

§ 4. Ferner werden durch die Beschlüsse der Vorstandsitzungen folgende Angelegenheiten zur Berathung und Entscheidung in den gemeinschaftlichen Sitzungen des Vorstandes und Aufsichtsrathes bezw. in der Generalversammlung vorbereitet:

---

*) Vereine, welche eine vom Vorstand und Aufsichtsrath gemeinschaftlich festzusetzende Kreditfähigkeitsliste haben, lassen innerhalb derselben den Vorstand selbständig ohne Rückfrage an den Aufsichtsrath über Nr. 1 des § 3 entscheiden und scheiden diese besser aus § 3 als besonderen § in folgender Fassung aus:

> In den Vorstandsitzungen wird innerhalb der vom Vorstand und Aufsichtsrath gemeinschaftlich festgestellten Kreditfähigkeitsliste über alle eingehenden Gesuche um Bewilligung von Vorschüssen und Prolongation derselben, um Diskontirung von Wechseln und um Gewährung und Kündigung von Krediten in laufender Rechnung selbständig entschieden.

Die Feststellung der Kreditfähigkeitsliste ist aber in § 4 unter diejenigen Angelegenheiten aufzunehmen, welche der Vorstand für die gemeinschaftliche Sitzung des Vorstandes und Aufsichtsrathes vorzubereiten hat.

1. Die Aufnahme von Mitgliedern
2. die wegen Ausschliessung von Mitgliedern zu stellenden Anträge
3. die Erwerbung von Krediten bei Bankinstituten und die deshalb einzugehenden Bedingungen
4. die Bestimmung der Maximalhöhe der Spareinlagen, die Festsetzung des Zinsfusses und der Provision für Anlehen gegen Schuldschein und für Spareinlagen, für laufende Rechnung ohne Kreditgewährung und für Kommissionsgeschäfte
5. die Bestimmung der Kündungsfristen für Spareinlagen
6. der etwa nöthige Erwerb von Immobilien
7. die Festsetzung der für die Benutzung des Vorschuß- und Wechseldiskonto-Geschäftes und des Kredites in laufender Rechnung zu vergütenden Zinsen und Provisionen
8. die Beitreibung der Ausstände bei säumigen Schuldnern
9. die Feststellung des Reglements für die einzelnen Geschäftszweige
10. die der Generalversammlung zur Genehmigung vorzulegenden Geschäftsinstruktionen für den Vorstand und den Aufsichtsrath und
11. die Anstellung und Entlassung von Beamten im Dienste des Vereines und Regelung ihrer Besoldung.

Die gefaßten Beschlüsse sind mit den erforderlichen Anträgen dem Aufsichtsrathe in gemeinsamer Sitzung zur Beschlußfassung vorzulegen.

§ 5. Der Vorstand hat für die Einrichtung übersichtlicher Geschäftsbücher zu sorgen und sich dabei entweder der sogenannten doppelten kaufmännischen Buchführung oder der in der V. Auflage von „Schulze-Delitzsch, Vorschuß- und Kredit-Vereine als Volksbanken" S. 395 — 410 gegebenen Anleitung nebst Formularen zu bedienen.

§ 6. Die baaren Kassenbestände soweit sie das Bedürfnis der Tageskasse übersteigen sowie alle dem Vereine verpfändeten und übergebenen Werthpapiere, Dokumente und Schuldscheine sind von dem Direktor und Kassirer gemeinsam unter doppeltem Verschlusse aufzubewahren.

Alle den Verein verpflichtenden Erklärungen und Quittungen namentlich auch diejenigen über Sparkasseneinlagen bedürfen der Unterschriften zweier Vorstandsmitglieder.

§. 7. Dem Direktor steht die Leitung des Vereines zu, er nimmt die gerichtlichen Geschäfte wahr und hat mit dem Kassirer die von diesem anzufertigenden vierteljährlichen Mitgliederverzeichnisse bei Gericht einzureichen und alle weiter vorgeschriebenen Anmeldungen und Anzeigen bei dem Handelsgerichte zu machen.

Der Direktor hat über alle Einnahmen des Vereines in Gemeinschaft mit dem Kassirer zu quittiren und alle Ausgaben zur Auszahlung anzuweisen.

Ihm steht jederzeit das Recht der Kassenrevision zu.

§ 8. Der Kontroleur trägt alle Einnahmen und Ausgaben in ein Kassen-Kontrolbuch ein. Ferner liegt ihm die Führung des Hauptbuches, des Vorschuß- und Kontokorrent-Buches, des Wechsekontrol- und Wechselkopir-Buches ob; er muß mit dem Kassirer die Monats- und Jahres-Bilanzen aufstellen und unter Mitwirkung des Direktors am Ende eines jeden Monats (Vierteljahres) ein Verzeichnis der im Eigenthume des Vereines befindlichen Werthpapiere, Wechsel- und Schuld-Dokumente anfertigen, in welchem die Wechsel- und Schuld-Dokumente nach dem Betrage, Verfalltage und Namen des Schuldners und die Werthpapiere nach dem Betrage aufzuführen sind.

In die Bilanz am Jahresschlusse sind die Effekten höchstens zum Tageskurse einzustellen.

§ 9. Der Kassirer nimmt die Kasseneingänge in Empfang und leistet die Auszahlungen; er muß über sämmtliche Einnahmen und Ausgaben ein genaues Buch führen, in welchem die einzelnen Posten nach ihrer Natur kurz zu bezeichnen und mit einer fortlaufenden Numer zu versehen sind. Die mit den betreffenden Numern korrespondirenden Belege sind aufzubewahren und am Halbjahrschlusse zusammenheften zu lassen.

Im weiteren führt der Kassirer das Mitgliederverzeichnis und fertigt vierteljährlich die gesetzlich vorgeschriebenen Mitgliedernachweise für das Gericht an.

Er führt ferner das Sparkassenbuch, das Hilfsjournal für die Mitgliederbeiträge und das Mitgliederguthabenbuch.

Der Kassirer hat den Kassasollbestand aus dem Kassenbuche jeden Abend zu ermitteln und durch Aufnahme der Kassenbestände, für welche Aufnahme ein besonderes Buch anzulegen ist, dessen Richtigkeit und Uebereinstimmung mit dem Kassenkontrolebuch des Kontroleurs zu kontroliren und etwaiges Manko zu ersetzen.

Der Kassirer hat zu jeder allwöchentlich stattfindenden Aufsichtsrathssitzung einen Kassenbericht vorzulegen, aus welchem der augenblickliche Stand der Kasse, die Einnahmen und Ausgaben der letzten Woche, die verfallenen und noch nicht eingegangenen Kapitalforderungen und die während der letzten Woche eingezahlten Sparkassengelder und zurückgezahlten Anlehen gegen Schuldscheine, Wechsel und die Einnahmen und Ausgaben im Kontokorrentgeschäfte ersichtlich sind.

Der Kassirer hat ferner am Schlusse jeden Monats nach vorgängiger Prüfung durch den Direktor und Kontroleur einen die Einnahmen und Ausgaben des ganzen Monats umfassenden Rechnungsauszug dem Aufsichtsrathe einzureichen.

Ausgaben aus der Vereinskasse darf der Kassirer nur auf schriftliche Anweisung zweier Vorstandsmitglieder leisten, unter denen er sich selbst befinden kann.

§ 10. Bei kurz vorübergehenden Behinderungen eines der Vorstandsmitglieder wird der Direktor durch den Kontroleur ebenso der Kassirer durch denselben, der Kontroleur durch den Direktor vertreten und überkommt der jedesmalige Stellvertreter die Funktionen des von ihm vertretenen für die Dauer von dessen Behinderung. —

Zum letzten Absatze des § 3 war eine Aenderung dahin beantragt daß statt der Schlußworte

„mit Ausnahme der über die Ablehnung ꝛc.“

gesagt würde

„und abgelehnte Gesuche zur Kenntnisnahme".

(Man vergleiche die Anmerkung S. 93.)

Zu § 6 kam ein Zusatz in Antrag, der in Vorrath unterschriebene Quittungsbücher als leicht zu Mißbrauch führend und den Zweck der Gegenzeichnung, die gegenseitige Kontrole der Vorstandsmitglieder vereitelnd ausdrücklich verbieten sollte.

Es wurde dagegen bemerkt daß solche Blanko-Unterschriften allerdings grober Mißbrauch seien, daß aber durch die Instruktion allein sie nicht ferngehalten werden könnten.

Zu § 7 Absatz II kam der Antrag, nicht den Direktor sondern den Kontroleur in Gemeinschaft mit dem Kassirer über alle Einnahmen quittiren zu lassen und zwar mit Rücksicht darauf daß derselbe auch das Kassen-Kontrolbuch führt; anderenfalles wurde angeregt die Führung dieses Buches dem Direktor zu überweisen.

Zum letzten Absatze dieses Paragraphen wurde vorgeschlagen, dem Direktor die Verpflichtung zu mindestens vierteljähriger Kassenprüfung unter Zuziehung durch die Generalversammlung hiefür gewählter Mitglieder aufzuerlegen.

Zu § 8 kam die Anregung, die Führung des Hauptbuches dem Kassirer zu übertragen, was jedoch von anderer Seite möglicher Fälschung wegen dringlich widerrathen wurde.

Damit im Zusammenhange war zu § 9 vorgeschlagen, die Führung des Mitgliederverzeichnisses und die Fertigung der Auszüge für das Gericht dem Kontroleure zuzuweisen weil der Kassirer nur Bücher führen sollte, die mit der Kasse in unmittelbarem Zusammenhange stehen, —

ferner zum Absatz IV des § 9 eine Aenderung, wonach er lauten sollte:

„Der Kassirer hat den Kassensollbestand aus dem Kassenbuche jeden Abend zu ermitteln und in Gemeinschaft mit dem Kontroleur einen Kassenabschluß zu machen, der von beiden zu unterzeichnen ist."

Die Meinung des Antragstellers war, der Kontroleur habe für die Aufnahme der Kassenbestände ebenso einzustehen wie der

Kassirer, und jeder von beiden solle auf Grund seines Kassenbuches den Bestand feststellen.

Endlich war zum letzten Absatze des § 9 beantragt zu sagen:

„Ausgaben aus der Vereinskasse darf der Kassirer nur auf Anweisung eines anderen Vorstandsmitgliedes leisten."

Dagegen wurde erinnert daß die Anweisung seitens eines Vorstandsmitgliedes nicht genügt wenn der Kassirer nicht mit der Ausgabe einverstanden ist und mitunterzeichnet weil sonst der Grundsatz der Doppelzeichnung verletzt würde. —

Da wie bemerkt der ganze Instruktionsentwurf einer Beschlußfassung nicht unterstellt wurde, fand eine solche auch über die einzelnen Abänderungsanträge nicht statt. —

Für größere Vereine wurde die schon erwähnte Gothaer Instruktion empfohlen, die in den Bl. f. G. W. 1881 Nr. 22 abgedruckt ist. —

XXII b. Von der Darmstadter Volksbank war Antrag gestellt

„es sei den Genossenschaften insbesondere den Vorschuß- und Kredit-Vereinen nicht zu empfehlen, bei der alljährlich stattfindenden Neuwahl der Verwaltungsorgane die Wiederwahl sämmtlicher Aufsichts-Raths-Mitglieder zuzulassen; vielmehr liege in ihrem Interesse, den Aufsichts-Rath jährlich theilweise durch neue Mitglieder zu ergänzen, für welche die entsprechende Anzahl älterer als für die nächste Verwaltungsperiode nicht wieder wählbar auszuscheiden habe."

Ohne zu verkennen daß manche Erfahrung es empfiehlt, dem Aufsichts-Rathe von Zeit zu Zeit neue Kräfte zuzuführen, hielt die Versammlung den Antrag doch nicht für berechtigt weil die Befugnis der Generalversammlung zu freier Wahl und Wiederwahl nicht beschränkt werden darf und durch das Verbot einer Wiederwahl gar leicht die Zwangslage herbeigeführt werden könnte, an Stelle einer vorzüglichen Kraft sich mit einer weit geringeren begnügen zu müssen, weshalb Uebergang zur Tagesordnung beschlossen wurde. —

## § 14. Genossenschaftliche Statistik.

(Bd. I. S. 125 f.)

XVI. a. Es ist den Vereinen zur Pflicht zu machen, ihr Rechnungsjahr womöglich mit dem Kalenderjahre in Einklang zu bringen. Jedenfalls hängt der Anspruch auf unentgeltliche Gewährung des Jahresberichtes davon ab daß

1. die Vereine ihre Rechnungsabschlüsse bis Ende Mai in einer Form einsenden, die deren Aufnahme in den Jahresbericht ermöglicht und

2. ihren Beitrag zu den Verbandskosten bis Anfang August berichtigen.

Der Antrag des Anwaltes, welchem dieser Beschluß entstammt, hatte ursprünglich eine andere Fassung, die insbesondere den ersten Satz nicht enthielt. Nachdem in der Debatte der Wunsch daß die Vereine mit dem Kalenderjahre abschliessen, der schon in einem Beschlusse des VII. Vereinstages zum Ausdrucke gelangte (Bd. I S. 125) von verschiedenen Seiten nachdrücklich ausgesprochen war, nahm Schulze Delitzsch denselben mit Befriedigung auf; in Folge dessen fiel der ursprüngliche Schlußsatz aus, der solchen Vereinen, die nicht mit dem Kalenderjahre schliessen, den Bericht zusagte falls sie spätestens sechs Monate nach Rechnungschluß ihre Tabellen einsenden.

XVI. b. Wegen Verbrauchstatistik der Konsumvereine vergl. § 3 Seite 43

wegen der schwebenden Wechselverpflichtungen § 13 Seite 78

wegen Buchführung der Konsumvereine und Produktiv-Genossenschaften § 1 Seite 37 sowie §§ 38 und 41.

XVII. Es ist den Genossenschaften zu empfehlen, alljährlich ihre Mitgliederverzeichnisse drucken zu lassen und mit den Nachbarvereinen auszutauschen.

Der vom Westbrandenburger Verbande veranlaßte Beschluß steht in Zusammenhang mit dem unter § 24 VIII (Band I Seite 162) mitgetheilten, der die Zulassung der Mitgliedschaft in mehreren Kreditvereinen widerräth, und bezieht sich auch zunächst nur auf Vorschuß- und Kredit-Vereine, für welche es selbstverständlich nicht allein der Solidarhaft sondern auch der Möglichkeit verschiedener Darlehensaufnahmen 2c. wegen von grossem Werthe ist zu erfahren ob eines ihrer Mitglieder etwa auch einem zweiten oder dritten Vereine angehört.

XVIII. a. Die statist. Erhebungen über die Verwaltungs- und sonstigen Kosten der Vereine sind von der Anwaltschaft nur in fünfjährigen Zwischenräumen zu veranstalten und den Jahresberichten einzuverleiben.

Bisher waren ausführliche Nachweisungen über die erwähnten Kosten nur für Vorschuß- und Kredit-Vereine geliefert; jetzt sollten sie auch für Konsumvereine beigebracht werden, jedoch der Vereinfachung wegen in längeren Zwischenräumen weil die Veränderungen von Jahr zu Jahr in der Regel nicht beträchtlich sind.

XVIII b. Die Anwaltschaft wird aufgefordert mit den Verbands-Direktoren der Konsumvereine die Unkostenstatistik zu vereinbaren und sobald dies geschehen den Konsumvereinen die betr. Formulare zuzusenden.

Der diesen Beschluß veranlassende Antrag des Schlesischen Kons. Ver. Verbandes lautete dahin daß die allgemeine Unkostenstatistik auf die Konsumvereine ausgedehnt werden und hinsichtlich derselben umfassen sollte:

1. Lokalmiethe 2. Zinsen 3. Bureaukosten 4. Kautionen und Gehalte des Vorstandes 5. desgl. des Aufsichts-Rathes 6. Bezüge der Lagerhalter 7. Andere Geschäftsunkosten 8. Summe 9. Ansatz im eigenen Waarengeschäfte.

Diese Ausscheidung bemängelte Schulze-Delitzsch als einerseits ungenügend, anderseits Posten umfassend, die schon in den Hauptabschlußtabellen gefordert sind, während im übrigen die Forderung — selbstverständlich beschränkt auf Erhebungen in mehrjährigen Zwischenräumen — als durchaus berechtigt anerkannt wurde.

XVIII c. Wegen Benennung der Aufsichts-Raths-Vorsitzenden und ihrer Stellvertreter in den zum Jahresberichte einzusendenden Abschlußtabellen vergl. § 13 Seite 89.

XX. Schema zur Herstellung der Bilanzen und Geschäftsübersichten der Vorschußvereine vergl. § 31.

XXII. Statistische Anforderungen an die Rechenschaftsberichte der Konsumvereine vergl. § 38.

XXIV. Ausscheidung zwischen Geschäftsantheil und Spareinlage vergl. § 15 Seite 114.

## § 15. Genossenschaften als Sparkassen.

(Bd. I S. 128 f.)

XXI. Es wird den Genossenschaften empfohlen, in Sparbüchern und anderen derartigen Verschreibungen anstatt der Entbindung der Vorstände von der Pflicht zur Legitimationsprüfung der Produzenten die Verwahrung aufzunehmen.

„daß der Verein einen bei der Legitimationsprüfung des Vorzeigers vorkommenden Irrthum nicht vertritt und die Gläubiger daher den Verlust des Dokumentes dem Vereine sofort anzuzeigen haben damit dasselbe angehalten oder die Amortisation eingeleitet werden könne, widrigenfalls sie sich die etwa darauf geleisteten Zahlungen gefallen lassen müßten."

Der Anwalt begründete seinen gleichlautenden Antrag hauptsächlich durch den Hinweis auf die vielen Spargäste mit kleinen Beträgen, deren Theilnahme für die Vereine sehr wichtig ist und deren Interesse thunlichst zu wahren diese daher auch verpflichtet sind, und darauf daß die Ablehnung jeder Prüfungspflicht hinsichtlich der Legitimationen der Empfänger nicht allein hart sondern auch rechtlich nicht ganz unbestritten ist. Dieser Auffassung, die allerdings von einigen Mitgliedern vom Standpunkte der raschen Geschäftsförderung bekämpft wurde, neigte die grosse Mehrheit zu.

Man vergleiche übrigens Bd. I S. 129.

XXIII. Wegen überschüssiger Betriebsmittel vergl. § 19 S. 122.

XXIV. Es ist gesetzlich geboten, in den Bilanzen der Konsum-Vereine die etwaigen Spareinlagen oder sonstigen

Forderungen der Mitglieder von den Geschäftsantheilen zu trennen.

Der ursprüngliche, vom K. V. Meiningen ausgehende Antrag enthielt die Worte „oder sonstigen Forderungen" nicht. Dieselben wurden erst im Laufe der Verhandlung eingeschaltet weil man anerkannte daß solche Mitgliederguthaben häufig dadurch entstehen daß die Mitglieder ihre Dividende nicht abheben und diese denselben auch dann noch gutgeschrieben wird wenn sie bereits im Besitze der statutenmässig zulässigen Geschäftsantheile sind, — auf solche Guthaben aber streng genommen der Ausdruck „Spareinlagen" nicht paßt.

Bei dem grundverschiedenen Charakter der Geschäftsantheile als eigenem Betriebsfond der Genossenschaft einerseits und der übrigen Mitgliederguthaben als Schulden der Genossenschaft gleich allen anderen Darlehen zc. anderseits erscheint der Beschluß eigentlich selbstverständlich. Allein die Erfahrungen hatten gezeigt und die Besprechung des Antrages bestätigte daß die Ausscheidung in sehr vielen Vereinen bisher nicht stattgefunden hatte obgleich daraus schon schwere Verwickelungen entstanden waren da beispielsweise beim Konkurse eines Vereines die ganze Summe der Mitgliederguthaben von den Gläubigern als Geschäftsantheile in Anspruch genommen und die Geltendmachung der den statutenmässigen Betrag der Geschäftsantheile überschreitenden Guthaben als Darlehen bestritten worden war.

Zur Klärung wurde empfohlen sowohl in den Bilanzen als in den statistischen Uebersichten (§ 14) die beiden Rubriken zu überschreiben:

a. Geschäftsantheite (ausschl. der Spareinlagen)

b. Aufgenommene Anlehen (einschl. der Spareinlagen). —

Der Beschluß wurde zwar nur von den Vertretern der Konsumvereine gefaßt weil der Antrag dem Theile der Tagesordnung zugewiesen war, in welchem nur diese Vertreter stimmberechtigt sind; er muß aber selbstverständlich auch bei allen anderen Gattungen von Genossenschaften Beachtung finden. —

## § 16. Stammantheile.

(Bd. I. S. 130 ff.)

XVI. Wegen des Verhältnisses zwischen Eintrittsgeld und Stammantheilen vergl. § 17 Seite 117, wegen des Schutzes der Stammantheile durch den Reservefond desgl. S. 118.

XVII. Das seit Gründung Deutscher Genossenschaften in denselben bestehende, von der Höhe der Geschäftsantheile und der Dauer der Mitgliedschaft unabhängige gleiche Stimmrecht aller Mitglieder hat sich durchaus bewährt; jede Beschränkung desselben aus lokalen oder vorübergehenden Ursachen wird den Genossenschaften dringend widerrathen.

Die Einführung eines nach Höhe der Geschäftsantheile verschiedenen Stimm- oder Wahl-Rechtes widerspricht allen genossenschaftlichen Grundsätzen und der durch die Solidarität aller Interessen herbeigeführten Gleichheit der Rechte und Pflichten der Mitglieder.

Im Mecklenburg-Vorpommerischen Verbande waren Bestrebungen gegen das gleiche Stimmrecht aufgetreten und der Anwalt theilte dort mit daß er ähnlichen Anschauungen auch anderwärts in einzelnen Vereinen begegnet sei. Deshalb hielt es der Engere Ausschuß für seine Pflicht, einen der wichtigsten Grundsätze gedeihlicher genossenschaftlicher Thätigkeit öffentlich am Allg. Vereinstage auszusprechen, durch dessen Verkennung die Genossenschaften einfach in das Gebiet der Aktiengesellschaften gedrängt würden. Der desfallsige Antrag wurde ohne Debatte zum Beschlusse erhoben.*)

---

*) Der Allg. Vereinstag der Oesterr. Genossenschaften erklärte 1880: „Es ist mit dem Wesen der Genossenschaft unvereinbar

1. den Mitgliedern ein nach der Anzahl oder der Höhe der Geschäftsantheile verschiedenes Stimmrecht in der Generalversammlung zu gewähren —
2. den Mitgliedern während der Mitgliedschaft das Stimmrecht in der Generalversammlung zu beschränken oder zu entziehen."

Wrabetz, Genossenschaftl. Grundsätze. S. 52.

XX a. Wegen Bedrohung der Stammantheile durch zu hohe Kreditgewährung an ein Mitglied vergl. § 25 wegen Belehnung der Stammantheile bezw. Vortrag in Bilanz und Geschäftsübersicht § 31.

XX b. Wenn in jedem soliden Bankgeschäfte ein angemessenes Verhältnis des eigenen zum fremden Fond erforderlich ist so wird dies bei unseren Kreditgenossenschaften wegen der Solidarhaft der Mitglieder doppelt geboten. Es ist deshalb die auf dem Allg. Vereinstage zu Potsdam 1862*) gestellte Forderung daß die Vereine nach den ersten Jahren ihres Bestehens die Bestände an Geschäftsantheilen und Reserven auf die Hälfte der Anlehen zu bringen haben, die eigenen Mittel demnach ein Drittheil des gesammten Betriebsfondes bilden sollen, das mindeste was bei Fortentwickelung des Kreditverkehres der Genossenschaften jetzt gefordert werden muß.

Der Satz ist nur ein Theil eines grösseren, die möglichste Sicherung der Vereine vor Katastrophen bezielenden Beschlusses, dessen übrige Theile bei §§ 25 und 28 mitgetheilt werden. Der Antrag ging vom Anwalte aus und wurde gegenüber einem Antrage des Hessischen Vorschußvereinsverbandes zum Beschlusse erhoben, der lautete:

> „Die Ausdehnung der Geschäfte muß mit der Vermehrung des eigenen Vermögens sei es durch die Erhöhung der Geschäftsantheile, sei es durch Zuweisungen an den Reservefond im richtigen Verhältnisse stehen. Dem fremden Kapitale soll bei jüngeren Vereinen mindestens 33⅓ Prozent, bei älteren Vereinen mindestens 50 Prozent eigenes Vermögen gegenüber stehen und der Reservefond bis auf zehn Prozent der Stammantheile gebracht werden."

Der Anwalt bekämpfte den Hess. Antrag weil es für jüngere Vereine nicht selten rein unmöglich ist, ein volles Drittheil der Betriebsmittel aus eigenen Kräften aufzubringen — während der Vertreter des Hess. Antrages erklärte, gerade den jüngeren Vereinen sei ein kräftiger Antrieb zur Stärkung des eigenen Fonds noth-

*) Bd. I S. 90.

wendig weil bei ihnen häufig darauf nicht genügend Bedacht genommen wird, was er mit Beispielen belegte. Geschäftsantheile von 100 bis 300 Mark seien den Zeitverhältnissen nicht mehr entsprechend.*)

Man vergleiche übrigens auch die Mittheilungen aus den Erörterungen zum letzten Satze des Beschlusses bei § 25.

XXIII. Wegen überschüssiger Betriebsmittel vergl. § 19.

XXIV. wegen Ausscheidung zwischen Stammantheilen und Spareinlagen oben § 15 Seite 114.

Wegen Belehnung der Stammantheile vergl. Bd. I Seite 165 f. und unten § 25.

## § 17. Reservefond.

(Bd. I S. 133 ff.)

XVI a. Es ist den Vorschußvereinen zu empfehlen, das Eintrittsgeld für die beitretenden Mitglieder nicht in einer Höhe festzusetzen, welche den unbemittelten Klassen den Beitritt erschwert, in keinem Falle aber höher als zu sechs Mark. Jedenfalls ist es unrichtig, das Eintrittsgeld von der Höhe des Reservefonds oder Geschäftsantheiles abhängig zu machen.

Der Beschluß ist hier eingereiht weil die Eintrittsgelder in der Regel dem Reservefond zugewiesen werden. Man vergleiche Bd. I S. 133. X. 3. a.

Der Antrag ging von der Darmstädter Volksbank aus und lautete dahin daß das Eintrittsgeld nicht über ein Prozent des vollen Stammantheiles festzusetzen sei — und für den Fall der Ablehnung dieses Antrages daß es nicht über zehn Mark betragen soll. In der Debatte wurde betont daß das Verhältnis zum Re-

*) Der Allg. Vereinstag der Oesterr. Genossenschaften erklärte 1877: „Zur Sicherung der Mitglieder wie der Genossenschafts-Gläubiger und zur Aufrechthaltung eines soliden Geschäftsbetriebes ist allen Genossenschaften zu empfehlen, ein starkes eigenes Kapital, welches aus Geschäftsantheilen und Reservefond besteht, zu bilden."

Wrabetz „Genossenschaftl. Grundsätze" S. 49 f.

servefond schon deshalb nicht haltbar ist weil austretende Mitglieder einen Antheil am Reservefond nicht beanspruchen können, jenes zum Normalbetrage des Geschäftsantheiles nicht weil dieser von geringbemittelten Mitgliedern erst nach Jahren voll geleistet wird. Allgemein anerkannt wurde daß die Eintrittsgelder möglichst mässig gehalten sein sollen und das Bestreben durch erhöhte Forderungen in dieser Richtung neue Mitglieder zumal unbemittelte fernzuhalten, den genossenschaftlichen Grundsätzen vollkommen widerspricht. Ein Antrag, auch für die Eintrittsgelder Fristenzahlungen zuzulassen fand keine Unterstützung. —

XVI b. In Betreff einer soliden Fundirung ihres Geschäftsbetriebes ist den Konsumvereinen zu empfehlen, durch regelmässige Zuweisung eines Theiles vom Reingewinne den Reservefond auf eine solche Höhe zu bringen daß er auch bei fortschreitender Entwickelung der Vereine namentlich in dem Falle daß das Vorhandensein bedeutender Vermögensobjekte das geschäftliche Risiko erhöht, die Geschäftsantheile der Mitglieder vor Verlusten zu schützen im Stande ist.

Der vom Konsumvereine Neustadt-Magdeburg ausgegangene Antrag zu diesem Beschlusse knüpft an den Beschluß des X. Vereinstages (Band I Seite 134/135) an, der die Ansammlung eines „mässigen" Reservefondes empfiehlt und nur mit sehr geringer Stimmenmehrheit durchgegangen war. Die Anschauung daß der Reservefond fortgesetzt gestärkt werden soll, fand allgemeine Zustimmung, ein Unterantrag

> „denselben auf ein Drittheil der Mitgliederguthaben festzusetzen"

dagegen keine Unterstützung.

XVII. In Erwägung daß mit dem eben besprochenen Beschlusse die Frage des Reservefondes genügend erörtert und dadurch erledigt ist, ging der nächste Vereinstag über einen Antrag des Lausitzer Konsumvereinsverbandes zur Tagesordnung über, der lautete:

> „Bei einer gesunden Geschäftslage eines Konsumvereines ist es nicht nothwendig und zweckmässig, einen bedeutenden

Reservefond anzusammeln. Der Allg. Vereinstag erkennt aber an daß für ausserhalb des Waarengeschäftes liegende Verbindlichkeiten (z. B. Abschluß von Miethverträgen auf längere Dauer, Anschaffung von Utensilien, welche beim Wiederverkaufe nicht leicht verwerthbar sind, Ankauf von Grundeigenthum, welches in den ersten Jahren nicht nutzbringend für den Verein ist) ein grösserer Reservefond nöthig sei, und würde sich die Höhe desselben nach der Höhe der eingegangenen Verbindlichkeiten richten."

Beachtung verdient eine Aeusserung von Schulze-Delitzsch dahin daß kein Reservefond ein absoluter Schutz gegen Verluste an den Geschäftsantheilen sein kann, insbesondere auch nicht bei grossem Grundbesitze, wofür andere Mittel (vergl. § 18) beschafft werden müssen. — Der Vertreter des Antrages erklärte schließlich wohl mit Recht daß sein Wortlaut hauptsächlich zur Erläuterung des Vorjahrsbeschlusses dienen sollte.

Man vergleiche übrigens die Beschlüsse des I. und IV. Vereinstages Bd. I S. 88 und 90.

XX. Wegen Bedrohung des Reservefonds durch zu grosse Kreditgewährung an ein Mitglied vergl. § 25, wegen des Verhältnisses zwischen Reservefond und Stammantheilen § 16 Seite 116 und wegen Inventarreserve § 38. —

## § 18. Vermögensprüfung und Gewinnvertheilung.

(Bd. I. S. 137 ff.)

XVI. Wegen der Gewinnantheilüberweisung an den Reservefond vergl. § 17 Seite 118.

**XIX.** Vom Konsumvereine Tiefbau in Ruedersdorf war der Antrag gestellt auszusprechen:

„In Erwägung daß es bereits unter den mit Grundbesitz angesessenen Vereinen solche gibt, welche in Form von unkündbaren Hausantheilen die volle und ganze Ankaufssumme bezw. den Buchwerth des Grundstückes aufgebracht haben so daß eine Forterhebung jener sogenannten Hausantheile in der bisherigen Form der richtigen Bilanz halber nicht mehr stattfinden kann, wird den betreffenden Vereinen empfohlen

a. in solchen Fällen mit Aufbringung jener Hausantheile innezuhalten und einen eigens zu diesem Zwecke bestimmten Tilgungsfond anzulegen, aus welchem die Rückzahlung der auf jedes einzelne Mitglied lautenden Hausantheile stattfinden kann. Die event. Rückzahlung ist durch Verlosung (der Mitgliedsnummer) zu bestimmen.

b. den Tilgungsfond nicht durch Theile der „Einzelndividende pro Mitglied" sondern vom Reingewinn in einem vorher bestimmten Prozentsatze des letzteren zu bilden und mit der Tilgung der einzelnen auf jedes Mitglied lautenden sogenannten Hausantheile so lange fortzufahren bis dieselben sämmtlich getilgt und das Grundstück wirklich freies Eigenthum der Gesammtheit aller Mitglieder ebenso wie der Reservefond ꝛc. geworden ist.

Ferner ist zu empfehlen

c. daß vor der Auszahlung qu. Hausantheile die betr. Vereinsverwaltungen genau zu prüfen haben ob der Geschäftsantheil der Mitglieder in einem richtigen Verhältnisse zum Geschäftsumfange steht; ist dies letztere nicht der Fall alsdann empfiehlt es sich einen Theil der rückzahlbaren Hausantheile den Geschäftsantheilen zuzuschreiben; selbstverständlich tritt damit sofort eine Verzinsung der bis dahin unverzinsten Hausantheile ein." —

Der Antrag faßt verschiedene Gegenstände in sich und veranlaßte demgemäß eine ausgedehnte Debatte. Im Laufe derselben kam Unterantrag dahin ein

„der Allg. Vereinstag anerkenne zwar daß die zweckmässigste Art und Weise, die Mittel zum Ankaufe von Grundeigenthum zu beschaffen, in der Bildung von unkündbaren Schuldverschreibungen zu finden ist, könne aber nicht empfehlen, durch Amortisationen schließlich das Grundeigenthum zum freien Besitze der Gesammtheit der Mitglieder zu machen" womit Tagesordnung begründet werden sollte. Es wurde dabei vor allem Gewicht darauf gelegt daß es vollständig genüge, das Grundstück insoweit zu entlasten daß es jederzeit, auch in schlimmen Zeitverhältnissen zum Belastungswerthe veräussert werden kann weil sonst den Betriebsfonds zu viele Mittel entzogen würden.

Schließlich einigte sich die Versammlung zu dem Beschlusse:

Der Allg. Vereinstag erkennt die Wichtigkeit der angeregten Frage an, hält dieselbe jedoch zur Beschlußfassung nicht für bereift und geht daher zur Tagesordnung über.

XX a. Vom Lebensbedürfnisvereine Karlsruhe war Antrag eingebracht auszusprechen:

„In Vereinen, welche bereits einen hinreichenden Reservefond aufgesammelt haben und die mit namhaften Gewinnüberschüssen arbeiten, deren Betriebsmittel aber mit Rücksicht auf Art und Ausdehnung des Geschäftes noch einer Kräftigung bedürfen, empfiehlt es sich die Dividende, welche am Schlusse der Rechnungsperiode den Mitgliedern ausgezahlt wird, nicht höher als auf sechs Prozent zu stellen, die weiteren Erübrigungen aber den Mitgliedern nach Verhältnis ihres Umsatzes in der Form von Einlagen (gesondert von den Geschäftsantheilen) gutzuschreiben, welche landesüblich verzinst werden, aber auf die Dauer der Mitgliedschaft und zwei Jahre darüber hinaus seitens der Eigenthümer unkündbar, seitens des Vereines dagegen jederzeit mit halbjähriger Heimzahlungsfrist kündbar sind."

Schulze-Delitzsch erklärte sich mit dem Grundgedanken des Antrages einverstanden, nicht aber mit den weitgehenden Spezialitäten; unter Verweisung auf den am gleichen Vereinstage gefaßten Beschluß wegen Beschaffung langfristiger Anlehen (§ 29) wurde der Antrag zurückgezogen.

XX b. Schema zur Aufstellung der Bilanzen und Geschäftsübersichten vgl. § 31

wegen Inventarreserven § 38.

XXI. und XXII. Abgabe der Rechenschaftsberichte an

die Mitglieder vor der zur Gewinnvertheilung zuständigen General-Versammlung vgl. §§ 31 und 38. —

Selbstverständlich sind alle die Kontrole, Revision und Super- bezw. Verbands-Revision betreffenden Beschlüsse, wie sie vorzugsweise bei §§ 8 und 13 erwähnt wurden, hier zu berücksichtigen. —

## § 19. Verwendung überschüssiger Betriebsmittel.

(Bd. I. S. 144 ff.)

XXIII. In Erwägung

1. daß nach Ausweis der letzten Jahresberichte und wie zahlreiche Anfragen an den Anwalt bestätigen der Geldandrang zu den Vorschußvereinen noch bei vielen den Bedarf für den naturgemässen Wirkungskreis derselben dauernd übersteigt

2. daß ein dauernd zu grosses Betriebskapital die Vereine der Gefahr aussetzt, ihre Thätigkeit auf Geschäftsgebiete und Kundenkreise auszudehnen, von denen sie sich nach dem Umfange ihrer eigenen Mittel und der geschäftlichen Schulung der Mehrzahl ihrer Leiter fernhalten sollten — und

3. daß insbesondere auch das Verhältnis des eigenen zum fremden Kapitale durch die den Bedarf übersteigende Annahme fremder Gelder herabgemindert und dadurch die solide Entwickelung der Vereine beeinträchtigt wird —

empfiehlt der Allg. Vtg. unter Hinweis auf die Beschlüsse von Konstanz *) den Vorschußvereinen wiederholt als das geeignetste Mittel zu angemessener Beschränkung des Geldangebotes die weitere Herabsetzung des Zinsfusses und Ausdehnung der Kündungsfristen für fremde Gelder und ebenso die Begränzung der Höhe der auf einen Konto anzunehmenden Beträge.

Der Antrag war vom Anwalte eingebracht und ist in den Erwägungen genügend begründet; nur die letzten zwölf Worte wurden im Vereinstage noch beigefügt weil verschiedene Vereine gleich den Kommunal-Sparkassen bereits mit Erfolg eine solche Beschränkung durchgeführt hatten.

*) Band I Seite 145 f. XIV.

## § 21. Verkehr mit Nichtmitgliedern.

(Bd. I S. 153 ff.)

XVI. und XVIII. Wegen Gewerbesteuerzahlung seitens der Konsumvereine beim Verkehre mit Nichtmitgliedern und entsprechender Buchführung vgl. § 38.

**XXI. Es wird den Konsumvereinen empfohlen, den Verkauf an Nichtmitglieder nur dann zuzulassen wenn zwingende äussere Verhältnisse es verlangen.**

Der Konsumverein Neustadt-Magdeburg hatte beantragt zu beschliessen:

> „Der Verkauf an Nichtmitglieder zum Zwecke der Vergrösserung des Geschäftsbetriebes ist allen Konsumvereinen zu widerrathen."

Sein Vertreter knüpfte in der Begründung an die Stettiner, Quedlinburger und Leipziger Beschlüsse (Band I Seite 154 ff. VII. IX. XI.) an und erinnerte an eine Resolution, welche die Konsumvereine in ihren gesonderten Berathungen anläßlich des Danziger Vereinstages (XVII) gefaßt hatten, die jenen Vereinen, welche ihren Mitgliederstand kontroliren können, die Waarenabgabe an Nichtmitglieder zum Zwecke der Ausdehnung des Geschäftsbetriebes nicht empfiehlt. Auf letzteres Ziel legte der Redner auch diesmal den Nachdruck indem er davor warnte, durch den Wunsch nach Erweiterung des Umsatzes sich zum Verkaufe an Nichtmitglieder bewegen zu lassen wenn nicht andere Umstände dazu drängen. Daß letzteres möglich räumte er ein und um diesen Gedanken schärfer zur Geltung zu bringen fand die im Laufe der Debatte von anderer Seite vorgeschlagene Fassung die Zustimmung des Vereinstages. Aus den Aeusserungen des Anwaltes wie aller betheiligten Redner geht klar hervor daß die Beschränkung auf den Verkehr mit Mitgliedern Regel, die Ausdehnung auf allgemeinen Waarenverschleiß Ausnahme sein soll, die nur unter zwingenden Umständen gerechtfertigt erscheint. Als ein solch zwingender Umstand wurde für grosse Vereine die Schwierigkeit der Kontrole und die daraus erwachsende Gefahr, in Strafe wegen unerlaubten Gewerbebetriebes zu verfallen, fast allgemein anerkannt.

# C. Besondere Angelegenheiten der Vorschuß- und Kredit-Vereine.

## § 23. Musterstatuten.

(Bd. I S. 160.)

Hierher sind eine Reihe der in den vorausgehenden und folgenden Paragraphen besprochenen Beschlüsse und Anträge zu beziehen. Insbesondere vergleiche man

| | | | |
|---|---|---|---|
| § 13 | S. 79 f. | XVI | wegen Trennung der Kontrole von der Verwaltung dann |
| | S. 90 | XIX | wegen Behandlung der Kreditgesuche und |
| | S. 101 | XX | wegen Bestellung eines Aufsichtsrathes |
| § 14 | S. 111 | XVI | wegen Uebereinstimmung des Rechnungs- mit dem Kalender-Jahre |
| § 15 | S. 113 | XXI | wegen Prüfung der Berechtigung bei Erhebung von Spargeldern |
| § 16 | S. 115 | XVII | wegen des gleichen Stimmrechtes aller Mitglieder |
| § 17 | S. 117 | XVI | wegen Festsetzung des Eintrittsgeldes |
| § 24 | S. 125 | XVI | wegen der Berechtigungen ausgeschiedener Mitglieder. |

Ein neuerer Abdruck des Musterstatuts für Kredit- und Vorschußvereine als der in Bd. I S. 160 erwähnte findet sich in dem vortrefflichen Buche „Vorschuß- und Kredit-Vereine als Volksbanken" von Schulze-Delitzsch. V. Auflage. Leipzig. E. Keil. 1876," — das jeder Verein besitzen und recht fleissig benützen soll. —

## § 24. Mitgliedschaft.

(Bd. 1. S. 161.)

XVI. Der Süddeutsche Konsumvereinsverband hatte den Antrag eingebracht:

„Den Konsumvereinen wird empfohlen, Austrittserklärungen ihrer Mitglieder ohne Beschränkung jederzeit mit der Folge zuzulassen daß mit der Einreichung der schriftlichen Austrittserklärung jedes Recht des Austretenden zur Theilnahme an der Verwaltung der Vereinsgeschäfte insbesondere auch an der Berathung und Beschlußfassung in Generalversammlungen erlischt, die Auszahlung der Mitgliederguthaben aber nicht früher als sechs Monate nach der Austrittserklärung beansprucht werden kann.

Nur für ganz besonders berücksichtigenswerthe Fälle mag der gemeinsamen Beschlußfassung des Vorstandes und des Aufsichtsrathes das Recht zugestanden werden, eine frühere Auszahlung auf Ansuchen des Austretenden zu bewilligen."

Der Antrag wurde abgelehnt weil ein Austritt ohne gemessene Kündungsfrist für den Fall von Agitationen und dgl. zu bedenklich erscheint, für die Dauer der Kündungsfrist den Mitgliedern die erworbenen Rechte nicht entzogen werden dürfen und die Ausdehnung der Zahlungsfrist auf sechs Monate nach wirksam gewordenem Austritte dem § 39 des Genossenschafts-Gesetzes widerspricht, der ausdrücklich eine dreimonatliche Frist als die längste zulässige bezeichnet.

Es wurde deshalb in der Debatte mehrseitig empfohlen, den Austritt nur am Schlusse der Rechnungsperiode und nach angemessener Kündungsfrist zuzulassen.

Obschon nur zu den Konsumvereinsangelegenheiten eingebracht und bei denselben verhandelt, hat der Antrag und seine Ablehnung doch allgemeine Bedeutung, weshalb er auch hier erwähnt wurde.

Man vergleiche übrigens Bd. I S. 161. VI. —

XVII. Wegen Druck und Austausch der Mitgliederverzeichnisse vergl. § 14 Seite 111

wegen des gleichen Stimmrechtes aller Mitglieder § 16 Seite 115. —

## § 25. Kreditgewährung im Allgemeinen.

(Bd. I S. 164 ff.)

XVII. Es ist den Genossenschaften nicht zu empfehlen, ihren Mitgliedern Acceptkredite zu gewähren.

Der ursprüngliche, vom Mittelrheinischen Verbande eingebrachte Antrag lautete

„Es ist den Genossenschaften nicht zu empfehlen Wechsel zu acceptiren."

Diese Fassung wurde als zu weitgehend erachtet da nicht im Accepte selbst sondern im Accept-Kredite das Bedenkliche liegt. Es wurde ausgeführt daß das Verfahren, wonach die Vereine ihren Mitgliedern gestatten, Wechsel auf den Verein zu ziehen und dieser die Wechsel akzeptirt, nur zu leicht dahin führt daß der Verein weil er in solchem Falle nicht sofort sondern erst in längerer Frist baar Geld zu schaffen braucht, mehr Kredit gewährt als seine Verhältnisse gestatten und deshalb zur Zahlungszeit in Verlegenheit geräth, zumal der Verein mit der Kreditgewährung durch Accept Hauptschuldner wird. Die Frankfurter Filiale der Genossenschaftsbank war in die Lage gekommen, der ungesunden Ausdehnung des Acceptkredites mit allem Ernste entgegenzuwirken.

XVIII. Die Kreditvereine nach Schulze-Delitzschem Sisteme sind bei gehöriger Organisation und Handhabung vollständig geeignet, das Betriebskreditbedürfnis der Landwirthe zu befriedigen.

Der Antrag, der zu diesem Beschlusse führte, ging vom Fränkischen Genossenschaftsverbande aus und lautete:

„Die ländlichen Kreditvereine nach Schulze-Delitzschem Sisteme seien bei gehöriger Organisation und Handhabung dem umlaufenden landwirthschaftlichen Kreditbedürfnisse ihrer Mitglieder vollkommen entsprechend."

Die Bezeichnung „ländliche Vereine" war absichtlich gewählt um auszudrücken daß es sich um Vereine handle, in welchen das Interesse der landwirthschaftlichen Bedürfnisse vorwiegt. Sie wurde aber durch einen Verbesserungsantrag beseitigt nachdem darauf hingewiesen war daß die Gründung besonderer landwirthschaftlicher Kreditvereine sich nicht, wohl aber der Anschluß der Landwirthe an die städtischen Kreditvereine empfiehlt weil in diesen viel leichter die nöthigen Verwaltungskräfte gefunden werden können und weil durch das Zusammenwirken verschiedener Berufsklassen in einem Vereine Kapital-Nachfrage und Angebot sich besser ausgleichen. Die Veranlassung zum Antrage gab zunächst die wachsende Ausbreitung der an mehreren Orten von den Regierungen sehr befürworteten und unterstützten Raiffeisenschen Darlehenskassen. *)

Der Anwalt verwies mit Recht auf seine Jahresberichte, wonach schon damals (1876) in 702 Kreditvereinen über 75000 selbständige Landwirthe als Mitglieder verzeichnet waren. **) —

XIX. Wegen Behandlung der Kreditgesuche im Vorstande und Aufsichts-Rathe vergl. § 13 Seite 90 ff.

**XX. Es wird vor den Gefahren gewarnt, welche das Heranziehen von Kunden mit sich bringt, deren Kreditansprüche in den Bereich von Großbanken gehören und zu Bewilligungen drängen, welche ausser Verhältnis zu den Vereinsmitteln stehen so daß schon ein einziger Ausfall die Reserven und Geschäftsantheile ganz oder theilweise verschlingt und den Bestand des Vereines auf das äusserste gefährdet. —**

---

*) Vergl. Bd. I S. 178/179.

**) Der Allg. Vereinstag der Oesterr. Genossenschaften erklärte 1880 ebenfalls:

1. Die Vorschuß- und Kredit-Vereine nach dem Sisteme Schulze-Delitzsch sind bei entsprechender Festsetzung der Zahlungsfristen vollständig geeignet, das Bedürfnis der Landwirthe nach Betriebskapital zu befriedigen.

2. Es wird daher der landwirthschaftlichen Bevölkerung empfohlen, derartige Vereine ins Leben zu rufen oder bestehenden Vereinen sich anzuschliessen.

3. Dagegen erklärt es der Allg. Vereinstag für ein im hohen Grade schädliches und gefährliches Beginnen wenn unter den Landwirthen die Ansicht verbreitet wird als ob für die Allgemeinheit die Verpflichtung vorliege oder auch nur die Möglichkeit vorhanden sei, ihnen ohne ihr Zuthun Betriebskredit, noch dazu unter dem landesüblichen Zinsfusse zu verschaffen. Vergl. Wrabetz „Genossenschaftl. Grundsätze" S. 61.

Der Ausspruch bildet den Schlußsatz eines vom Anwalte beantragten dreitheiligen Beschlusses, dessen erster Theil sich gegen feste Kapitalanlagen im Real- oder Immobiliar-Kredit wendet während der zweite das Verhältnis zwischen eigenem und fremdem Fond zu regeln strebt; beide Theile sind an entsprechender Stelle (§ 16 Seite 116 und § 28) mitgetheilt.

Der hier einschlägige Theil wurde vom Anwalte mit Beispielen begründet, in welchen die Gewährung von Großbankkredit an einzelne Mitglieder zu schweren Mißerfolgen für die Vereine führte, sowie mit dem Hinweise auf die hauptsächliche Bestimmung der Genossenschaften, dem kleinen Gewerbsmanne Kredit zu schaffen, auf die Solidarhaft, durch welche geringbemittelte Mitglieder bei Gewährung grossen Kredites an andere in Risikos miteingezogen werden, die ihre Kräfte übersteigen, auf die Gefahr daß in einem einzigen Risiko schon der Reservefond erschöpft wird und auf die vielen anderen Quellen, in welchen Großindustrielle Deckung für ihr Kreditbedürfnis ausserhalb der Genossenschaften finden können. Auf die Einwendung daß einzelne Vereine sehr wohl in der Lage sind, auch grössere Kredite zu gewähren und zwar billiger als Großbanken es thun, und daß mit der Zeit jeder Kredit des mittleren Gewerbestandes von den Volksbanken befriedigt werden könne, gab der Anwalt das erstere zu, bemerkte aber, der Umstand daß in einzelnen Vereinen die Möglichkeit ohne Gefährdung besteht, dürfe noch nicht zu einer Empfehlung der Einrichtung im allgemeinen verleiten und in keinem Falle sollten die Vereine dahin streben, sich zu Großbanken auszubilden weil sie sonst ihre Bedeutung für den kleinen Mann verlieren, der nicht allein Kredit bei ihnen finden sondern der eigentliche Träger des Institutes sein soll. Wo das Bedürfnis nach Großbankkreditgewährung nicht abgewiesen werden kann, da empfehle sich die Aenderung der Haftart und die Umwandlung zur Aktiengesellschaft. —

## § 27. Kontokorrent- Diskonto- und Wechsel-Verkehr.

(Bd. I S. 169 ff.)

XX. Wegen Vortrag der vollen Summen von Soll und Haben des Kontokorrents in den Bilanzen vergl. § 31 Seite 140. —

## § 28. Grundkredit und Hipothekbelehnung.

(Bd. I S. 172 ff.)

XVI und XX. Wegen der sogenannten Hausantheilscheine vergl. § 18 Seite 119 ff.

XVII. Es wird den Vereinen des Allg. Verbandes zur Pflicht gemacht, den Anwalt bei seinem Vorgehen in der Reichsgesetzgebung, welches die Anbahnung eines Gesetzes zur Errichtung von Realkreditgenossenschaften nach den von ihm entwickelten Grundsätzen bezweckt, in jeder Weise, nach Befinden durch seinerzeit an die gesetzgebenden Faktoren zu richtende Petitionen zu unterstützen.

Der Anwalt, von welchem der Antrag zu diesem Beschlusse ausging, hatte in Ausführung des am XIV. Allg. Vereinstage gefaßten Beschlusses (Band I Seite 175) die Absicht, zur richtigen Regelung des vielverlangten genossenschaftlichen Realkredites im Reichstage zunächst die einheitliche Ordnung des Hipothekenwesens im ganzen Deutschen Reiche und dann die Errichtung von genossenschaftlichen Pfandbrief-Instituten anzuregen, welche nicht von behördlicher Konzession sondern von der Erfüllung gesetzlich festgestellter Normativbedingungen abhängen und nicht für einzelne Orte sondern für grössere Bezirke in Thätigkeit treten sollten. Der Grundgedanke zielte zunächst dahin, verkehrte Einrichtungen fernzuhalten, in welchen Vereine, die nur für Personalkreditgewährung Mittel besitzen, sich doch zur Gewährung von Realkredit bewegen liessen, wie dies in Raiffeisenschen Darlehensvereinen vielfach der Fall war.

XVIII. Wegen der Fähigkeit der Vorschußvereine, den Landwirthen Betriebskredit zu gewähren vergl. § 25 Seite 126, — wegen der längeren Kündungsfristen § 29 Seite 131 —

XIX. wegen der Kreditbedürfnisse von Molkereigenossenschaften § 41.

XX. Zunächst sind es die schweren Verwickelungen, welche regelmässig aus der Gewährung von Real- und Immobiliar-Kredit und überhaupt aus der Vorstreckung von Geldern zu festen Kapitalanlagen entstehen, was unseren Vereinen die ernste Pflicht auferlegt, sich aller derartigen Geschäfte zu enthalten und — soferne fortgesetzte Prolongationen zu deren Verdeckung dienen auch diesen entschieden ein Ziel zu setzen, womit die Forderung entsprechender Abschlagszahlungen zu verbinden ist.

Der Ausspruch bildet den ersten Absatz eines dreitheiligen bereits bei §§ 16 und 25 (Seite 116 und 128) erwähnten Beschlusses. Es stand diesem ersten Theile, der in der Wortfassung eines Anwaltsantrages zum Beschlusse erhoben wurde, ein Antrag des Hessischen Vorschußvereinsverbandes gegenüber, der lautete:

„1. Die Gewährung des eigentlichen Real- oder Immobiliar-Kredites zu festen Kapitalanlagen ist bei den Kreditgenossenschaften unter allen Umständen zu vermeiden.

2. Soweit die Gestattung geraumerer Zahlungstermine bei der Kreditgewährung nothwendig wird, ist bei jeder Prolongation eine Abschlagszahlung zur Bedingung zu machen."

Der Unterschied liegt hauptsächlich in diesem zweiten Satze, den der Hessische Antrag übrigens nicht ausschliessend auf Real- sondern auch auf Personal-Kredite bezog wie die Einstellung in eine besondere Ziffer erkennen läßt.

Die Debatte beschäftigte sich lediglich mit den anderen Theilen der beiden Anträge. Ein Theil der bei § 25 Seite 128 angeführten Begründung gilt aber auch hierher. —

## § 29. Zinshöhe und Kündungsfristen.

(Bd. I S. 176 ff.)

XVI und XX. Wegen der sogenannten Hausantheilscheine vergl. § 18 Seite 119 ff.

XVIII. Es wird den Kreditgenossenschaften empfohlen, die Erreichung längerer Kündungsfristen bei Annahme fremder Gelder selbst gegen eine mässige Steigerung des Zinssatzes unablässig im Auge zu behalten.

Der Satz bildete den ersten Theil eines Antrages des Anwaltes, der weiter lautete:

> „ganz besonders soweit im Verkehre mit Landwirthen die Gestattung geraumer Zahlungsfristen erforderlich wird sich bei Aufnahme ihrer Anlehen theilweise durch Beseitigung der Kündung seitens der Gläubiger und Einführung einer nach Jahresterminen geregelten Amortisation der Schuld zu sichern, —
>
> zu letzterem Behufe aber sich der angehängten Schuldscheinsformulare zu bedienen, welche sich erfahrungsmässig als besonders annehmlich und bequem für die Gläubiger bewährt haben."

Diese weiteren Sätze stiessen auf vielseitigen Widerspruch, der dahin führte daß man hinsichtlich derselben Vertagung beschloß. Die Hauptgründe waren der Zweifel ob unkündbare Darlehen wirklich in ergiebiger Weise zufliessen würden — ferner das Bedenken daß durch die Amortisationszahlungen der Sparsinn der Empfänger auf eine schwere Probe gestellt würde, daß das Ansinnen, auf ein Kündungsrecht zu verzichten, Mißtrauen erwecken möchte, daß die Buchführung und gesammte Verwaltung erschwert würde, die fünfprozentige Verzinsung die Vereine zu stark belasten, die unkündbaren Gelder zur Gewährung von Realkredit auf lange Fristen verleiten, die erwähnten Schuldscheine den Charakter von Werthpapieren annehmen würden ꝛc. — lauter Dinge, die mit den allgemeinen genossenschaftlichen Grundsätzen in Widerspruch stehen.

Der Anwalt anerkannte diese Grundsätze, vertheidigte aber gleichwohl seine Anträge vom Standpunkte des landwirthschaftlichen Betriebskreditbedürfnisses, jedoch für diesmal ohne Erfolg.

XIX. Wegen der Kreditbedürfnisse der Molkereigenossenschaften vgl. § 41.

XX a. In Erwägung daß es für alle Genossenschaften von größter Wichtigkeit ist, sich eines möglichst geringen Schwankungen unterworfenen Betriebsfondes zu versichern wie er als Grundbedingung gesunder Geschäftsgebahrung erfordert wird und zum Ueberwinden ungünstiger Lagen dem um sich greifenden Austritte der Mitglieder und gehäuften Kündungen der aufgenommenen Anlehen gegenüber den nöthigen Halt bietet,

beschließt der Allg. Vereinstag:

1. Ueberall bleibt die Ausbedingung möglichst geraumer Kündungsfristen bei Aufnahme fremder Gelder die erste Aufgabe der Genossenschaften, welcher sie selbst gegen eine angemessene Erhöhung des Zinsfusses zu genügen sich nicht entziehen dürfen.

2. Dabei kann bis zu einem gewissen Belange je nach Lage der Verhältnisse die Entsagung der Kündung seitens der Gläubiger gegen Amortisation ihrer Forderungen in geraumen Terminalzahlungen in das Auge gefaßt werden unter Benutzung der angehängten Bedingungen.

3. Insbesondere werden solche nur der Kündung der Vereine unterliegende Anlehen am Platze sein soweit es sich um Sicherung gegen weitreichende Verpflichtungen z. B. bei Uebernahme oder Verwerthung von Grundstücken sowie um Abwickelung nur in längerer Zeit realisirbarer Forderungen u. dgl. handelt. In diesem Sinne hat man denn auch seitens mehrerer Vereine bereits den bezüglichen Weg mit bestem Erfolge eingeschlagen, unter Umständen selbst den eigenen Mitgliedern gegenüber indem man die ihnen zustehenden Dividenden ganz oder theilweise in solchen der Amortisation unterliegenden Schuldverschreibungen gewährte. (Vergl. S. 121.)

Der Beschluß wurde nicht unter der Abtheilung der Tagesordnung für die besonderen Angelegenheiten der Vorschußvereine sondern unter jener für die allgemeinen Angelegenheiten aller Vereine gefaßt; in der Debatte kam auch mehrmals zum Ausdruck daß er für Konsum= Bau= und landwirthschaftliche Genossenschaften ebenso wie auf Vorschußvereine Anwendung finden soll. Die Einstellung unter § 29 erfolgte zunächst wegen des Zusammenhanges mit den vorausbesprochenen Beschlüssen und weil nach dem Sistem des ersten Bandes in der Abtheilung B (Gemeinsame Angelegenheiten) ein geeigneter Paragraph zur Unterbringung nicht geboten war.

Man sieht daß der Beschluß das erzielte, was von der Anwaltschaft schon auf mehreren früheren Vereinstagen (zuerst schon am zweiten — Bd. I S. 176) angestrebt wurde weil sie es für sehr wichtig hielt, die Möglichkeit zu schaffen daß die Genossenschaften sich einen Betriebsfond sichern, der ihrer Verfügung auf längere Zeit hin nicht entzogen werden kann. Der Beschluß soll deshalb die besprochene Einrichtung durchaus nicht zur allgemeinen Nachahmung empfehlen sondern nur eine Richtschnur bieten wie im Falle des Bedarfes langsichtiger Darlehen geholfen werden kann. Der Anwalt führte insbesondere aus daß keineswegs immer zehnjährige Abzahlungsfristen bedingt werden müssen sondern unter Umständen auch fünf= und dreijährige genügen können. Am allerwenigsten sollte durch den Beschluß zur Gewährung von Grundkredit aufgemuntert werden; aber schon der landwirthschaftliche Betriebskredit bedinge längere als die sonst üblichen dreimonatlichen Fristen. Wenn Vereine zur Erwerbung von Immobiliarbesitz schreiten müssen sei es zum eigenen Geschäftsbetriebe oder zur Sicherung gefährdeter Forderungen so erscheinen unkündbare Anlehen als ein ganz vorzügliches Mittel, Schwankungen im Betriebsfonde und damit bedenkliche Krisen fernezuhalten.

Von Seite des Hessischen Verbandes war wieder ein Gegenantrag vorgelegt, der lautete:

„Die Erreichung längerer Kündungsfristen bei Annahme fremder Gelder ist stets im Auge zu behalten, jedoch ist eine längere als eine einjährige Kündungsfrist mit Rücksicht auf die Solidarhaft der ausscheidenden Mitglieder nicht zu empfehlen."

In Begründung desselben wurde insbesondere der Zweifel ausgesprochen ob durch die seitens der Gläubiger unkündbaren Anlehen nicht die Dauer der Solidarhaft der ausscheidenden Mitglieder verlängert wird. Der Anwalt verwies in dieser Hinsicht auf den § 63 des Genossenschaftsgesetzes, der allerdings erklärt daß die Verjährung der Haftpflicht für eine Forderung, die erst nach dem Ausscheiden fällig wird, erst mit dem Zeitpunkte der Fälligkeit beginnt, aber auch beifügt:

„Bei kündbaren Forderungen tritt die Kündungsfrist der Verjährungsfrist hinzu ohne daß gekündigt zu sein braucht."

Daraus folgerte der Anwalt (da das Schuldscheinformular der Genossenschaft halbjährige Kündungsfrist freistellt) daß die Haftpflicht äussersten Falles um sechs Monate ausgedehnt werden könnte. —

Die im Beschlusse erwähnten Bedingungen sind folgende:

**Bedingungen**
**über Rückzahlung und Verzinsung**
**der nach Beschluß der Generalversammlung vom . . ten . . . . . 18 . . aufzunehmenden fünfprozentigen Anleihe von . . . . . Mark.**

1. Der (Firma) Verein nimmt zu der vorstehend verzeichneten Anleihe in seiner Kasse nur Beträge in festen Summen von (50 oder 100) Mark unter folgenden Bedingungen an, welche den an die Einleger ertheilten Schuldverschreibungen beigedruckt werden und für beide Theile verbindlich sind.
2. Die Tilgung der Anleihe erfolgt durch jährliche Amortisation von zehn Prozent. Zu diesem Behufe wird für die in jedem Jahre darauf eingehenden Beträge eine besondere Serie gebildet, welcher die darüber ausgestellten Schuldverschreibungen nach Numern eingeordnet werden, unter denen dann am Schlusse jeden Jahres mit der Auslosung des zehnten Theiles dergestalt vorgegangen wird daß sie sämmtlich mit Ablauf des zehnten Jahres nach der ersten Auslosung zur Tilgung gebracht werden.

Im Falle die Summe der zu einer Jahresserie gehörigen Schuldverschreibungen nicht mindestens (5000) Mark erreicht steht es dem Vereine frei, anstatt der Verlosung alljährlich zehn Prozent auf jede einzelne derselben zurückzuzahlen und dies den Einlegern mitzutheilen.

Die Kündung der Einlagen steht den Einlegern so lange der Verein seine für die Rückzahlung und Verzinsung mit gegenwärtigem festgesetzten Verpflichtungen erfüllt, nicht zu. Dagegen ist der Verein berechtigt auch über die zehnprozentige Amortisation hinaus Rückzahlungen sowohl mittels Auslosung von Schuldverschreibungen in höheren Beträgen als auch nach sechsmonatlicher Kündung auf sämmtliche Einlagen zu bewirken.

3. Die Zinsen werden mit fünf Prozent auf das Jahr in halbjährigen Terminen an der Kasse des Vereines ausbezahlt, zu welchem Zwecke besonders gedruckte Zinskoupon-Bogen den Schuldverschreibungen beigegeben werden, von welchen die einzelnen Abschnitte für das betreffende Halbjahr jedesmal bei Erhebung der Zinsen präsentirt werden müssen.

4. Die Abtretung der durch die Schuldverschreibungen verbrieften Forderungen an dritte Personen ist schriftlich auf der Verschreibung selbst im Geschäftslokale des Vereins unter Kenntnisnahme des Vorstandes zu bewirken und von diesem in den betreffenden Büchern zu vermerken.

Die Anweisung zur Zahlung der halbjährigen Zinsbeträge an andere Personen kann vom Inhaber durch einen von ihm unterzeichneten Vermerk auf der Rückseite des betreffenden Zinskoupons vollzogen werden.

5. Sowohl die Zahlung der geliehenen Kapitalien als die Berichtigung der Zinsen erfolgt nur gegen Aushändigung der darüber ausgestellten Schuldverschreibungen beziehentlich Zinskoupons an diejenigen, auf welche die Dokumente lauten resp. ordnungsmässig abgetreten sind.

Die Inhaber haben daher vom Verluste der Dokumente dem Vereine sofort Anzeige zu machen damit dieselben bei etwaiger Präsentation angehalten, nach Befinden die Amortisation eingeleitet werden kann indem der Verein nicht verpflichtet ist, einen bei der Legitimationsprüfung vom Vorstande begangenen Irrthum zu vertreten.

Die Amortisation der verlorenen Dokumente erfolgt in der für derartige Privaturkunden gesetzlich vorgeschriebenen Weise unter Insertion in die zu Bekanntmachungen des Vereins statutenmässig bestimmten Blätter.

X. . . . . . den . . ten . . . . . . 18 . .

Der (Firma) Verein.

(Zeichnung.

XX b. Wegen Prolongationen vergl. § 28 Seite 130.

XXI. Wegen Zinshöhe und Wechselfähigkeit vergl. § 9 Seite 69. —

## § 30. Gegenseitiges Inkasso.

(Bd. I S. 180 ff.)

XVI. Wegen Zahlungsleistung durch Zinskoupons vergl. § 9 Seite 62.

XX. wegen des Vortrages der Inkassowechsel in Bilanz und Geschäftsübersicht § 31 Seite 139.

Im übrigen vergleiche man § 12 sowohl im Bd. I S. 111 als oben S. 77. —

## § 31. Geschäftsführung der Vorschuß- und Kredit-Vereine im Allgemeinen.

(Bd. I S. 185 ff.)

XVI. Wegen Festsetzung des Eintrittsgeldes vergl. § 17 Seite 117, — wegen der Rechte ausgetretener Mitglieder § 24 Seite 125.

XVII. wegen des gleichen Stimmrechtes aller Mitglieder § 16 Seite 115.

XIX. Wegen Behandlung der Kreditgesuche in Vorstand und Aufsichtsrath vergl. § 13 Seite 90 f. — wegen Mittheilung der Vereins- und Verband-Tags-Beschlüsse an die Mitglieder § 8 Seite 51.

XX a. Es ist den verbundenen Vorschuß- und Kredit-Vereinen zu empfehlen, ihre Geschäftsübersicht mit Bilanz und Gewinn- und Verlust-Konto möglichst einheitlich nach folgendem Schema einzurichten.

## I. Bilanz.

### Activa.

1. Kassa-Konto.
2. Effekten-Konto.
3. Vorschuß-Konto (Vorschußwechsel-Konto).
4. Geschäftswechsel-Konto.
5. Hypotheken und Güterzieler (Kaufschillinge, Steiggelder, Zessionen).
6. Forderungen aus Konto-Korrent-Konten mit Kredit.
7. Banken und Vereine.
8. Noch zu empfangende Zinsen (Zinsenrest des abgelaufenen Jahres).
9. Geschäfts-Inventar- (Mobilien-) Konto.
10. Grundstücks- (Immobilien-) Konto.

### Passiva.

1. Geschäftsantheile (Guthaben) der Mitglieder.
2. Reservefond.
3. Darlehen mit ganzjähriger Kündigung.
4. Darlehen mit halbjähriger Kündigung.
5. Darlehen mit vierteljähriger Kündigung.
6. Accepte.
7. Ohne Kündigung rückzahlbare Darlehen (Schulden aus Konto Korrent-Konten mit und ohne Kredit).
8. Banken und Vereine.

9a. Noch zu zahlende Zinsen für Darlehen aus dem abgelaufenen Jahre.

9b. desgleichen aus den früheren Jahren.

10. Noch zu zahlende Verwaltungskosten u. s. w.
11. Vorauserhobene (Antizipando-) Zinsen.
12. Gewinn- und Verlust-Konto (Reingewinn).

## II. Gewinn- und Verlust-Konto.

Debet.

1. Vereinnahmte Zinsen und Provision aus Vorschüssen.
2. Vereinnahmte Zinsen aus Konto-Korrent-Forderungen.
3. Vereinnahmte Provision aus Konto-Korrent-Forderungen
4. Vereinnahmter Wechsel-Diskonto.
5. Vereinnahmte Effekten-Zinsen und Gewinne.
6. Rückständige Zinsen und Provisionen aus Vorschüssen.
7. Zinsen aus Hipotheken und Güterzielern (Kaufschillingen, Steiggeldern, Zessionen).
8. Provisionen aus erworbenen Hipotheken und Güterzielern, Kaufschillingen, Steiggeldern, Zessionen).
9. Sonstige Gewinne.

Credit.

1. Gezahlte Zinsen für Darlehen.
2. Gezahlte Zinsen für die Konto-Korrent-Forderungen der Mitglieder.
3. Gezahlte Zinsen und Provisionen an Banken und Vereine.
4. Gezahlter Rückdiskont für weiterbegebene Wechsel.
5. Noch zu zahlende Zinsen für Darlehen.
6. Verwaltungskosten-Saldo.
7. Reingewinn.

## III. Geschäftsübersicht.

Diejenigen Vereine, welche nur ein Kassenbuch nach dem Schema der „Anleitung zur einfachen Buchführung" (Schulze-Delitzsch, Vorschuß- und Kredit-Vereine*) Seite 395) besitzen, müssen zur Herstellung der Geschäftsübersicht die einzelnen Kolonnen des Kassenbuches mit ihren Benennungen und mit ihren Endsummen

*) die oben Seite 124 erwähnte V. Auflage.

in **Einnahme** und **Ausgabe** wiedergeben, mit dem Kassebestande bei Beginn des Rechnungsjahres anfangend und mit dem Kassebestand am Schlusse desselben endigend. Die Vereine, die ausser dem Kassebuche noch ein oder mehrere Beibücher für den Wechselumsatz und den Effektenumsatz o. a. gebrauchen und die Eintragungen dieser Einzelbücher in ein Hauptbuch übertragen, müssen gleich den Vereinen, welche ihre Bücher nach dem Sistem der sog. doppelten Buchführung angelegt haben, zur Wiedergabe der Geschäftsübersicht eine Abschrift **sämmtlicher** Hauptbuch-Konten mit ihren Endsummen in **Einnahme** und **Ausgabe** anfertigen.

Der Geschäftsübersicht muß ferner die Summe der Giro-Verbindlichkeiten, der Bestand der **Inkassowechsel**, die **Bewegung des Mitgliederstandes** (Zahl am Beginne des Rechnungsjahres, Abgang und Zugang während desselben, Zahl an dessen Schlusse) und endlich die Vorschläge über die **Verwendung des Reingewinnes** beigegeben werden. —

Der Mangel der im Beschlusse betonten Einheitlichkeit machte die Vergleiche zwischen den Verhältnissen der einzelnen Vereine vielfach unmöglich und erschwerte die Ausfüllung der Tabellen für den Jahresbericht des Anwaltes. Es traten deshalb die Direktoren der Badischen, Hessischen und Rheinischen Verbände mit jenen der Deutschen Genossenschaftsbankfiliale Frankfurt zusammen um ein einheitliches Schema zu entwerfen, das an mehreren Verbandtagen und schließlich auf Anregung des Eng. Ausschusses am Vereinstage die oben mitgetheilte Fassung erhielt. Das Schema enthält nur Rubriken, die von **allen** Vereinen ausgefüllt werden sollen, und schließt Erweiterungen und genauere Nachweise durchaus nicht aus.

Im ersten Entwurfe war unter den Aktiven ein **Inkassowechselkonto** vorgetragen, welcher der Vereinfachung wegen gestrichen wurde so daß der Nachweis über den Verkehr mit solchen Wechseln der Geschäftsübersicht vorbehalten bleibt.

In der Debatte wurde ausdrücklich und ohne Widerspruch betont daß beim Vortrage der Mitglieder-**Geschäftsantheile** angezeigt werden muß wie hoch dieselben belehnt sind*), daß der Kontokorrentkonto nicht allein im Saldo sondern mit seinen vollen Summen in Soll und Haben vorgetragen werden muß wie überhaupt sämmtliche Hauptbuchkonten mit ihren Hauptsummen in Einnahmen und Ausgaben aufzuführen sind.

XX b. Wegen Bestellung eines Aufsichtsrathes vergl. § 13 Seite 101.

XXI a. wegen Prüfung der Berechtigung bei Erhebung von Spargeldern § 15 Seite 113.

XXI b. Der Allg. Vereinstag empfiehlt den Vorschußvereinen, die Rechenschaftsberichte und Jahresabschlüsse den Mitgliedern vor der über die Vertheilung des Reingewinnes beschliessenden Generalversammlung durch den Druck zugänglich zu machen.

Sollen die Mitglieder ein auf Ueberzeugung beruhendes Urtheil durch ihre Abstimmung abgeben so ist diese Maßnahme unerläßlich. Deshalb wurde auch der gleichlautende Antrag des Pommernschen V. V. Verbandes ohne Debatte zum Beschlusse erhoben. —

---

Selbstverständlich bezieht sich hierher ein grosser Theil der in den vorausgegangenen Paragraphen besprochenen Beschlüsse und Anträge. Ganz besonders gilt dies in Bezug auf die Beschlüsse und Anträge bei

| | | | |
|---|---|---|---|
| § 1 | S. 37 | XVI | wegen Buchführung und Statistik |
| § 2 | „ 42 | XVIII | wegen Besendung der Vereins- und Verband-Tage (auch § 13 Seite 89) |
| § 6 | „ 47 | XVIII | wegen Haltung der Genossenschaftsblätter |
| § 7 | „ 48 | XVI b | wegen Einsendung der Verbandbeiträge |
| § 8 | „ 52 | XIX b | wegen des Verhaltens bei Gefährdung eines Vereines |

*) Man vergleiche übrigens den Beschluß des II. Vereinstages (Bd. I Seite 130), welcher die „Herausziehung" der Gesch. Antheile während der Dauer der Mitgliedschaft für unbedingt verwerflich erklärt, dann jenen des XI. Vereinstages, der die Guthabenbelehnung entschieden widerräth Bd. I Seite 166) und die dort vorangehenden Bemerkungen.

§ 8 S. 54 ff. XXII ff. wegen der Verbandrevision
§ 9 „ 62 XVI b wegen Zahlung in Zinskoupons
„ 62 XVI c wegen überflüssiger Veröffentlichungen durch die Gerichte
§ 11 „ 76 XX wegen gegenseitiger Unterstützung von Vorschuß- und Konsum-Vereinen bei Agitationen
§ 12 „ 77 XVI wegen des Beitrittes zum Giroververbande
§ 13 „ 78 XVI a wegen des Inhalts der Rechenschaftsberichte
„ 82 XVIII a wegen einer Aufsichtsrathsinstruktion
„ 104 XXII wegen der Vorstandsinstruktion
§ 14 „ 111 XVI a wegen Uebereinstimmung zwischen Rechnungs- und Kalender-Jahr
XVII wegen Austausch der Mitgliederverzeichnisse
§ 15 „ 113 XXIV wegen der Ausscheidung zwischen Stammantheilen und Spareinlagen
§ 16 „ 116 XX b wegen des Verhältnisses zwischen eigenen und fremden Fonds
§ 19 „ 122 XXIII wegen Verwendung überschüssiger Betriebsmittel
§ 25 „ 126 XVII wegen Gewährung von Acceptkredit
„ 127 XX wegen Heranziehung von Großbankkunden
§ 28 „ 130 XX wegen Vermeidung fester Kapitalanlagen
§ 29 „ 131 f. XVIII und XX wegen Erlangung längerer Kündungsfristen für Passivkapitalien.

Ausserdem sind von den in § 36 (Bd. I S. 194 und Bd. II S. 144) aufgeführten Beschlüssen in Bezug auf Stellung, Gehalt ꝛc. der Vereinsbeamten in Konsumvereinen verschiedene auch für die Vorschußvereine beachtenswerth. —

# D. Besondere Angelegenheiten der Konsum-Vereine.

## § 32. Musterstatuten.

(Bd. I. S. 187.)

XVI. Wegen Trennung der Kontrole von der Verwaltung vergl. § 13 Seite 79

wegen Uebereinstimmung des Rechnungs- mit dem Kalender-Jahre § 14 Seite 111

wegen Berechtigungen der ausgeschiedenen Mitglieder § 24 Seite 124

XVII. wegen des gleichen Stimmrechtes aller Mitglieder § 16 Seite 115

wegen Nahrungsmittelfälschung § 38 Seite 148

XX. wegen Bestellung eines Aufsichts-Rathes § 13 Seite 101

wegen Abschreibungen am Inventarwerthe ebenfalls § 38 Seite 160. —

XXI. wegen unberechtigter Annahme der Vereinsfirma durch einzelne Handlungsunternehmer § 1 Seite 37 f.

Das „Taschenbuch für Konsumvereine" von Dr. F. Schneider (Leipzig, E. Keil 1883) enthält S. 324 ff. Musterstatuten für Vereine, welche nur an Mitglieder, und für solche die auch an andere Personen verkaufen. Es bietet auch sonst über alles, was die Interessen der Konsumvereine nahe berührt, die besten Aufschlüsse und sei daher denselben wie den Genossenschaftern überhaupt bestens empfohlen. —

## § 33. Gemeinsamer Einkauf.

(Bd. I S. 188 f.)

In Ergänzung der Mittheilung im I. Bd. S. 189 unter XIII. muß hier erwähnt werden daß die Waareneinkaufsgesellschaft in Mannheim sich bereits Mitte 1878 wieder auflöste nachdem die Erfahrungen, welche dieselbe machen mußte, weder zur Fortsetzung des Geschäftes noch zur Gründung eines neuen ähnlichen Unternehmens ermuthigen konnten und die Liquidation mit einer Rückzahlung von 58 Prozent der Aktien-Nennwerthe abgeschlossen hatte. —

## § 34. Markenverträge.

(Bd. I S. 190 f.)

XVII. Wegen Abbruches von Markenverträgen bei Geschäftshäusern bezw. Gewerbebetreibenden, denen Waarenfälschung nachgewiesen ist, vergl. § 38 Seite 149.

XX. Markenverträge verletzen weder Gesetz und Recht noch die Grundidee der genossenschaftlichen Verbindung.

Theil eines grösseren Beschlusses, der bei § 38 Seite 154 zur Erörterung gelangt. —

---

Zur Vermeidung von Mißverständnissen sei hier ergänzend zu den Bemerkungen in Bd. I S. 190 und 191 bemerkt daß dort unter Markenvereinen solche Vereine zu verstehen sind, welche eigene Waarenlager nicht oder nur in beschränkter Weise halten, dagegen durch abgeschlossene Verträge den Mitgliedern die Möglichkeit schaffen, ihren Waarenbedarf in Privatgeschäften zu decken, welche in der Regel vorher beim Vereine gekaufte Marken an Zahlungsstatt nehmen und beim Rücktausche dieser Marken der Vereinskasse einen bestimmten Nutzen gewähren. Aber auch Vereine, welche selbst grosse Waarenlager halten, schliessen mit Geschäften verschiedener Art (Fleischer, Bäcker, Wäsch- und Mode-Waarenlager ꝛc.) solche Markenverträge ab. Das oben erwähnte „Taschenbuch" f. K. V. von Dr. Schneider gibt S. 480 f. das Muster eines derartigen Vertrages.

An manchen Orten erfolgt die Zahlung beim Waarenkaufe in solchen Vertragsgeschäften in gewöhnlicher Münze und verabreicht der Verkäufer mit der Waare auch den entsprechenden Betrag von Kontrolmarken. —

## § 35. Kreditgewährung seitens der Konsumvereine.

(Bd. I S. 192 f.)

XX. Es ist Pflicht der Vereine, streng an dem Prinzipe der Baarzahlung festzuhalten und jedes Borgsistem auszuschliessen.

Theil eines grösseren Beschlusses, der bei § 38 S. 154 zur Erörterung gelangt. Das in dem kurzen Satze ausgesprochene Grundgesetz einer gedeihlichen Wirksamkeit der K. V. hat Schulze-Delitzsch bei jeder Gelegenheit, insbesondere Jahr für Jahr in den Einleitungen zu seinen grossen statist. Berichten und auf den Allg. Vereinstagen nachdrücklich wiederholt.*)

## § 36. Lagerhalter und sonstige Beamte von Konsumvereinen.

(Bd. I S. 194.)

In Bezug auf Rechte und Pflichten der Vorstände vergleiche man insbesondere § 13.

XVIII. Wegen der Lagerkontrole in landwirthschaftlichen Konsumvereinen vergl. § 38 Seite 152

XX. wegen der Unterweisung und Verpflichtung der Lagerhalter in Bezug auf das Reichsgesetz betr. den Verkehr mit Nahrungs- und Genuß-Mitteln ebenfalls § 38 S. 155.

XXI. Der Konsumverein Neustadt-Magdeburg hatte den Antrag gestellt:

„Den Konsumvereinen wird empfohlen bei Festsetzung der Besoldung solcher Vorstände und Angestellten, welche auf die Geschäftsgestaltung einen bestimmenden Einfluß ausüben, die Form der Provision und Tantieme nach Möglichkeit in

---

*) Der Allg. Vereinstag der Oesterr. Genossenschaften hat schon 1875 unter Mitwirkung des als Gast anwesenden Anwaltes Schulze-Delitzsch ausgesprochen: „Die Konsumvereine mögen entschieden jede Kreditgewährung an ihre Mitglieder verweigern und es möge eine Kreditgewährung dem Zwecke der Konsum-Vereine zuwiderlaufend anerkannt werden.“ Vergl. Wrabetz „Genossenschaftliche Grundsätze“ S. 90.

Anwendung zu bringen und zwar empfiehlt sich eine Tantieme vom Reingewinne bei denjenigen Vorgesetzten und Angestellten, welche mit dem Waaren-Einkaufe und den Direktionsgeschäften betraut sind, eine Provision vom Verkauferlöse dagegen bei Lagerhaltern und ausserdem auch bei denjenigen Verwaltungskräften, welche bei Festsetzung und Aenderung der Verkaufpreise eine Stimme haben oder welchen die Kontrole der Geschäftsführung obliegt."

Der Antrag wurde vielfach als unklar bekämpft und nach längerer Erörterung, in welcher insbesondere hinsichtlich der Besoldung der Lagerhalter sehr verschiedenartige Auffassungen ausgesprochen wurden — zurückgezogen.

XXII a. Es wird den gegen baar verkaufenden K. V. empfohlen, dem Lagerhalter

1. ein festes Gehalt nur von der Höhe zu gewähren daß dasselbe allein noch nicht ausreicht mit etwaigen Nebenbezügen (Wohnung ꝛc.) zusammen seinen Lebensunterhalt in auskömmlicher Weise zu sichern, vielmehr muß der Lagerhalter dazu noch

2. auf eine Verkaufsprovision angewiesen sein, welche aber so zu normiren ist daß damit zugleich eine durch zunehmenden Umsatz erwachsende Mehrarbeit angemessen honorirt wird.

Der ursprüngliche Antrag, der vom K. V. Verbande der Provinz Brandenburg ausging, empfahl festes Gehalt, welches den Lebensunterhalt in bescheidener aber auskömmlicher Weise sichert, und daneben eine mässige Tantieme vom Verkauferlöse, die aber in der Regel die Höhe des festen Gehaltes nicht übersteigen soll.

Auch in diesem Jahre drehte sich der Streit wieder lebhaft um die Frage ob das feste Gehalt hoch oder niedrig gegriffen werden sollte; mehrere Redner sprachen für gutes Gehalt um unter allen Umständen ein anständiges Auskommen zu sichern, andere widerriethen dasselbe weil sonst die Tantieme niedrig gegriffen werden müßte und darunter das Interesse am Geschäfte leiden könnte. Um den Fall praktisch anschaulich zu machen sei erwähnt daß der Brandenburger Antrag einen Gehaltbezug von 750 Mark, freie Wohnung im Anschlage von 150 Mark und ½ Prozent Tantieme vom Umsatz im Auge hatte, der Neustadt-Magdeburger Antrag dagegen, der nicht ohne regen Widerspruch auch von Seite des Anwaltes zum Beschlusse erhoben wurde, 500 Mark Gehalt, Wohnung und ein Prozent Umsatztantieme — während aus anderen Vereinen berichtet wurde daß ihre Lagerhalter gar kein festes Gehalt, aber 2½ Prozent Umsatztantieme mit Abminderung bei bestimmter Umsatzhöhe (beispielsweise bei 75 tausend Mark) auf 1½ Prozent und mit Bürgschaft für eine Mindesteinnahme von 1200 Mark haben. —

XXII b. Vom Schlessischen K. V. Verbande war Antrag gestellt auszusprechen:

> „Den Lagerhaltern ist auf Einwiegen, Schwinden &c. &c. ein mässiger Prozentsatz zu gewähren. Nachgewiesene Inventurüberschüsse bis zur Höhe des gewährten Mankosatzes sind den Lagerhaltern zu belassen und können von denselben erhoben werden wenn auch die nachfolgende Inventur einen mindestens gleich hohen Ueberschuß ergibt; dagegen bleiben über den Mankosatz hinausgehende Ueberschüsse Eigenthum des Vereins. Inventur-Mankos sind von den Lagerhaltern sofort und ohne Einrede zu ersetzen."

Die Anschauungen waren sehr getheilt sowohl was die Höhe des Prozentsatzes (man nannte von einer Seite ¼ Prozent, von mehreren anderen ein Prozent als Durchschnitt) als was die Ausfolgelassung der Ueberschußwerthe an die Lagerhalter anlangt. Schließlich ging man unter Hinweis auf den Beschluß von 1869 (Theil I Seite 194 XI) zur Tagesordnung über.

XXII. und XXIII. Wegen Aufnahme der Waarenbestände (Inventur) vergl. § 38 Seite 162 f.

XXIV a. Vom Thüringer K. V. Verbande war Antrag gestellt zu beschliessen:

„Es erscheint nothwendig daß zur Beschaffung einer Mankostatistik die K. V. sich zu einem gleichmässigen Verfahren rücksichtlich der Mankoermittelung verständigen und wird dazu folgender Weg vorgeschlagen:

1. Sämmtliche Wiegewaaren sind netto zu verkaufen, gestützt darauf daß Konsumvereine jede Unreellität zu bekämpfen berufen sind.
2. Das Manko ist von dem gesammten abgewährten Waarenerlöse abzüglich des Erlöses für Brod und andere Backwaaren sowie Werthmarken zu berechnen.
3. Die Waaren werden dem Lagerhalter nach der Faktura nach Gewicht und Stückzahl überwiesen resp. belastet.
4. Ein nachgewiesenes Gewichtmanko, etwaige Uebertara und fehlende Stücke werden dem Lagerhalter wieder gutgeschrieben.
5. Als Taraverlust auf Zucker in Broden, welche ausgepfundet werden, ist vorweg 3½ Prozent zu vergüten.
6. Sonstige Mankovergütungen sind nicht zulässig.
7. Bei eintretenden Preisermässigungen oder Erhöhungen sind die betreffenden Ab- und Zuschreibungen mit möglichster Genauigkeit zu bewirken.
8. Für Waaren, welche nach einer anderen Einheit eingekauft als verkauft werden, sind Verhältnisszahlen von Fall zu Fall genau zu ermitteln und festzustellen.
9. Düten und Beutel sind von der Belastung auszuschliessen.
10. Das Manko ist vierteljährlich festzustellen."

Der Antrag wurde nach kurzer Besprechung in der Erwartung zurückgezogen daß die Angelegenheit zunächst auf den Unterverbandtagen des folgenden Jahres (1884) eingehend behandelt werde.

XXIV b. **Es ist nicht zulässig daß die Lagerhalter der K. V. irgend welche Artikel auf eigene Rechnung anschaffen und im Verkauflokale des Vereines mitverkaufen.**

Der Antrag ging vom Görlitzer Waareneinkaufvereine aus und enthielt statt der Worte „irgend welche" den Ausdruck „gewisse." Er scheint selbstverständlich, beruht aber auf thatsächlichen Erfahrungen, die gelegentlich der Verbandsrevisionen (vgl. § 8 S. 54 ff.) gemacht wurden, und fand deshalb mit der erwähnten Aenderung die Zustimmung der Mehrheit. —

## § 38. Geschäftsführung der Konsumvereine im Allgemeinen.

(Bd. I S. 199.)

XVI a. Es ist den Konsumvereinen, welche nicht mehr kontroliren können ob man nur an Mitglieder verkauft, anzurathen Gewerbesteuer zu zahlen.

Der Antrag war vom K. V. Verbande der Provinz Brandenburg gestellt um einen Weg zum Schutze vor Steuerhinterziehungsanklagen zu zeigen, nicht um die Ausdehnung der Geschäfte über den Kreis der Mitglieder hinaus zu empfehlen, und fand zwar Widerspruch von dem Standpunkte aus daß die erwähnte Kontrole unschwer auszuüben sei, dann aber Annahme ohne weitere Debatte.

XVI b. Es ist unbedingt erforderlich daß alle Konsumvereine für eine wohleingerichtete Buchführung, die sie befähigt den Anforderungen der Anwaltschaft in Bezug auf Statistik zu genügen, Sorge tragen. Vereine, welche diese Pflicht verletzen, werden aus den Verbänden ausgeschlossen. —

Der von einer Anzahl Sächsischer Konsumvereine eingebrachte ursprüngliche Antrag legte Gewicht auf eine doppelte Buchführung und enthielt den Zwischensatz (die sie befähigt — genügen) nicht. Die Aenderungen wurden im Laufe der Berathung vorgenommen weil man für kleine wenig entwickelte Vereine die strenge Vorschrift der doppelten Buchhaltung für lästig und kaum erfüllbar, dagegen die Betheiligung aller Vereine an der gemeinsamen Statistik und eine dies ermöglichende Einrichtung der Bücher für dringend geboten erachtete.*)

XVI c. Wegen der Verbrauchstatistik der K. V. vgl. § 3 Seite 43

*) Das schon Seite 142 erwähnte „Taschenbuch" für K. V. von Dr. Schneider enthält als besonderen Anhang eine gediegene Anleitung zur einfachen und doppelten Buchführung von Verbandsdirektor Oppermann in Magdeburg.

wegen Trennung der Kontrole von der Verwaltung (Aufsichtsrath und Vorstand) § 13 Seite 79

wegen der regelmässigen Zuweisung von Gewinnantheilen an den Reservefond § 17 Seite 118

wegen der Berechtigung ausscheidender Mitglieder § 24 Seite 125. Man vergleiche auch Band I Seite 206 Ziffer 7. —

XVII a. Es ist den Konsumvereinen möglich und zu empfehlen, die immer mehr um sich greifende Waarenfälschung zu bekämpfen.

Es empfiehlt sich zu diesem Behufe besonders, hinsichtlich ihrer Aechtheit zweifelhafte Waaren von obrigkeitlich beglaubigten chemisch-technischen Anstalten prüfen zu lassen, wobei die Vereine, an deren Wohnsitz sich solche Anstalten befinden, die Vermittelung zu Gunsten der auswärtigen Vereine übernehmen, — und die dabei gemachten Erfahrungen hinsichtlich der Lieferanten gefälschter Waaren den Verbandsleitern bekannt zu geben, durch welche sie den übrigen Vereinen mitgetheilt werden.

Der Antrag war vom Süddeutschen K. V. Verbande eingebracht, wurde vom Anwalte sehr willkommen geheissen und nach ganz kurzer Erörterung einstimmig angenommen. Der Vertreter des Antrages verwies auf den ersten Paragraphen des Musterstatutes, der die Beschaffung unverfälschter Lebensmittel als Aufgabe der Vereine bezeichnet, erklärte daß der Antrag selbstverständlich nicht gegen die Surrogate gerichtet sei, die aber als solche bezeichnet werden müssen, und empfahl jede Geschäftsverbindung (auch im sogenannten Markenvertrage) mit Gewerbetreibenden, denen eine Waarenfälschung nachgewiesen ist, unter Verständigung der Mitglieder abzubrechen.

Weitere auf denselben Gegenstand bezügliche Beschlüsse s. unter XVIII b ff.

XVII b. Wegen des gleichen Stimmrechtes aller Mitglieder vgl. § 16 Seite 115.

XVIII a. Es widerspricht dem Begriffe und der Thätigkeit der Konsumvereine wenn sie mit einer Gewerbesteuer angelegt werden insolange und insoweit sie nur an Mitglieder Waaren abgeben.

Es ist deshalb Vereinen, welche ausschliessend an Mitglieder verkaufen, falls ihnen gleichwohl eine Besteuerung angesonnen wird dringendst zu empfehlen daß sie dagegen Einspruch erheben und denselben im Nothfalle durch alle Instanzen verfolgen, von ihrem Vorgehen und dessen Erfolg aber die Verbandsleitung und Anwaltschaft stets in Kenntnis erhalten.

Vereinen, welche auch an Käufer, die nicht Mitglieder sind, Waaren abgeben, ist dringend zu rathen ihre Buchführung so einzurichten daß der Verkehr mit Mitgliedern gesondert von jenem mit Nichtmitgliedern gehalten ist und deshalb die Höhe des letzteren beweiskräftig jederzeit erkannt werden kann.

Die Anwaltschaft hat eine möglichst vollständige Uebersicht der in Bezug auf die Besteuerung der Konsumvereine im weitesten Sinne in den verschiedenen Deutschen Staaten geltenden Bestimmungen herstellen zu lassen und zu veröffentlichen.

Der ursprüngliche vom Süddeutschen K. V. Verbande gestellte Antrag enthielt im letzten Absatze die Worte „im weitesten Sinne" nicht. Dieselben wurden aufgenommen um auch die Art der Beiziehung der Vereine zu den Gemeindesteuern mit in das Gebiet der verlangten Erhebungen zu bringen.

Hinsichtlich dieser Erhebungen erklärte der Anwalt daß er sie auf alle Vereine ausdehnen werde obschon Antrag und Beschluß sich nur auf Konsumvereine bezogen.

Der Südd. Antrag gründete sich bereits auf Erhebungen in Bayern, Württemberg und Baden, welche ergaben daß zwar im allgemeinen der Grundsatz anerkannt wird, die Vereine, welche nur an Mitglieder verkaufen, seien nicht gewerbesteuerpflichtig, daß aber gleichwohl in den Steuerausschüssen der ersten Instanz manchmal andere Beschlüsse gefaßt werden, denen nur im Beschwerdewege abzuhelfen ist. Hinsichtlich jener Vereine, welche auch an Nichtmitglieder verkaufen, galt in einzelnen Staaten der Grundsatz daß nur derjenige Theil des Geschäftsbetriebes steuerpflichtig ist, welcher auf diesen Verkehr mit Nichtmitgliedern trifft, während in anderen das ganze Vereinsgeschäft als steuerpflichtiges Gewerbe aufgefaßt wurde sobald die Waarenabgabe über den Kreis der Mitgliedschaft hinaus sich erstreckte.

Die Gemeindesteuerfrage war im ursprünglichen Antrage wegen der grossen Verschiedenheit ihrer Regelung nicht mitaufgenommen; der Anwalt betonte daß in den älteren preuß. Provinzen die Vereine auch wenn sie nicht bloß an Mitglieder verkaufen, zur Gemeindesteuer nicht herangezogen werden konnten weil sie weder physische noch juristische Personen im Sinne der geltenden Städteordnungen waren.

Allgemein wurde anerkannt daß die Vereine ein Privilegium nicht beanspruchen sollen. Dagegen fand die Meinung, man solle um des bürgerlichen Friedens wegen die verhältnismässig nicht bedeutende Steuer auf sich nehmen, den lebhaftesten Widerspruch, der darauf gründete daß es sich um ernste Grundsätze handelt, daß die Ersparungen, welche die Vereinsmitglieder durch ihre Einigung erzielen, nicht den Charakter eines Erwerbes, am allerwenigsten eines gewerblichen an sich tragen und um so weniger besteuert werden dürfen als der reiche Mann, der gleiche Ersparungen durch grössere Partienkäufe erzielt, für dieselben ebenfalls sich mit Steuer nicht belasten läßt. —

XVIII b. Die auf dem Allg. Vereinstage zu Danzig (vergl. oben Seite 148 XVII a) anerkannte Fähigkeit und besondere Geeigenschaftetheit der Konsumvereine, gegen das Ueberhandnehmen der **Waarenfälschung** vorzugehen, ist bedingt:

1) vor allem dadurch daß das Deutsche Reichsgesundheitsamt moralisch und finanziell genügend in der Beschaffung einer heute noch fehlenden einheitlichen Methodik für die chemische und mikroskopische Prüfung von Waaren aller Art, besonders von Nahrungsmitteln unterstützt wird;

2) durch die zahlreichere Errichtung von gemeindlichen bezw. durch Selbsthilfe zu beschaffenden chemisch-technischen Versuchstationen, welche in ausreichender Weise auch dem Publikum zu Selbstkostenpreisen ihre Dienste zur Verfügung halten;

3) durch reichsgesetzliche Vorkehrungen für entsprechende Veröffentlichung der Namen derjenigen Personen, welche wegen Verkaufens und Feilhaltens verfälschter Waaren richterlich oder auf dem Verwaltungswege bestraft worden sind.

Der Sächsische K. V. Verband hatte den Antrag eingebracht „der Vereinstag wolle die Anwaltschaft ersuchen dahin thätig zu sein daß

1) in bestimmt abzugränzenden Kreisen geignete Personen verpflichtet werden, die Lebensmittel zu untersuchen und auch auf Antrag von Privatpersonen gegen Vergütung sich solchen Untersuchungen zu unterziehen und

2) Publikation der Namen derjenigen Personen und zwar auf deren Kosten stattfindet, welche rechtskräftig wegen Verkaufes gefälschter oder zu leichter Nahrungsmittel verurtheilt worden sind."

Er wurde aber als zu weitgehend bekämpft da man im allgemeinen nachdem die Waarenfälschungen einmal die allgemeine Aufmerksamkeit erregten, geneigt schien zu übertreiben und Fälschungen auch da zu suchen wo sie nicht zu finden waren. Der Sächsische Antrag wurde deshalb zu Gunsten der zum Beschlusse erhobenen Fassung zurückgezogen. Das Hauptgewicht war auf eine Uebereinstimmung in den Methoden der Untersuchung zu legen; die Genossenschaften erschienen vor allem berufen, den Grundsatz der Selbsthilfe zu wahren.

XVIII c. In unmittelbarem Zusammenhange mit dem ebenbesprochenen wurde

„in Erwägung daß das Bedürfnis gemeinschaftlichen Vorgehens gegen Ueberhandnahme der Waarenfälschung für den landwirthschaftlichen Bedarf besondere Bedeutung hat"

auch folgender Beschluß gefaßt:

1) Eine Hauptbedingung des Gedeihens **landwirthschaftlicher** Konsum- und Rohstoff-Vereine liegt in der genauen Untersuchung der eingekauften Waaren. Nur auf diesem Wege ist es möglich daß diese Vereine ihren Mitgliedern die unbedingteste Garantie für den Gehalt ihrer gelieferten Waare bieten können. Bei allen Düng- und Futter-Mitteln ist eine

wirkliche Werthberechnung ohne diese unbedingte Garantie gar nicht möglich.

2) Wo zu diesem Zwecke nicht schon Untersuchungstationen (landwirthschaftliche Versuchstationen) bestehen, müssen diese Vereine durch Zusammentreten von Verbänden sich die Thätigkeit geprüfter Chemiker sichern.

3) Die sogenannte Lagerkontrole, welche darin besteht daß ein qualifizirter Chemiker von Zeit zu Zeit das Lager inspizirt und selbstgenommene Proben prüft, muß als durchaus unzureichend bezeichnet werden; nur die chemische Prüfung jedes eingekauften Postens Waare kann den angestrebten Zweck erfüllen. —

Der gleichlautende Antrag war vom Verbande Landwirthschaftl. Genossenschaften der Provinz Preussen gestellt und wurde von dem Vertreter dieses Verbandes mit der grossen Schwierigkeit begründet, den Werth von Dünger, Futter-Mitteln, Sämereien 2c. ohne genaue Kenntnis ihrer Bestandtheile zu bestimmen, bei deren Herstellung oft die gröbsten Täuschungen unterlaufen, — dann aber auch mit dem Hinweise auf die grossen Vortheile, welche einzelne Vereine bei Beachtung des im Beschlusse ausgesprochenen Verfahrens erzielten.

Man vergl. unten XIX.

XVIII d. Am Schlusse des Allg. Vereinstages wurde bekannt gegeben daß die K. V. Vertreter in ihren Sonderberathungen es als wünschenswerth bezeichneten

> „in den Unterverbänden Erhebungen über die Art der Inventuraufnahme in den einzelnen Vereinen zu veranlassen und von deren Ergebnissen durch die Genossenschaftsblätter Kenntnis zu erhalten."

XIX a. 1. Es ist den Konsumvereinen zu empfehlen, sich auch künftig am Kampfe gegen die Waarenfälschung durch chemische Untersuchungen zu betheiligen.

2. Es ist denselben ferner zu empfehlen, sich gleich beim Ankaufe der Waaren gegen Fälschungen dadurch zu sichern daß geeignete Bestimmungen über die Eigenschaften der Waaren, welche sie haben müssen und nicht haben dürfen, verabredet werden, daß insbesondere nur jene Waaren als lieferbar erklärt

werden, welche frei von fremden Bestandtheilen sind und diejenige Zusammensetzung haben, welche ihnen nach allgemeinen technischen und kaufmännischen Grundsätzen zukommen muß.

3. Die Surrogate sollen deutlich erkennbar und als solche bezeichnet und der Lieferant hiezu und zur Angabe der verwendeten Roh- und Hilf-Stoffe auf der Umhüllung angehalten werden.

Der vom Südd. K. V. Verbande gestellte Antrag, eine einfache Fortbildung der Vereinstagsbeschlüsse der beiden Vorjahre, wurde widerspruchlos zum Beschlusse erhoben.

Man vergl. Seite 155 XX b.

XIX b. Es wird den Konsumvereinen dringend empfohlen, ein möglichst geringes Waarenlager zu halten. Das eigene Lager in Kolonial- und Material-Waaren soll nach dem Verkaufspreise berechnet höchstens ein Fünftheil vom Waarenerlöse des letzten Jahres betragen.

Der vom K. V. Meiningen gestellte Antrag fand allseitige Zustimmung da die übergrossen Waarenlager durch Festlegung der Betriebsmittel den Grundsatz der Baarzahlung bei den Einkäufen wie die Güte der Waaren beim Verkaufe gefährden; mehrseitig wurde ausgesprochen daß ein fünfmaliger Lagerumsatz im Jahre eine sehr mässige Forderung ist und wohl auch ein zehnfacher erreicht werden kann.

Der Antrag, dem ersten Satze die Worte beizufügen „und besonders ist vor Spekulationskäufen zu warnen" wurde abgelehnt weil er nicht in unmittelbarem Zusammenhange mit der Lagerbestandfrage zu stehen schien; die Richtigkeit des Satzes an sich wurde von keiner Seite bestritten.

XIX c. Wegen der Instruktion für den Aufsichtsrath zur Erfüllung seiner Kontrolverpflichtungen vgl. § 13 S. 93 ff.

XX a. Angesichts der Agitation, mit welcher an verschiedenen Orten gegen die Thätigkeit der Konsumvereine angekämpft wird, erklärt der Allg. Vereinstag:

1. Es ist Pflicht aller Vereine streng über gesunde Organisation, tüchtige Verwaltung, Fernhaltung aller Mißbräuche, Beachtung der Beschlüsse der Vereins- und Verband-

Tage zu wachen, insbesondere aber an dem Prinzipe der Baarzahlung festzuhalten und jedes Borgsistem auszuschliessen.

2. Unter der Voraussetzung daß diese Pflicht überall anerkannt und erfüllt wird, protestirt der Allg. Vereinstag gegen die häufig unterlaufenden Verdächtigungen als ob durch Ausdehnung der Vereinswaarenlager über den engsten Kreis der allernothwendigsten Lebensbedürfnisse hinaus, durch den Beitritt von Mitgliedern aus allen Berufklassen, durch den Abschluß von Markenverträgen, durch den Verkauf an Nichtmitglieder, durch Festhalten an dem Prinzipe der Steuerfreiheit für den Umsatz an Mitglieder ꝛc. Gesetz und Recht und die Grundidee der genossenschaftlichen Verbindung verletzt würde.

3. Der Allg. Vereinstag weist die Behauptung, die Thätigkeit der Konsumvereine beruhe auf sozialdemokratischen Prinzipien als unwürdig und als eine durch die ganze Geschichte des Genossenschaftswesens widerlegte Unwahrheit zurück.

Der vierte Satz dieses vom Engeren Ausschusse beantragten Beschlusses ist bei § 11 Seite 76 mitgetheilt. Dort ist auch das allerwesentlichste aus der Begründung des ganzen Beschlusses bereits ausgehoben. Hier mag es genügen eine Aeusserung von Schulze-Delitzsch anzuführen, der in Bezug auf Ziffer 3 unter lebhaftem Beifall sagte:

> „Allerdings ist es eine absolute Lächerlichkeit, den Konsumvereinen nachzusagen daß sie auf sozialdemokratischen Prinzipien beruhen. Gerade das Gegentheil ist wahr. Deshalb gibt es auch kaum Menschen, die von den Sozialdemokraten mehr gehaßt würden als unsere Vereine und Niemand, der mehr von ihnen geschmäht würde als Ihr Anwalt, und ich rechne mir das zur größten Ehre an."

XX b. Mit Rücksicht auf die Bestimmungen des Reichsgesetzes über den Verkehr mit Nahrungs- und Genuß-Mitteln wird den K. V. dringend empfohlen:

a. beim Waarenbezuge sich von jedem Lieferanten präzise schriftliche Erklärungen darüber zu bedingen daß die Waaren ächt, ohne fremdartigen der Benennung widersprechenden Zusatz, frei von allen schädlichen oder auch nur bedenklichen Bestandtheilen sind und in jeder Richtung den Anforderungen des Gesetzes entsprechen;

b. gedruckte Waarenverzeichnisse mit Preisangaben überall einzuführen wo sie nicht bereits üblich sind, dieselben aber da wo sie bereits bestehen in jeder einzelnen Waarenbezeichnung auf das genaueste zu prüfen und alle Benennungen und Angaben zu entfernen, welche irgendwie mit den gesetzlichen Bestimmungen in Widerspruch stehen;

c. von jeder durch die Polizeibeamten den Läden entnommenen Waarenprobe eine zweite ausheben und versiegeln zu lassen, welche zunächst in Händen des Vereines bleibt, aber baldmöglichst einem verlässigen öffentlich anerkannten Sachverständigen zur fachmännischen Untersuchung übergeben wird;

d. den Lagerhaltern und Magazinsbeamten Abdrücke des Gesetzes mit dem Auftrage der strengsten Beachtung zu behändigen und denselben besondere Instruktionen in dieser Beziehung zu ertheilen wofür sich das nachstehende Muster empfiehlt.

## Instruktion für die Ladenhalter.

Das neue Reichsgesetz, betreffend den Verkehr mit Nahrungsmitteln, Genußmitteln und Gebrauchsgegenständen vom 22. Mai 1879, wirksam vom 5. Juni, von dem ein Abdruck jedem Ladenhalter zugestellt worden ist, legt dem Verein eine Menge neuer Pflichten auf, deren Erfüllung ganz besonders auch von der angestrengtesten Aufmerksamkeit der Ladenhalter bedingt erscheint. Die Verpflichtungen, welche in dieser Beziehung die Ladenhalter bei Gefahr sofortiger Kündigung, in schwereren Fällen Entlassung, nicht zu gedenken ihrer persönlichen strafrechtlichen Verantwortlichkeit zu beobachten haben, sind insbesondere folgende:

§ 1. Von jedem Besuch eines Ladens durch einen Polizeibeamten, welcher den Zweck hat, nach seiner Wahl Waarenproben aus dem Laden zu entnehmen, ist sofort dem Vorstande des Vereines und dem Kurator des Ladens bei seinem nächsten Besuche Mittheilung zu machen und zwar unter genauer Bezeichnung der entnommenen Proben und der überhaupt dabei vorgenommenen Thätigkeit des Polizeibeamten; bei einem solchen Besuche hat der Ladenhalter und sein Gehilfe zugegen zu sein und beide haben die eben erwähnte Anzeige an den Vorstand zu unterschreiben.

§ 2. Die Polizeibeamten bezw. Bediensteten, welche zu dem in § 1 ausgesprochenen Zwecke sich in dem Laden einfinden, dürfen von dem Ladenhalter an der Ausführung ihres Rechtes in keiner Weise verhindert werden, auch selbst dann nicht wenn sie über ihre Befugniß (nach § 2 des Reichsgesetzes) hinausgehen sollten. Dagegen muß eine Zulassung der Polizeibeamten ausser den gewöhnlichen Geschäftstunden verweigert werden bezw. ist Sorge zu tragen daß ausserhalb der gewöhnlichen Geschäftstunden der Zugang zum Laden von der Strasse jeweils vollständig abgesperrt wird.

§ 3. Ein Eintritt in die Magazine und Keller des Ladens ist den Polizeibeamten nicht gestattet. Die Aufforderung eines Polizeibeamten, diese Räumlichkeiten zur Besichtigung zu öffnen, darf zwar nicht mißachtet werden aber der Ladenhalter muß ausdrücklich gegen eine solche Besichtigung Protest erklären.

§ 4. So oft ein Polizeibeamter Proben zum Zwecke der Untersuchung mitnehmen will, hat der Ladenhalter erstlich eine Empfangsbescheinigung sodann aber auch jedesmal die Zurücklassung eines amtlich verschlossenen oder versiegelten Theiles jener vom Polizeibeamten mitgenommenen Proben zu verlangen. Jede Ausserachtlassung dieser Verpflichtung müßte mit augenblicklicher Entlassung unnachsichtlich bestraft werden.

§ 5. Jeder Ladenhalter erhält ein besonderes Buch, in welchem er eine Abschrift seiner jedesmaligen Anzeige an den Vorstand in Bezug auf den Besuch durch Polizeibeamte fortlaufend einträgt.

§ 6. Der Aufbewahrung und Verpackung der Waaren besonders soweit sie Nahrungs- und Genuß-Mittel einschließlich Petroleum darstellen, ist von Seite des Ladenhalters die sorgfältigste

Beachtung zuzuwenden. Jeder Mangel an den Aufbewahrungsgefässen und Aufbewahrungsräumlichkeiten muß sofort der Vorstandschaft angezeigt werden; das gleiche muß von jedem Verderben von Waaren geschehen und unter allen Umständen der Verkauf ganz oder theilweise verdorbener Waare vermieden werden.

Der Ladenhalter ist verpflichtet, die bei ihm eingehenden Waaren gleichviel ob er sie aus dem Zentrallager oder von einem Lieferanten empfängt, sofort zu untersuchen und dieselben in zweifelhaften Fällen bis zu der sofort einzuholenden Entscheidung des Vorstandes vom Verkaufe auszuschliessen.

§ 7. Der Verkauf der Waaren hat genau unter der Bezeichnung stattzufinden wie sie in den Preisverzeichnissen des Vereines angegeben sind. Jede Anfrage der Polizeibeamten ist streng nach Maßgabe dieses Preisverzeichnisses zu beantworten und bei event. Besuch denselben ein Exemplar zur Probe ebenso wie ein Abdruck dieser Instruktion auszuhändigen.

§ 8. Der Aufsichtsrath behält sich vor, je nach Maßgabe besonderer kaiserlicher Verordnungen in Bezug auf einzelne Nahrungs- und Genuß-Mittel die hier gegebenen Vorschriften zu ergänzen und zu vermehren. —

Der wieder vom Süddeutschen K. V. Verbande beantragte Beschluß gründet auf dem inzwischen erlassenen Gesetze, welches schon der XVII. Allg. Vereinstag (Seite 148) als dringend wünschenswerth bezeichnete. Nun galt es die Maßregeln festzustellen zum Schutze der Vereine gegen eine nachtheilige Anwendung des Gesetzes auf sie selbst.

Zu lit. c des Beschlusses wurde Bedenken geäussert ob die chemische Prüfung der im Vereine zurückbehaltenen Waarenprobe nothwendig ist insolange das Ergebnis der amtlichen Untersuchung nicht feststeht. Mit Rücksicht auf die rasche Veränderlichkeit vieler Waaren wurde die Frage bejaht.

Zu § 3 der Instruktion entstand die Frage ob derselbe nicht im Widerspruche mit der Gesetzesbestimmung steht, welche den Polizeibeamten den Eintritt in die Lagerräume in den Fällen gestattet, in welchen bereits eine Bestrafung wegen Zuwiderhandelns gegen das besprochene Gesetz stattgefunden hat. Der Referent gab zu daß dieser Fall im § 3 nicht vorgesehen, hielt aber eine Aenderung nicht für nothwendig.

Der letzte Satz des § 6 der Instruktion fand erst im Laufe der Berathung als zweckmässige Ergänzung derselben Aufnahme.

Ein Antrag, zwischen §§ 7 und 8 die Bestimmung einzuschalten daß Geldstrafen, zu welchen aus der Uebertretung des Gesetzes der Lagerhalter oder durch dessen Schuld oder Fahrlässigkeit der Verein bezw. dessen Vorstandsorgan verurtheilt werden, der Lagerhalter zu tragen habe, der mit seiner Kaution dafür hafte, — fand nicht genügende Unterstützung. Der Referent bemerkte, die strafrechtliche Verantwortlichkeit sei eine zu schwierige Frage als daß sie im Wege einer Probeinstruktion geordnet werden könnte.

**XX** c. Angesichts des Reichsgesetzes betr. den Verkehr mit Lebensmitteln und Gebrauchsgegenständen und ganz besonders angesichts der in diesem Gesetze nicht genügend berücksichtigten Handels- und Geschäfts-Gebräuche ist die vom Allg. Vereinstage in Wiesbaden*) bereits betonte Durchführung der Einheitlichkeit der Methodik der Untersuchungen nur um so unentbehrlicher.

Dieser Beschluß wurde veranlaßt durch einen vom Lausitzer K. V. Verbande ausgegangenen Antrag zu erklären:

> „Mit Rücksicht auf das Lebensmittelgesetz sind für Konsumvereine gemeinschaftliche Untersuchungstationen im Sinne rationeller Arbeitstheilung anzustreben."

Die bereits gewonnenen Erfahrungen zeigten grosse Verschiedenartigkeit in den Sachverständigengutachten über eine und dieselbe Waare; darum zielte der Lausitzer Antrag auf die Bestellung von staatlich anerkannten Fachmännern und auf eine Theilung unter denselben derart daß der eine sich nur mit Untersuchung von Fettstoffen, je ein anderer mit solcher von Gewürzen, Weinen rc. befasse.

---

*) Seite 151 XVIII b.

Der Vereinstag zog jedoch den aus der Mitte der Versammlung gebrachten Antrag vor, welcher die Einheitlichkeit der Methodik als besonders wichtig bezeichnet. Als Handelsgebräuche der im Beschlusse erwähnten Art wurden insbesondere das Verschneiden von Weinen aus schlechteren und besseren Jahrgängen und die Alkoholzusätze zu schweren Weinen bezeichnet.

Der Anwalt empfahl in zweifelhaften Fällen sich an den „Verein analitischer Chemiker" zu wenden. —

XX d. Es ist den Konsumvereinen zu empfehlen, sich im allgemeinen durch Gelegenheits- oder Billigkeits-Einkäufe nicht zu grösseren Einkäufen als ihr regelmässiger Geschäftsumsatz gestattet verleiten zu lassen.

Der K. V. Verband der Provinz Brandenburg formulirte in dem einschlägigen Antrage, der ohne Debatte angenommen wurde, die bereits am Vorjahrvereinstage (XIX b Seite 154) zum Ausdrucke gebrachte Warnung vor Spekulationskäufen.

XX e. Vom K. V. Verbande der Provinz Brandenburg war ferner der Antrag gestellt

> „den K. V. zu empfehlen, die Abschreibung des Inventars nur der thatsächlichen Abnutzung entsprechend vorzunehmen und eine Inventarreserve anzulegen."

Der Antrag wurde abgelehnt weil er nicht klar genug seinen Zweck erkennen ließ, insoweit es sich um bewegliches Inventar handelt auch den thunlichst ergiebigen Abschreibungen keine Schranke gesetzt werden sollte. Die Einwendung daß die Bilanz den wahren Werth ersehen lassen solle weil sonst im Falle eines Brandschadens u. dgl. Schwierigkeiten entstehen könnten, wurde nicht als genügend stichhaltig erkannt.

Ein Gegenantrag

> „den abzuschreibenden Prozentsatz durch die Statuten möglichst hoch zu regeln"

fand nicht ausreichende Unterstützung.

XXI a. Der K. V. Neustadt-Magdeburg hatte den Antrag gestellt auszusprechen:

> „Vermehrung der Verkaufsstellen lediglich zum Zwecke

der Vergrösserung des Geschäftsumsatzes ist den K. V. ernstlich zu widerrathen."

Der Antrag wurde weil zu sehr auf Einzelnverhältnisse gegründet und deshalb möglicherweise zu tief in andere, zur Zeit der Erörterung nicht genügend bekannte Verhältnisse einschneidend abgelehnt ohne daß sich gegen die innere Berechtigung des ausgesprochenen Gedankens ein Widerspruch erhob.

XXI b. Wegen der Begründung von Vereinen, die dem genossenschaftlichen Grundgedanken widerstreben, vergl. § 1 Seite 37

wegen der Legitimationsprüfung bei Spareinlagenerhebung § 15 Seite 113

wegen des Verkaufes an Nichtmitglieder § 21 Seite 123.

XXII a. Auch den Konsumvereinen ist entsprechend dem vom XXI. Allg. V. Tg. für die Vorschußvereine gefaßten Beschlusse*) zu empfehlen, je vor der über die Vertheilung des Reingewinnes beschliessenden Generalversammlung einen Rechnungsabschluß und wenigstens am Jahresschlusse einen eingehenden Rechenschaftsbericht ihren Mitgliedern zugänglich zu machen.

Der Rechenschaftsbericht muß mindestens diejenigen Ausweise enthalten, welche die für den statistischen Jahresbericht des Anwaltes bestimmten Formulare erfordern.

Der Ausweis über die Geschäftsunkosten muß wenigstens die verschiedenen Aufwendungen für allgemeine Spesen, für Gehalte und Abschreibungen darstellen.

Die Bewegung des Verkauferlöses, der Geschäftsantheile der Mitglieder, der Spareinlagen und des Reservefondes muß durch eine mindestens die vorhergehende Rechnungsperiode zur Vergleichung beiziehende Aufstellung ersichtlich gemacht werden.

Auch ist ein Nachweis über die in den einzelnen Waarengattungen umgesetzten Mengen beizufügen.

Die ersten vier Absätze waren vom K. V. München in Antrag gebracht in Folge einer Sonderbesprechung der gleichen Frage

*) § 31 Seite 140.

unter den K. V. Vertretern beim XXI. Vereinstage; doch erhielt der erste Absatz im Laufe der Berathung eine etwas geänderte Fassung da im ursprünglichen für jede Rechnungsperiode (die in manchen Vereinen nur je drei Monate umfaßt) förmlicher Rechenschaftsbericht gefordert war, was man gegenüber kleineren Vereinen für zu weitgehend und kostspielig erachtete.

Im dritten Absatze waren ursprünglich ebenfalls noch weitergehende Forderungen gestellt, die aus gleichem Grunde gestrichen wurden.

Der fünfte Absatz wurde im Laufe der Berathung neu aufgenommen weil man gerade die Waarenverbrauchstatistik für besonders werthvoll erachtete.

Während von einigen Seiten betont wurde der Beschluß verlange nur ein Minimum, das von allen Vereinen geleistet werden könne, über das hinaus mehr zu bieten aber selbstverständlich den einzelnen Vereinen freistehe, wurde von anderer Seite behauptet auch die hier ausgesprochenen Forderungen könne man nur an entwickelte, nicht auch an kleinere Vereine stellen.

Man vergl. übrigens Seite 166 XXIV c.

XXII b. Von den K. V. Magdeburg und Neustadt-Magdeburg war der Antrag gestellt

> den vorgelegten Entwurf einer Instruktion für die Aufnahme der Waarenbestände zu genehmigen und allen K. V. zur Nachahmung zu empfehlen.

Da eine grössere Zahl von Verbesserungsanträgen zu dem Entwurfe angemeldet war, der von einer bei den Sonderberathungen der K. V. Vertreter am XXI. Vereinstage hiefür gewählten Kommission ausgearbeitet wurde, und die vorgerückte Zeit eine gründliche Besprechung nicht mehr durchführbar erscheinen ließ — beschloß der Vereinstag

> von der Diskussion und Beschlußfassung in materieller Hinsicht Umgang zu nehmen, die sämmtlichen K. V. Verbände aufzufordern daß sie den Antrag in ihren nächstjährigen Verbandtagen berathen und aus den Verbandsdirektionen eine Kommission zu ernennen, welche aus

dem so gewonnenen Materiale einen einzigen Antrag für den nächsten Allg. V. Tg. formulirt,

alle eingegangenen Amendements aber dem Vertreter der Anwaltschaft zur weiteren Benützung für die Genossenschaftsblätter zu übergeben.

XXIII. Die nachstehende Anleitung zur Aufnahme der Waarenbestände in K. V. wird genehmigt und allen K. V. zur Nachachtung empfohlen.

## Anleitung zur Aufnahme der Waarenbestände in Konsumvereinen.

§ 1. Die Inventarisirung der Waarenvorräthe behufs Aufstellung der Bilanz hat in der Weise zu erfolgen daß die Waaren zu den Selbstkosten zuzüglich der Spesen berechnet werden auch wenn sie inzwischen im Preise gestiegen sind, daß sie aber falls der Preis inzwischen heruntergegangen sein sollte oder falls sie durch Alter, Lagerung oder sonstige Umstände minderwerthiger geworden, nicht mit den Selbstkosten sondern so niedrig zur Berechnung gestellt werden wie man sie zur Zeit der Inventur kaufen könnte; etwaige Werthverminderung ist gleichfalls zu berücksichtigen.

§ 2. Der Abrechnung mit den Lagerhaltern werden lediglich die Verkaufpreise zu Grunde gelegt. Minderwerthig gewordene Waaren sind zur Berücksichtigung bei der Bilanzaufstellung getrennt zu notiren.

§ 3. Die Inventuren sind nie anders als unter Mitwirkung des Lagerhalters oder eines von ihm Bevollmächtigten vorzunehmen. Der Dienstvertrag des Lagerhalters hat die Bestimmung zu enthalten daß letzterer zu jeder Zeit, auch an Sonn- und Festtagen Inventuren zu gestatten und bei denselben in Gemäßheit dieser Instruktion mitzuwirken hat.

§ 4. Ausserordentliche Inventuren, die lediglich eine Kontrolirung der Geschäftsführung des Lagerhalters bezwecken, sind letzterem erst unmittelbar mit Beginn derselben anzumelden und mit der Zählung resp. Abführung der Ladenkasse zu beginnen.

§ 5. Allen Inventuren haben ein oder mehrere Aufsichtsrathsmitglieder anzuwohnen, welche die Richtigkeit der Aufnahme überwachen. In besonders dringenden Fällen kann der Vorstand ausserordentliche Inventuren allein anordnen und vornehmen.

§ 6. Der Vorstand hat jede Inventur vorzubereiten

a) durch Herstellung von zwei genau übereinstimmenden Inventurlisten für jedes Lager. In diesen Listen müssen die sämmtlichen vom Vereine geführten Artikel verzeichnet sein. Zur Einzeichnung der Quantitäten können zweckmässiger Weise mehrere Rubriken vorhanden sein so daß z. B. die im Keller lagernden Waaren in die erste, die in den örtlich getrennten Niederlagen lagernden und die im Verkaufslokale vorhandenen Waaren getrennt in die weiteren Rubriken eingetragen werden. Mindestens sollte man die Listen mit den Rubriken aa ausserhalb des Ladens, bb im Laden — einrichten. Eine letzte Rubrik dient dann zur Einzeichnung des vorgefundenen Gesammtbestandes jedes einzelnen Artikels. Unbedingt muß die Liste schließlich die am Inventurtage geltenden Verkaufspreise enthalten.

b) durch Herstellung eines Taraverzeichnisses für die auf Lager befindlichen und noch nicht entleerten Originalfässer, Kübel, Kisten, Säcke u. s. w. Ein solches Verzeichnis ist jeder Liste beizufügen.

c) Regalkasten und sonstige zu dauerndem Gebrauche bestimmte Behälter wägbarer Waaren sind mit einer deutlichen Auszeichnung ihrer Tara zu versehen um in allen Fällen das Nettogewicht feststellen zu können ohne störende und verlustbringende Umschüttungen oder Umfüllungen vornehmen zu müssen.

§ 7. Die Leitung der Inventur führt das derselben anwohnende Vorstandsmitglied.

§ 8. Bei der Aufnahme sind zwei Inventurlisten zu führen und zwar die eine für den Verein, die andere für den Lagerhalter. Letzterem wird anheimgestellt seine Liste selbst zu führen.

§ 9. Die Eintragungen in die betreffenden Rubriken der Listen erfolgen sofort — also nicht erst provisorisch auf Zetteln.

§ 10. Die Waarenaufnahme findet nicht gruppenweise an verschiedenen Stellen zugleich sondern immer nur an einem Lagerungsorte statt und zwar nicht nach der Ordnung der Inventurliste sondern einzig und allein nach der Reihenfolge des Standortes oder der Lagerung im Lokale. — Jeder Posten ist in diejenige Rubrik der Liste einzutragen, deren Kopf die Bezeichnung des Lagerungsortes angiebt.

§ 11. Die Aufnahme von in Fässern vorhandenen Flüssigkeiten auch wenn sie nach Gemäß abgegeben werden, erfolgt entweder durch Gewichtermittelung mit nachheriger Reduktion oder durch Berechnung des kubischen Inhaltes mittels Maßstab.

§ 12. Zum Schlusse der Inventur findet eine vollständige Kollationirung der beiden Listen statt, welche sich auch auf die eingetragenen Einheitspreise erstrecken muß. Abweichungen oder Unrichtigkeiten sind sofort richtig zu stellen.

§ 13. Die Richtigkeit der gemachten Aufzeichnungen ist gleich nach beendigter Inventur sowohl von sämmtlichen Mitwirkenden als insbesondere vom Lagerhalter resp. dessen Bevollmächtigten durch Unterzeichnung beider Inventurlisten anzuerkennen. Im Falle der späteren Feststellung der Werthsummen aller Bestände ist über letztere noch ein besonderes Anerkenntnis vom Lagerhalter zu verlangen. —

Im weiteren Verfolge der am Vorjahrvereinstage gegebenen Anregung waren vom Süddeutschen und vom Schlesischen K. V. Verbande formulirte Instruktions-Entwürfe eingebracht worden. In ihren Sonderberathungen einigten sich die K. V. Vertreter zur Wahl einer Kommission für Ausarbeitung eines neuen Entwurfes, der alles werthvolle aus den beiden ersteren vereinigt, alles überflüssige ausscheidet und die Zustimmung des Ver. Tages fast ohne Debatte fand.

Erwähnt wurde nur daß in § 5 die Bestimmung, der Aufsichtsrath solle für die Richtigkeit der Inventur verantwortlich sein, von der Kommission gestrichen wurde weil diese Verantwortlichkeit den Vorstand treffe, worauf der Anwalt Schulze-Delitzsch bemerkte, der Aufsichtsrath habe die Bilanz zu prüfen und da eine solche nicht zuverlässig ist wenn sie nicht auf einer genauen Inventur beruht so müsse sich der Aufsichtsrath allerdings auch um die ordnungsmässige Aufnahme der Inventur interessiren; doch sei das schon im Gesetze geordnet und deshalb eine ausdrückliche Erwähnung in der Anleitung nicht nothwendig. —

Das war die letzte Aeusserung des unvergeßlichen Mannes am letzten Vereinstage, dem er beiwohnte. —

XXIV a. Der Schlesische K. V. Verband hatte Antrag gestellt zu beschliessen

> „den K. V. sei zu empfehlen die Waarenvorräthe in die der Bilanz zu Grunde gelegte Inventur zu Preisen einzusetzen, zu welchen sie im grossen auf dem Waarenmarkte verkauft werden können, bei steigenden Konjunkturen jedoch niemals zu höheren als den Selbstkosten-Preisen."

Der Antrag fand lebhaften Widerspruch im Interesse der kleineren Vereine und nur wenig Unterstützung. Ein aus der Versammlung eingebrachter Antrag auszusprechen:

> „Nachdem der XXIII. Allg. Vtg. in Darmstadt Bestimmungen über die Inventarisirung der Waarenbestände von K. V. empfohlen hat, inzwischen aber genügende Gründe für Aenderung dieses Beschlusses nicht beigebracht sind, geht der Allg. Vtg. über den Antrag zur Tagesordnung über"

fand die Zustimmung der Mehrheit. —

XXIV b. Wegen Trennung der Spareinlagen von den Stammantheilen vergl. § 15 Seite 113.

XXIV c. Vom K. V. Hohenmoelsen war der Antrag gestellt

> „den K. V. zu empfehlen in den Jahresberichten nicht nur den Umsatz sondern auch den bei der letzten Inventur vorgefundenen Bestand der einzelnen Waaren anzugeben."

Die Absicht war, die Möglichkeit zu einer Vergleichung zwischen Waarenbestand und Jahresumsatz zu schaffen, die von mehreren Seiten als äusserst empfehlenswerth bezeichnet wurde. Anderseits machte sich die Sorge vor Ueberbürdung der Vorstände insbesondere der unbesoldeten in kleineren Vereinen und vor der Veröffentlichung von Zahlen, welche von den Gegnern der Vereine zum Nachtheile der letzteren ausgenützt werden könnten, geltend. In Folge dessen wurde der Antrag abgelehnt.

Man vergleiche oben Seite 161 XXII a.

---

Im allgemeinen haben selbstverständlich hier viele der in den vorausgegangenen Paragraphen besprochenen Beschlüsse und Anträge Beachtung zu finden, insbesondere

§ 2 S. 42 XVIII wegen Besendung der Vereins- und Verband-Tage (auch § 13 Seite 89)

§ 6 „ 47 XVIII wegen Haltung der Genossenschaftsblätter (auch § 13 Seite 89)

§ 7 „ 48 XVI a b wegen Einsendung der Verbandbeiträge

§ 8 „ 51 XIX a wegen Bekanntgabe der Vereins- und Verband-Tag-Beschlüsse in Generalversammlungen

„ 52 XIX b wegen Revision und Unterstützung gefährdeter Vereine vom Verbande

„ 54 ff. XXII ff. wegen der Verbandrevision

§ 9 „ 62 XVI b wegen Zahlungen mit Koupons

XVI c wegen der gerichtlichen Veröffentlichungen

§ 13 „ 101 XX wegen des Vorsitzes im Aufsichts-Rathe und der Vorstand-Stellvertretung

„ 110 XXII b Wiederwahl von Aufsichts-Raths-Mitgliedern

§ 14 „ 111 XVI a wegen Uebereinstimmung zwischen Rechnungs- und Kalender-Jahr

§ 18 „ 119 f. XIX und XX wegen Beschaffung unkündbarer Darlehen zu Grunderwerb &c.

§ 29 „ 132 XX a desgl.

dann die §§ 32 bis 37 im I. und II. Bändchen. —

Mit Bezug auf die bei § 13 Seite 104 mitgetheilte Probeinstruktion für die Vorstände von Vorschußvereinen sei bemerkt daß eine solche für die Vorstände von Konsumvereinen vom Allg. Vereinstage bisher nicht berathen wurde. Auch das schon öfter erwähnte Schneidersche „Taschenbuch für Konsumvereine" enthält keinen Entwurf dazu obschon es die Vorstandsinstruktion als unbestrittenes Bedürfnis an verschiedenen Stellen erwähnt; es gibt aber in seinen Ausführungen über Rechte und Pflichten der Vorstände (Seite 63 bis 76) und in dem angefügten Entwurfe eines Dienstvertrages für den Vorstand genügende Anhaltspunkte, auf Grund deren nach dem Muster der Seite 104 mitgetheilten Instruktion für Vorschußvereine eine solche für Konsumvereine nicht hergestellt werden kann.*) —

# E. Besondere Angelegenheiten der übrigen Genossenschafts-Gattungen.

## § 39. Rohstoff-Genossenschaften.

(Bd. 1. S. 201.)

XVIII. Wegen der Waarenprüfung in landwirthschaftlichen Konsum- und Rohstoff-Genossenschaften vgl. § 38 Seite 152.

XVIII. Von der Schneider-Rohstoff-Assoziation Magdeburg war der Antrag eingebracht

> „den Deutschen Genossenschaften besonders den Rohstoffgenossenschaften zu empfehlen daß sie durch ihre Geschäftsverbindungen und sonstigen Agitationen dazu beitragen daß die bei Deutschen Fabrikanten und Lieferanten noch bestehende unbequeme Zählweise nach Dutzend und Gros beseitigt und durch die viel praktischere nach Zehnern und Hunderten ersetzt wird."

Nach kurzer Besprechung wurde beschlossen

> in Erwägung daß es dem Allg. Vereinstag an jeder Information über den Gegenstand fehlt und daß derselbe vielmehr vor die Kompetenz der Handelskammern gehört zur Tagesordnung überzugehen.

*) Das schon öfter erwähnte Buch von Wrabetz „Genossenschaftliche Grundsätze" enthält Seite 91 f. eine vom Oesterreichischen Vereinstage empfohlene Instruktion für die Vorstände von Konsumvereinen.

Im übrigen beziehen sich viele der in den vorhergehenden Paragraphen mitgetheilten Anträge und Beschlüsse auch auf Rohstoffgenossenschaften so vor allem jene in §§ 9 bis 22 und 36 dann die meisten der ausserdem bei § 31 Seite 140 f. und bei § 38 Seite 167 aufgezählten. —

## § 41. Produktiv-Genossenschaften.

(Bd. I. S. 204.)

XVI. Es ist den Produktivgenossenschaften zu empfehlen, sich bei der Aufnahme von Mitgliedern nicht auf die betr. Gewerksgenossen zu beschränken sondern auch Mitglieder aus anderen Kreisen besonders auch aus dem Kaufmannsstande mitheranzuziehen.

Ebenso ist die Einrichtung einer Buchführung nothwendig, welche eine stetige genaue Kontrole und eine klare Uebersicht über die Geschäftslage ermöglicht und zur Befriedigung der Ansprüche der Anwaltschaft in Bezug auf die Statistik ausreicht.

Der ursprüngliche Antrag der Breslauer Genossenschafts-Druckerei lautete im ersten Absatze übereinstimmend mit dem Beschlusse, im zweiten aber wie folgt:

> „Ebenso ist die Einrichtung der doppelten italienischen Buchführung bei Produktivgenossenschaften nothwendig weil ohne dieselbe eine öftere eingehende Kontrole nicht zu erzielen ist."

Der erste Satz enthält in der Hauptsache nur eine Wiederholung der Ziffer 1 des am VII. Allg. Vereinstage gefaßten Beschlusses (Bd. I S. 205). Die Zuziehung kaufmännischer und ähnlicher Kräfte zu den einzelnen Produktivgenossenschaften wurde im Interesse der letzteren zur Gewinnung des nöthigen Betriebskapitales wie der nöthigen geistigen Kräfte für Buch- und Rechnungs-Führung, Kontrole ꝛc. warm empfohlen, von praktischer Seite aber auch sofort erinnert daß der Beschluß schwerlich weittragende Folgen haben werde da Personen, welche nicht zu den unmittelbaren Fachgenossen zählen, in der Regel wenig Lust zeigen in eine Produktivgenossenschaft einzutreten.

Die Abänderung des zweiten Absatzes erfolgte mit Rücksicht auf die kleineren Vereine, welche nicht unbedingt die doppelte Buchführung bedürfen, für dieselbe auch selten über genügend geschulte Kräfte verfügen. Grössere Vereine können selbstverständlich die doppelte Buchführung nicht entbehren. Ueberall aber muß Anlage und Führung der Bücher den Vorschriften des Handelsgesetzbuches entsprechen und die nöthigen Aufschlüsse gewähren um den Anforderungen der Statistik für die Zwecke des anwaltschaftlichen Jahresberichtes genügen zu können.

(Man vergleiche § 1 Seite 37 XVI.)

XIX. Die Molkereigenossenschaft Czerwinsk hatte den Antrag gestellt auszusprechen

„daß in Fällen, in welchen den Landwirthschaftlichen Genossenschaften der ihnen von Kreditgenossenschaften bisher gewährte Kredit nicht genügt und auch ein zu erstrebender Realkredit dem Bedürfnisse nicht entspricht, es solchen Genossenschaften überlassen bleiben muß, sich den benöthigten Kredit durch Ausgabe von Obligationen, welche durch die Solidarhaft der Genossenschaftsmitglieder gesichert sind, zu verschaffen." —

Nach reiflicher Besprechung wurde der Antrag zurückgezogen da die vorgeschlagene Fassung mehrfach Bedenken erregte und durch Bildung von Hausantheilscheinen (§ 18 Seite 119 ff.), durch Zuziehung von nicht unmittelbar als Produzenten betheiligten Mitgliedern, durch rasche Amortisirung 2c. der beabsichtigte Zweck gleichfalls erreicht werden kann. —

---

Für Produktivgenossenschaften gelten ebenfalls manche der in den Vorparagraphen gegebenen Anregungen insbesondere aus §§ 9 bis 22 und 36 dann den bei § 31 Seite 140 f. und § 38 Seite 167 aufgezählten. —

## § 42. Baugenossenschaften.
(Bd. I S. 213.)

XVI. Ueber die Beiträge der Baugenossenschaften zu den Kosten des Allg. Verbandes vgl. § 7 Seite 48.

XVIII. Der Allg. Vereinstag genehmigt die Auflösung des Verbandes Deutscher Baugenossenschaften und empfiehlt den Baugenossenschaften da wo andere Unterverbände sich befinden sich diesen anzuschliessen.

Der in Folge des am XV. Allg. Vereinstage gefaßten Beschlusses (Bd. I S. 212) gegründete Verband war nicht zu einer gedeihlichen Entwickelung gelangt. Die Idee, einen solchen Verband auf das weite Gebiet des ganzen Deutschen Reiches auszudehnen, hatte sich bei der geringen Zahl interessirter Vereine als unzweckmässig erwiesen. —

Auch für Baugenossenschaften gelten viele der in früheren Abschnitten besprochenen Anträge und Beschlüsse insbesondere aus §§ 9 bis 22, 28 und 29 dann den bei § 31 Seite 140 f. und § 38 Seite 167 aufgezählten. —

---

# Zum Schlusse

muß hier wieder wie in Bd. I Seite 213 der

## Landwirthschaftlichen Genossenschaften

gedacht werden, welche sich seit dem Erscheinen des I. Bändchens zu einer Entwickelung aufgeschwungen haben, die von jedem Freunde der Landwirthschaft wie des Genossenschaftswesens lebhaft begrüßt werden muß, und denen deshalb unbedingt ein eigener Paragraph hätte gewidmet werden müssen wenn nicht das Festhalten an dem einmal aufgestellten Sisteme aus inneren Gründen nothwendig gewesen wäre.

Die Landwirthschaftlichen Genossenschaften aller Art finden in den §§ 1 bis 8 dann 9 bis 22, die Landwirthschaftlichen Kreditvereine ausserdem in §§ 23 bis 31 fast durchweg, die

Landwirthschaftlichen Konsum-Rohstoff-Produktiv- 2c. Genossenschaften in §§ 32 bis 38 dann 39 bis 41 sehr viele für ihre besonderen Einrichtungen beachtenswerthe Beschlüsse und sonstige Mittheilungen.

Ganz besonders sei hier verwiesen auf

| | | | |
|---|---|---|---|
| § 1 | S. 38 | XXIV a | wegen Begründung des Deutschen Landwirthschaftlichen Genossenschaftsverbandes |
| § 25 | „ 126 | XVIII | wegen Befriedigung des landwirthschaftlichen Betriebskreditbedürfnisses |
| § 29 | „ 132 f. | XX a | desgl. |
| § 38 | „ 152 f. | XVIII cf. | wegen des Schutzes gegen Waarenfälschung |
| § 41 | „ 169 | XIX | wegen Kreditbeschaffung für Landwirthschaftliche Genossenschaften überhaupt — |

# Nachwort.

Die Gründe, die mich vor Jahren bestimmten, die Beschlüsse der Allgemeinen Vereinstage als Grundlehren der Deutschen Genossenschaften in übersichtlicher Weise nach den wichtigsten Materien geordnet mit kurzen Erläuterungen zusammenzustellen, habe ich im Vorworte zu der 1875 erschienenen ersten Ausgabe dargelegt, auf dessen Inhalt ich hier verweisen darf. Diese Gründe fanden volle Billigung in dem Beschlusse des Danziger Vereinstages (Bd. II S. 75 § 10), welcher dem Anwalte eine ähnliche Sammlung übertrug.

Die Thatsache daß diese Sammlung bisher nicht zustandekam, daß aber von Jahr zu Jahr die alte Klage über die geringe Beachtung wiederkehrt, welche in nur zu vielen Vereinen die unausgesetzten Mahnungen der Anwaltschaft, der Vereins- und Verband-Tage finden, — eine schon 1880 in Altona im Engeren Ausschusse unmittelbar gegebene Anregung und der Umstand daß mein kleines Buch in Oesterreich im letzten Jahre zu einem ähnlichen Unternehmen im dortigen Verbande Anlaß gab, womit die praktische Brauchbarkeit desselben die schönste Anerkennung fand, — ermuthigten mich, auch die seit dem Erscheinen der ersten Ausgabe gefaßten Beschlüsse, die obschon sie sich auf eine kürzere Zeitfrist vertheilen doch den früheren an schwerwiegender Bedeutung nicht nachstehen, in eine gleiche Uebersicht zu bringen und so den Vereinen und den Freunden wie den Gegnern des Genossenschaftswesens durch eine zweite Ausgabe leicht zugänglich zu machen. Kam die erste zur ersten Jubelfeier der ältesten Genossenschaften nach Schulzes Sistem überhaupt so mag die zweite das erste Jubeljahr des Allgemeinen Vereinstages begrüssen.

Die seit 1875 gewonnenen Erfahrungen hätte ich am liebsten durch eine völlige Neubearbeitung des Inhaltes der ersten Ausgabe mit verändertem Sisteme verwerthet; allein dem standen mancherlei Schwierigkeiten entgegen, vor allem die Rücksicht auf die Besitzer der ersten Ausgabe, die nicht gezwungen werden sollten, dieselbe in geänderter Form noch einmal zu kaufen. So wurde die Beibehaltung des ursprünglich angenommenen, für die mächtig fortgeschrittene Entwickelung des Deutschen Genossenschaftswesens allerdings recht engen Sistemes zur Pflicht. Regelmässige Verweisung von Paragraph zu Paragraph und das sorgfältig gearbeitete Inhaltsverzeichnis werden wie ich hoffe für die Nöthigung schadlos halten, einzelne Beschlüsse unter einer Ueberschrift nachzuschlagen, unter welcher der Leser sie vielleicht nicht gesucht hätte.

Der leitende Gedanke blieb mir derselbe wie vor neun Jahren: Die Lehren, welche das treue Zusammenwirken eifriger und kundiger Männer aus allen Deutschen Gauen mit unserem ersten Anwalte, dem Gründer des Deutschen Genossenschaftswesens, dem unermüdlichen und unvergeßlichen Führer und Meister, auf den ersten vierundzwanzig Vereinstagen schuf, in treuer Erinnerung zu erhalten und für alle Zukunft nutzbar wirksam zu machen.

Möge diese Absicht sich glücklich verwirklichen!

München im Mai 1884.

**Der Herausgeber.**

# Inhaltsverzeichnis.

(Die mattgedruckten Seitenzahlen beziehen sich auf den ersten, die **fettgedruckten** auf den zweiten Band.)

## a) Sistematisches.

## b) Alphabetisches.

*) Bd. I S. 19 in der Anmkg. Zeile 8 von unten lese man „Ziller" statt „Stiller".

## Druckfehler.

Bd. II S. 37. Nach „§ 1. Allg. Genossenschaftsverband" ist einzuschalten „Bd. I S. 40."
„ „ „ 50 Zeile 3 von unten ist statt „§ 18" zu lesen „§ 38 S. 148."
„ „ „ 51 „ 15 „ „ „ „ „§ 28" „ „ „§ 38 „ 152."
„ „ „ 117 „ 12 „ oben „ „ „§ 25" „ „ „§ 31 „ 140."
„ „ „ 125 „ 5 „ unten ist anzufügen „und S. 206 Ziffer 7."

www.ingramcontent.com/pod-product-compliance
Lightning Source LLC
LaVergne TN
LVHW092152300926
849161LV00002B/252
*9783112387177*